中國軍機圖誌

朱飛虎 著

1912-1949

商務印書館

中國軍機圖誌 (1912-1949)

作　　　者：朱飛虎
軍機線圖繪製：朱飛虎
責 任 編 輯：徐昕宇
封 面 設 計：黎奇文
出　　　版：商務印書館 (香港) 有限公司
　　　　　　香港筲箕灣耀興道 3 號東滙廣場 8 樓
　　　　　　http://www.commercialpress.com.hk
發　　　行：香港聯合書刊物流有限公司
　　　　　　香港新界大埔汀麗路 36 號中華商務印刷大廈 3 字樓
印　　　刷：中華商務彩色印刷有限公司
　　　　　　香港新界大埔汀麗路 36 號中華商務印刷大廈 14 字樓
版　　　次：2019 年 1 月第 1 版第 1 次印刷
　　　　　　© 2019 商務印書館 (香港) 有限公司
　　　　　　ISBN 978 962 07 5806 5
　　　　　　Printed in Hong Kong

目　錄

凡 例

一、本書章節劃分以飛機交付中國時間為標準，經歷多個歷史時期的飛機，則僅列入其
　　交付的時期內，部分亞型飛機以最初交付中國的時期列入。未成／未交付飛機則以
　　訂購時間／研發時間為序。

二、本書所註飛機之機種，均以國際慣例為標準，如二戰期間中國、美國將"戰鬥機"稱
　　為"驅逐機"，蘇聯稱之為"殲擊機"，本書則概稱為"戰鬥機"。

三、本書所列飛機之名稱及綽號，除部分中國自製飛機外，均採用正式名稱，如二戰期
　　間的日製飛機均為製式名稱，而不採用キ番號（日本陸軍飛機設計代號）或機體略
　　番（日本海軍飛機代號，又稱"記號"或"略符號"）。部分早期飛機因資料較少，難
　　以查證而以特點概稱。

四、飛機尺寸參數均為淨尺寸，不含機翼兩端或機尾的航行燈，機首、機尾的機槍等。
　　為更直觀，本書將原始資料統一為公制單位。成員若為"X+Y"者，其中 X 代表機
　　組成員，Y 代表乘客。

五、飛機武備數據多以常規狀態為主，部分批量換裝非常規武備的飛機（如意大利
　　CR.32），均在正文中予以特別說明。

六、本書所載飛機發動機除 CXP-1001 之外，均為活塞式發動機，功率資料則多為該型飛
　　機正常飛行高度時的輸出功率。

七、"系列飛機"指同一廠商生產，擁有某種相似之處（命名、綽號、機體特點等）；"該
　　型飛機"則代指"型號"和"亞型"。

八、本書中關於軍機裝備範圍，均以簡稱概述，具體如下：
　　革命軍 -- -- 革命軍航空隊（清末為推翻清王朝統治的革命軍建立的航空部隊）。
　　北京政府 -- -- 中華民國北京政府航空隊（1912—1927 年北洋政府航空部隊）。
　　中華革命軍 -- -- 中華革命軍（二次革命失敗後，孫中山在日本發展的航空部隊）。
　　廣東革命政府 -- -- 廣東革命政府航空隊（1915—1927 年孫中山領導的廣東革命政府

所屬航空部隊）。

國民政府 -- -- 中華民國國民政府空軍（1927—1949 年國民政府空軍部隊）。

保定 -- -- 保定航空隊（直系軍閥曹錕、吳佩孚等所屬航空部隊）。

東北 -- -- 東北航空隊、東北海軍航空隊（奉系軍閥張作霖、張學良所屬航空部隊），也包含 1931 年後張學良私人使用飛機。

雲南 -- -- 雲南航空隊（雲南軍閥唐繼堯所屬航空部隊，也包含 1927 年後龍雲所屬雲南地方航空部隊）。

浙江 -- -- 浙江航空隊（皖系軍閥盧永祥所屬航空部隊）。

江蘇 -- -- 江蘇陸軍航空隊（直系軍閥齊燮元所屬航空部隊）。

五省聯軍 -- -- 五省聯軍航空隊（直系軍閥孫傳芳所屬航空部隊）。

西北 -- -- 西北航空隊（1924—1926 年馮玉祥所屬國民軍航空部隊）。

河南 -- -- 河南航空隊（1925—1926 年孫嶽所屬國民軍第 3 軍航空部隊，也包含 1927—1930 年馮玉祥所屬河南地方航空部隊）。

山東 -- -- 山東航空隊（奉系軍閥張宗昌所屬航空部隊，也包含 1930 年後韓複榘所屬地方航空部隊）。

山西 -- -- 山西航空隊（山西軍閥閻錫山所屬航空部隊）。

廣東 -- -- 廣東空軍（1927 年後李濟深、陳濟棠所屬廣東地方空軍部隊）。

四川 -- -- 四川航空隊（國民革命軍第 21 軍劉湘所屬航空部隊）。

廣西 -- -- 廣西飛機隊（桂系軍閥李宗仁、白崇禧所屬航空部隊）。

工農紅軍 -- -- 工農紅軍航空局。

湖南 -- -- 湖南航空隊（湖南地方航空部隊）。

福建 -- -- 福建航空隊（國民革命軍第 49 師張貞所屬航空部隊，又指李濟深等所屬第 19 路軍航空隊）。

海南 -- -- 海南空軍（張惠長及部分廣東空軍人員所建空軍部隊）。

貴州 -- -- 貴州航空隊（貴州地方航空部隊）。

新疆 -- -- 新疆航空隊（新疆軍閥金樹仁、盛世才所屬航空部隊）。

中國海軍 -- -- 中華民國海軍航空隊。

偽滿洲國 -- -- 偽滿洲國海邊員警隊／海上員警隊、偽滿洲國陸軍航空隊、滿洲航空公司。

偽蒙疆聯合自治政府 -- -- 蒙古德穆楚克棟魯普親王傀儡政權所屬專機。

汪偽國民政府 -- -- 汪精衛傀儡政權空軍。

東北民主聯軍／解放軍空軍／海軍 -- -- 中國人民解放軍空軍／海軍及其前身東北民主聯軍所屬航空部隊。

序

　　掙脫羈絆，自由翱翔於雲端，是中華民族自古就憧憬的浪漫夢想。到了近代，在"西學東漸"大時代變局下的中國，一路磕磕絆絆，遭遇列強環伺、國力衰弱、主權淪喪的危機。此時飛行之於中國，又具有了別樣的意味，一度被視作能快速實現保家救國理想的不二法門，中國的軍事航空就此興起。朱飛虎先生的這部《中國軍機圖誌 1912—1949》所匯錄的就是從這一時期開始，直至 1949 年為止的，曾出現在中國藍天之上的軍用飛機，可謂蔚為壯觀。

　　我和朱飛虎先生認識的時間並不很久，最早是從一些研究海軍史的朋友處聽說，2016 年在威海第一次見面相識，當時即產生了很深的印象。朱先生對自己所關注的課題默默做了大量的功課積累，而且在有關軍事技術史的研究方面，有着非常難得的窮盡式的考據精神，加之他具有繪製艦船、飛機等軍用裝備線圖的本領，較之單純的研究者別具優勢。交流之際，聽說他對飛機、航空史情有獨鍾，我和一些朋友提議他對中國近代史上的軍用飛機加以逐細考證研究，未曾想到的是，他竟能真的發下大願，在較短的時間裏，如同奇蹟一般，將近代中國的數百種軍用飛機逐一考訂、製圖，匯成了巨著。

　　1912 年至 1949 年，是中國近代史上一段巨浪翻騰、風起雲湧的特殊歲月。清帝遜位，民國肇創之際，軍用飛機開始登上中國的歷史舞台。起初，軍用飛機因價格低廉、購用較易而威力較巨，時人甚至認為一架飛機可以抵得上陸軍一師之威力，於是軍事航空即被看作是快速提升中國國防力量的重要手段，不僅陸軍購置戰機，甚至連中國海軍也早早開始發展航空事業。然而此後，因為思想異同、政見分歧、畛域為仇、利益爭奪，再加上列強的撥弄，民國初年的中國很快成了一個亂鬥場，軍用航空事業被各支政治勢力視為內戰利器而各自發展，軍用飛機被用於互相攻伐的內鬥消耗。

　　1927 年，國民革命軍第一次北伐成功，南京國民政府成立，亂局漸定，中國的軍事航空重新恢復到以國防為目標的正軌上。可惜僅僅數年之後，日本侵華戰爭突起，中國再度陷入烽火連天的命運，弱小的中國空軍不畏強敵，浴血長空，在抗日戰場犧牲奮鬥，又相繼和來自蘇聯、美國的援軍並肩作戰，苦鬥十四載，迎來了偉大的勝利。抗日戰爭結束不久，硝煙又起，空軍被捲入內戰漩渦，直至 1949 年中華人民共和國成立，中國的軍事航空和國家一起掀開了新的歷史篇章。

在這短短僅 30 餘年的歷史中，由於政出多門，中國軍用飛機的來源雜亂不已，既有從歐、美、日、俄等列強進口的飛機，也有中央政府、中國海軍乃至一些地方勢力自行製造、組裝的飛機。而這一歷史時期，恰好又是世界軍用飛機飛速發展的時代，從多翼走向單翼，從木製結構走向全金屬結構，新型設計層出不窮，由此更造成了近代中國軍用飛機型號極度龐雜的現象，往往容易窺一斑而難於覽全豹。

在本書中，作者按照購造時間、來源廠商、所屬政治勢力等進行分門別類，釐清了這一時期中國購買、製造過的數百種軍用飛機，附以參數、簡史和精緻的線圖，提供了一個全面、直觀、快速了解近代中國軍用飛機的門徑，有助於在閱讀和研究中國近代史、近代軍事史時，對所遇到的軍用飛機的理解，嘉惠學林，也更有助於從中體會近代中國軍事航空建設，乃至近代中國命運之路的艱難不易。

值本書付梓之際，應朱先生之命作序，榮幸之至。在此謹向朱飛虎先生致以祝賀，希望繼續保持研究熱情，再接再勵，取得更多的學術成果。希望讀者諸君能喜愛本書，也希望有更多有志之士能投身對中國近代軍事史的研究。

陳悅

2018.12.19 於山東威海

前　言

　　在當代，作為大國軍力的體現，空軍是必不可少的絕對主力，而在上世紀之初的民國時期，空軍則是一個剛剛出現在世人面前的嶄新軍種。1912—1949 年的中華民國時期，是中國歷史上最為波折的時期之一，恰恰這段時間也是飛機從初生、發展、成熟直到壯大的時期。從最初裸露骨架的原始飛機，1920 年代演進成較為成熟的雙翼機，1930 年代成為標配的金屬結構單翼機，直到 1940 年代中後期噴氣式飛機出現，飛機技術在這三十多年間的發展可謂日新月異。也就是在這個時期，空軍開始出現在民國軍隊的序列中，並首度用於軍事行動之中。

　　相較"一年陸軍，百年海軍"的說法，空軍的建設周期雖長，不像陸軍可快速成規模，但也可以在較短時期內迅速成為軍力倍增器。無論軍閥混戰的北京政府時期，還是名義上統一中國的南京政府時期，抑或是舉國齊力對抗外敵入侵的全面抗戰時期以及稍後的國共內戰時期，中央政府和地方政權、武裝力量都熱衷於建設空軍，為這個初生的軍種注入了禦敵強軍的高期望值。儘管如此，但受資金不足、國力貧弱及軍閥割據的影響，民國時期的空軍多呈現"萬國牌、規模小、型號雜、機型舊"等特點，甚至多有一型飛機僅購買一架的情況，既不方便後勤維護修理，也不方便飛行員熟悉操作。並因此導致民國時期空軍飛機型號的資料不充分，材料分散，部分型號混淆，為研究該時期空軍發展狀況和歷史增加了難度。另有部分自製飛機，因數量較少，使用時間短，未參與重大事件而鮮有記錄。迄今的中文出版物雖有圖鑑式專著，但可能受限於資料、信息缺乏，飛機型號的收錄和三視圖並不完整，殊為遺憾。

　　我自幼即對飛機有着強烈的興趣，從幼年時購買環球火柴盒模型，到學生時代摹繪雜誌上的飛機三視圖，玩彩京 1945 系列空戰遊戲，乃至現在收集各種飛機模型、研究航空歷史，飛機對我始終充滿吸引力。2016 年，我在威海與中國海軍史學會的青年專家陳悅先生暢談後，萌生了繪製、研究、寫作民國時期中國軍用飛機圖誌的想法。歷經兩年時間的飛機線圖繪製、資料搜集整理、飛機簡史撰寫，心願終於得以完成。

　　本書的整體結構主要以時間排序，具體章節劃分則以飛機生產公司為區別，各型飛機則以交付中國時間為序排列，部分有前後承啟關係的飛機，則以其型號研發時間為序。具體章節內容為：第一章北京政府時期，也即我們常說的北洋政府時期。內容涵蓋了革命軍、中華民國北京政府、廣東革命政府、各派系軍閥、海軍航空兵等諸多方面購買或自製的飛機；第二章南京政府時期。內容涵蓋中華民國南京政府、各地方勢力、工農紅軍、海軍航空兵乃至偽滿洲國等政治力量購買或自製的飛機；第三章全面抗戰時期，內容涵蓋了抗戰時期國民政府和偽滿洲國、汪偽國民政府的空軍飛機；第四章國共內戰時期，也即解放戰爭時期。內容則包括了國民政府和解放軍空軍的飛機。在寫作過程中，我深深感到，每一架飛機，大至聞名戰史的重型轟炸機，小到名不見經傳的輕型教練機，背後都有着濃重的時代背景和歷史刻印，但限於篇幅無法一一詳細描述。

特別值得一提的是，"三視圖"是對飛機外形、細節最直觀的表現方式，也是辨識各型飛機最有利的工具。故在研究、寫作期間，我盡可能地尋找資料、結合文獻，努力將書中涉及的各型飛機乃至其亞型或不同狀態的三視圖予以繪製，以使讀者可對飛機有更直觀的了解。由於年代久遠，部分飛機的影像資料有限且清晰度不高，不得以使用了同型飛機的照片，尚可供讀者參考。

得益於互聯網時代的便捷，我可以從各國網站資料中搜索本書所涉及的飛機數據，並參考了大量歷史文獻及民國時期一些相關人士的回憶錄。其他諸如《中國飛機尋根》、《中國飛機全書》、《A History of CHINESE AVIATION Encyclopedia of Aircraft and Aviation in China until 1949》、《民國空軍的航跡》、《船政史》、《海軍大事記》、《中國的天空—沉默の航空戰史》、《蘇聯專家與中國海軍航空兵》、《日本軍用機寫真集》等書籍，也為我提供了寶貴的資料。與此同時，我還借鑒參考了黃孝慈、陳應明、Lennart Andersson 等前輩的研究成果。

在本書寫作期間，首先要感謝家人的大力支持，我的妻子范燕燕不僅承擔大量家庭事務，同時協助着色飛機線圖、校對文稿，使我得以將更多精力專注於寫作和繪製。在寫作過程中，陳悅先生多次無私幫助，對本書之體例、章節分配、部分文字細節處理提供了很多寶貴的指導和建議。顧偉欣先生對線圖的繪製多有建議。陳侃先生、王益愷先生、梁若然先生不僅為我提供參考資料，也對內容提供修改意見。把童年的愛好和夢想付諸實現是一件快樂而又繁瑣的事，這中間也克服了不少困難，幸得完成，非常感謝上述朋友和前輩的大力支持。

由於經驗缺乏，時間不充分，本書在編寫之中難免紕漏謬誤之處，望廣大航空史研究者、愛好者多多指正，不但有助於我的不斷進步，也有助於使這段歷史更加完整地展現於世人面前。

朱飛虎

2018 年 5 月 31 日於威海

馮如在製造的改良雙翼機

第一章
中華民國北京政府時期
（1912—1928）

馮如 雙翼機
Feng RuBiplane

機　　種： 推進機　　**乘　　員：** 1 人

製 造 者： 馮如　　**首　　飛：** 1911 年

機長 / 翼展 / 機高： 9.45/10.93/2.3 米

全　　重： 476 千克

引　　擎： 1 台柯蒂斯型 V 型 8 缸液冷發動機，
　　　　　　75 馬力（Curtiss）

最大速度： 約 105 千米 / 小時

裝備範圍： 革命軍

備　　註： 馮如仿 "柯蒂斯 D" 双翼機參數

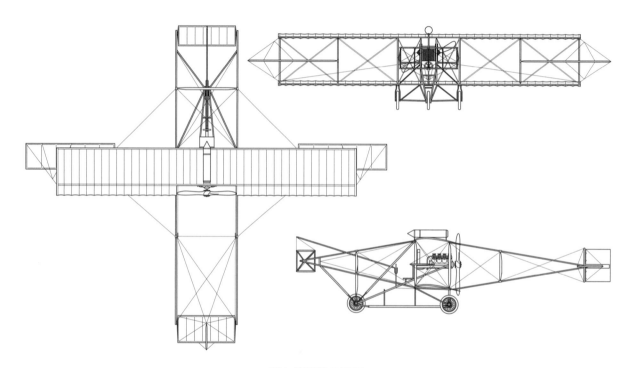

馮如雙翼機三視圖

馮如以 "柯蒂斯 D" 為藍本製造的雙翼機，其翼肋數量與油箱安裝位置與 "柯蒂斯 D" 不同。

簡　史：

1911 年 1 月，著名華僑，航空家馮如以 "柯蒂斯 D" 型飛機為原型，製成 1 架成熟的推進式飛機，在美國奧克蘭、舊金山等地多次進行飛行表演。該機與 "柯蒂斯 D" 型的結構和佈局相同，區別在於油箱安裝位置改為上翼中央上方，機翼、升降舵的翼肋數量較多。

1911 年 2 月 22 日，馮如與助手將自製飛機和相關設備運回中國，在廣州燕塘又製造第 2 架飛機，該機前部升降舵改為單層，油箱同樣位於上翼中央上方，下翼兩端加裝圓弧形滑橇，以防起降時側傾。副翼位於上下翼後緣兩側，通過連杆聯動是其最顯著特徵。同年 10 月武昌起義爆發後，馮如帶着兩架飛機參加廣東革命軍，被任命為廣東革命軍陸軍飛機隊飛機長（一說馮如在廣州造的飛機為 1912 年 3 月製成，參加革命軍時僅帶着自美國帶回的飛機）。1912 年 8 月 25 日，馮如在廣州燕塘駕駛自美帶回的飛機飛行時墜機身亡。

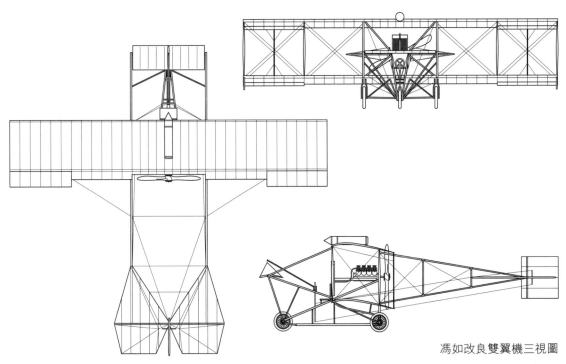

馮如改良雙翼機三視圖

馮如在廣東製造的改良雙翼機，副翼控制方式與原型機有顯著區別。

南苑"奧布雷"式
Nanyuan Obre

製 造 廠： 南苑航校附屬修理廠
裝備範圍： 北京政府

簡 史：

　　"奧布雷"式由南苑航校附屬修理廠僱備的法國機械師兼飛行員埃米爾·奧布雷（Emile Obre）設計，於 1913 年 11 月製成，採用單翼佈局，裝有 1 台 50 馬力"格羅姆"型發動機，具體狀況不詳。

南苑 拉進機 / 推進機
Nanyuan Tractor/Pusher

製 造 廠： 南苑航校附屬修理廠
裝備範圍： 北京政府

簡 史：

　　1916 年，南苑航校附屬修理廠購買了 4 台 90 馬力和 10 台 110 馬力的美製轉缸型發動機，截至 1918 年 10 月，該廠使用 90 馬力發動機製造了 3 架雙座拉進式飛機，另有 1 架即將製成；同時使用 110 馬力發動機製造了 3 架雙座推進式飛機，另有 1 架即將製成，其餘 6 架仍在建造。這些飛機均被稱為"潘世忠"式，具體狀況不詳。

南苑"槍車"
Nanyuan Gunbus

機　　種： 教練機
乘　　員： 2 人
製 造 廠： 南苑航校附屬修理廠
首　　飛： 1914 年
機長 / 翼展 / 機高： 7.13/13.4（一說為 10）/2.55 米
全　　重： 730 千克
引　　擎： 1 台"土地神"型轉缸型發動機，80 馬力（Gnome）
最大速度： 約 90 千米 / 小時
升　　限： 360 米
武　　備： 1 挺哈奇開斯機槍
裝備範圍： 北京政府

簡 史：

　　"槍車"由南苑航校附屬修理廠廠長潘世忠主持研製，是中國製造的第一架武裝軍用飛機。該機結合"高德隆"型和"法曼"型飛機的特點，與"法曼 MF.11"的外觀頗為相似，機首兩側寫有編號"1"，裝有 1 挺哈奇開斯機槍，發動機為 1 台自損壞的"高德隆"型教練機上拆卸的"土地神"（一說此發動機為漢陽兵工廠仿製）。

　　本機於 1914 年製成，命名為"槍車"，又稱"槍車 1 號"，由於試飛中發現其發動機溫度容易過熱，因此未投入正式使用。

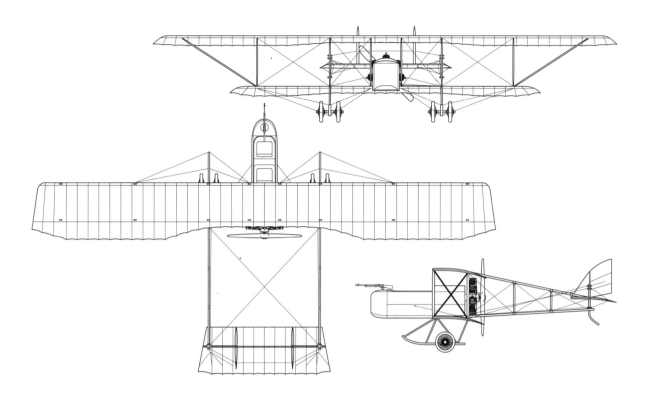

"槍車"教練機三視圖

"槍車"教練機

飛機製造工程處 甲型

Aircraft Factory Chia

機　種：水上教練機

用　途：訓練 / 偵察 / 轟炸

乘　員：2 人

製 造 廠：福州船政局飛機製造工程處

首　飛：1920 年

機長 / 翼展 / 機高：9.32/13.7/3.88 米

淨重 / 全重：836/1063 千克

航　程：340 千米

升　限：3690 米

引　擎：1 台柯蒂斯 OX-5 型 V 型 8 缸液冷發動機，100 馬力 (Curtiss OX-5)

最大速度 / 巡航速度：126/104 千米 / 小時

武　備：4 枚炸彈

裝備範圍：中國海軍

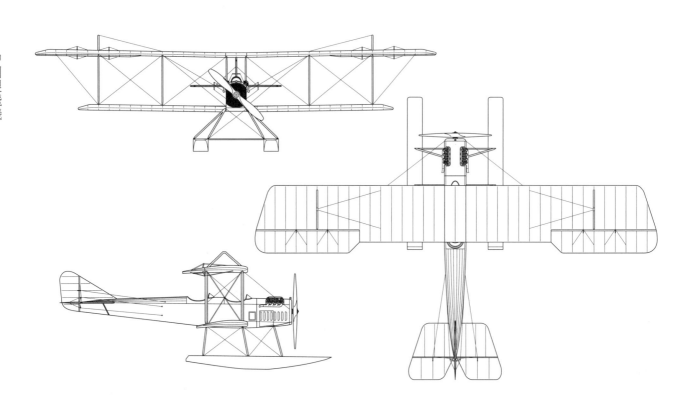

甲型水上教練機三視圖

簡　史：

　　甲型是中國海軍自製的第 1 種飛機，其結構和佈局與 "波音 C" 型水上飛機非常相似（"波音 C" 是飛機製造工程處副主任王助於 1916 年為波音公司設計的水上飛機）。甲型除換裝柯蒂斯 OX-5 型發動機，將副翼後緣改為較易加工的直線外，與 "波音 C" 的後期型號幾乎如出一轍。該型飛機裝有雙套控制系統，主要作為初級教練機使用，可攜帶 4 枚手擲炸彈用於轟炸。

　　甲型共製造 3 架，其中第 1 架於 1919 年 8 月製造完成，命名為 "甲型一號"，由於缺乏飛行員，直到 1920 年初，才由廣東護法軍政府飛行專家楊仙逸推薦的飛行員蔡司度試飛，試飛中因失速墜海損毀，蔡司度並未受傷（一說在蔡司度試飛前由楊仙逸試飛成功）。第 2 架於 1920 年 8 月製成，命名為 "甲型二號"，由英國飛行員試飛，獲得成功，飛機製造工程處因此獲得北京政府嘉獎。第 3 架於 1921 年 2 月製成，命名為 "甲型三號"，同年 12 月曾運往江西湖口助戰。"甲型一號" 於 1920 年 2 月報廢；"甲型二號" 1920 年 7 月報廢；"甲型三號" 於 1923 年 3 月報廢，其發動機被拆卸用於 "新甲型三號"（"江鶺"）的製造。

中國製飛機

甲型水上教練機

飛機製造工程處 乙型
Aircraft Factory I

機　　種： 水上教練機

用　　途： 訓練 / 偵察 / 轟炸

乘　　員： 2 人

製　造　廠： 福州船政局飛機製造工程處

首　　飛： 1922 年

機長 / 翼展 / 機高： 9.2/11.49/3.88 米

淨重 / 全重： 825/1050 千克

引　　擎： 1 台豪爾 - 斯考特 A-7 型直列型 4 缸液冷發動機，100 馬力 (Hall-Scott A-7)

最大速度 / 巡航速度： 130/110 千米 / 小時

航　　程： 360 千米

升　　限： 3440 米

武　　備： 4 枚炸彈

裝備範圍： 中國海軍

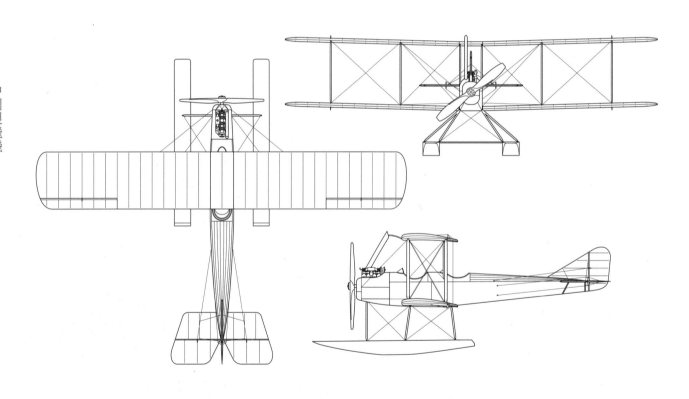

乙型水上教練機三視圖

簡　史：

　　乙型以甲型為基礎研發，換裝 1 台與"波音 C"型水上飛機相同的發動機，並根據發動機的特點縮減了飛機尺寸，機翼改為等翼展佈局，上下翼都安裝有副翼，通過拉線聯動，飛行速度和機動性能均得到提升。

　　乙型於 1922 年 1 月製造完成，僅製造 1 架，命名為"乙型一號"，由海軍部飛行員曹明志試飛成功。1924 年 7 月，該機受孫傳芳命令與軍閥王永泉作戰，擔負偵察任務，並配合陸軍作戰。1925 年 8 月 17 日，福州船政局機棚因颱風倒塌，"乙型一號"被壓壞報廢，其發動機被用於"戊型一號"（"江鳧"）。

中國製飛機

乙型水上教練機

飛機製造工程處 丙型
Aircraft Factory Ping

機　　種：水上轟炸機

用　　途：轟炸 / 運輸　　乘　　員：3+4 人

製 造 廠：福州船政局飛機製造工程處

首　　飛：1924 年

機長 / 翼展 / 機高：12.12/17.67/5.06 米

淨重 / 全重：1910/2950 千克

最大速度 / 巡航速度：165/136 千米 / 小時

航　　程：850 千米

升　　限：3660 米

引　　擎：1 台勞斯 - 萊斯 "鷹" 型 V 型 12 缸液冷
　　　　　發動機，360 馬力（Rolls-Royce Eagle）

武　　備：1 挺可旋轉機槍（機首），8 枚炸彈
　　　　　或 1 枚魚雷

裝備範圍：中國海軍

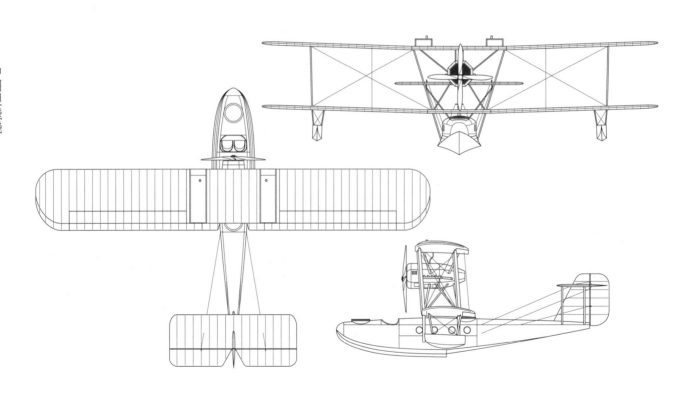

丙型水上轟炸機三視圖

簡　史：

　　丙型是飛機製造工程處研製的唯一一種船身型水上飛機，也是中國海軍於 1949 年前製造的尺寸最大的飛機。該型飛機在設計時較側重載荷能力，可攜帶 8 枚航空炸彈或 1 枚魚雷，也可在艙內搭載 4 名乘客。自衛武器包括機首的 1 挺旋轉機槍，機艙前後設有射擊艙口。

　　丙型共製造兩架，分別於 1924 年 4 月和 1925 年 4 月製成。1925 年 8 月 17 日，福州船政局機棚因颶風倒塌，"丙型二號"被壓壞報廢，其發動機被用於丁型。

丙型水上轟炸機

飛機製造工程處 丁型
Aircraft Factory Ting

機　　種：水上轟炸機

用　　途：運輸/訓練　　乘　　員：3+4人

製 造 廠：福州船政局飛機製造工程處

首　　飛：1924年

機長/翼展/機高：11.12/14.06/5.29米

淨重/全重：1565/2430千克

引　　擎：1台勞斯-萊斯"鷹"型V型12缸
液冷發動機，360馬力（Rolls-Royce
Eagle）

最大速度/巡航速度：177/150千米/小時

航　　程：900千米

升　　限：4900米

武　　備：1挺可旋轉機槍（後座），8枚炸彈
或1枚魚雷

裝備範圍：中國海軍

中國製飛機

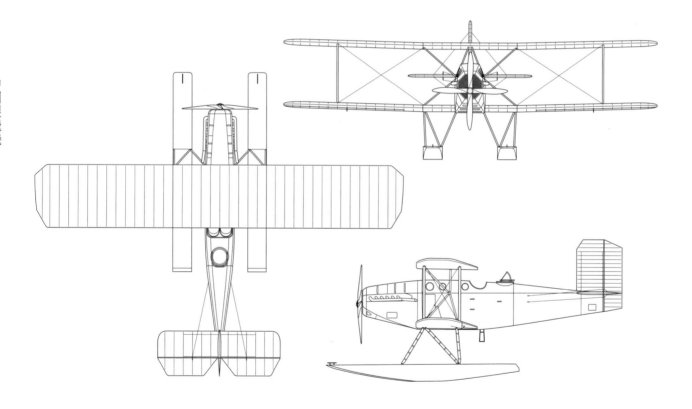

新丁型一號水上轟炸機建成時三視圖

簡　史：

丁型研發於 1920 年代初，裝有 1 台從報廢的"丙型一號"上拆卸的發動機，機翼結構和支撐與同時期的"道格拉斯 DT-2"型魚雷轟炸機非常相似，機身採用與"布雷蓋 Br.14T Bis"型客機相似的客艙設計，上方有圓窗，駕駛艙和觀察員／射擊員艙位於其後，觀察員／射擊員艙裝有環形槍架。

丁型共製造 3 架，第 1 架於 1924 年製成，命名為"丁型一號"，同年 5 月 27 日由俄籍飛行教官米哈伊爾·薩芬諾夫 (Mikhail Safonov) 和學員黃友士試飛，但起飛不久就因機尾脫落而墜毀，薩芬諾夫遇難，黃友士倖存。第 2 架於 1928 年 7 月製成，命名為"新丁型一號"，安裝的是報廢的"丁型一號"的發動機，1929 年海軍署實施新命名規範後命名為"海鷹"。其建成時上翼後緣平直，後增加切口以增強駕駛艙視野。第 3 架於 1929 年 3 月製成，安裝的是原"丙型二號"的發動機，命名為"海雕"。丁型服役後主要用於訓練和運輸任務，1931 年退役報廢。

丁型水上轟炸機

中國製飛機

飛機製造工程處 新甲型三號
Aircraft Factory New Chia 3

機　　種：水上偵察 / 教練機

用　　途：訓練 / 轟炸　　乘　　員：2 人

製 造 廠：福州船政局飛機製造工程處

首　　飛：1926 年

機長 / 翼展 / 機高：9.15/11.5/3.75 米

淨重 / 全重：813/1040 千克

引　　擎：1 台柯蒂斯 OX-5 型 V 型 8 缸液冷發
　　　　　動機，100 馬力（Curtiss OX-5）

最大速度 / 巡航速度：130/110 千米 / 小時

航　　程：390 千米　　升　　限：3600 米

武　　備：4 枚炸彈

裝備範圍：中國海軍

新甲型三號水上偵察 / 教練機

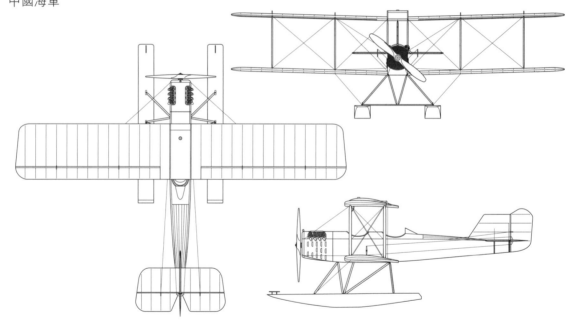

新甲型三號 "江鶄" 水上偵察 / 教練機三視圖

簡　史：

　　"新甲型三號"的設計與甲型飛機非常相似，裝有 1 台報廢的甲型三號上拆卸的發動機，機翼改為雙翼等翼展佈局，垂直尾翼為梯形，浮筒支柱強化，油箱位於上翼中央。

　　該機僅製造 1 架，1926 年製成，1929 年海軍署實施新命名規範後命名為"江鶄"，曾參加北伐戰爭，於 1926 年 11 月使用燃燒彈和炸彈轟炸北洋軍閥張毅部。

飛機製造工程處 戊型
Aircraft Factory New Wu

機　　種：水上偵察 / 教練機

用　　途：訓練 / 轟炸

乘　　員：2 人（戊一）/3 人（戊二、戊三）

製 造 廠：福州船政局飛機製造工程處

首　　飛：1927 年

機長 / 翼展 / 機高：7.82/10.8/3.72 米（戊一），
　　　　　　　　7.94 米 /10.8/3.72 米（戊二、戊三）

淨重/全重：700/935 千克（戊一），620/920 千克
　　　　　　（戊二、戊三）

航　　程：450 千米（戊一），500 千米（戊二/戊三）

升　　限：3970 米（戊一），4260 米（戊二/戊三）

最大速度 / 巡航速度： 145 /127 千米 / 小時（戊一），
　　　　　　　　165/140 千米 / 小時（戊二、戊三）

引　　擎：1 台豪爾斯考特 A-7 型直列型 4 缸液
　　　　　冷發動機，100 馬力（Hall-Scott A-7）
　　　　　（戊一）；1 台布里斯托爾・路西法
　　　　　型 W 型 3 缸氣冷發動機，120 馬力
　　　　　（Bristol Lucifer）（戊二、戊三）

武　　備：4 枚炸彈

裝備範圍：中國海軍

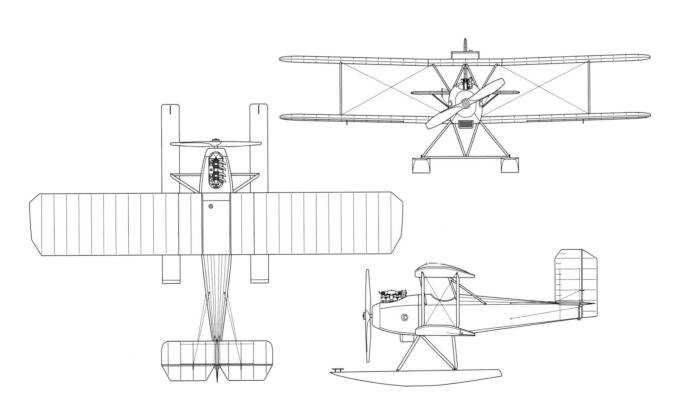

戊型一號水上偵察 / 教練機三視圖

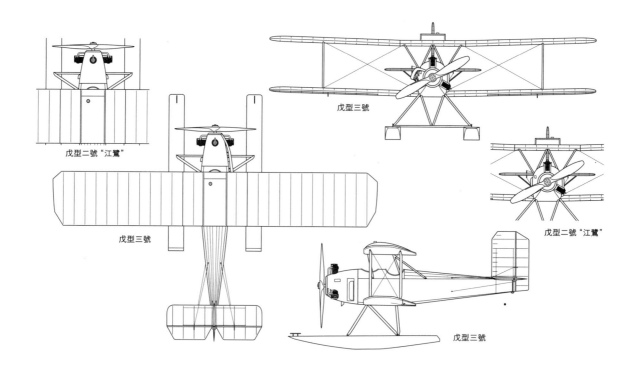

戊型二號"江鶩"

戊型三號

戊型三號

戊型二號"江鶩"

戊型三號

戊型二、三號水上偵察 / 教練機三視圖

簡　史：

　　戊型以丁型為基礎研發，外觀與丁型比較相似，由於採用小功率發動機，因此縮小尺寸並取消炸彈艙 / 客艙，其觀察員 / 射擊員艙位於機翼前方，以獲得良好視界，並列式雙座駕駛艙則位於其後。

　　該型飛機共製造 3 架。其中"戊型一號"於 1927 年 1 月製成，1929 年海軍署實施新的命名規範後命名為"江梟"，裝有 1 台從報廢的乙型飛機上拆卸的發動機，下方裝有散熱器。由於該發動機功率較小，因此該機沒有機首觀察員 / 射擊員艙。"戊型二號"於 1927 年 4 月完工，命名為"江鶩"。"戊型三號"於 1927 年 9 月完工，沒有獲得新規範命名。戊型三號與戊型二號的最顯著區別在於"戊型三號"發動機右側裝有排氣管。

1. 戊型一號"江鳧"水上偵察 / 教練機,其發動機、螺旋槳、駕駛艙與戊型二號、三號有着顯著區別。

2. 飛機製造工程處搬至上海後,留在福州的四架飛機,自左至右分別為:戊型三號、戊型一號"江鳧"、戊型二號"江鷺"和新甲型三號"江鸛"。

3. 戊型三號水上偵察 / 教練機,其前為巴玉藻、王助、曾詒經。

龍華飛機製造廠 "舍特勒爾" BI
Taiyuan Aircraft Factory Schoettler BI

機　　種：教練機

用　　途：訓練

乘　　員：2 人

製 造 廠：龍華飛機製造廠

首　　飛：1923 年

機長 / 翼展 / 機高：8.35/12.4/3.15 米

淨重 / 全重：744/1160 千克

引　　擎：1 台梅賽德斯型直列型 6 缸發動機，160 馬力（Mercedes）

最大速度：196 千米 / 小時

裝備範圍：浙江

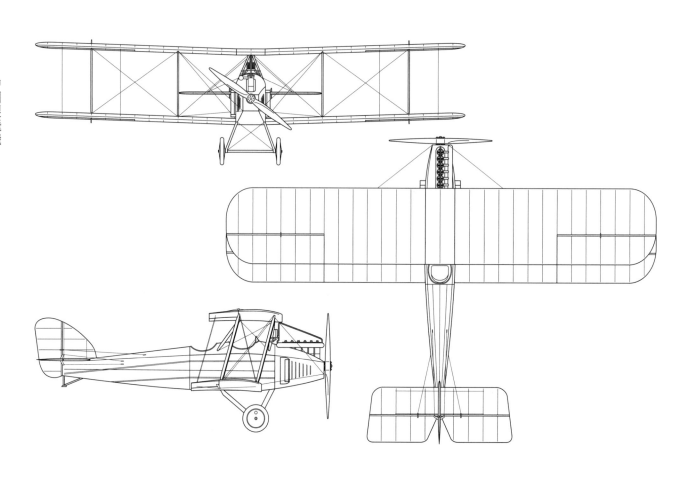

"舍特勒爾" BI 教練機三視圖

簡　史：

　　"舍特勒爾"BI 是中國地方勢力自行製造的首架飛機，由浙江督軍盧永祥聘請的德籍工程師費迪南德·利奧波德·舍特勒爾（Ferdinand Leopold Schoettler）設計，是 1 架傳統佈局的雙翼機，機首外側裝有方形散熱器，上下翼均裝有副翼，通過拉線聯動。

　　"舍特勒爾"BI 於 1923 年 2 月製成，僅製造 1 架。由於缺乏合適的飛行員，該機直到同年 8 月才由英籍飛行員 W·E·B·荷蘭德少校（Major W·E·B·Holland）試飛。由於所使用的燃料並非適合發動機的航空汽油，因此該機升空後發動機出現故障，迫降時起落架損壞，荷蘭德受傷，自製飛機的計劃因此取消，舍特勒爾後被聘請至山西。

　　據荷蘭德報告稱，除"舍特勒爾"BI 之外，同時動工的還有 5 架雙座單發飛機，其中 1 架裝有與"舍特勒爾"BI 相同發動機，2 架安裝 260 馬力梅賽德斯發動機，2 架安裝 250 馬力奔馳發動機。這些飛機也隨着自製飛機計劃的取消而停止製造。

中國製飛機

"舍特勒爾"BI 教練機

太原飛機製造廠"舍特勒爾"BIII/S4/C5
Taiyuan Aircraft Factory Schoettler BIII/S4/C5

機　　種：教練機

用　　途：訓練　　乘　　員：2 人

製 造 廠：太原飛機製造廠

首　　飛：1925 年 (BIII) /1926 年 (S4)

機長 / 翼展 / 機高：8.85/12.1/3 米

引　　擎：1 台比爾德莫爾型直列型 6 缸液冷
　　　　　發動機，160 馬力 (Beardmore)

裝備範圍：山西

"舍特勒爾"BIII 教練機

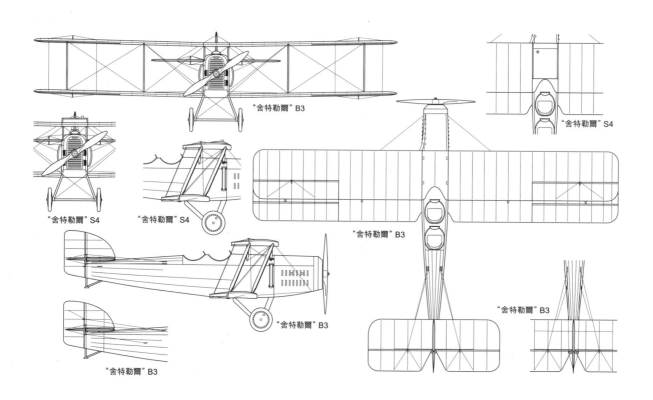

"舍特勒爾"B3

"舍特勒爾"S4

"舍特勒爾"S4

"舍特勒爾"S4

"舍特勒爾"B3

"舍特勒爾"B3

"舍特勒爾"B3

"舍特勒爾"B3

"舍特勒爾"B3

"舍特勒爾"BIII/S4 教練機三視圖

簡　史：

　　"舍特勒爾" BIII 由山西兵工廠下轄的太原飛機製造廠聘請的德籍工程師舍特勒爾設計，發動機、零部件和材料以"摩托艇發動機"等名義購自英國飛機處置公司（Aircraft Disposal Company）。該機於 1924 年春開始製造，次年製成，9 月 1 日試飛成功，後交山西空軍訓練使用。1926 年 2 月 2 日因機身後部斷裂墜毀。

　　"舍特勒爾" S4 是 BIII 的量產型號，是中國地方勢力第一種批量自製且裝備部隊的飛機。該型飛機進一步強化機身結構，水平、垂直尾翼間增加 1 對拉線，油箱安裝於上翼中央，尾翼操縱面的拉線穿入機身的位置與 BIII 不同。該型飛機共製造 2 架，其中第 1 架於 1926 年 5 月製成。

　　舍特勒爾曾計劃在 S4 基礎上研發 "舍特勒爾" C5 型偵察機，換裝 300 馬力雷諾 12 型發動機，但因山西當局認為其研製的飛機成本過高，因此於 1926 年 8 月將舍特勒爾辭退，C5 計劃隨之取消。

中國製飛機

山西空軍的"舍特勒爾" S4 教練機，右側是 1 架 FBA 17。

廣東航空局"樂士文"號

Canton Aviation Bureau Rosamonde

機　　種： 偵察 / 教練機

用　　途： 偵察 / 訓練 / 轟炸

乘　　員： 2 人

製 造 廠： 廣東航空局

首　　飛： 1923 年

機長 / 翼展 / 機高： 6.55/9.45/2.75 米

全　　重： 730 千克

引　　擎： 1 台柯蒂斯 OXX-6 型 8 缸 V 型液冷發
動機，100 馬力（Curtiss OXX-6）

最大速度： 120 千米 / 小時

裝備範圍： 廣東革命政府

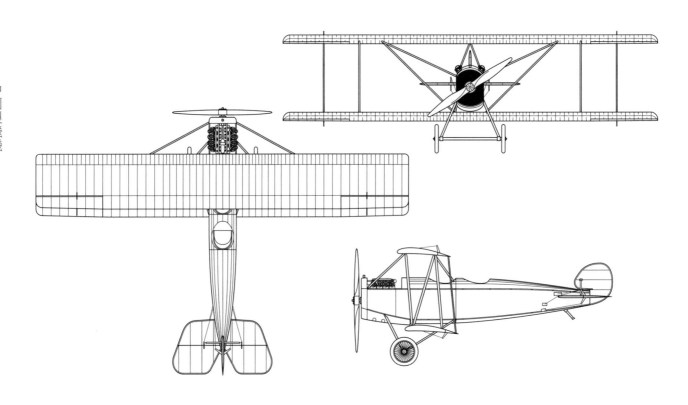

"樂士文"號偵察 / 教練機三視圖

簡　史：

　　"樂士文"號由廣東航空局局長楊仙逸與美籍飛機工程師共同設計，除發動機、散熱器、油箱、螺旋槳、儀錶等重要部件採用航空局庫存材料之外，其餘部分均自製而成。

　　該機於 1923 年 6 月製成，同年 7 月由黃光銳試飛成功（一說為 6 月 12 日由美籍航空教官哈利·韋恩·艾伯特試飛成功），飛行性能良好，孫中山根據宋慶齡的英文名字 Rosemonde 音譯命名為"樂士文"號。由於該機是廣東航空局製造的首架飛機，後機身兩側漆有"1"，因此又稱"樂士文 1 號"。孫中山與宋慶齡曾在飛機前方合影留念，並由黃光銳駕駛該機搭載宋慶齡在廣州上空盤旋飛行。該機後撥給廣東革命政府飛機隊使用，同年 9 月曾參與討伐陳炯明的惠州之戰。1923 年 10 月 3 日，陳炯明派人潛入大沙頭機場縱火，"樂士文"號與 3 架未建成的飛機和機庫一些設施被焚毀。

建造中的"樂士文"機，翼肋數量清晰可辨

山東第四兵工廠 "奧斯特"

Shantung No.4 Arsenal Oster

機　　種：教練機

用　　途：偵察 / 訓練 / 轟炸

乘　　員：4 人

製 造 廠：山東第四兵工廠

機長/翼展：約 8/ 約 12 米

引　　擎：1 台寶馬型直列型 6 缸液冷發動機，230 馬力（BMW）

裝備範圍：山東

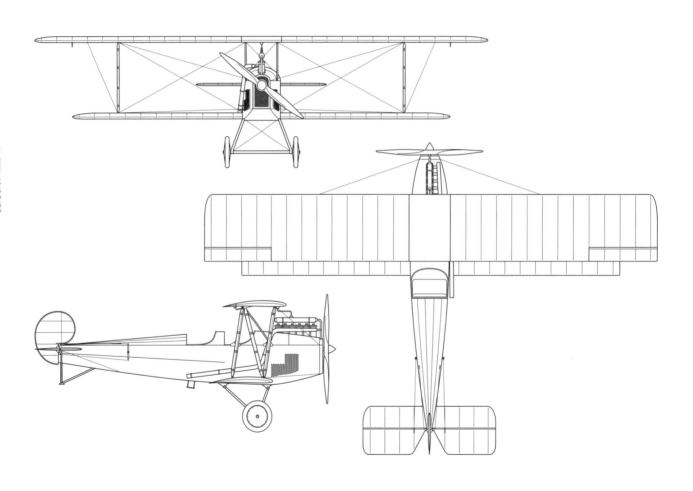

"奧斯特" 教練機三視圖

"奧斯特"教練機與其設計者弗朗茨·奧斯特

簡　史：

　　"奧斯特"由山東第四兵工廠聘請的德籍工程師弗朗茨·奧斯特（Franz Oster）設計，其設計圖紙據稱來自於德國卡斯帕公司。該機除發動機、儀錶及少量器材之外，全部採用中國生產的材料，座艙位於機身中部，為前後縱列雙艙式，每艙並置 2 個座位，沒有安裝風擋玻璃。

　　"奧斯特"於 1927 年 4 月開始製造，12 月 16 日製成，僅製造 1 架。同年 12 月 25 日，該機運往濟南測試，由於其重量遠超過設計值，因此飛行員拒絕試飛。直到 1928 年 4 月北伐軍攻克濟南，該機仍未試飛，也未與山東空軍其他飛機一起運往東北，仍滯留濟南，後下落不詳。

艾特利切"鴿"

Etrich Taube

機　　種： 教練機

用　　途： 訓練　　乘　　員： 2 人

製 造 廠： 維亞納汽車—飛機公司（Motor-
Luftfahrzeug Gesellschaft Wien）

首　　飛： 1909 年

機長 / 翼展 / 機高： 9.85/14.35/3.15 米

淨重 / 全重： 650/870 千克

引　　擎： 1 台梅賽德斯 D-1 型直列型 4 缸液冷
發動機，100 馬力（Mercedes D-1）

最大速度 / 巡航速度： 80/70 千米 / 小時

航　　程： 140 千米

裝備範圍： 北京政府、革命軍

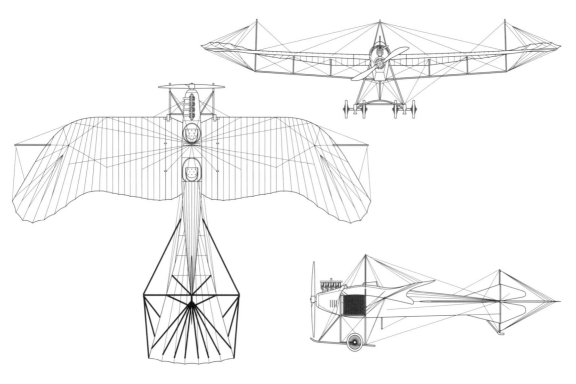

艾特利切"鴿"教練機三視圖

簡　　史：

　　"鴿"由奧匈帝國工程師埃高・艾特利切（Igo Etrich）設計，於 1910 年投產，具有結構堅固、飛行平穩等特點，是航空史上首架投彈轟炸的飛機。

　　1911 年秋，中國航空先驅厲汝燕用華僑捐款在奧地利購得 2 架"鴿"，計劃用於推翻滿清的革命鬥爭，同年 12 月底隨同駐青島德軍訂購的兩架同型飛機一起運抵上海。由於清王朝很快被推翻，該機並未參戰，1912 年 1 月 15 日曾在上海跑馬場進行飛行表演。1912 年 6 月，這兩架飛機被撥給新成立的南京陸軍第三師交通團，次年被袁世凱調往北京，供南苑航校訓練使用。

奧匈帝國製飛機

勞納 R
Lohner R

機　　種：水上偵察機

用　　途：訓練　　乘　　員：4 人

製 造 廠：勞納 - 維爾克公司 (Lohner-Werke)

首　　飛：1915 年

機長 / 翼展 / 機高：10.26/16.2/3.85 米

淨重 / 全重：1150/1700 千克

最大速度：105 千米 / 小時

航　　程：600 千米

升　　限：2500 米

引　　擎：1 台奧斯特 - 戴姆勒型直列型 6 缸液
　　　　　冷發動機，250 馬力 (Austro-Daimler)

武　　備：1 挺可旋轉機槍，200 千克炸彈

裝備範圍：東北

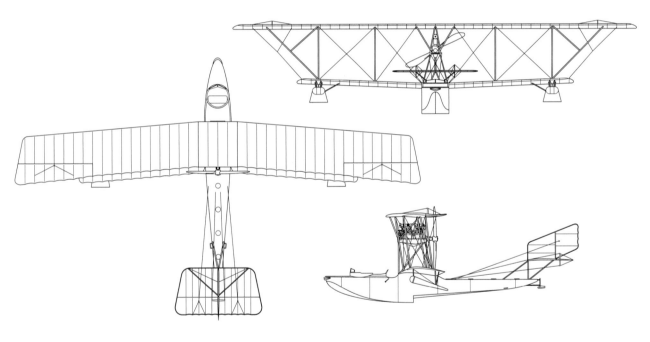

勞納 R 水上偵察機三視圖

簡　　史：

　　勞納 R 是在勞納 L 基礎上推出的拍照偵察型，特點是駕駛艙後部增加一個敞開式並列雙座偵察艙並加裝照相機，同時換裝大功率發動機。

　　1923 年末，奉系軍閥通過瑞士康特公司 (Comte Firm) 購得 8 架二手飛機，其中包括 2 架勞納 R，1924 年 7 月運抵遼寧牛莊交付，主要用於訓練。

"桑麻"雙翼機
Sommer Biplane

機　　種：推進機

乘　　員：1 人

製 造 廠：羅傑・桑麻 (Roger Sommer)

首　　飛：1910 年

機長/翼展：12.5/10.36 米

引　　擎：1 台"土地神歐米茄"型 7 缸轉缸發動機，50 馬力 (Gnome Omega)

裝備範圍：革命軍

法國製飛機

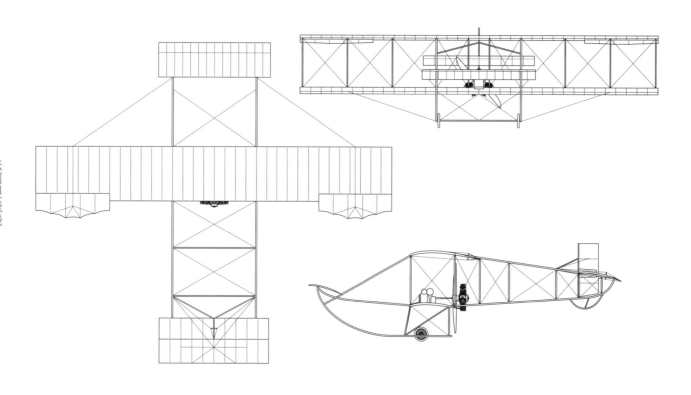

"桑麻"推進機三視圖

簡　　史：

　　"桑麻"由羅傑・桑麻以法曼 III 為基礎研發，於 1910 年投產，改為單垂尾，副翼面積大幅增大。

　　辛亥革命爆發後，湖北軍政府航空隊於 1911 年 11 月成立，由劉佐成擔任隊長，裝備有 2 架"桑麻"式雙翼機。據稱，這 2 架飛機是黎元洪委託上海的一家英國洋行代購，運抵武昌時已損壞；另説這 2 架飛機是同年 5 月在上海墜機身亡的法國飛行家雷納・環龍 (René Vallon) 帶到中國的。

高德隆 D
Caudron Type D

機　　種： 教練機

用　　途： 訓練

乘　　員： 1 人

製 造 廠： 高德隆飛機公司（Société des Avions
　　　　　Caudron）

首　　飛： 1911 年

機長/翼展： 6.7/9.7 米

淨重/全重： 220/350 千克

引　　擎： 1 台安贊尼型星型 6 缸氣冷發動機，
　　　　　45 馬力（Anzani）

最大速度 / 巡航速度： 90/80 千米 / 小時

裝備範圍： 北京政府

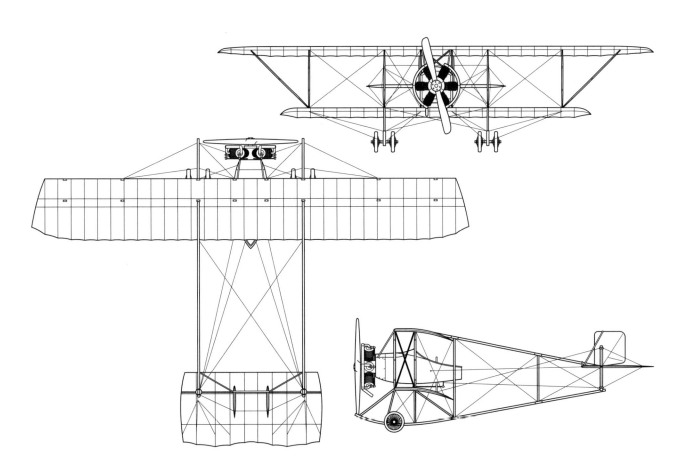

高德隆 D 教練機三視圖

簡　史：

　　高德隆 D 以高德隆 C 為基礎研發，具有結構簡單、容易操控、易於維護、飛行平穩、速度慢等特點。由於該機是單座教練機，在教學飛行過程中，只能由教官講解或地面靜態操作演示，學員自行駕機起飛，一旦出現操作失誤或意外，教官無法給予幫助。所幸該機安全性極佳，即使飛行時操作失誤，大多可安全飄降，不至於造成重大事故，因此在飛行學校中頗受歡迎。

　　1913 年 1 月 14 日，北京政府向高德隆公司購得 12 架高德隆教練機，其中包括 3 架高德隆 D。這批飛機是中國獲得的首批教練機，同年 6 月運抵北京組裝測試，7 月交付南苑航校訓練使用。

法國製飛機

高德隆 D 教練機

高德隆 F

Caudron Type F

機　　種：教練機

用　　途：訓練

乘　　員：1 人

製 造 廠：高德隆飛機公司 (Société des Avions Caudron)

首　　飛：1913 年

機長 / 翼展 / 機高：6.4/10.1/2.6 米

淨　　重：280 千克

引　　擎：1 台 "土地神歐米茄" 型 7 缸轉缸發動機，50 馬力 (Gnome Omega)

最大速度：100 千米 / 小時

裝備範圍：北京政府

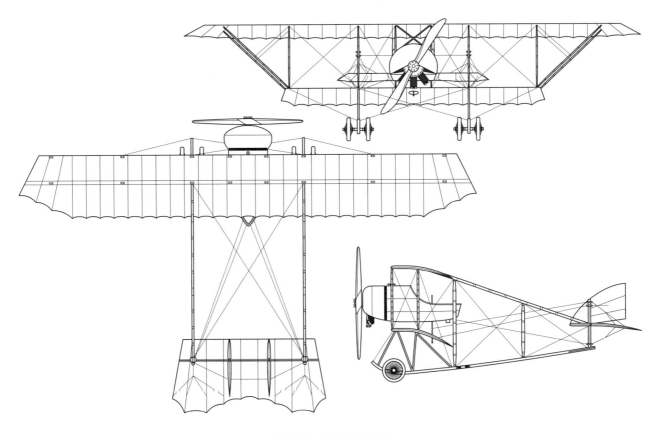

高德隆 F 教練機三視圖

法國製飛機

簡　史：

　　高德隆 F 是高德隆 E 的發展型，特點是換裝大功率的 "土地神歐米茄" 型發動機，裝有馬蹄狀整流罩，垂直尾翼改為三角形。1913 年 1 月 14 日，北京政府向高德隆公司購得 12 架高德隆教練機，其中包括 1 架高德隆 F。

高德隆 G
Caudron Type G

機　　種： 教練機

用　　途： 訓練　　　　**乘　　員：** 2 人

製 造 廠： 高德隆飛機公司 (Société des Avions Caudron)

首　　飛： 1913 年　　　**機長/翼展：** 7.3/13.9 米

淨重/全重： 350/625 千克

引　　擎： 1 台 "土地神歐米茄" 型 7 缸轉缸發動機，50 馬力 (Gnome Omega)

最大速度： 100 千米 / 小時

裝備範圍： 北京政府

南苑航校的高德隆 G 教練機，機前為法籍教官和機械師。

法國製飛機

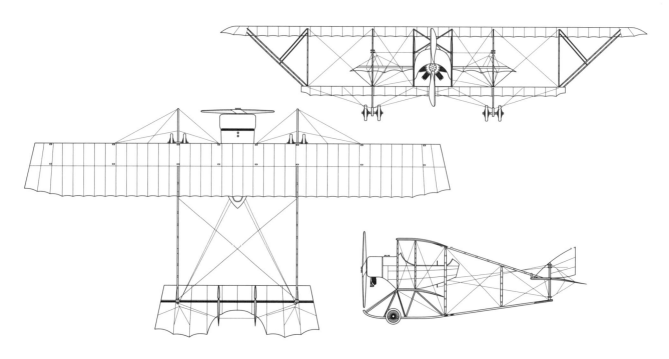

高德隆 G 教練機三視圖

簡　史：

　　高德隆 G 是在高德隆 F 型基礎上研發的雙座型。該型飛機雖為雙座，仍只有一套控制系統，在教學飛行過程中，可由教官駕駛，學員可近距離觀摩學習，對飛行有更直觀的感受；或由學員駕駛，教官乘坐並口授指點，防止出現操作失誤，比單座教練機更適合教學。

　　1913 年 1 月 14 日，北京政府向高德隆公司購得 12 架高德隆教練機，其中包括 4 架高德隆 G。

高德隆 G.II

Caudron Type G.II

機　種：	教練機／水陸兩棲教練機	機長/翼展：	7.25/12.1 米
用　途：	訓練／偵察／轟炸	淨重/全重：	400/700 千克
乘　員：	2 人	引　擎：	1 台"土地神"型 9 缸轉缸發動機，
製造廠：	高德隆飛機公司（Société des Avions		80 馬力（Gnome）
	Caudron）	最大速度/巡航速度：	106/82 千米／小時
首　飛：	1913 年	裝備範圍：	北京政府、東北

簡　史：

　　高德隆 G.II 是高德隆 G 的改良型，延續了高德隆系列教練機結構簡單、容易操控、易於維護、飛行平穩、速度慢、安全性能好等特點，尺寸縮小，換裝大功率發動機，飛行性能提升，駕駛系統仍只有一套。

　　1913 年 1 月 14 日，北京政府向高德隆公司購得 12 架高德隆教練機，其中包括 4 架高德隆 G.II（3 架陸機型和 1 架水陸兩棲型）。除訓練外，這批飛機還先後參加了 1913 年冬季征討內蒙古叛亂和 1914 年春圍剿白朗的戰鬥，擔負偵察、轟炸任務，這是中國軍用飛機最初用於實戰。1915 年 12 月袁世凱稱帝，蔡鍔、李烈鈞、唐繼堯等人在雲南發起"護國運動"，率部進入川、湘等地。北洋政府組織討伐軍迎擊，南苑航校的 4 架高德隆教練機隨軍前往重慶、湖南等處作戰。1917 年 7 月張勳復辟時，段祺瑞組織"討逆軍"逼近北京城，南苑航校校長秦國鏞和王鶚指揮 2 架高德隆教練機參戰並轟炸清宮。此外，1913 年北京政府曾向高德隆公司增訂 4 架高德隆教練機、19 台發動機和用於製造飛機的相關材料，不久後即因財政問題而取消。

　　1919 年後，隨着配備雙套駕駛系統的阿弗羅 504 型教練機進入中國，老舊的高德隆教練機逐漸除役。1920 年直皖戰爭後，約有 3、5 架高德隆教練機被奉系軍閥擄去，成為東北空軍最初的飛機之一，直到 1931 年仍有 1 架該型飛機留在東北空軍序列中，但已停止使用。

法國製飛機

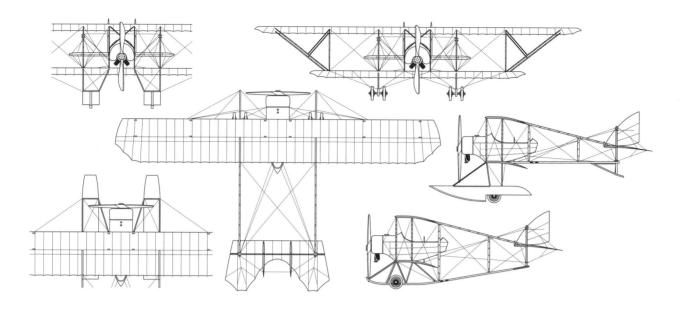

高德隆 G.II 教練機 / 水陸兩棲教練機三視圖

南苑航校的高德隆 G.II 型水栖兩棲教練機,垂直尾翼和下翼下
方漆有北京政府航空隊前期的五色星機徽,上翼則沒有機徽。

高德隆 G.III
Caudron Type G.III

機　　種：	偵察 / 教練機	**淨重/全重**：	420/710 千克
用　　途：	訓練　　**乘　員**：2 人	**引　　擎**：	1 台羅納 9C 型 9 缸轉缸發動機，80 馬力 (Le Rhone 9C)
製 造 廠：	高德隆飛機公司 (Société des Avions Caudron)	**最大速度 / 巡航速度**：	108/86 千米 / 小時
首　　飛：	1914 年	**升　　限**：	4300 米
機長 / 翼展 / 機高：	6.4/13.4/2.5 米	**裝備範圍**：	北京政府、雲南、東北、(山西)

簡　史：

　　高德隆 G.III 以高德隆 G.II 為基礎研發，其上翼後緣增加切口，以通用標準式副翼取代傳統軟邊後緣副翼，飛行性能獲得顯著提升，機動性更加靈活，很受飛行員歡迎，在一戰初期廣泛用於偵察、訓練、觀測、對地攻擊等任務。

　　1921 年 10 月，法國飛行員羅奎斯 (Roques) 和馬西 (Masse) 駕駛 1 架 G.III 飛往中國展示，次年 8 月 26 日將該機贈予北京政府。1923 年末，雲南軍閥唐繼堯向法國購買了 6 架 G.III 和 3 台備用發動機，供雲南航校訓練使用。第二次直奉戰爭期間，為迅速增強空軍實力，奉系軍閥自法國大量購買飛機，其中就包括 10 架 G.III。1931 年 "九·一八事變" 後，部分尚可使用的該機被日軍擄獲。1926 年 8 月，山西軍閥閻錫山亦曾通過歐亞洋行訂購 2 架 G.III 和 3 架 Br.14A2，但因故未能交付。

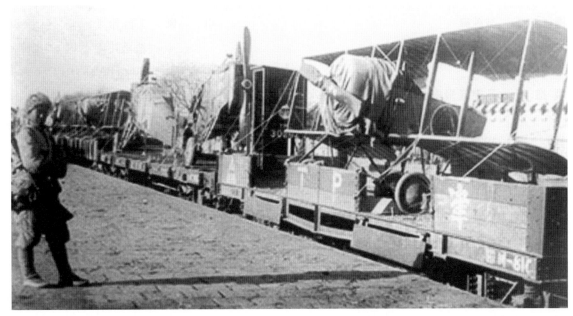

"九·一八事變" 後被日軍擄獲的高德隆 G.III 教練機

法國製飛機

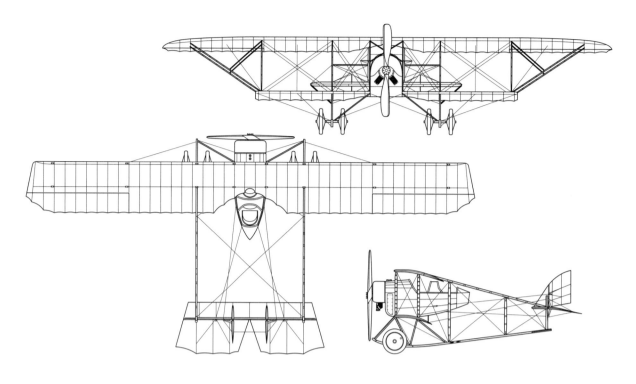

高德隆 G.III 偵察 / 教練機三視圖

高德隆 C.59
Caudron C.59

機　　種：教練機

用　　途：訓練 / 偵察 / 轟炸

乘　　員：2 人

製 造 廠：高德隆飛機公司 (Société des Avions Caudron)

首　　飛：1921 年

機長 / 翼展 / 機高：7.8/10.24/2.9 米

淨重 / 全重：700/988 千克

引　　擎：1 台希斯巴諾 - 蘇莎 8Ab 型 V 型 8 缸液冷發動機，180 馬力 (Hispano-Suiza 8Ab)

最大速度 / 巡航速度：180/138 千米 / 小時

航　　程：500 千米

升　　限：5500 米

裝備範圍：國民政府、浙江、廣東、東北、五省聯軍

簡　史：

　　C.59 是在 C.27 型教練機基礎上推出的中級教練機，裝有雙套控制系統，結構堅固，飛行性能良好，發動機性能可靠，主要用於培訓戰鬥機飛行員。

正在裝載炸彈的東北空軍高德隆 C.59

1923 年，浙江軍閥盧永祥通過元利洋行（Chapeaux Frères & Co.）購得 6 架法國飛機，其中包括 4 架 C.59，1924 年江浙戰爭（齊盧戰爭）後被直系軍閥孫傳芳獲得。與之同時，奉系軍閥亦通過歐亞洋行（Boixo Frères）購得 6 架該型飛機，1924 年 1 月交付，其後又增購 10 架（一說 24 架）。增購的 C.59 裝有炸彈架，可攜帶 2 枚 50 千克或 4 枚 25 千克炸彈，其中至少 4 架於 1925 年隨飛豹隊撥給山東督軍張宗昌建立空軍，另有數架於 1925 年 10—11 月間被江蘇督軍孫傳芳擄獲，後編入五省聯軍航空隊。1926 年北伐戰爭開始後，奉系軍閥又撥給孫傳芳 6 架 C.59。1927 年北伐軍攻克杭州後，五省聯軍航空隊被策反起義，編入北伐軍東路軍航空隊參戰，其中包括 5 架 C.59，後編入南京國民政府空軍。1928 年，林偉成和陳卓林在法國為廣東當局購得 17 架老舊型號的飛機，其中即包括 1 架高德隆飛機，可能是 C.59（一說該機為 1 架古爾多 - 萊斯勒爾戰鬥機）。除此外，1929 年春，上海虹橋航空工廠在 C.59 基礎上仿製了 1 架 "成功第一號"。

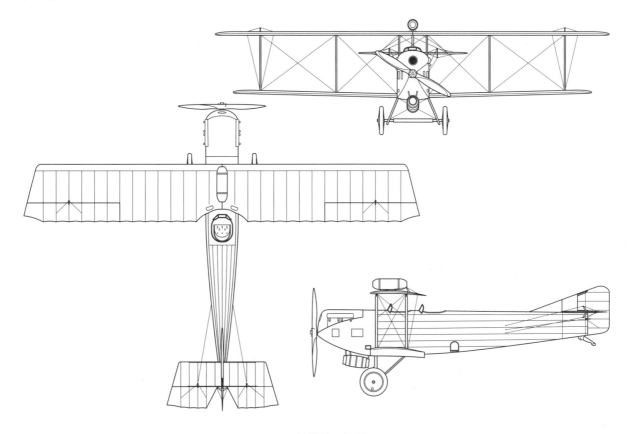

C.59 教練機三視圖

莫拉納 - 索爾尼埃 H

Morane-Saulnier H

機　　種：	運動機	淨重/全重：	188/444 千克
用　　途：	偵察 / 轟炸	引　　擎：	1 台羅納 9C 型旋轉 9 缸發動機，80 馬力 (Le Rhone 9C)
乘　　員：	1 人		
製 造 廠：	莫拉納 - 索爾尼埃飛機公司 (Aéroplanes Morane-Saulnier)	最大速度：	120 千米 / 小時
		航　　程：	177 千米
首　　飛：	1913 年	升　　限：	1000 米
機長 / 翼展 / 機高：	5.84/9.12/2.26 米	裝備範圍：	中華革命軍

簡　史：

　　莫拉納 - 索爾尼埃 H 型以 G 型為基礎研發，曾在多次航空比賽中取得優秀成績，對著名的福克式戰鬥機影響深遠。1914 年 5 月，日本飛行員荻田常三郎將 1 架該型飛機帶至日本，獲伏見王子命名為 "翦風" 號 (Sempu-go)。1915 年 1 月 3 日，荻田駕駛該機失事喪生，"翦風" 號受損，後被京都飛行後援會修復，命名為 "第二翦風" 號 (No.2 Sempu-go)，由荻田同事牧野保管。

　　1916 年 5 月 4 日，中華革命黨近江八日市飛行學校開學後，自牧野手中租借 "第二翦風" 號用於訓練。6 月 26 日該機隨飛行學校遷往山東濰縣，編入中華革命軍航空隊第 3 組，由牧野負責維護保養。護國運動（第二次討袁戰爭）結束後，中華革命軍航空隊改編為教練機大隊，1916 年 12 月解散，"第二翦風" 號被運回日本。

在濰縣塔子坡飛機場的
"第二翦風" 號（右）和 "坂本式 6 號"

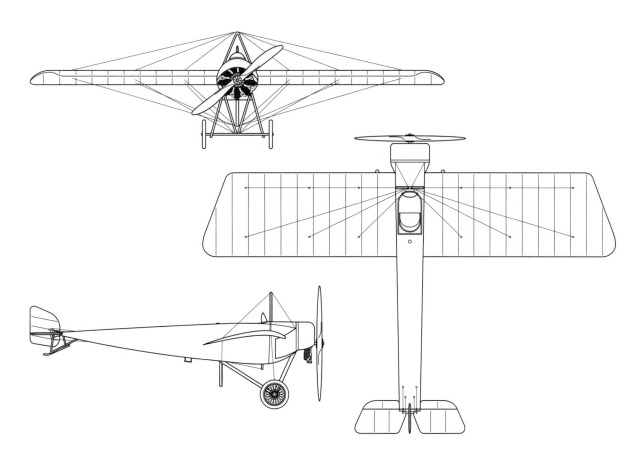

"第二翦風"號運動機三視圖

莫拉納-索爾尼埃 AR 35EP-1/EP-2
Morane-Saulnier AR 35EP-1/EP-2

機　　種：教練機　　用　　途：訓練

乘　　員：2 人　　首　　飛：1915 年

製 造 廠：莫拉納-索爾尼埃飛機公司 (Aéroplanes
　　　　　Morane-Saulnier)

機長/翼展/機高：6.75/10.56/3.6 米

淨重/全重：460/700 千克

引　　擎：1 台羅納 9C 型旋轉 9 缸發動機，80
　　　　　馬力 (Le Rhone 9C)

最大速度/巡航速度：125/87 千米/小時

航　　程：360 千米

升　　限：4250 米

裝備範圍：北京政府、國民政府、廣東、五省
　　　　　聯軍、山西、浙江

備　　註：莫拉納-索爾尼埃 AR 35EP-2 參數

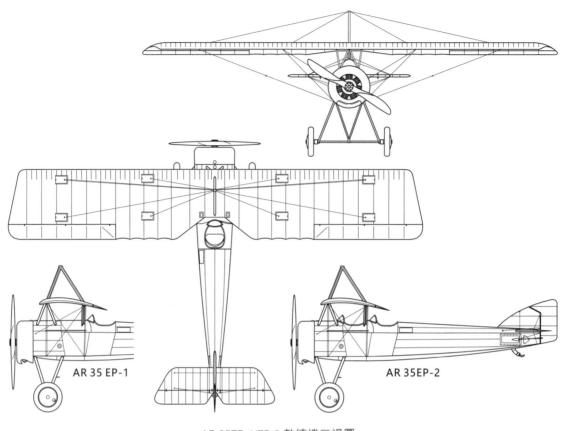

AR 35EP-1/EP-2 教練機三視圖

簡　史：

　　AR 35（又稱 MS.35）是 LA 型偵察機的發展型，具有多種亞型。AR 35EP-1 是供美國遠征軍使用的單座教練型；AR 35EP-2 是雙座教練型，主要供法國空軍使用和出口。

　　據稱，1920 年時南苑航校曾裝備 2 架 AR 35EP-2，具體狀況不詳。1922 年，浙江督軍盧永祥通過元利洋行向法國購買一批飛機，其中包括 AR 35EP-1 和 EP-2 各 1 架，1923 年 11 月 21 日運抵上海交付浙江航空隊。江浙戰爭後，該機被孫傳芳獲得，編入五省聯軍航空隊。1927 年北伐軍攻克杭州後，五省聯軍航空隊被策反起義，其中包括 1 架 AR 35EP-2，編號"中山 12"號，後編入南京國民政府空軍。山西當局曾於 1926 年購得 5 架 AR 35EP-2，運抵中國後一直扣押於天津，直到 1929 年才交付。據說山西訂購的是安裝 300 馬力發動機的新飛機，但接收時發現是 80 馬力發動機的二手飛機，因此拒收。1927 年 3 月，東北空軍也擁有 1 架具體型號不詳的莫拉納 - 索爾尼埃飛機，可能也是 AR 35EP-2。

北伐軍自五省聯軍俘獲的 AR 35EP-2，
右側是 1 架 FBA 17，
左側為高德隆 C.59。

莫拉納 - 索爾尼埃 MS.130

Morane-Saulnier MS.130

機　　種：教練機

用　　途：訓練

乘　　員：2 人

製 造 廠：莫拉納 - 索爾尼埃飛機公司 (Aéroplanes Morane-Saulnier)

首　　飛：1925 年

機長 / 翼展 / 機高：6.97/10.7/2.85 米

淨重/全重：793/1149 千克

引　　擎：1 台薩爾姆森 9Ab 型星型 9 缸氣冷發動機，230 馬力 (Salmson 9Ab)

最大速度 / 巡航速度：162/208 千米 / 小時

航　　程：510 千米

升　　限：5000 米

裝備範圍：廣東

法國製飛機

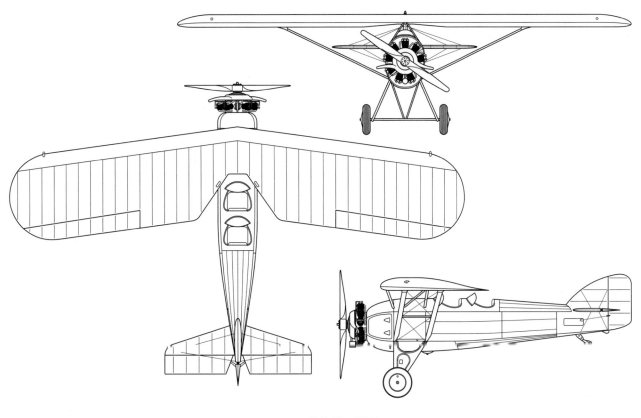

MS.130 教練機三視圖

簡　史：

　　MS.130 以 MS.129 為基礎研發，1926 年投產，主要供法國海軍使用和出口。1928 年，林偉成和陳卓林在法國為廣東當局購得 17 架老舊型號的飛機，其中包括 1 架 MS.130（一說為 AR 35EP-2）。

莫拉納 - 索爾尼埃 "車夫"
Morane-Saulnier Rouleur

製 造 廠： 莫拉納 - 索爾尼埃飛機公司 (Aéroplanes Morane-Saulnier)

裝備範圍： 浙江

簡　史：

"車夫"是在教練機基礎上改造的陸地滑行教練機，主要由軍方、航校等機構利用現有飛機自行改造而成，並非飛機公司研發的型號。"車夫"通常換裝功率較小的發動機，拆除副翼等裝置，以確保其無法起飛。

1922年，浙江督軍盧永祥通過元利洋行向法國購得4架莫拉納 - 索爾尼埃單翼機，其中包括2架安裝40-50馬力"土地神"發動機的"車夫"。

斯帕德 戰鬥機
Spad Fighter

製 造 廠： 航空及航空用品公司 (Société pour l'aviation et ses dérivés)

裝備範圍： 東北

簡　史：

第二次直奉戰爭結束後，奉系俘獲的戰利品包括1架斯帕德戰鬥機，具體狀況不詳，可能是曹錕於1922年9月購得的10架飛機之一。

紐波特 軍用機
Nieuport Military Aircraft

製 造 廠： 紐波特公司 (Nieuport)

裝備範圍： 保定、河南、東北、五省聯軍

簡　史：

據稱，直系軍閥曹錕曾於1922年9月自法國洋行購得10架飛機，其中可能包括數架紐波特飛機。1923年，保定航校的航空工程師曾製成1架紐波特戰鬥機，裝有1台110馬力的羅納發動機，並於南苑試飛成功。一說該機是在紐波特 NiD.29C1 基礎上仿製的，但沒有資料證實。

1924年9—11月的第二次直奉戰爭，直系戰敗，其所屬的保定航校一度被倒戈的馮玉祥部接收，其中包括1架紐波特偵察機。奉系則自直系俘獲37架飛機，其中包括1架紐波特戰鬥機。1925年10月，直系軍閥孫傳芳以自奉系和盧永祥處俘獲的幾架飛機為基礎，組建五省聯軍航空隊，裝備有1架已無法使用的紐波特戰鬥機。1926年1月底，五省聯軍航空隊遷至上海虹橋機場，其中有1架紐波特教練機，具體狀況不詳，可能是當年曹錕於購自法國的10架飛機之一。

布雷蓋 Br.14A2/B2/400

Breguet Br.14A2/B2/400

機　　種：偵察 / 轟炸機（A2）/ 轟炸機（B2）

用　　途：偵察 / 轟炸 / 訓練 / 攻擊

乘　　員：2 人

製 造 廠：路易斯・布雷蓋航空公司（Société
des Ateliers d'Aviation Louis Breguet）

首　　飛：1916 年

機長 / 翼展 / 機高：8.87/14.36/3.3 米

淨重 / 全重：1010/1520 千克（A2），1040/1780 千
克（B2）

引　　擎：1 台雷諾 12Fe 型 V 型 12 缸液冷發動
機，300 馬力（Renault 12Fe）

最大速度 / 巡航速度：175/130 千米 / 小時（A2），
178/150 千米 / 小時（B2）

航　　程：390 千米（A2）/900 千米（B2）

升　　限：6300 米（A2）/5750 米（B2）

武　　備：1 挺固定式 7.7 毫米維克斯機槍（機
首左側），1 挺固定式 7.7 毫米劉易
斯機槍（機首右側 A2），2 挺可旋轉
的 7.7 毫米劉易斯機槍（後座），4
枚 10 千克炸彈（A2），32 枚 10 千克
炸彈或最多 317 千克炸彈（B2）

裝備範圍：（北京政府）、東北、浙江、廣東、
國民政府、雲南、五省聯軍、山西、
中國海軍

備　　註：Br.14A2/B2 參數

法國製飛機

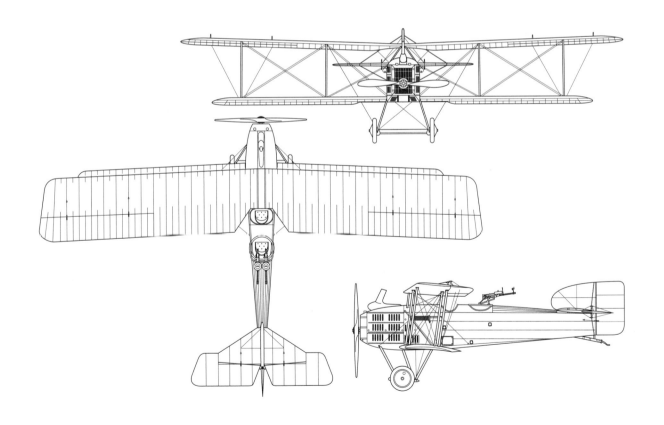

Br.14A2 偵察 / 轟炸機三視圖

簡　史：

　　Br.14（又稱 Bre.14）研發於一戰期間，1916 年投產，具有容易操控、機動靈活、堅固耐用、飛行速度快、用途廣泛、載彈量大等特點，並有多種亞型，是一戰後期協約國的主力日間轟炸機。Br.14A2 是偵察 / 轟炸型，配備照相機和無線電裝置，機首右側加裝 1 挺機槍，翼下可掛載 4 枚輕型炸彈。Br.14B2 是日間轟炸型，下翼翼展擴大，裝有全翼幅式自動襟翼和凸出於下翼前緣的炸彈架，後座觀察、轟炸員艙左右增加透明窗。Br.14/400 是換裝 400 馬力洛林 - 迪特里奇 12Da 型發動機的外銷中國型。

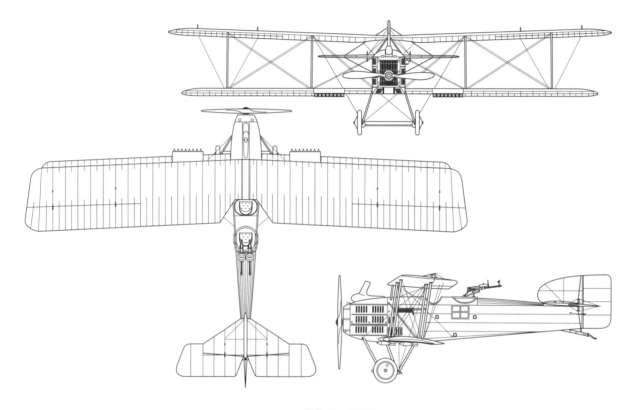

Br.14B2 轟炸機三視圖

　　Br.14 是 1920 年代中國裝備數量最多，裝備範圍最廣的飛機，在中國航空史上有着非常重要的影響和作用，堪稱當時中國最重要的軍用飛機。1922 年 9 月，雲南軍閥唐繼堯向法國購得 6 架 Br.14A2，次年初交付，是中國獲得的首批該型飛機，交付後供雲南航校作為高級教練機使用。1927 年龍雲繼任雲南省政府主席後，又增購 2 架，次年 1 月 11 日交付。該型飛機除訓練外，曾參與平定莫朴叛亂和圍剿紅軍等作戰。1922 年，浙江軍閥盧永祥通過元利洋行購得一批法國飛機，其中包括 4 架 Br.14A2、2 架 Br.14T Bis 和 4 架莫拉納 - 索爾尼埃型教練機（一說為 5 架 Br.14B2、3 架 Br.14T Bis 和 4 架莫拉納 - 索爾尼埃型教練機）。這些飛機自法屬印度支那運至海門後，改由中國海軍 "超武" 號軍艦運往上海，以免被海關查獲，次年 11 月 21 日運抵龍華，其中 1 架 Br.14A2 被借給法國飛行家佩爾蒂・多伊西用於長途飛行，其餘飛機則於江浙戰爭後被直系軍閥孫傳芳繳獲。

法國製飛機

1923 年，奉系軍閥張作霖通過歐亞洋行購得 12 架布雷蓋飛機，其中包括 2 架 Br.14A2、4 架 Br.14B2、4 架 Br.16Bn2 和 2 架 Br.14T Bis（一說為 Br.14A2、Br.16Bn2 各 5 架，Br.14T Bis2 架），同年 11 月 28—29 日運抵牛莊，這批飛機除 Br.14T Bis 外均配備有機槍和炸彈架。1924 和 1925 年，奉系再次購買 18 架 Br.14B2 和 40 架 Br.14/400，該型飛機遂成為東北空軍的主力戰機，多次參戰，擔負偵察、轟炸、巡邏、訓練等任務，直到 1931 年仍有 34 架在役，"九·一八事變"後被日軍擄獲。1925 年 10 月，奉系將飛豹隊調往濟南，歸山東軍閥張宗昌指揮，其中包括至少 4 架 Br.14，這些飛機後於南京被北伐軍繳獲。1925 年 10—11 月，江蘇督軍孫傳芳擊潰奉系楊宇霆後，俘獲 4 架 Br.14，與先前接收浙江航空隊的該型飛機一併編入五省聯軍航空隊。

1924 年夏，北京政府向法國訂購 12 架布雷蓋飛機，其中包括 8 架 Br.14，因故未交付。1925 年，山西軍閥閻錫山通過歐亞洋行購得 2 架 Br.14A2 和 5 台雷諾 12 型發動機，9 月運抵太原。其中 1 架在試飛中墜毀，另 1 架結構腐蝕破敗；1926 年 8 月閻錫山通過歐亞洋行又訂購 3 架 Br.14A2，因故未交付。

1927 年北伐軍攻克杭州後，五省聯軍航空隊被策反起義，其中包括 2 架 Br.14，後編入北伐軍航空隊使用，編號"中山 2"和"中山 23"號。1927 年 4 月北伐軍攻克南京，俘獲山東空軍的數架 Br.14，後編入南京國民政府空軍，其中至少 3 架直到 1937 年仍在服役。

1928 年，林偉成和陳卓林在法國為廣東當局購買 17 架飛機，其中包括 9 架 Br.14B2。1930 年初，四川當局先後向法國購買 2 批共 6 架 Br.14A2，分別於 4、8 月交付，曾參加劉湘與劉文輝之間的"二劉戰爭"和圍剿紅軍等軍事行動。四川當局還曾計劃用其中 3 架與其他 5 架飛機經營滬蓉航線，旋因中國航空公司已承接該航線而取消。

1928 年 6 月，中國海軍向法屬安南當局購得 6 架 Br.14，命名為："海鶯"、"海鶿"（一說為"海鶯"或"海鶿"）、"海鶿"、"海鳳"、"海鶬"和"海鸛"。

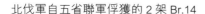

北伐軍自五省聯軍俘獲的 2 架 Br.14

布雷蓋 Br.14T Bis
Breguet Br.14T Bis

機　　種：客機

用　　途：運輸　　乘　　員：1+4 人

製　造　廠：路易斯・布雷蓋航空公司（Société
　　　　　　des Ateliers d'Aviation Louis Breguet）
　　　　　　Louis Breguet）

首　　飛：1921 年

裝備範圍：東北、浙江、廣東

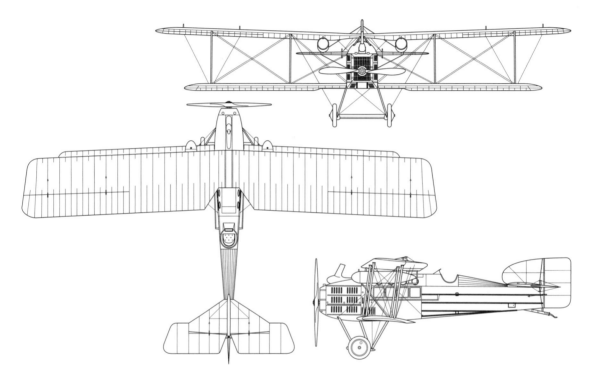

Br.14T Bis 客機三視圖

簡　史：

　　Br.14T Bis 是在 Br.14 基礎上改造的商用型，特點是以封閉式客艙替換機身油箱和前部駕駛艙，油箱懸掛於上翼下方，機背大幅加高，但因此也導致駕駛員視野惡化。該機除客運外，也可用於貨運或醫療救護，曾創多項飛行記錄。

　　1923 年，浙江軍閥盧永祥通過元利洋行購得一批法國飛機，其中包括 2 架 Br.14T Bis。同年，奉系軍閥通過歐亞洋行購買 12 架布雷蓋飛機，其中包括 2 架該型飛機，11 月 28—29 日運抵牛莊後，與 2 架漢德利・佩季 O/7 一起用於奉天（今瀋陽）至營口的航線，以訓練飛行員遠程飛行能力。1928 年，林偉成和陳卓林為廣東當局購得 17 架飛機，其中包括 2 架 Br.14T Bis，1930 年撥給廣東省政府，用於經營廣州至梧州的航線。

布雷蓋 Br.16Bn2
Breguet Br.16Bn2

機　　種：夜間轟炸機　　用　　途：轟炸

乘　　員：2 人　　首　　飛：1918 年

製　造　廠：路易斯・布雷蓋航空公司（Société des Ateliers d'Aviation Louis Breguet）

機長 / 翼展 / 機高：9.55/16.96/3.32 米

淨重 / 全重：1265/2200 千克

引　　擎：1 台雷諾 12Fe 型 V 型 12 缸液冷發動機，300 馬力（Renault 12Fe）

最大速度 / 巡航速度：160/140 千米 / 小時

航　　程：900 千米

升　　限：4600 米

武　　備：1 挺固定式 7.7 毫米維克斯機槍（機首左側），2 挺可旋轉的 7.7 毫米劉易斯機槍（後座），炸彈 550 千克

裝備範圍：東北

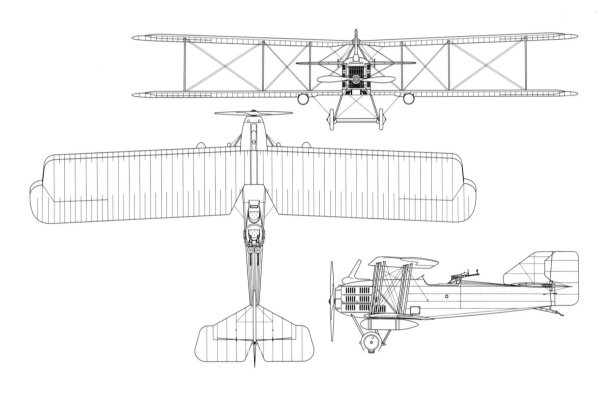

Br.16Bn2 夜間轟炸機三視圖

法國製飛機

簡　史：

　　Br.16Bn2 以 Br.14 為基礎研發，實質上是 Br.14 的放大版本，1920 年代初投產，曾參加敘利亞和摩洛哥的局部戰爭。1923 年，奉系軍閥通過歐亞洋行購得 12 架布雷蓋飛機，其中包括 4、5 架安裝雷諾 12Fe 型發動機的 Br.16Bn2，11 月 28—29 日交付。

布雷蓋 Br.19A2 / B2

Breguet Br.19A2/B2

機　　種： 偵察機（A2）/ 轟炸機（B2）

用　　途： 偵察　　**乘　　員：** 2 人

製 造 廠： 路易斯・布雷蓋航空公司（Société des Ateliers d'Aviation Louis Breguet）

首　　飛： 1922 年

機長 / 翼展 / 機高： 9.61/14.83/3.69 米

淨重/全重： 1387/2500 千克（A2），1393/2500 千克（B2）

引　　擎： 1 台洛林 - 迪特里奇 12Ed "麻鷸" 型 W 型 12 缸液冷發動機，450 馬力（Lorraine-Dietrich 12Ed Courlis）

最 大 速 度 / 巡 航 速 度： 214/186 千米 / 小時（A2），230/216 千米 / 小時（B2）

航　　程： 800 千米

升　　限： 7200 米（Br.19A2），6700 米（Br.19B2）

武　　備： 1 挺固定式 7.7 毫米維克斯機槍（機首），2 挺可旋轉 7.7 毫米劉易斯機槍（後座），10 枚 12 千克炸彈（Br.19A2），472 千克炸彈（Br.19B2）

裝備範圍：（北京政府）、東北

法國製飛機

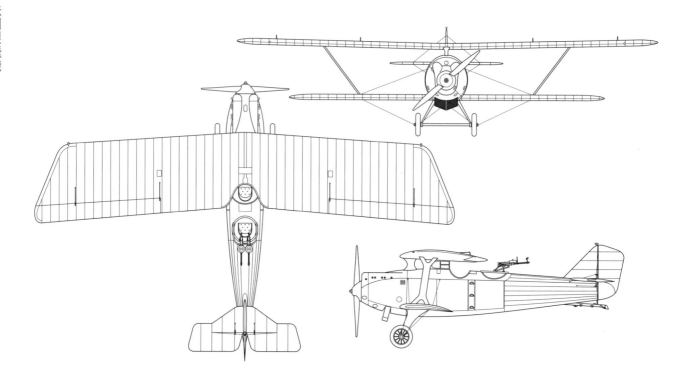

Br.19A2 偵察機三視圖

法國飛行家佩爾蒂·多伊西的 "3 號" Br.19A2

簡　史：

　　Br.19（又稱 Bre.19）於 1921 年 11 月在巴黎航展首度亮相，是 Br.14 的後繼機，具有多種亞型。Br.19A2 是偵察觀測型，Br.19B2 是日間轟炸型，二者外形幾乎完全相同，主要區別在於配備的轟炸裝置和炸彈攜載量不同。

　　1924 年夏季，北京政府向法國訂購 12 架布雷蓋飛機，其中包括 4 架 Br.19，因故未交付。同年 4 月，奉系軍閥向法國訂購 70 架 Br.19B2，同樣未交付。1924 年 4 月 24 日，法國飛行家佩爾蒂·多伊西（Pelletier d'Oisy）駕駛經改裝的 Br.19A2 進行巴黎至東京的國際長途飛行，這架飛機被命名為 "3 號"，5 月 18 日飛抵廣州，5 月 20 日在上海附近墜毀。浙江軍閥盧永祥將 1 架 Br.14A2 借給多伊西繼續飛行，"3 號" 交龍華飛機製造廠修理，後被歐亞洋行售予奉系軍閥，1930 年由俄籍飛行員駕駛時損壞報廢。

Br.19GR "汽油桶"
Br.19GR Bidon

機　　種：特種飛機

用　　途：偵察／訓練　　乘　　員：2人

製 造 廠：路易斯・布雷蓋航空公司 (Société
　　　　　des Ateliers d'Aviation Louis Breguet)

引　　擎：1 台雷諾 12Kb 型 V 型 12 缸液冷發
　　　　　動機，550 馬力 (Renault 12Kb)

裝備範圍：東北

Br.19GR 特種飛機

法國製飛機

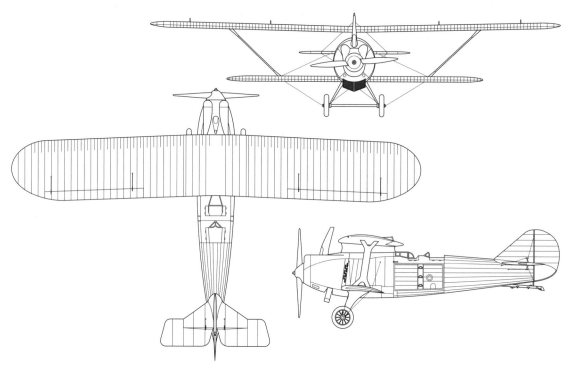

Br.19GR 特種飛機三視圖

簡　史：

　　Br.19GR 是在 Br.19A2 基礎上改造的增程型，其油箱容量擴大，部分換裝新設計的機翼和垂直尾翼，並採用不同品牌的發動機，曾創多項飛行記錄。

　　1929 年，法國飛行員阿拉徹特 (Arrachart) 和瑞格諾特 (Rignot) 駕駛 1 架 Br.19GR 進行國際長途飛行，8 月 22 日飛抵瀋陽，後因無法從蘇聯獲得經西伯利亞飛返法國的許可，導致飛行無法繼續，Br.19GR 被售予東北當局，"九・一八事變"後被日軍擄獲。

施萊克 FBA 17 HE.2/HMT.2/HT.4
Schreck FBA 17 HE.2/HMT.2/HT.4

機　　　種：水陸兩棲教練機

用　　　途：訓練 / 偵察 / 轟炸

乘　　　員：2 人

製 造 廠：路易斯 - 施萊克法英航空公司
（Hydravions Louis Schreck FBA）

首　　　飛：1921 年

機長 / 翼展 / 機高：8.94/12.87/3.2 米

淨重/全重：850/1125 千克

引　　　擎：1 台希斯巴諾 - 蘇莎 8Ac 型 V 型 8
缸液冷發動機，180 馬力（Hispano-
Suiza 8Ac）

最大速度 / 巡航速度：150/122 千米 / 小時

航　　　程：360 千米

升　　　限：3000 米

裝備範圍：廣東革命政府、國民政府、浙江、廣
東、五省聯軍、東北、山西、中國海
軍、偽滿洲國

備　　　註：FBA 17 HMT.2 參數

1 架迫降失敗的 FBA 17 HMT.2

法國製飛機

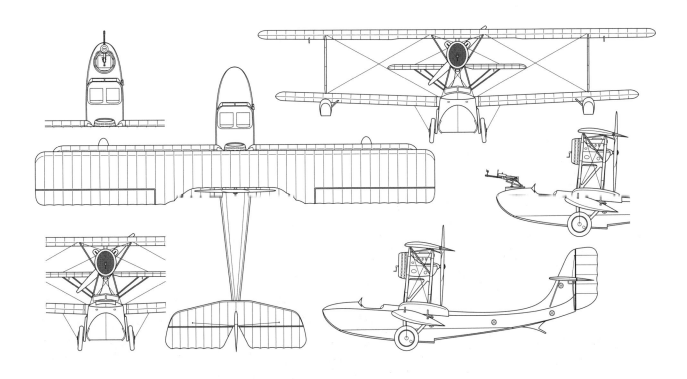

FBA 17 HMT.2 水陸兩棲教練機三視圖

FBA 17 研發於一戰後，外形美觀，用途廣泛，頗受市場歡迎，具有多種亞型。其中，HE.2 是水上教練型；HMT.2 是加裝可收放起落架的水陸兩棲教練型；HT.4 是四座運輸型。

1923 年，浙江督軍盧永祥通過元利洋行購得 6 架法國飛機，其中包括 2 架 FBA 17 HMT.2，供莧橋航空教練所使用，江浙戰爭後被直系軍閥孫傳芳獲得，編入五省聯軍航空隊。1924 年 8 月，奉系軍閥通過歐亞洋行購得 7 架該型飛機，其中包括 6 架 HMT.2 和 1 架 HE.2，8 月 27 日運往中國。次年初，奉系軍閥增購 30 架 FBA 17，其中 4 架因未付款而被歐亞洋行轉售山西。奉系軍閥將 12 架 FBA 17 和 6 架 FBA 19 撥給東北海軍，曾搭載於東北海軍的水上飛機母艦 "鎮海" 號上，是中國最早的艦載機之一。北伐開始後，奉系又將 3、4 架該型飛機撥給直系軍閥孫傳芳，用於與北伐軍作戰。1929 年，奉系軍閥又自法國遠東航空公司（Compagnie Aērienne Francaise d'Extrēme-Orient）購得 4 架二手 FBA 17 HT.4。1931 年 "九·一八事變" 後，東北的 FBA 17 除駐紮在青島的 6 架外，全部被日軍擄獲，其中 2 架交給偽滿洲國海邊警察隊使用，編號 "海邊 5" 和 "海邊 6"，曾參加 1933 年的營口閱艦式；未被擄獲的 6 架 FBA 17 被中國海軍接收。中國海軍將接收的 FBA 17 前部增加了偵察 / 射擊員艙，並加裝環形槍架和機槍。

1927 年，北伐軍攻克杭州後，五省聯軍航空隊被策反起義，其中包括至少 1 架 FBA 17，後編入南京國民政府空軍。1926 年，歐亞洋行將 4 架東北訂購但未付款的 FBA 17 HMT.2 送至山西展銷，但僅售出 1 架，1928 年失事損壞。

東北海軍的 FBA 17 HMT.2

法國製飛機

施萊克 FBA 19 HMB.2

Schreck FBA 19 HMB.2

機　　種： 水陸兩棲轟炸機

用　　途： 轟炸 / 訓練　乘　員： 2 人

製 造 廠： 路易斯 - 施萊克法英航空公司

　　　　　 (Hydravions Louis Schreck FBA)

首　　飛： 1924 年

機長 / 翼展 / 機高： 9.85/14.4/3.8 米

淨重 / 全重： 1300/1860 千克

引　　擎： 1 台希斯巴諾 - 蘇莎 8Fb 型 V 型 8 缸液

　　　　　 冷發動機，300 馬力 (Hispano-Suiza 8Fb)

最大速度 / 巡航速度： 184/151 千米 / 小時

航　　程： 400 千米

升　　限： 6000 米

武　　備： 1 挺可旋轉 7.7 毫米劉易斯機槍，

　　　　　 200 千克炸彈

裝備範圍： 東北、中國海軍、偽滿洲國

法國製飛機

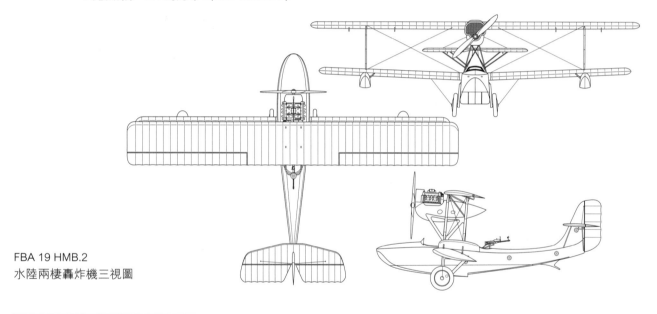

FBA 19 HMB.2
水陸兩棲轟炸機三視圖

簡　史：

　　FBA 19 以 FBA 17 為基礎研發，其尺寸擴大，推進方式改為拉進式，機身前端兩側裝有 2 組小型炸彈架。此型機共有 3 種亞型，其中 HMB.2 為水陸兩棲型。

　　1924 年 12 月，奉系軍閥通過歐亞洋行購得 7 架 FBA 19 HMB.2，與先前購得的 FBA 17 和 "維京" IV 在葫蘆島組成 "飛龍隊"，隊員均為俄籍人員。後有 6 架該型飛機撥給東北海軍，曾搭載於東北海軍水上飛機母艦 "鎮海" 號，是中國最早的艦載機之一。1927 年 7 月 22 日和 9 月 3 日，為阻止北伐軍，"鎮海" 號曾施放該型飛機轟炸連雲港新浦等地和江南造船所，這是中國海軍艦載機首次應用於實戰。1931 年 "九·一八事變" 後，該型飛機除在青島的 2 架外，其餘全部被日軍擄獲，其中 4 架移交偽滿洲國海邊警察隊使用，編號 "海邊 1" 至 "海邊 4"，曾參加 1933 年的營口閱艦式。位於青島的 2 架則被中國海軍接收使用。

漢諾 HD.14
Hanriot HD.14

機　種： 教練機　　**用　途：** 訓練

乘　員： 2 人　　**首　飛：** 1920 年

製 造 廠： 漢諾飛機公司 (Aéroplanes Hanriot et Cie.)

機長 / 翼展 / 機高： 7.25/10.87/3 米

淨重 / 全重： 555/810 千克

引　擎： 1 台羅納 9C 型旋轉 9 缸發動機，80 馬力 (Le Rhone 9C)

最大速度 / 巡航速度： 110/80 千米 / 小時

航　程： 180 千米

升　限： 4000 米

裝備範圍： 廣東

法國製飛機

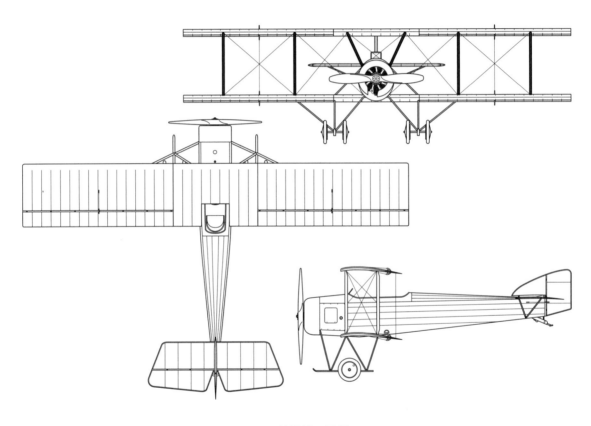

HD.14 教練機三視圖

簡　史：

　　HD.14（又稱 HD.14 EP2）研發於 1920 年代，具有結構簡單、堅固耐用、飛行平穩、安全性極佳等特點，自推出起就廣受歡迎，除法軍使用外，也用於外銷。

　　1928 年，林偉成和陳卓林在法國為廣東當局購得 17 架飛機，其中包括 4 架 HD.14。這些飛機於 5 月運抵中國，HD.14 交付廣東航校訓練使用。

漢諾 HD.32
Hanriot HD.32

機　　種： 教練機　　**用　　途：** 訓練

乘　　員： 2 人　　**首　　飛：** 1924 年

製 造 廠： 漢諾飛機公司 (Aéroplanes Hanriot et Cie.)

機長 / 翼展 / 機高： 7.11/9.2/2.95 米

淨重/全重： 510/760 千克

引　　擎： 1 台華特 NZ 120 型旋轉 9 缸發動機，120 馬力 (Walter NZ 120)

最大速度 / 巡航速度： 120/95 千米 / 小時

航　　程： 200 千米

升　　限： 3850 米

裝備範圍： 東北

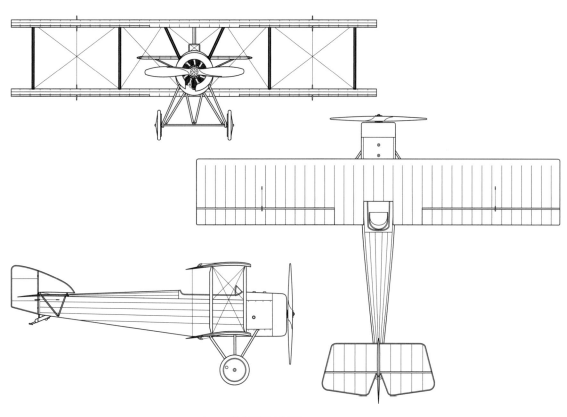

HD.32 教練機三視圖

法國製飛機

簡　史：

　　HD.32 是 HD.14 的發展型，沿用 HD.14 的發動機和氣動佈局，尺寸縮減，結構改為金屬製，換裝新設計的起落架，主要用於出口。

　　1923 年末，奉系軍閥向瑞士孔德公司 (Comte) 購得 8 架二手飛機，其中包括 3 架安裝華特 NZ120 型發動機的 HD.32，1924 年 7 月運抵牛莊。

波泰茨 VIII
Potez VIII

機　　種：教練機　　**用　　途**：訓練

乘　　員：2 人　　**首　　飛**：1920 年

製 造 廠：亨利・波泰茨飛機公司（Aéroplanes Henry Potez）

機長 / 翼展 / 機高：5.72/8/2.5 米

淨重 / 全重：330/555 千克

引　　擎：1 台安贊尼型星型 6 缸氣冷發動機，70 馬力（Anzani）

最大速度：145 千米 / 小時

升　　限：4000 米

裝備範圍：山東、東北

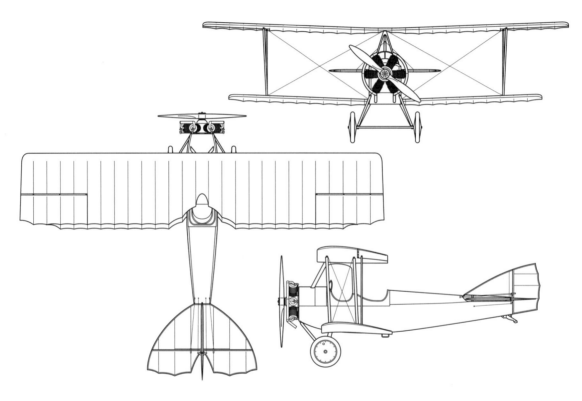

波泰茨 VIII 教練機三視圖

法國製飛機

簡　　史：

　　1919 年在巴黎航展上首次亮相的波泰茨 VIII 是波泰茨 VII 的發展型，其早期型裝有非常獨特的四輪式起落架，以確保螺旋槳在着陸時不會碰觸地面。

　　1925 年，山東督軍張宗昌向法國購得 6 架波泰茨 VIII，同年秋季交付山東航空教練所，次年 9 月 13 日，5 架該型飛機被一場風暴損壞，旋即修復。北伐戰爭期間，張宗昌與奉系合力抗拒北伐軍，結果戰敗，1928 年 4 月，濟南被北伐軍攻下，山東空軍的飛機、設備被奉系軍閥接收，併入東北空軍，5 架尚可使用的波泰茨 VIII 亦在其內。

波泰茨 25A.2
Potez 25A.2

機　　種：偵察 / 觀測機

用　　途：偵察 / 轟炸

乘　　員：2 人

製 造 廠：亨利・波泰茨飛機公司（Aéroplanes Henry Potez）

機長 / 翼展 / 機高：9.1/14.14/3.67 米

淨重 / 全重：1470/2400 千克

引　　擎：1 台洛林 - 迪特里奇 12Eb 型 W 型 12 缸液冷發動機，450 馬力（Lorraine-Dietrich 12Eb）

最大速度 / 巡航速度：208/175 千米 / 小時

航　　程：1000 千米

升　　限：5800 米

武　　備：1 挺固定式 7.7 毫米維克斯機槍（機首右側），2 挺可旋轉的 7.7 毫米劉易斯機槍（後座），炸彈 200 千克

裝備範圍：國民政府、東北

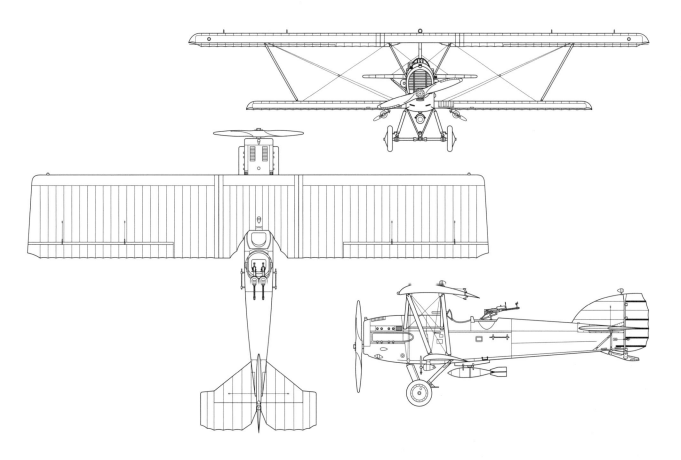

波泰茨 25A.2 偵察 / 觀測機三視圖

法國製飛機

簡　史：

　　波泰茨 25A.2 是波泰茨 25 型偵察／轟炸機的亞型，1925 年投產，是波泰茨 25 的主要生產型號之一，配備有夜戰設備，主要用於觀測、偵察、對地攻擊等任務。

　　1928 年，奉系軍閥向法國購得 25 架波泰茨 25A.2，次年 5 月前全部運抵中國，組裝測試後交付，其中 2 架安裝的是 360 馬力勞斯－萊斯型發動機。1929 年 9 月至 11 月，中蘇之間爆發"中東路事件"武裝衝突，東北空軍派遣 10 架該型飛機前往黑龍江依蘭和昂昂溪駐紮，以期支援陸軍作戰，但由於沒有防凍措施，該機只勉強執行數次偵察任務而無法直接參戰，對戰局沒有產生影響。1931 年 7 月，駐防華北的軍閥石友三投靠汪精衛的廣州政府，遭到蔣介石和張學良夾擊，東北空軍派出包括 5 架波泰茨 25A.2 在內的 20 架飛機前往關內協助陸軍作戰，由於該機裝有夜戰設備，可晝夜持續出擊，對石友三部造成重創，終致其全軍覆沒。1931 年"九·一八事變"後，除 1 架該機被國民政府空軍接收外，其餘均被日軍擄獲。由於該機機齡較新，日軍將其編入關東軍服役，命名為"保真式"，曾參與入侵熱河和長城戰役。

東北空軍機庫內的波泰茨 25A.2

古爾多－萊斯勒爾戰鬥機
Gourdou-Leseurre Fighter

製 造 廠： 古爾多－萊斯勒爾公司（Gourdou-Leseurre）

裝備範圍： 廣東

簡　史：

　　1928 年，林偉成和陳卓林在法國為廣東當局購得的飛機中包括 1 架古爾多－萊斯勒爾單座單翼戰鬥機（一說為高德隆 C.59）。這些飛機於 1928 年 5 月運抵中國，其中大部分均陳舊無法使用，後經舉報涉嫌收賄，最終導致林、陳二人被革職。

法曼 水上飛機
Farman Hydroglisseurs

製 造 廠： 法曼航空工程（Farman Aviation Works）

引 　 擎： 1 台雷諾發動機，160 馬力（Renault）

裝備範圍： 河南

簡　史：

　　1924 年，兵敗至湖北的直系河南督軍張福來購得 2 架法曼型水上飛機，在長江流域使用，具體狀況不詳。

柯蒂斯 D 型
Curtiss Model D

機　　種：推進機

用　　途：訓練

乘　　員：1 人

製 造 廠：柯蒂斯飛機公司 (Curtiss Aeroplane
　　　　　Company)

首　　飛：1910 年

機長 / 翼展 / 機高：8.92/11.66/2.39 米

淨重 / 全重：318/519 千克

引　　擎：1 台柯蒂斯型 V 型 8 缸液冷發動機，
　　　　　75 馬力 (Curtiss)

最大速度：80 千米 / 小時

裝備範圍：革命軍

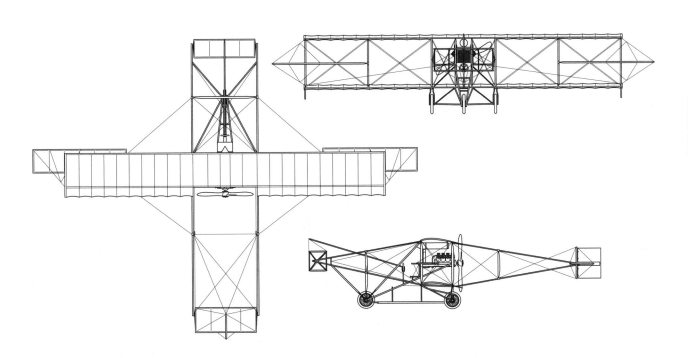

柯蒂斯 D 型推進機三視圖

美國製飛機

簡　史：

　　柯蒂斯 D 型由美國飛行先驅格倫・哈蒙德・柯蒂斯（Glenn Hammond Curtiss）設計，是航空史上首種批量生產的飛機，也是第一種在船上起降的飛機。

　　1911 年 10 月武昌起義爆發後，同盟會會員梅培奉命在海外購買飛機，聘請人員，組建飛行隊回國參戰。"華僑革命飛行團"於 1911 年 11 月在美國舊金山成立，購得 6 架柯蒂斯 D 型飛機，分兩批海運回國。其中首批 3 架於 12 月 30 日運抵上海，次年 1 月 6 日轉運至南京，駐紮於玄武湖附近演武廳；第二批飛機則於 1912 年 1 月運抵上海，暫存於江南製造局。在歷經 1 月 20 日和 2 月初的兩次試飛失敗後，第 3 架飛機試飛成功，極大鼓舞了革命軍士氣。但未及參加軍事行動，1912 年 2 月 12 日清宣統帝宣佈退位，飛行團遂暫停活動，後在前往廣州時被北洋政府發現並阻止，被迫解散，飛機下落不明。

美國製飛機

華僑革命飛行團的柯蒂斯 D 型推進機

柯蒂斯 D 後期型
Curtiss Model D Later Type

機　　種：推進機

用　　途：訓練

乘　　員：1 人

製 造 廠：柯蒂斯飛機公司（Curtiss Aeroplane Company）

裝備範圍：廣東革命政府

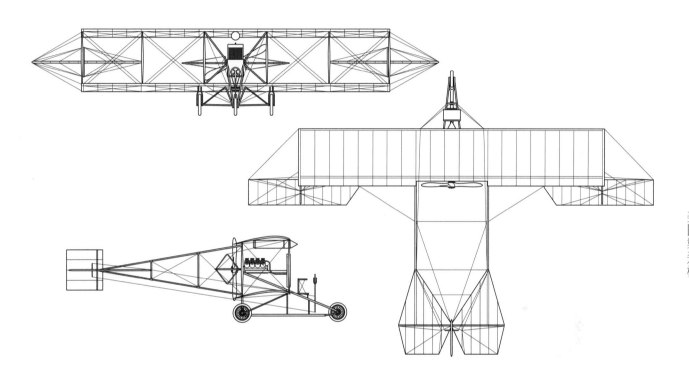

柯蒂斯 D 後期型推進機三視圖

簡　史：

　　柯蒂斯 D 後期型是 D 型的改良型，其升降舵、副翼的安裝位置改變，機身重量減輕，飛行性能顯著提升。

　　1914 年 6 月，畢業於柯蒂斯航校的華僑林福元攜帶 1 架柯蒂斯 D 後期型自美返國，本欲支持康有為的保皇黨。途經香港時，被港英當局扣留。次年，該機被另一位華僑飛行員譚根索回，並交付廣東航校用於訓練。1915 年 12 月袁世凱稱帝後，該機運至肇慶準備參加討袁的護國戰爭，因故未參戰，後運回廣東航校。

柯蒂斯 A-1 "三和音"
Curtiss A-1 Triad

機　　種：水上飛機

用　　途：訓練

乘　　員：1 人

製　造　廠：柯蒂斯飛機公司（Curtiss Aeroplane
Company）

首　　飛：1910 年

機長 / 翼展 / 機高：8.43/11.28/2.84 米

淨重 / 全重：442/714 千克

最大速度：105 千米 / 小時

裝備範圍：廣東革命政府

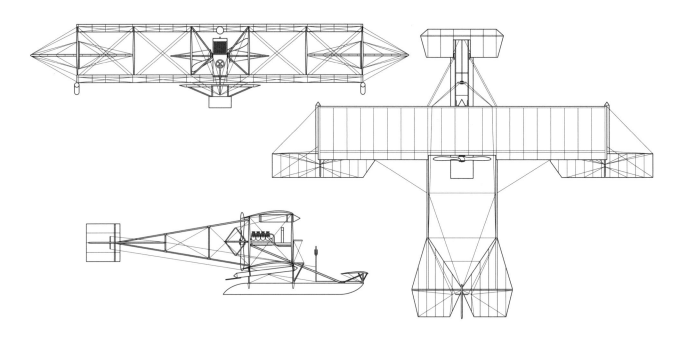

A-1 "三和音" 水上飛機三視圖

美國製飛機

簡　史：

　　A-1 以柯蒂斯 D、E 型推進機為基礎研發，是美國海軍購買的第一型飛機，曾創造美國海軍航空史上多項記錄。

　　1914 年，華僑陳桂攀自美國運回 1 架裝有 1 台 106 馬力發動機的 A-1，同年 7 月抵達廣州，試飛時陳桂攀不幸喪生，飛機受損。1915 年譚根將該機修復後交廣東航校訓練使用，並進行收費參觀，以號召國人對發展航空事業的熱情，擴大影響。1915 年 12 月袁世凱稱帝後，該機運至肇慶準備參加護國戰爭，後運回廣東航校。

柯蒂斯 HS-1L
Curtiss HS-1L

機　　種： 水上巡邏機

乘　　員： 3 人

製 造 廠： 柯蒂斯飛機與發動機公司（Curtiss Aeroplane and Motor Company）

首　　飛： 1917 年

機長 / 翼展 / 機高： 11.73/18.92/4.44 米

淨重/全重： 1846/2680 千克

引　　擎： 1 台自由 L-12 型 V 型 12 缸液冷發動機，360 馬力（Liberty L-12）

最大速度： 140 千米 / 小時

升　　限： 762 米

武　　備： 1 挺可旋轉的 7.7 毫米劉易斯機槍，2 枚 80 千克炸彈

裝備範圍： 廣東革命政府

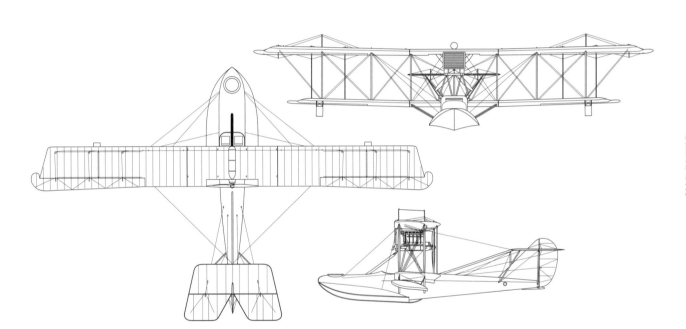

HS-1L 型水上巡邏機三視圖

美國製飛機

簡　史：

　　HS-1 是柯蒂斯公司應美國海軍要求而設計，主要用於應對德國的無限製潛艇戰。該型飛機以 H-14 為基礎研發，HS-1L 是最初的量產型。

　　1920 年 2 月，陳炯明在美國訂購一批淪為戰後剩餘物資的水上飛機，9 月 10 日，2 架雙座雙翼柯蒂斯飛機自上海運抵廣東大沙頭機場，據當時的日本報告稱是 1 架 HS-1L 和 1 架艾爾馬林 39B。10 月 7 日，另有 2 架 HS-1L 運至上海，2 天後經香港轉運至廣東。截至 1927 年，廣東空軍共有 6、7 架 HS-1L 和 HS-2L，其中大部分因保管不佳，狀況較差，使用價值不高，並未發揮軍事作用。

柯蒂斯 HS-2L
Curtiss HS-2L

機　　　種： 水上巡邏機

用　　　途： 訓練 / 轟炸 / 偵察

乘　　　員： 3 人

製　造　廠： 柯蒂斯飛機與發動機公司（Curtiss Aeroplane and Motor Company）

首　　　飛： 1918 年

機長 / 翼展 / 機高： 11.88/22.58/4.44 米

淨重 /全重： 1950/2917 千克

引　　　擎： 1 台自由 L-12 型 V 型 12 缸液冷發動機，360 馬力（Liberty L-12）

最大速度 / 巡航速度： 133/112 千米 / 小時

航　　　程： 832 千米

升　　　限： 1590 米

武　　　備： 1 挺可旋轉的 7.7 毫米劉易斯機槍，2 枚 100 千克炸彈

裝備範圍： 廣東革命政府

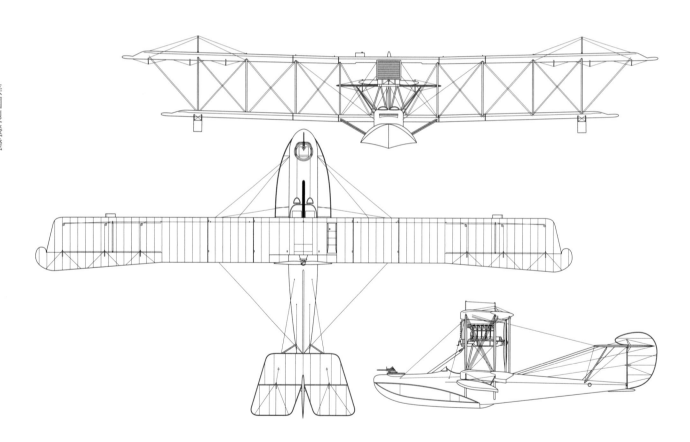

HS-2L 型水上巡邏機三視圖

美國製飛機

簡　史：

　　HS-2L 是 HS-1L 的改良型，其翼展大幅擴展，發動機安裝位置提高，換裝大槳距螺旋槳，方向舵改良，載彈量提升的同時，失速速度大為降低。

　　1920 年 3 月，澳門航空運輸公司從美國購買了 11 架淪為戰後剩餘物資的飛機，計劃用於港澳航線商業運營，其中包括 2 架 HS-2L 和 5 架 H-16，由於港英當局遲遲未批准而無法營業。孫中山派陳慶雲、張惠長等前往接洽購買飛機，由於經費緊張，只能暫時擱置。澳門富商盧九聽聞後，購得 1 架 HS-2L 贈給孫中山支援革命，該機因奇特的外形被稱為"大鴨婆機"。同年 7 月粵桂戰爭爆發後，孫中山命楊仙逸指揮飛機隊參戰，該機由楊仙逸與兩名美籍機師駕駛，於中秋節夜襲廣州，轟炸廣州督軍公署，對守軍造成極大震撼。1920 年夏季，廣東革命政府以"中美航空公司"名義自美國購得 2 架 HS-2L，1921 年 11 月交付。截至 1927 年，廣東空軍共擁有 6—7 架 HS-1L 和 HS-2L，其中大部分飛機因保管不佳，狀況較差。

柯蒂斯 H-16 "大美洲"
Curtiss H-16 Large America

機　　種：水上巡邏機　　乘　　員：4 人

製　造　廠：柯蒂斯飛機與發動機公司（Curtiss Aeroplane and Motor Company）

首　　飛：1917 年

機長 / 翼展 / 機高：14.06/28.98/5.4 米

淨重 / 全重：3340/4840 千克

引　　擎：2 台自由 L-12 型 V 型 12 缸液冷發動機，每台 360 馬力（Liberty L-12）

最大速度 / 巡航速度：157/112 千米 / 小時

航　　程：832 千米

升　　限：3810 米

武　　備：4 挺可旋轉的 7.7 毫米劉易斯機槍，4 枚 100 千克炸彈

裝備範圍：廣東革命政府

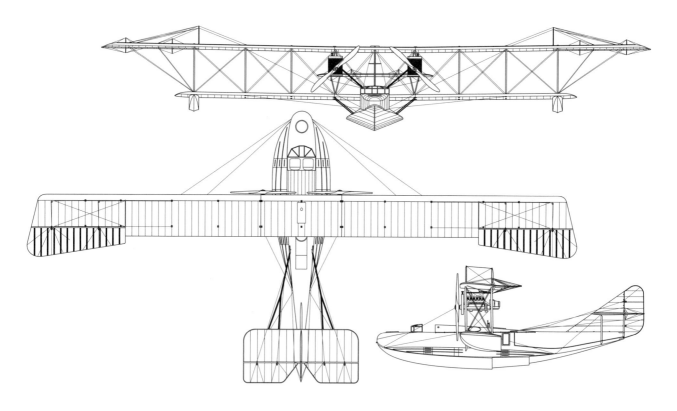

H-16 "大美洲" 水上巡邏機三視圖

簡　史：

　　H-16 以 H-12 為基礎研發，主要用於反潛巡邏、遠程偵察及反齊柏林飛艇巡邏等任務。一戰後，部分該型飛機改造為客機，投入民用市場。

　　1920 年 2 月，廣東軍閥陳炯明購得 7、8 架淪為戰後剩餘物資的水上飛機，其中包括 4 架 "大型 15 座水上飛機"，可能即是 H-16。同時，廣東革命政府以 "南華飛機公司" 名義購得澳門航空運輸公司計劃用於開闢港澳航線的 2 架 HS-2L 和 5 架 H-16。截至 1927 年，廣東革命政府空軍共獲得 2 至 6 架 H-16，其中大部分因保管不佳，狀況較差。

柯蒂斯 JN-4D/D-2/H "珍妮"
Curtiss JN-4D/D-2/H Jenny

機　　種：教練機

用　　途：訓練 / 偵察 / 攻擊 / 轟炸

乘　　員：2 人

首　　飛：1916 年

製 造 廠：柯蒂斯飛機與發動機公司（Curtiss Aeroplane and Motor Company）

機長 / 翼展 / 機高：8.33/13.3/3.01 米

淨重 / 全重：630/871 千克

引　　擎：1 台柯蒂斯 OX-5 型 V 型 8 缸液冷發動機，90 馬力（Curtiss OX-5）

最大速度 / 巡航速度：121/97 千米 / 小時

航　　程：412 千米

升　　限：1981 米

裝備範圍：廣東革命政府、廣東、（福建）、保定、河南、東北、國民政府

備　　註：JN-4D 參數

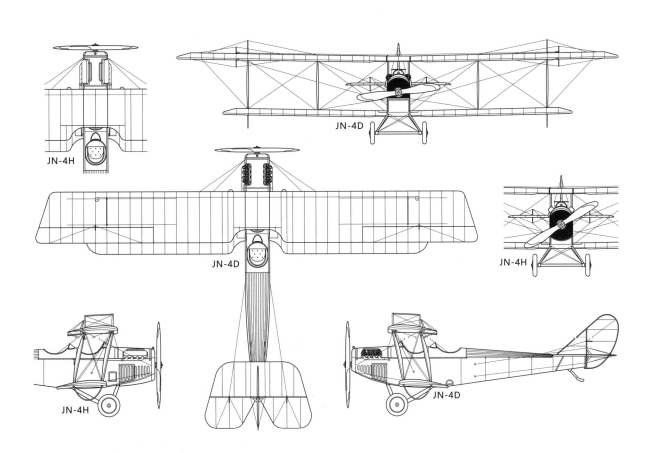

JN-4D/H "珍妮" 教練機三視圖

簡　史：

　　JN"珍妮"是柯蒂斯公司結合 J、N 兩種飛機的優點發展而成，因諧音昵稱為"珍妮"，具有結構簡單、堅固可靠、飛行性能穩定、機動性好、使用成本低廉等特點，並有多種亞型。JN-4D 是 1916 年 6 月推出的改良型，是 JN 教練機中產量最大，也是最著名的亞型；JN-4D-2 是修改發動機支架的改良型；JN-4H 是換裝萊特公司經許可製造的希斯巴諾 - 蘇莎 8 型發動機的亞型，機首裝有大型橢圓形散熱器。

　　1919 年，廣東革命政府接收 2 架華僑捐獻的"珍妮"機，次年 4 月，孫中山命蔡司渡自美國舊金山購得 3 架"珍妮"機運回汕頭。這些飛機參加了統一兩廣、東征、北伐等戰役，1922 年 8 月因油盡被困南雄多塘埔機場，被迫全部焚毀。楊仙逸於 1921 年在美國購得的 10 架 JN-4D，因陳炯明叛變，無法及時啟程回國，其中 6 架焚毀於舊金山郊外機場。1923 年 1 月，廣東革命政府自馬尼拉又購得 5 架"珍妮"機。截至 1927 年，廣東革命政府共獲得 8 至 13 架"珍妮"機，其中包括 JN-4D 和 JN-4H，有 4 架在南京國民政府成立後仍留在廣東使用，另有 2 架編入南京國民政府空軍。

　　1922 年 5 月，福建軍閥李厚基訂購 6 架 JN-4D-2，同年 8 月運抵福州，因戰亂轉運至上海並被海關扣留，後被直系軍閥吳佩孚買下，供保定航校訓練使用。1923 年 4 月，吳佩孚以"大中華航空公司"的名義增訂 24 架柯蒂斯飛機，其中包括 8 架 JN-4D，因故未交付。第二次直奉戰爭後，保定航校被直系軍閥孫嶽（時與馮玉祥等結盟，發動北京政變，推翻曹錕、吳佩孚，任國民軍副司令兼第三軍軍長）接管，後遷往洛陽，1926 年 1 月被吳佩孚與奉系聯手奪回，不久後又被奉系軍閥褚玉璞奪走，1928 年 4 月後併入東北空軍。據稱，1928 年 4 月褚玉璞在天津建立 2 座機庫，並擁有 2 架飛機用於訓練飛行員，可能即是李厚基訂購的 JN-4D-2 中的 2 架。1923 年 5 月，奉系軍閥從日本購得 2 架日本製造的柯蒂斯教練機，可能是 JN-4，這 2 架飛機安裝的是 110 馬力豪爾 - 斯考特型發動機，其中 1 架於 1924 年 4 月墜毀，另 1 架於 1925 年停止使用。

美國製飛機

1

2

1. 廣東革命政府空軍的"大沙頭十"
　　號 JN-4D

2. 廣東革命政府空軍的 JN-4H，機首
　　裝有橢圓形散熱器，是其與 JN-4D
　　之間的顯著區別。

柯蒂斯 N-9C

Curtiss N-9C

機　　種：水陸交換教練機

用　　途：訓練　　乘　　員：2 人

製 造 廠：柯蒂斯飛機與發動機公司（Curtiss Aeroplane and Motor Company）

首　　飛：1916 年

機長 / 翼展 / 機高：9.09/16.25/3.31 米

淨重/全重：844/1093 千克

引　　擎：1 台柯蒂斯 OXX-6 型 V 型 8 缸液冷發動機，100 馬力（Curtiss OXX-6）

最大速度：113 千米 / 小時

航　　程：322 千米

裝備範圍：廣東革命政府

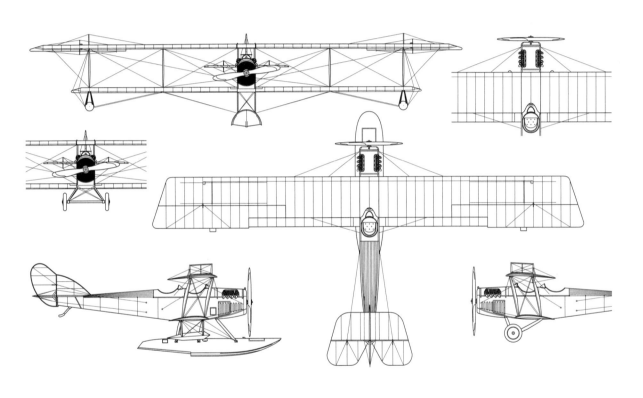

N-9C 水陸交換教練機四視圖

簡　史：

　　N-9C 是美國海軍第一架使用風洞數據設計的飛機，以 JN-4 為基礎研發，尺寸擴大，垂直尾翼和方向舵的外形修改，可換裝陸用起落架或浮筒。

　　截至 1927 年，廣東革命政府空軍至少裝備有 4 架 N-9C，編號分別為 4—7，其中至少 1 架配備有陸用起落架（6 號），後機身兩側漆有 "智利國民黨" 字樣，推測應為智利華僑捐獻。該型飛機曾在討伐陳炯明的戰役中參戰。

廣東革命政府空軍安裝浮筒的 4 號、7 號 N-9C 教練機

克里斯托芬 拉進機
Christofferson Tractor

機　　種： 教練機

用　　途： 訓練 / 偵察 / 轟炸

乘　　員： 2 人

製 造 廠： 克里斯托芬飛機製造公司（Christofferson
　　　　　Aircraft Manufacturing Company）

首　　飛： 1914 年

機長 / 翼展 / 機高： 7.78/14.57/2.81 米

引　　擎： 1 台豪爾 - 斯考特 A-5 型直列型 6 缸液
　　　　　冷發動機，125 馬力（Hall-Scott A-5）

最大速度： 128 千米 / 小時

裝備範圍： 北京政府、中華革命軍

克里斯托芬拉進機

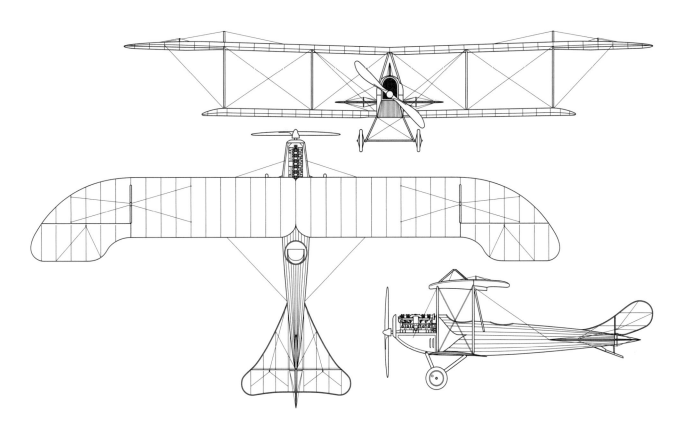

克里斯托芬拉進機三視圖

簡　　史：

　　該型飛機由克里斯托芬公司研發，採用木製結構，外覆蒙布，機翼和尾翼參考仿生學，邊緣圓滑過渡，副翼面積較大，與鳥類的外形非常相似。

　　1916 年，孫中山用華僑捐款自美國購得 1 架克里斯托芬拉進機，後將其運往日本，由尾崎行輝（Yukiteru Ozaki）組裝，於 8 月 18 日試飛。同年運回中國，編入中華革命軍航空隊第 2 組參加討袁戰爭，主要擔任訓練任務，並曾與"坂本式 6 號"和"第二翦風號"同時前往濟南散發傳單，引起守軍極大恐慌。討袁戰爭結束後，航空隊改編為教練機大隊，該機被送至南苑航校用於訓練，於兩次短暫飛行後失事墜毀。

艾爾馬林 39B

Aeromarine 39B

機　　種：水陸交換教練機

用　　途：訓練 / 偵察 / 轟炸

乘　　員：2 人

製 造 廠：艾爾馬林飛機與發動機公司

（Aeromarine Plane and Motor Company）

首　　飛：1917 年

機長 / 翼展 / 機高：9.25/14.32/4.01 米

淨重 / 全重：880/931 千克

引　　擎：1 台柯蒂斯 OXX-6 型 V 型 8 缸液冷發

動機，100 馬力 (Curtiss OXX-6)

最大速度 / 巡航速度：117/103 千米 / 小時

航　　程：439 千米

升　　限：1524 米

裝備範圍：廣東革命政府

美國製飛機

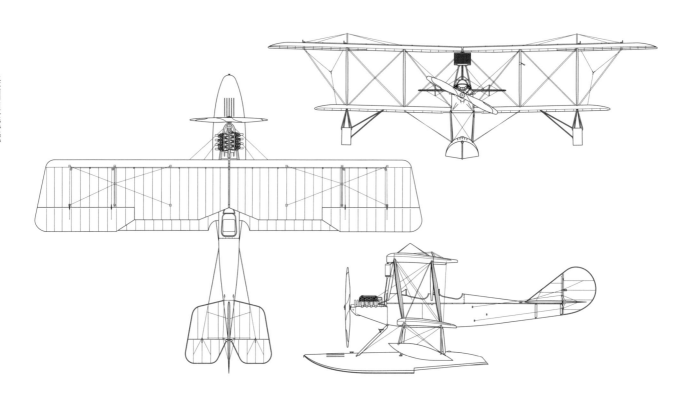

艾爾馬林 39B 教練機三視圖

簡　史：

艾爾馬林 39B 是首架成功在航行中的航母上降落的飛機。該型飛機研發於一戰期間，可非常方便地將浮筒換裝陸用起落架或滑橇。

1920 年，廣東革命政府通過澳門航空運輸公司購得 1 架艾爾馬林 39B，稱為"小鴨婆機"。1923 年 7 月，廣東革命政府又以"南華航空公司"名義購得原屬於美國弗雷斯利公司的 5 架該型飛機。截至 1927 年，廣東革命政府空軍共有 6 至 11 架該型飛機，實際上其中可能包括 N-9C 型教練機。1920 年 9 月 26 日，張惠長駕駛艾爾馬林 39B，楊仙逸與兩名美籍機師駕駛 HS-2L，趁中秋節夜襲廣州，在廣州督軍公署附近投擲 3 枚炸彈，對守軍造成極大震撼，為光復廣州起到巨大作用。

美國製飛機

澳門航空運輸公司的艾爾馬林 39B 教練機

弗雷斯利 "獵鷹"
Friesley Falcon

機　　種：客機　　　用　　途：運輸

乘　　員：1+12 人

製　造　廠：弗雷斯利飛機公司 (Friesley Aircraft)

首　　飛：1921 年

機長 / 翼展 / 機高：12.19/19.89/4.57 米

淨重/全重：2540/3901 千克

引　　擎：2 台自由 L-12 型 V 型 12 缸液冷發動機，每台 400 馬力 (Liberty L-12)

最大速度 / 巡航速度：193/145 千米 / 小時

裝備範圍：廣東革命政府

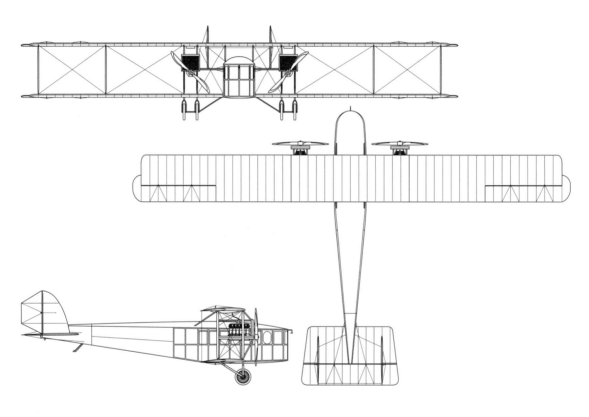

"獵鷹"客機三視圖

簡　史：

　　"獵鷹"由邦德·斯潘塞（Bond Spencer）設計，美國農夫哈諾德·弗雷斯利（Harold Friesley）資助製造，用於開闢美國加利福尼亞格里德利到舊金山之間的航線，駕駛艙和客艙採用當時較為先進的封閉式，僅製造 1 架，在幾次短程商業飛行後，1922 年宣佈破產出售。

　　1922 年 5 月 24 日，廣東革命政府以中國政府的名義在舊金山的拍賣會上以 3000 美元的價格購得該機，同年 8 月運往福州，但在海運中受損，其後情況不詳。

坂本式 6 號

Sakamoto No.6

機　　種：教練機

用　　途：訓練 / 偵察 / 轟炸

乘　　員：2 人

製 造 者：坂本壽一（Juichi Sakamoto）

首　　飛：1915 年

機長 / 翼展 / 機高：8/11/2.3 米

淨　　重：490 千克

引　　擎：1 台柯蒂斯 OX 型 V 型 8 缸液冷發動機，80 馬力（Curtiss OX）

最大速度：65 千米 / 小時

升　　限：840 米

裝備範圍：北京政府、中華革命軍

簡　史：

　　“坂本式 6 號”由中華革命黨的日籍黨員坂本壽一在“坂本式 5 號”基礎上研製，1915 年 3 月製成，與馬丁 TT 型教練機相似。

　　1916 年 3 月，經孫中山好友梅屋莊吉介紹，坂本壽一加入中華革命黨。同年 5 月 4 日，中華革命黨飛行學校在日本滋賀縣近江八日市開學，“坂本式 6 號”是該校唯一的教練機。6 月 28 日，孫中山下令將飛行學校遷往山東濰縣（今濰坊市），改編為中華革命軍航空隊參加討袁戰爭。“坂本式 6 號”編入航空隊第 1 組服役，除擔任訓練任務外，還執行偵察和投擲自製手拋炸彈轟炸任務，並多次投擲傳單。討袁戰爭結束後，中華革命軍航空隊改編為教練機大隊，同年 12 月解散，“坂本式 6 號”被曾任北洋政府航空署長和保定士官學校校長的皖系軍閥將領曲同豐買下，送至南苑航校。

“坂本式 6 號”教練機

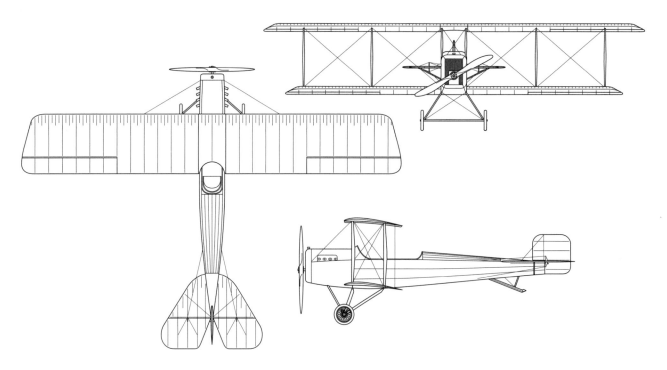

"坂本式 6 號" 教練機三視圖

都築式 3 號
Tsuzuki No.3

機　　種：運動機　　**用　　途**：訓練

乘　　員：1 人　　**首　　飛**：1915 年

製 造 者：都築鐵三郎（Tetsusaburo Tsuzuku）

機長 / 翼展 / 機高：7.5/11.4/2.6 米

淨重 / 全重：350/550 千克

引　　擎：1 台 "土地神" 型轉缸型 7 缸發動機，50 馬力（Gnome）

最大速度：90 千米 / 小時

裝備範圍：中華革命軍

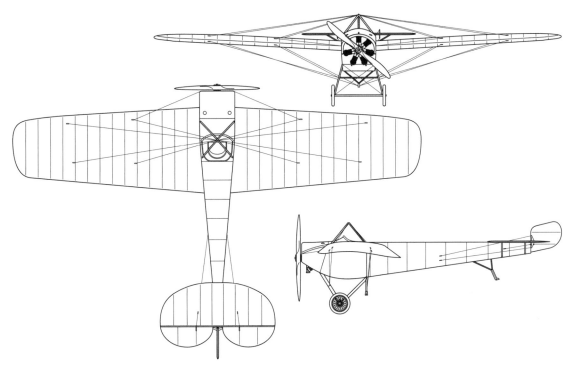

"都築式 3 號" 運動機三視圖

簡　史：

　　1915 年初，中華革命黨向都築鐵三郎訂製了"都築式 3 號"。該機由都築鐵三郎等人在紐波特 IV.G 型運動機基礎上仿製，4 月 28 日製成，後交付中華革命黨近江八日市飛行學校，中國飛行員對其飛行性能和速度均有良好評價。

　　據説，1916 年 6 月 26 日，該機隨飛行學校一起遷往山東山東濰縣，由星野米藏（Yonezo Hoshino）負責維護，編入中華革命軍航空隊第 3 組。但根據照片上飛機細節與發動機判斷，編入第 3 組的飛機應為"第二翦風"號，故其説存疑。

"都築式 3 號" 運動機

皇家飛機製造廠 S.E.5a
Royal Aircraft Factory S.E.5a

機　　種：戰鬥機　　用　　途：戰鬥／訓練

乘　　員：1 人　　首　　飛：1917 年

製　造　廠：皇家飛機製造廠（Royal Aircraft Factory）

機長 / 翼展 / 機高：6.38/8.11/2.89 米

淨重/全重：639/880 千克

引　　擎：1 台希斯巴諾 - 蘇莎 8b 型 V 型 8 缸
液冷發動機，200 馬力（Hispano-
Suiza 8b），或 1 台沃爾斯利 "毒蛇"
型 V 型 8 缸液冷發動機，200 馬力
（Wolseley Viper）

最大速度 / 巡航速度：222/193 千米 / 小時

航　　程：550 千米

升　　限：5950 米

武　　備：1 挺固定式 7.7 毫米維克斯機槍（機
首），1 挺固定式 7.7 毫米劉易斯機
槍（上翼），4 枚 11 千克炸彈

裝備範圍：北京政府、（河南）、東北

英國製飛機

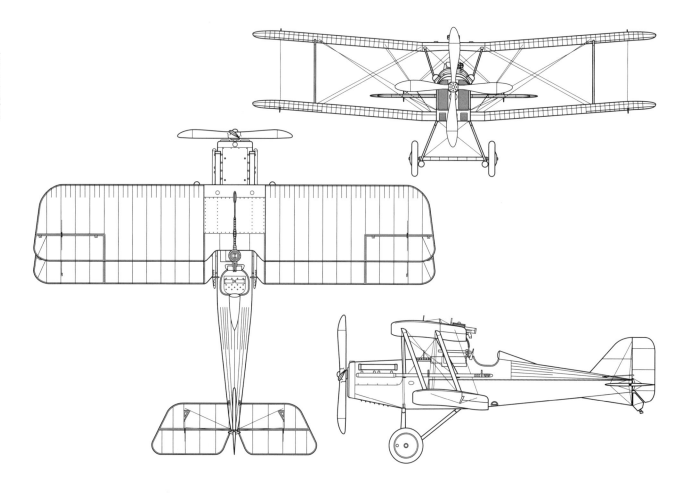

S.E.5a 戰鬥機三視圖

簡　史：

　　S.E.5 是一戰期間英軍使用的性能最優秀的戰鬥機之一，S.E.5a 是 1917 年推出的改良型，也是量產最多的亞型。

　　1919 年，河南督軍趙倜通過英商福公司向漢德利·佩季公司訂購 2 架 S.E.5a，其發動機分別是希斯巴諾 - 蘇莎和沃爾斯利"毒蛇"型，於 1920 年初運抵上海，但北京政府拒絕為其簽發入境許可證，並將飛機扣押。河南的購機合同被迫移交北京政府交通部，該型飛機隨之運往南苑。這是中國獲得的第一種真正意義上的軍用飛機，也是中國裝備的第一種戰鬥機。根據英國檔案，北京政府曾向英商要求為這 2 架飛機安裝機槍，但英國外交部以對華禁運軍火已生效，且英王頒佈禁令為由拒絕。1920 年 7 月直皖戰爭後，直系與奉系奪取北京政權，該機遂歸奉系所有。

漢德利·佩季 O/7
Handley Page O/7

機　種：客機	用　途：轟炸 / 運輸
乘　員：2+14 人	首　飛：1917 年

製 造 廠：漢德利·佩季有限公司（Handley Page Limited）

機長 / 翼展 / 機高：19.05/30.48/6.71 米

淨重 / 全重：3719/6350 千克

引　擎：2 台勞斯 - 萊斯"鷹"VIII 型 V 型 12 缸液冷發動機，每台 360 馬力（Rolls-Royce Eagle VIII）

最大速度：156 千米 / 小時

升　限：4000 米

裝備範圍：北京政府、東北、保定、河南

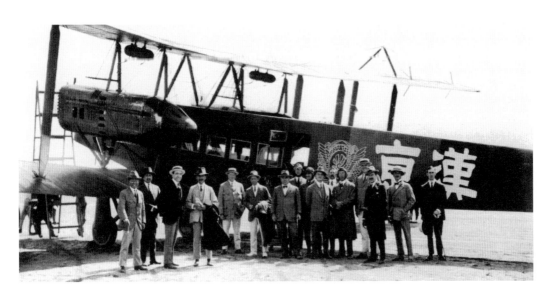

"京漢"號漢德利·佩季 O/7 客機

簡　史：

　　1917 年，第一次世界大戰已臨近尾聲，為應對戰後可能出現的軍用飛機滯銷問題，漢德利・佩季公司從軍方回購了 16 架 O/400 型重型轟炸機，將其改造為客機，型號為 O/7，拆除了機身油箱，將油箱安置於向後延長的發動機短艙內，可搭載 14 名乘客。

　　1919 年 2 月 24 日，北京政府交通部通過英商福公司（Pekin Syndicate Limited）購得漢德利・佩季 O/7 和阿弗羅 504 J 各 6 架，及備份器材和修理設施，計劃用於開闢北京至內蒙古庫倫的航線。首架 O/7 於 8 月 25 日運抵上海，11 月抵達南苑，12 月 6 日首飛。其餘 5 架該型飛機則於 9 月 20 日前運往中國。這批飛機以中國的六條鐵路幹線命名為"京漢"、"京奉"、"京綏"、"津浦"、"隴海"和"道清"號，是中國第一批民航飛機，也是抗戰爆發前中國獲得的尺寸最大的飛機。

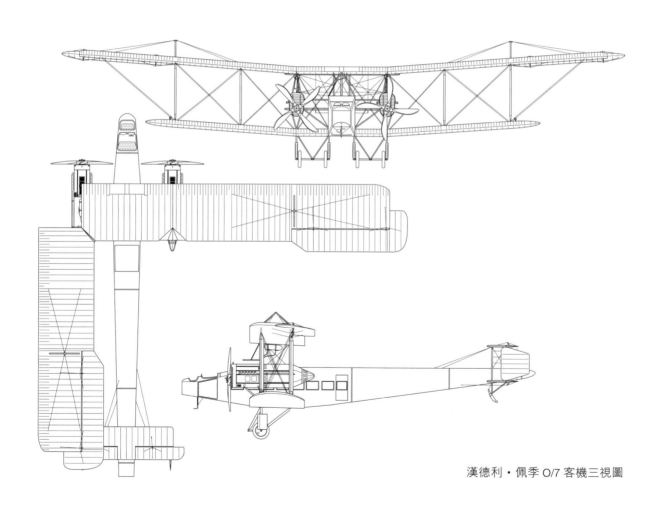

漢德利・佩季 O/7 客機三視圖

直皖戰爭後，6 架 O/7 被直系、奉系瓜分。直系獲得的 3 架編入保定航空隊，其中 1 架於 1922 年 3 月 31 日搭載 11 名見習軍官演習時墜毀，機上人員全部罹難；剩餘 2 架 O/7，1 架作為備件，另 1 架作為轟炸機參加了 1922 年 4 月爆發的第一次直奉戰爭，向長辛店一帶的奉軍陣地投擲重磅炸彈，令奉軍損傷慘重，前敵總指揮張景惠驚惶後撤，奉軍士氣大挫，被迫撤退，為直系的勝利奠定了基礎。這場戰役是飛機首次在中國展露戰爭潛力，對戰局走勢發揮了決定性作用，對其後的軍閥混戰亦產生深遠的影響。1924 年第二次直奉戰爭後，直系空軍被奉系和馮玉祥的國民軍瓜分，保定航校被國民軍第三軍孫嶽部接收，1925 年遷往洛陽，其中包括 2 架 O/7。1926 年 1 月，吳佩孚與奉系聯手進攻國民軍，奪回航校和飛機，隨後又被奉系軍閥褚玉璞擄獲，1928 年 4 月後併入東北空軍。

奉系曾將直皖戰爭後獲得的 3 架 O/7 與 2 架 Br.14T Bis 一起，用於奉天至營口的航線，以訓練飛行員遠程飛行能力，其中 1 架於 1922 年在山海關墜毀，另外 2 架則多次參與軍閥混戰。截至 1928 年 3 月 27 日，仍有 1 架 O/7 在東北空軍服役。

阿弗羅 504 J/K
Avro 504 J/K

機　　種： 教練機	
用　　途： 訓練 / 偵察 / 轟炸	
乘　　員： 2 人　　　**首　　飛：** 1917 年	
製 造 廠： 阿弗羅公司（A.V. Roe and Company）	
機長 / 翼展 / 機高： 8.97/10.97/3.18 米	
淨重 / 全重： 558/830 千克	
引　　擎： 1 台 "土地神" 莫洛索佩季型 9 缸轉缸發動機，100 馬力（Gnome Monosoupape）	
最大速度 / 巡航速度： 145/121 千米 / 小時	
航　　程： 402 千米	
升　　限： 4876 米	

裝備範圍： 北京政府、保定、河南、東北、江蘇、西北、山東、山西

備　　註： Avro 504K 參數

北京政府陸軍部購買的阿弗羅 504K 教練機

簡　史：

　　阿弗羅 504 研發於 1913 年，是阿弗羅公司研發的最成功的教練機之一，具有結構簡單、堅固耐用、飛行平穩、易於操控等特點，且裝有雙套控制系統和通話軟管，非常適合初級飛行訓練。阿弗羅 504 J 是 1916 年推出的亞型，換裝 1 台 80 馬力羅納 9C 型發動機，下翼靠近機身處有切口；阿弗羅 504K 是 1917 年推出的改良型，可安裝 90-220 馬力的多種發動機。

　　1919 年 2 月 24 日，北京政府交通部通過英商福公司購得阿弗羅 504 J 和漢德利·佩季 O/7 型客機各 6 架，並附帶備份器材和修理設施。這些飛機運抵中國後被送往南苑航校組裝測試，其中 2 架阿弗羅 504 J 命名為 "哈密" 和 "包頭" 號。同年 8 月 12 日，北京政府陸軍部與維克斯公司反覆協商後，簽訂總額約 180.3 萬英鎊的中英航空貸款合同，用於購買 135 架英製飛機及相關備件，其中包括 60 架阿弗羅 504K。首批 20 架該型飛機於 1920 年 7 月運抵南苑，第 2 批則於次年春運抵。由於該機裝有雙套駕駛系統，訓練成效遠超過只有單套駕駛系統的高德隆教練機，是 1920 年代中國裝備數量最多、使用範圍最廣的教練機。

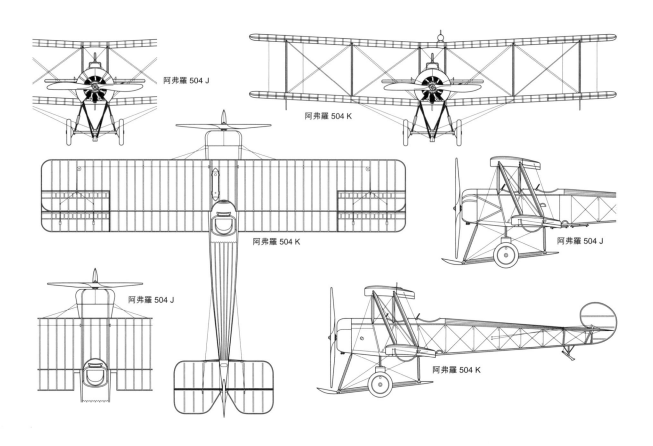

阿弗羅 504J/K 教練機三視圖

直皖戰爭後，北京政府貸款購買的 2 批飛機均被軍閥據為己有，有的飛機甚至多次易主。直系所獲阿弗羅 504K 交給保定航校訓練使用，另有 2、3 架於 1923 年撥給直系的江蘇督軍齊燮元建立空軍，其中 1 架於 1925 年已無法使用，另外 2 架則於江浙戰爭後被東北空軍接收。奉系奪取了 16 架阿弗羅 504K，是東北空軍最早裝備的飛機之一，後有 4 架經談判歸還給南苑航校。第二次直奉戰爭後，直系空軍被奉系和馮玉祥的"國民軍"瓜分，南苑航校被國民軍第一軍接收，其飛機後編入西北航空隊；保定航校被國民軍第三軍接收，1925 年遷往洛陽，其中包括 11 架阿弗羅 504K，後被吳佩孚聯合奉系奪回，最終併入東北空軍。1922 年，德籍工程師舍特勒爾通過上海中央車庫公司（Central Garage Company）購得 1 架安裝 80 馬力雷諾發動機的阿弗羅 504K 作為私人飛機使用，後轉賣給浙江軍閥盧永祥。

此型飛機在軍閥混戰中多次參戰，擔負偵察、轟炸、訓練、示威飛行等任務，由於其並非作戰飛機，僅能投擲手榴彈或經改裝的迫擊炮彈，威力有限，對戰局無法起到重要作用，多用於心理威懾。曾在 1923 年 5 月 6 日的臨城劫持列車事件中對山東兵匪孫美瑤起到極大的震懾作用。

此外，1927 年 1 月，山西曾成功仿製 1 架安裝 110 馬力羅納發動機的阿弗羅 504K，油箱位於上翼中央是其顯著特點。1927 年 3 月，奉系亦曾仿製了數架阿弗羅 504K，但因結構強度不足，導致飛機無法高強度飛行。

山西自製的阿弗羅 504K 教練機（左一），上翼油箱與普通阿弗羅 504K 有較大區別。右側分別為山西自製的"舍特勒爾"S4 和法製布雷蓋 Br.14A2。

維克斯"商用維梅"(大維梅)

Vickers Vimy Commercia(VIMY)

機　　種：客機 / 運輸機

用　　途：轟炸 / 運輸 / 訓練

乘　　員：2+10 人　　首　飛：1919 年

製 造 廠：維克斯有限公司 (Vickers Limited)

機長 / 翼展 / 機高：13/20.47/4.46 米

淨重/全重：3537/5670 千克

引　　擎：2 台勞斯 - 萊斯"鷹"VIII 型 V 型 12
　　　　　缸液冷發動機，每台 360 馬力 (Rolls-
　　　　　Royce Eagle VIII)

最大速度 / 巡航速度：157/135 千米 / 小時

航　　程：724 千米

升　　限：3200 米

裝備範圍：北京政府、保定、江蘇、山東、東
　　　　　北、西北、河南

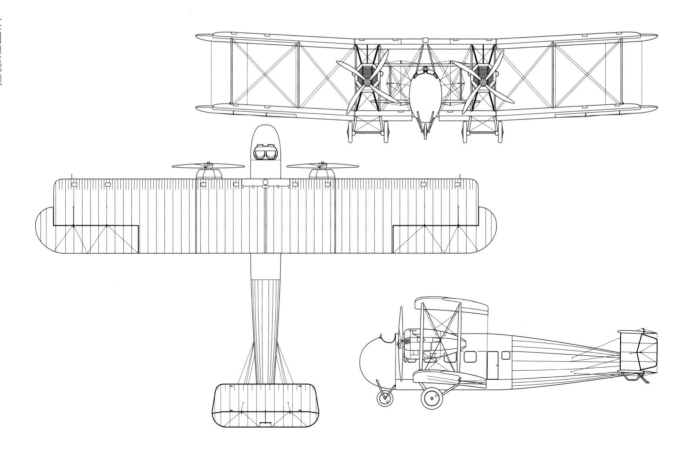

"商用維梅"客機三視圖

簡　史：

"商用維梅"以 F.B.27 "維梅"型重型轟炸機為基礎研發，特點是換裝新設計的流線飛艇形機身，可搭載 10 名乘客或 5.6 立方米、1134 千克的貨物。由於該型飛機改造成本過高，飛行性能平庸，因此銷量較差，主要用於出口中國。

1919 年 8 月 12 日，北京政府陸軍部與維克斯公司經反覆協商，簽訂總額約 180.3 萬英鎊的中英航空貸款合同，最初計劃購買 100 架 "商用維梅"運輸機，後改為購買 40 架 "商用維梅"運輸機、35 架 "教學器"教練機和 60 架阿弗羅 504K 及相關備件。為區分音譯同為 "維梅"的 "教學器"教練機，"商用維梅"被中國稱為 "大維梅"。該型飛機於 1920 年 6 月 17 日開始運往中國，由清河飛機工廠接收組裝，後運至南苑機場訓練，準備投入營運。1921 年 6 月，首批 7 架 "大維梅"投入商業運營，分別命名為 "乘風"、"大鵬"、"正鵠"、"舒雁"、"玄鶴"、"摩雲"、"騰鴻"，旋即因經費問題或客貨源稀少而停航。

第一次直奉戰爭後，直系把持了北京政府。直系首領曹錕將貸款所購飛機中的 3 種共約 20 架送至保定航校武裝備戰，其中包括數架 "大維梅"，另有 3 架該型飛機於 1923 年撥給江蘇督軍齊燮元建立空軍，其中 1 架於 1924 年墜毀。這些飛機充作重型轟炸機參加了江浙戰爭和第二次直奉戰爭，其中一架在山海關外實施轟炸後被奉系的高射炮擊傷迫降，成為中國航空史上首架被高射炮擊落的飛機。第二次直奉戰爭後，直系空軍被奉系和馮玉祥的國民軍瓜分，部分該機在昌黎和秦皇島被奉系俘獲，南苑航校被國民軍第一軍接收，其飛機編入西北航空隊；保定航校被國民軍第三軍接收，1925 年遷往洛陽，其中包括 8 架 "大維梅"，1926 年初又被吳佩孚奪回，但不久即被奉系奪去。1927 年，有 1 至 2 架 "大維梅"被奉系派往山東，為山東航空隊運送補給，其中 1 架僅使用 1 次即墜毀。截至 1931 年，仍有 14 架 "大維梅"在東北空軍序列中，但已停止使用。

"大維梅"客機

維克斯"教學器"（小維梅）

Vickers Instructional Machine（VIM）

機　　種： 教練機

用　　途： 訓練 / 偵察 / 轟炸

乘　　員： 2 人

製 造 廠： 維克斯有限公司（Vickers Limited）

首　　飛： 1920 年

機長 / 翼展 / 機高： 9.86/14.53/3.76 米

淨重/全重： 1341/1661 千克

引　　擎： 1 台勞斯 - 萊斯 "鷹" VIII 型 V 型 12 缸液冷發動機，360 馬力（Rolls-Royce Eagle VIII）

最大速度： 161 千米 / 小時

升　　限： 3960 米

裝備範圍： 北京政府、保定、河南、西北、東北、山東

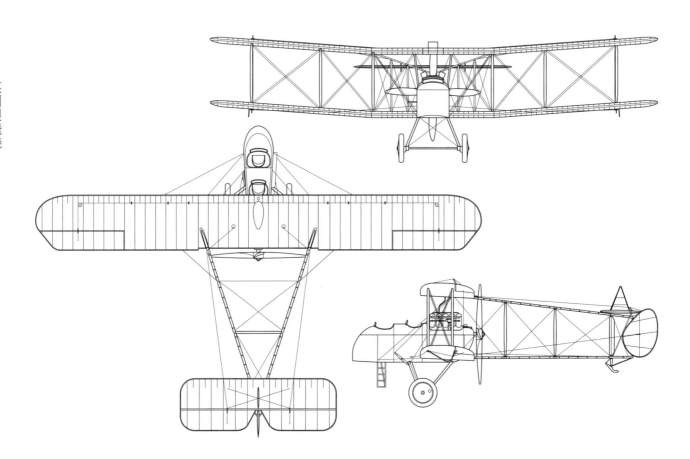

"教學器" 高級教練機三視圖

簡　史：

　　"教學器"以皇家飛機製造廠生產的 F.E.2D 型戰鬥機為基礎改造，主要作為"商用維梅"的高級教練機。由於該型飛機並非維克斯公司自行研製的機型，因此未納入維克斯公司機型型號序列，共改造 35 架，全部售予中國。

　　1919 年 8 月 12 日，北京政府陸軍部與維克斯公司簽訂的中英航空貸款購機合同中，包括 35 架"教學器"教練機。由於其音譯與"商用維梅"相似，中國稱之為"小維梅"。該型飛機於 1921 年 1、2 月運抵中國，由清河飛機工廠組裝測試後交付南苑航校用於過渡訓練。

　　第一次直奉戰爭後，直系首領曹錕將貸款所購飛機中的 3 種共約 20 架送至保定航校進行武裝，其中包括 4 架"小維梅"。1923 年曹錕將保定航空隊遷往北京，改組為中央航空司令部，將貸款所購飛機大量編入，實力大為擴充。同年，曹錕將 6 架"小維梅"撥給江蘇督軍齊燮元建立空軍，其中 4 架於次年墜毀。這些飛機曾參加江浙戰爭和第二次直奉戰爭，之後被奉系和馮玉祥的國民軍瓜分。其中南苑航校的飛機被國民軍第一軍接收，後編入西北航空隊。1926 年夏季，國民軍西撤途徑集寧時，將飛機運往平地泉機場組裝備戰，被突如其來的一場冰雹所毀，其中包括至少 3 架"小維梅"。保定航校的飛機則被國民軍第三軍接收，後遷往河南，1926 年初被吳佩孚奪回，最終歸於奉系。1926 年，奉系軍閥將至少 2 架"小維梅"撥給山東軍閥張宗昌建立空軍，其中 1 架於同年 7 月墜毀，另 1 架則直到 1928 年仍在山東空軍服役。

"教學器"高級教練機

維克斯 "維京" IV

Vickers Viking IV

機　　種：	水陸兩棲飛機	淨重/全重：	1836/2632 千克
用　　途：	訓練/轟炸	引　　擎：	1 台納皮爾·里昂型 V 型 12 缸液冷
乘　　員：	4 人		發動機，450 馬力 (Napier Lion)
製 造 廠：	維克斯有限公司 (Vickers Limited)	最大速度/巡航速度：	182/147 千米/小時
首　　飛：	1919 年	航　　程：	1489 千米
機長/翼展/機高：	10.42/15.24/4.27 米	裝備範圍：	東北

英國製飛機

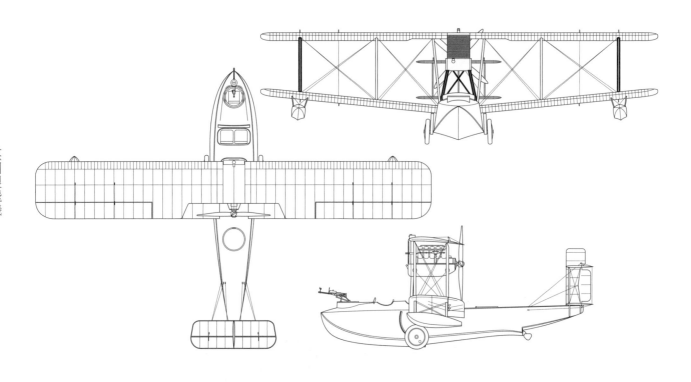

"維京" IV 水陸兩棲飛機三視圖

簡　史：

　　研發於一戰後的 "維京" 是維克斯公司的第一種水陸兩棲飛機，"維京" IV 是其改良型，特點是換裝納皮爾·里昂型發動機，機身上方加寬。

　　1923 年，奉系軍閥自日本轉購 2 架 "維京" IV 用於訓練。這 2 架飛機原是日本海軍於 1921 購得，用作仿製的樣機，曾在 "鳳翔" 號航空母艦上測試，由於日本海軍對其性能並不滿意，因此轉售中國。第二次直奉戰爭期間，該型飛機與漢德利·佩季 O/7 組成 "飛龍隊"，多次轟炸直系陣地。

阿姆斯特朗・惠特沃斯 F.K.8

Armstrong Whitworth F.K.8

機　　種：偵察機　　用　　途：偵察

乘　　員：2 人　　首　　飛：1916 年

製 造 廠：阿姆斯特朗・惠特沃斯飛機公司
（Armstrong Whitworth Aircraft）

機長 / 翼展 / 機高：9.58/13.26/3.33 米

淨重 / 全重：869/1275 千克

引　　擎：1 台比爾德莫爾型直列型 6 缸液冷發
動機，160 馬力（Beardmore）

最大速度 / 巡航速度：153/120 千米 / 小時

升　　限：3962 米

武　　備：1 挺固定式 7.7 毫米維克斯機槍（機
首），1 挺可旋轉 7.7 毫米劉易斯機
槍（後座）

裝備範圍：浙江

簡　史：

　　F.K.8 以 F.K.3 為基礎研發，1916 年秋季投產，具有結構堅固耐用、飛行平穩、用途
廣泛等特點，廣受飛行員歡迎，在一戰期間曾擔負多種軍事任務。1920 年，英國少校 W・
麥克貝恩（W・McBain）將 1 架 F.K.8 運至上海作為私人飛機使用，次年 11 月 11 日墜毀，
1922 年送至龍華飛機製造廠修理，其後可能售予浙江軍閥盧永祥。

W・麥克貝恩的 B-252 號 F.K.8，機身兩側寫有 "上海競賽俱樂部"。

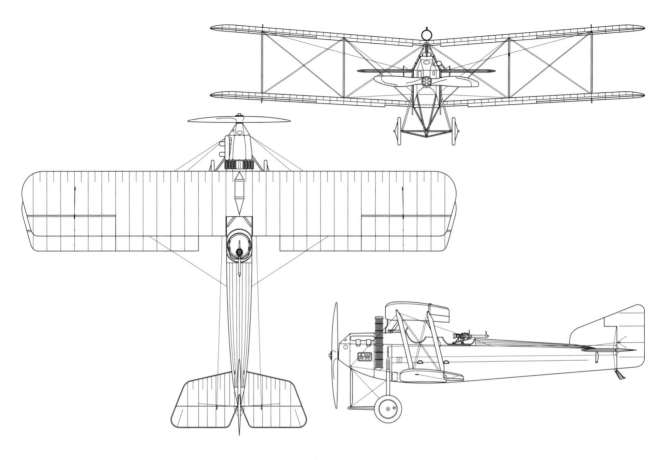

F.K.8 偵察機三視圖

飛機製造有限公司 DH.9A
Airco DH.9A

機　　種： 偵察 / 轟炸機

用　　途： 偵察 / 轟炸 / 訓練

乘　　員： 2 人　　　**首　　飛：** 1918 年

製 造 廠： 飛機製造有限公司 (The Aircraft
Manufacturing Company Limited / Airco)

機長 / 翼展 / 機高： 9.22/14.02/3.46 米

淨重 / 全重： 1272/2111 千克

引　　擎： 1 台自由 L-12A 型 V 型 12 缸液冷發
動機，400 馬力 (Liberty L-12A)

最大速度 / 巡航速度： 198/176 千米 / 小時

升　　限： 5110 米

武　　備： 1 挺固定式 7.7 毫米維克斯機槍 (前
座左側)，2 挺可旋轉 7.7 毫米劉易
斯機槍 (後座)，336 千克炸彈

裝備範圍： 廣東革命政府

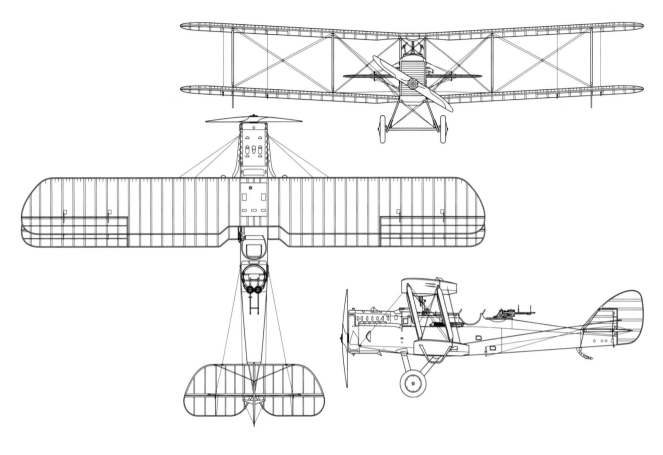

DH.9A 偵察 / 轟炸機三視圖

簡　史：

　　DH.9A 是以 DH.9 為基礎推出的改良型，換裝美國製造的 L-12 型發動機，以取代性能不穩定的 DH.9 和老舊的 DH.4。此型機於一戰的最後幾個月服役，作為英軍的標準輕型轟炸機一直服役到 1931 年。

　　1923 年，廣東革命政府以"南華航空公司"名義在美國一場拍賣會上購得原屬於弗雷斯利公司的 6 架 DH.9A，同年 7 月交付。據英國情報部門報告稱，其中至少 5 架該型飛機在 1925 年的兩次東征（討伐廣東軍閥陳炯明）中參戰。

安薩爾多 SVA.5

Ansaldo SVA.5

機　　種：偵察機	**用　　途**：偵察	**最大速度 / 巡航速度**：230/204 千米 / 小時	
乘　　員：1 人	**首　　飛**：1917 年	**航　　程**：690 千米	
製 造 廠：安薩爾多公司 (Gio. Ansaldo & Co.)		**升　　限**：6000 米	
機長 / 翼展 / 機高：8.13/9.1/2.65 米		**武　　備**：2 挺固定式 7.7 毫米維克斯機槍（機首），90 千克炸彈	
淨重/全重：680/975 千克			
引　　擎：1 台 S.P.A.6A 型直列型 6 缸液冷發動機，200 馬力 (S.P.A.6A)		**裝備範圍**：西北	

意大利製飛機

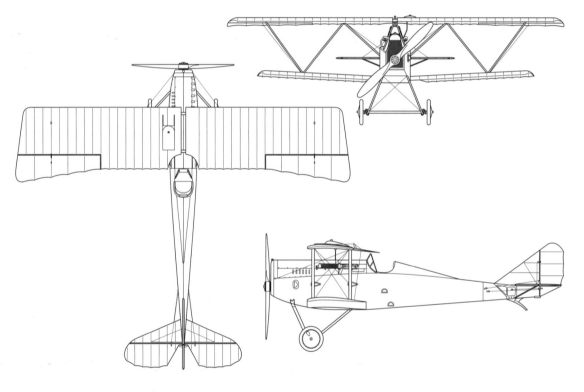

SVA.5 偵察機三視圖

簡　史：

　　SVA.5 於 1917 年投產，是一戰中協約國空軍飛行速度最快的飛機之一，也是 SVA 系列中產量最多的型號。

　　1926 年，佔據北京的馮玉祥向意大利購得 12 架 SVA.5 和 SVA.9 供西北航空處使用，5 月前交付。同年夏季，馮玉祥的國民軍被直系、奉系和山西軍閥圍攻而撤往綏遠，其飛機隨之裝車西撤，計劃至平地泉機場組裝備戰。途徑集寧時，結果被突如其來的一場冰雹所毀，未受損者則被閻錫山部獲得。

安薩爾多 SVA.9
Ansaldo SVA.9

機　　種：偵察 / 教練機

用　　途：偵察 / 訓練

乘　　員：2 人　　　首　　飛：1918 年

製 造 廠：安薩爾多公司 (Gio. Ansaldo & Co.)

機長 / 翼展 / 機高：8.15/9.1/2.65 米

淨重/全重：690/990 千克

引　　擎：1 台 S.P.A.6A 型直列型 6 缸液冷發動機，200 馬力 (S.P.A.6A)

最大速度：220 千米 / 小時

裝備範圍：北京政府、西北、雲南

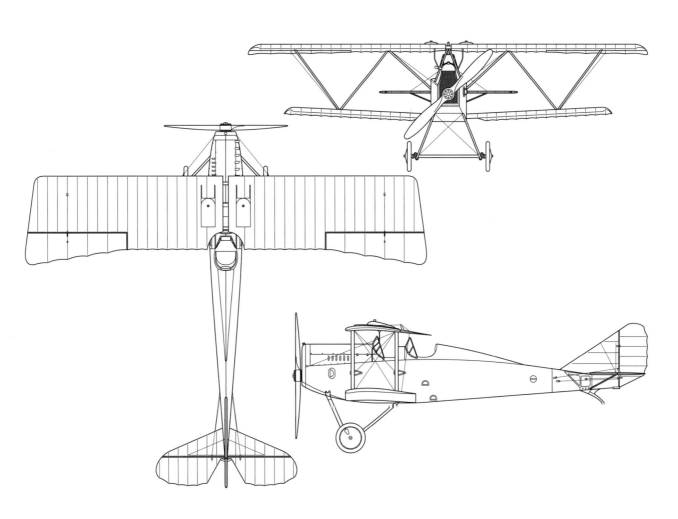

SVA.9 偵察 / 教練機三視圖

意大利製飛機

簡　史：

　　SVA.9 以 SVA.5 為基礎研發，實質上是 SVA.5 的雙座型號，1918 年投產，主要用於訓練。

　　1920 年，意大利空軍舉行了一次自羅馬飛往東京的國際長途飛行，其中 1 架 SVA.9 於次年 2 月 25 日贈予北京政府，陳列於紫禁城（今故宮博物院）內供人參觀，另有 1 架 SVA.9 在廣東墜毀。1923 年，雲南軍閥從廣東購得 1 架 SVA.9，該機是用此前意大利空軍遠航經過廣東時留下的部件和墜毀的 SVA.9 組裝而成。同年 8 月，此機在雲南試飛時墜毀，被修復為僅供地面訓練的"車夫"教練機，其後發動機被拆除用於製造摩托艇。1926 年，馮玉祥向意大利購得 12 架 SVA.5 和 SVA.9，於同年 5 月前交付西北航空處，其中 1 架 SVA.9 於 5 月 6 日在張家口上空失事墜毀。其餘該型飛機則在撤往綏遠途中，在集寧毀於冰雹，未受損者被閻錫山部獲得。

意大利製飛機

意大利空軍贈與北京政府用於供人參觀的 SVA.9

安薩爾多 A.300/4
Ansaldo A.300/4

機　　種： 偵察 / 轟炸機

用　　途： 偵察 / 訓練

乘　　員： 2 人　　　首　　飛： 1922 年

製 造 廠： 安薩爾多公司 (Gio. Ansaldo & Co.)

機長 / 翼展 / 機高： 8.75/11.24/2.97 米

淨重 / 全重： 1200/1700 千克

引　　擎： 1 台菲亞特 A.12 比斯型直列型 6 缸液
冷發動機，230 馬力 (Fiat A.12 Bis)

最大速度 / 巡航速度： 200/180 千米 / 小時

升　　限： 5500 米

武　　備： 2 挺固定式 7.7 毫米維克斯機槍（機首），
1 挺可旋轉 7.7 毫米維克斯機槍（後座），
174 千克炸彈

裝備範圍： （保定）、東北

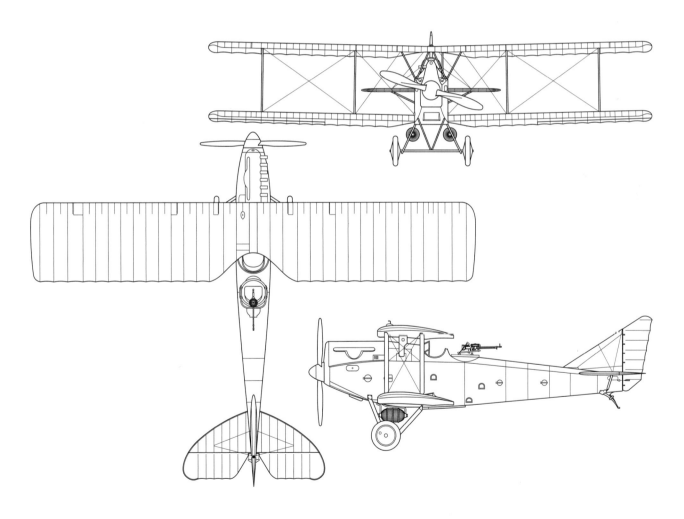

A.300/4 偵察 / 轟炸機三視圖

意大利製飛機

　　A.300 是 SVA 系列偵察機的後繼機，可用於多種軍事任務。A.300/4 是 1922 年推出的改良型，主要對冷卻系統進行了改良，也是該型飛機量產最多的亞型。

　　1924 年 8 月，直系軍閥吳佩孚向意大利訂購 17 架戰鬥機供保定航空隊使用，並要求 2 個月內交付。同年 10 月，2 架 A.300/4 由意大利熱那亞啓程運往天津，第二次直奉戰爭後運抵中國，結果被獲勝的奉系接收。11 月 5 日又有 4 架 A.300/4 運往中國，途徑錫蘭（今斯里蘭卡）科倫坡時被英國政府扣留，次年 4 月運回意大利。

意大利製飛機

被奉系接收的 A.300/4（左側機庫內），右側分別為法製高德隆 C.59 和布雷蓋 Br.14。

福克 D.VII
Fokker D.VII

機　　種：戰鬥機	用　　途：訓練	最大速度 / 巡航速度：200/186 千米 / 小時	

機　　種：戰鬥機　　用　　途：訓練

乘　　員：1 人　　首　　飛：1917 年

製 造 廠：福克飛機公司 (Fokker-Flugzeugwerke)

機長 / 翼展 / 機高：6.95/8.9/2.75 米

淨重 / 全重：735/880 千克

引　　擎：1 台寶馬 III 型直列型 6 缸液冷發動
　　　　　機，185 馬力（BWM III）

最大速度 / 巡航速度：200/186 千米 / 小時

航　　程：266 千米

升　　限：7000 米

武　　備：2 挺固定式 7.92 毫米 LMG 08/15 機槍
　　　　　（機首）

裝備範圍：東北

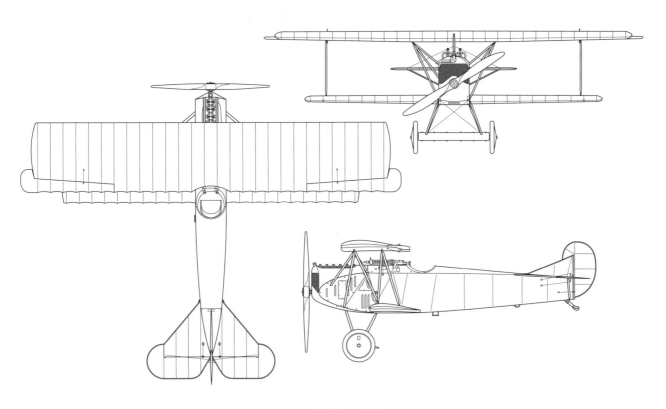

D.VII 戰鬥機三視圖

德國製飛機

簡　史：

　　D.VII 是一戰中德國性能最好的戰鬥機，於 1918 年 5 月服役，機動性良好，爬升和俯衝速度快，短短的 3 個月內就取得了 565 次空戰勝利。

　　1923 年末，奉系軍閥通過瑞士孔德公司轉購 8 架飛機，其中包括 3 架自比利時獲得的 D.VII，1924 年 7 月運抵牛莊。截至 1931 年，2 架該型飛機仍在東北空軍序列，但自 1925 年起就已停用。

容克 F 13/F 13ge
Junkers F 13/F 13ge

機　　　種：客機

用　　　途：偵察／巡邏／轟炸／運輸／要人專機

乘　　　員：2+4 人

製 造 廠：容克飛機與發動機製造廠（Junkers Flugzeug - und Motorenwerke AG）

首　　　飛：1919 年（F 13）/1925 年（F 13ge）

機 長 / 翼 展 / 機 高：9.59/14.8/3.5 米（F 13），9.8/17.75/4.1 米（F 13ge）

淨重/全重：951/1640 千克（F 13），1415/2300 千克（F 13ge）

引　　　擎：1 台寶馬 IIIA 型直列型 6 缸液冷發動機，185 馬力（BWM IIIA）（F 13）；1 台容克 L5 型直列型 6 缸液冷發動機，310 馬力（Junkers L5）（F 13ge）

最大速度 / 巡航速度：173/208 千米 / 小時（F 13），160/170 千米 / 小時（F 13ge）

航　　　程：1400 千米（F 13）/980 千米（F 13ge）

升　　　限：5000 米（F 13）/5500 米（F 13ge）

裝備範圍：廣東革命政府、南京國民政府、東北、山西、山東、（廣東）、（新疆）

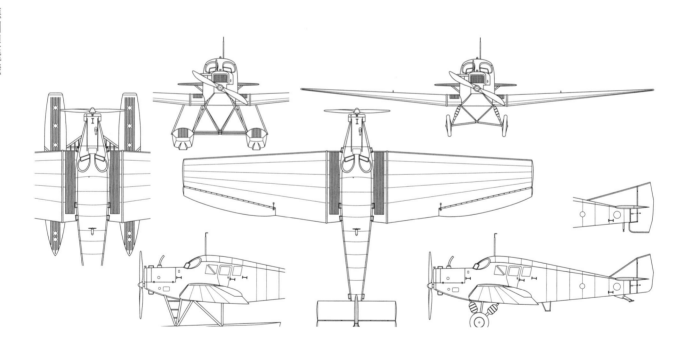

F 13 客機三視圖

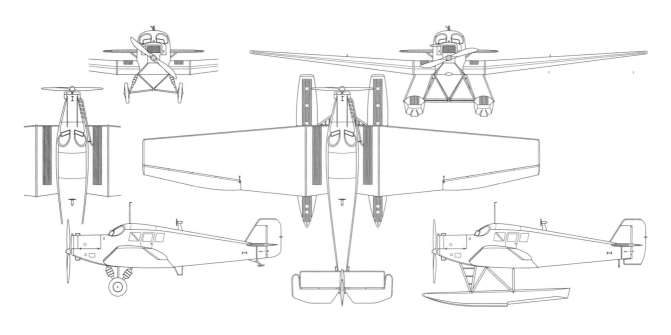

F 13 ge 客機三視圖

北伐軍使用蘇聯提供的 F 13 水機

F 13（最初稱為 J 13）以 J 12 為基礎研發，是容克公司的第一種商用飛機，也是航空史上第一架全金屬客機，在世界民航史上佔有非常重要的地位。F 13ge 是 1925 年推出的改良型，換裝大翼展機翼和大功率發動機及金屬螺旋槳，垂直尾翼改為方形，飛行性能和運載量提升。

1925 年，山西軍閥閻錫山通過德商禪臣洋行（Siemssen & Company）訂購 F 13 和 A 20L 各 1 架，1925 年 9 月 28 日運抵天津，因戰亂暫留天津，次年 2 月被山東軍閥張宗昌擄去；1926 年底，禪臣洋行向山西補發 F 13 和 A 20L 各 1 架，次年 1 月 5 日運抵青島，但再次被張宗昌擄去；其後運抵的第 3 架 F 13 則在青島卸貨後飛往太原。該機交付後作為閻錫山專機使用，1928 年 4 月參加北伐戰爭。1929 年 8 月更換發動機後墜毀，閻錫山因此取消了向容克公司訂購 A 35 和 W 33 的合同。張宗昌擄獲的 2 架 F 13 中，第 1 架於 6 月 13 日支付購機款，由禪臣洋行派員組裝測試，7 月 14 日因颱風吹垮機棚而壓毀；第 2 架在支付購機款並組裝後，供山東空軍用於運輸、訓練等任務，1928 年 4 月後併入東北空軍，作為張學良專機使用。

1925 年，廣東革命政府從蘇聯購得兩批飛機，其中第二批於 1925 年 11 月運抵廣州，包括水機型、陸機型 F 13 各 1 架，這 2 架飛機在北伐中多次參戰，擔負偵察、訓練、運輸、轟炸等任務。1927 年 7 月第一次國共合作破裂後，陸機型 F 13 飛回蘇聯，水機型則留在中國，後在一次前往九江偵察的任務中，因發動機故障迫降，被敵方炮火擊毀。1928 年 11 月 16 日，南京國民政府向容克公司購得 2 架 F 13ge 與配套的陸上起落架和浮筒（一說水機、陸機型各 1 架），次年 4 月交付，其中 1 架於 "一·二八事變" 期間毀於日軍炮火，另 1 架則於抗戰前報廢停用。廣東當局和新疆當局分別於 1928 年 6 月和 1931 年 11 月與容克公司商談，分別計劃購買 6 架和 2 架 F 13，因故均未購成。

幾經波折最終抵達山西的 F 13

容克 A 20L
Junkers A 20L

機　　種：快速郵機

用　　途：偵察 / 巡邏 / 訓練

乘　　員：2 人

製 造 廠：容克飛機與發動機製造廠 (Junkers Flugzeug - und Motorenwerke AG)

首　　飛：1922 年

機長 / 翼展：8.3/15.35 米

淨重 / 全重：970/1500 千克

引　　擎：1 台容克 L2 型直列型 6 缸液冷發動機，220 馬力 (Junkers L2)

最大速度 / 巡航速度：180/170 千米 / 小時

航　　程：1000 千米

升　　限：5000 米

裝備範圍：山東、山西

簡　史：

　　A 20L 是容克 20 型水上偵察機的發展型，外形簡練，飛行性能良好，除運送郵件和小型貨物等民用任務外，還可用於訓練、偵察、巡邏等軍事任務。

　　1925 年 4 月 14 日，閻錫山通過禪臣洋行訂購 A 20L 和 F 13 各 1 架，9 月 28 日運抵天津，次年 2 月被張宗昌擄去，後於 7 月 14 日因颶風吹垮機棚而被壓毀。1926 年底，禪臣洋行向山西補發 A 20L 和 F 13 各 1 架，次年 1 月 5 日運抵青島，再次被張宗昌擄去，加裝武備後編入山東空軍使用。

德國製飛機

山東空軍的 A 20L 快速郵機，左側為 K 53 戰鬥機，右側為 F 13 客機。

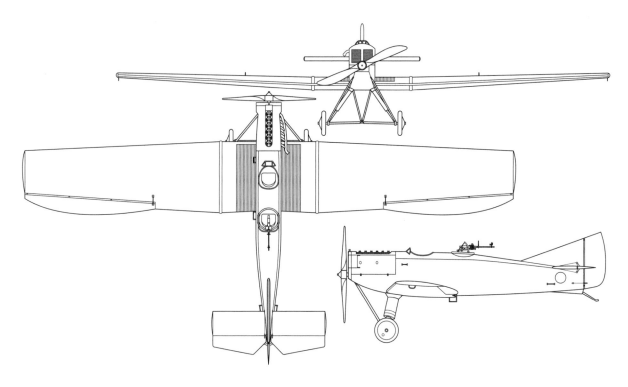

A 20L 高速郵機三視圖

容克 A 35/K 53
Junkers A 35/K 53

機　　種：快速郵機（A 35）/ 戰鬥機（K 53）

用　　途：戰鬥 / 轟炸 / 偵察 / 訓練 / 攻擊

乘　　員：2 人　　　首　　飛：1926 年

製 造 廠：容克飛機與發動機製造廠（Junkers Flugzeug- und Motorenwerke AG）

機長 / 翼展 / 機高：8.21/15.94/3.5 米

淨重/全重：1110/1600 千克（A 35），1050/1700 千克（K 53）

引　　擎：1 台容克 L5 型直列型 6 缸液冷發動機，310 馬力（Junkers L5）

最大速度 / 巡航速度：206/185 千米 / 小時（A 35），200/175 千米 / 小時（K 53）

航　　程：580 千米（A 35）/825 千米（K 53）

升　　限：6400 米

武　　備：2 挺固定式 7.7 毫米維克斯機槍（機首 K 53），2 挺可旋轉 7.7 毫米劉易斯機槍（後座 K 53），50 千克炸彈（K 53）

裝備範圍：國民政府、山東、廣東、東北、四川、山西

南京國民政府空軍的 K 53 水上戰鬥機

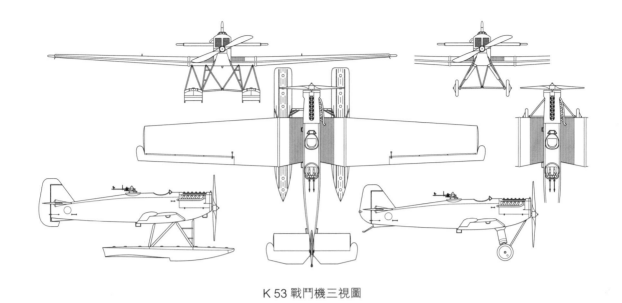

K 53 戰鬥機三視圖

東北空軍的 K 53 戰鬥機

簡 史：

A 35 以 A 20 為基礎研發，主要用於郵件和小型貨物運輸，也可用於訓練、偵察、巡邏等軍事任務。K 53 是容克公司瑞典分廠 AB 航空工業（AB Flygindustri）在 A 35 基礎上改造的輕型多用途戰鬥機。

1927 年，山東軍閥張宗昌兩次擄去山西購機後，引發禪臣洋行抗議，為此張宗昌派人與禪臣洋行達成協議，除支付擄去飛機款項外，向禪臣洋行增購 10 架 K 53。其中第一批 6 架於同年 9 月 1 日運抵濟南，經訓練後迅速投入作戰，12 月初曾在徐州攔截北伐軍的 R-1/M-5，是發生在中國的第一場空戰。濟南被北伐軍攻下後，該型飛機隨山東空軍並入東北空軍。1928 年 7 月，張宗昌訂購的另外 4 架 K 53 運抵中國後送往奉天，直到 "九·一八事變" 前仍在東北空軍服役。廣東當局於 1928 年 12 月 11 日購得 1 架 K 53，次年 7 月 3 日運往中國。1928 年 10 月 15 日、11 月 17 日，南京國民政府兩次通過禪臣洋行共購得 9 架 K 53 和 5 台備用發動機。其中 6 架於次年 2 月 15 日運往中國，配備有陸上起落架和浮筒，有 1 架飛機因德方錯誤導致失事墜毀，容克公司負責賠償並於 1930 年 3 月 18 日補送 1 架該型飛機，另外 3 架於 1929 年交付。這些飛機交付後編入國民政府空軍第 3、5 隊服役，曾參加征討馮玉祥、唐生智及中原大戰。1930 年 7 月 26 日，山西當局通過禪臣洋行訂購 1 架 A 35，由於戰爭原因，該機被運至日本暫存。禪臣洋行曾打算將該機售予東北當局，因故未成功，後將其改造為 K 53 售予四川軍閥劉文輝，途徑洛陽時因燃油耗盡降落在洛陽西工機場，被南京國民政府扣留使用。

亨克爾 HD 24

Heinkel HD 24

機　　種：水陸交換教練機

用　　途：訓練　　乘　　員：2 人

製 造 廠：亨克爾飛機公司

　　　　　（Heinkel Flugzeugwerke）

首　　飛：1926 年

機長 / 翼展 / 機高：8.6/14.2/3.84 米（陸機），

　　　　　9.69/14.2/4.15 米（水機）

淨重 / 全重：1300/2150 千克（陸機），1500/2150

　　　　　千克（水機）

引　　擎：1 台寶馬 IV 型直列型 6 缸液冷發動

　　　　　機，320 馬力（BWM IV）

最大速度 / 巡航速度：180/160 千米 / 小時（陸機），

　　　　　168/160 千米 / 小時（水機）

航　　程：600 千米

升　　限：4500 米（陸機）/4000 米（水機）

裝備範圍：山東、東北、中國海軍

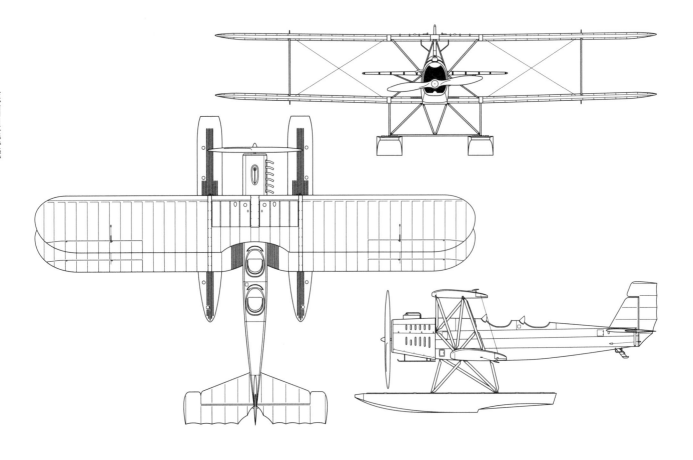

HD 24 水陸交換教練機三視圖

簡　史：

　　HD 24 研發於 1920 年代後期，1926 年投產，其雙浮筒可以非常方便地更換陸用起落架或雪橇。

　　1926 年，北京政府的海關水文研究所購得 1 架 HD 24，次年 1 月 23 日運抵青島，尚未交付即被張宗昌擄去，2 月底換裝陸用起落架運往濟南，1928 年 4 月後併入東北空軍。1928 年，中國海軍通過新怡洋行（Firma Eickhoff & Co.）購得 1 架 HD 24，12 月 25 日運抵上海，命名為"江鷗"，後供海軍訓練使用，直到 1935 年仍在服役。

信天翁 & 普法爾茨 & LVG
Albatros & Pfalz & LVG

製造廠： 信天翁股份有限公司（Albatros Flugzeugwerke）、普法爾茨飛機公司（Pfalz Flugzeugwerke）、LVG（Luftverkehrsgesellschaft m.b.H.）

裝備範圍： 浙江

簡　史：

　　信天翁公司、普法爾茨公司、LVG 公司是德國著名飛機製造商，一戰中曾為德國空軍提供大量飛機，包括信天翁 D.V、普法爾茨 D.XII 及 LVG C.IV 等著名戰機。

　　1922 年，浙江軍閥盧永祥購得一批一戰德製飛機，同年 9 月運往上海。據稱這批飛機共 16 架，其中包括至少 6 架雙座信天翁飛機、2 架普法爾茨飛機和若干架雙座 LVG 飛機。信天翁飛機中有 4 架是一戰後設計的，裝有 260 馬力梅賽德斯發動機的偵察機，具體型號及狀況不詳。英國少校郝蘭德（Major W·E·B Holland）曾試飛其中 1 架信天翁，其翼展比 D.V 和 C.V 略小，最大速度可達 273 千米 / 小時。這批飛機其後下落不詳，既沒有使用記錄，也沒有被其他軍閥獲得的記錄。

烏戴特 U 12a/U 12b "火烈鳥"
Udet U 12a/U 12b Flamingo

機　　種：運動 / 教練機

用　　途：訓練 / 偵察

乘　　員：2 人　　首　　飛：1925 年

製 造 廠：烏戴特飛機製造有限公司 (Udet Flugzeugbau GmbH)

機長 / 翼展 / 機高：7.47/9.96/2.8 米

淨重/全重：525/800 千克 (U 12a)，550/800 千克 (U 12b)

引　　擎：1 台西門子 - 哈斯基 SH 11 型星型 7 缸氣冷發動機，96 馬力 (Siemens-Halske SH 11) (U 12a)；1 台西門子 - 哈斯基 SH 12 型星型 9 缸氣冷發動機，125 馬力 (Siemens-Halske SH 12) (U 12b)

最大速度 / 巡航速度：140/115 千米 / 小時 (U 12a)，145/115 千米 / 小時 (U 12b)

航　　程：450 千米

升　　限：3350 米 (U 12a) /3800 米 (U 12b)

裝備範圍：國民政府、山東、東北、廣東、山西

山東空軍的 U 12a 教練機

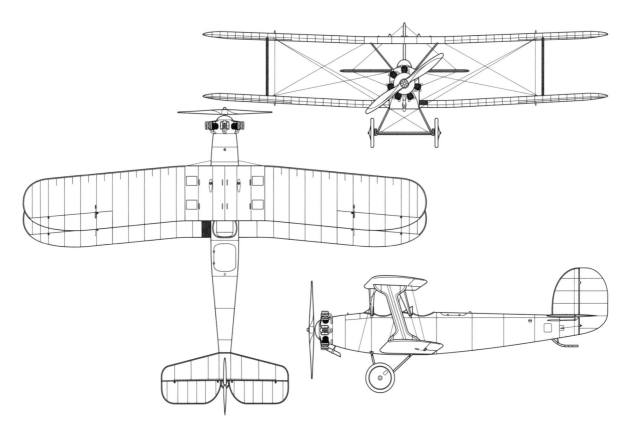

U 12a "火烈鳥" 運動教練機三視圖

簡　史：

U 12 "火烈鳥" 研發於 1920 年代中期，飛行性能良好，可用於特技表演，廣受飛行學校歡迎。U 12a 是其主要生產型；U 12b 是其改良型，機翼設計改良，可換裝大功率的 SH 12 型發動機，比 U 12a 更適於特技飛行。

1927 年，山東軍閥張宗昌通過德商禮和洋行 (Carlowitz & Co.) 購得 3 架 U 12a 供山東航空處用於訓練，同年 9 月 1 日左右交付，1928 年被東北空軍獲得。東北的第一所私立大學馮庸大學也擁有 2 架 U 12a ("疾風"、"迅雷"號)，中蘇 "中東路事件" 期間，東北邊防軍司令部曾派 "迅雷" 號飛越中蘇邊境偵察。1929 年，禮和洋行將 3 架飛機送往中國展銷，其中包括 U 12a、U 12b 和 M.23b 各 1 架，8 月運抵中國，U 12a 被國民政府購得，後供南京航空學校訓練使用；U 12b 和 M.23b 則被山西當局買下，供山西航校訓練使用，1930 年 11 月後被國民政府接收。1933 年，廣東空軍第 2 隊也裝備有 1 架 U 12a，編號 212。

"迪爾"
Dil

裝備範圍： 東北
製 造 者： 伊萬・伊凡諾維奇・迪爾（Ivan Ivanovich Dil）

"迪爾" 式試驗機

俄國製飛機

簡　史：

"迪爾" 式是俄國飛機設計師伊萬・伊凡諾維奇・迪爾研製的雙座單發雙翼可控攻角試驗機。該機的特點是裝有迪爾設計的獨特裝置，可在飛行時操控機翼攻角，以提高爬升速度，減緩着陸速度，縮短起降距離。

1917 年俄國十月革命後，迪爾隨反對蘇維埃政權的白俄軍隊前往西伯利亞，後又來到中國東北。截至 1923 年 7 月，其製造 4 架 "迪爾" 式。其中第 1 架於 1919 年在俄國的鄂木斯克製造完工，裝有 1 台 110 馬力羅納型發動機。該機於 1920 年被迪爾帶到哈爾濱，1922 年 6 月 8 日、18 日試飛，其獨特的攻角控制裝置非常成功，飛機可輕易在 25 米內着陸。另外 3 架 "迪爾" 式則是 1920 年後在哈爾濱製造，其中 1 架裝有 1 台 130 馬力克萊格特型發動機，另外 2 架則採用 300 馬力薩爾姆森型發動機。這些飛機均裝有攻角控制裝置，部分飛機後座裝有環形槍架和機槍。

1922 年 5 月，由於奉系軍閥在第一次直奉戰爭中失利，張作霖決心擴充空軍實力。同年夏季，張作霖收編了由謝苗諾夫 (Semenov) 率領的白俄軍隊的飛機和武器，其中包括 4 架 "迪爾" 式。第 1 架 "迪爾" 式於 1922 年 10 月隨運載槍械彈藥的列車運抵奉天交付，另外 3 架則於次年 9 月抵達奉天。"迪爾" 式於 1925 年停止使用。

波利卡波夫 R-1/M-5
Polikarpov R-1/M-5

機　　種：偵察 / 轟炸機

用　　途：偵察 / 轟炸 / 訓練 / 聯絡

乘　　員：2 人

設 計 局：波利卡波夫設計局 (Polikarpov Design Bureau)

首　　飛：1923 年

機長 / 翼展 / 機高：9.24/14.02/3.3 米

淨重 / 全重：1441/2191 千克

引　　擎：1 台 M5 型 V 型 12 缸液冷發動機，400 馬力 (M5)

最大速度 / 巡航速度：202/176 千米 / 小時

航　　程：700 千米

升　　限：4800 米

武　　備：1 挺固定式 7.7 毫米 PV-1 機槍（前座左側），2 挺可旋轉的 7.7 毫米 DA 機槍（後座），400 千克炸彈

裝備範圍：廣東革命政府、國民政府、廣東、西北、東北、新疆

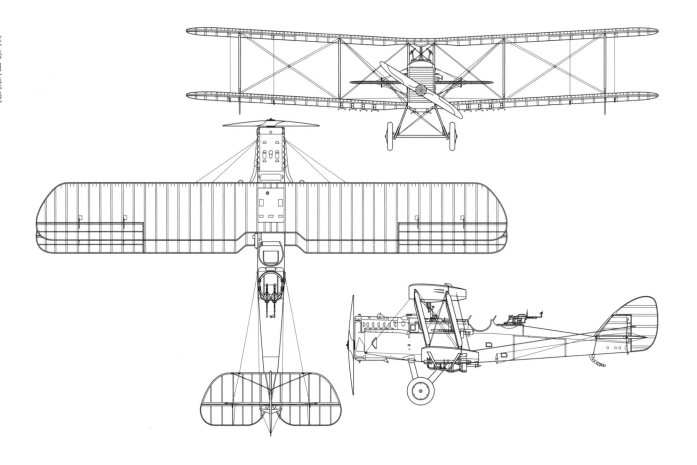

R-1/M-5 偵察 / 轟炸機三視圖

蘇聯製飛機

簡　史：

　　R-1 是蘇聯第一種大批量生產的軍用飛機。該型飛機以 DH.9A 為基礎仿製，於 1924
年投產，裝有 1 台仿美製 L-12 的 M-5 型發動機，因此又稱 R-1/M-5（P-1/M-5），其水機
型 MR-1 在"中東路事件"中炸沉了中國的江防炮艦"江亨"號。

　　1925 年，廣東革命政府從蘇聯購得一批飛機用於北伐，其中包括 9 架 R-1/M-5，於同
年 8 月、11 月運抵中國，在北伐中多次參戰，擔負偵察、轟炸、對地攻擊、聯絡、投放
傳單等任務，並與山東空軍的 K 53 進行了空戰。1927 年 7 月，第一次國共合作破裂後，
3 架該型飛機飛回廣東，後編入廣東空軍，其餘則在南京國民政府成立後編入中央空軍。
1925 年，馮玉祥向蘇聯購買了兩批飛機供西北航空處使用，第一批包括 4 架 R-1/M-5 和
2 架 R-2，於 1926 年 2 月至 4 月間陸續交付，其中 2 架 R-1/M-5 後被奉系俘獲；第二批
初定為 10 架 R-1/M-5，後縮減為 6 架，於 1926 年 6 月運抵廣東，由於路途遙遠，難以運
送而被廣東空軍接收。1931 年，新疆省政府主席金樹仁向蘇聯購得 2 架 R-1/M-5，12 月
23 日運抵迪化（今烏魯木齊），次年新疆當局增購 2 架該型飛機，交付狀況不詳。

蘇聯製飛機

北伐軍的"中山 5"號 R-1/M-5

波利卡波夫 R-2
Polikarpov R-2

機　　種：偵察 / 轟炸機

用　　途：偵察 / 轟炸

乘　　員：2 人　　首　　飛：1924 年

設 計 局：波利卡波夫設計局 (Polikarpov Design Bureau)

機長 / 翼展 / 機高：9.5/14.02/3.3 米

淨重 / 全重：1230/1730 千克

引　　擎：1 台阿姆斯特朗・希德利 "美洲獅" 型直列型 6 缸液冷發動機，220 馬力 (Armstrong Siddeley Puma)

最大速度 / 巡航速度：195/165 千米 / 小時

航　　程：660 千米

升　　限：4500 米

武　　備：1 挺固定式 7.7 毫米 PV-1 機槍 (前座左側)，2 挺可旋轉的 7.7 毫米 DA 機槍 (後座)，400 千克炸彈

裝備範圍：西北

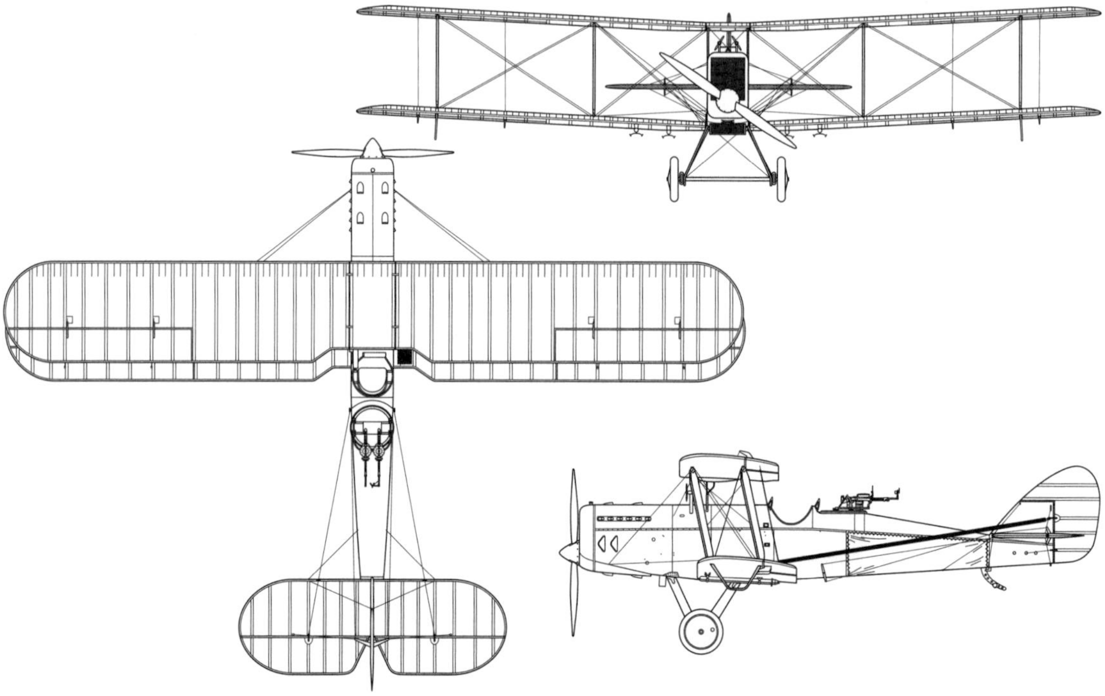

<figure>R-2 偵察 / 轟炸機三視圖</figure>

簡　史：

　　R-2 (P-2，1926 年後更名 R-1SP) 以 DH.9 為基礎仿製，其發動機功率較小，主要供航校作為中級教練機使用。

　　1925 年，馮玉祥向蘇聯購得兩批飛機供西北航空處使用，其中包括 2 架 R-2，次年 4 月初全部交付。但根據一份 1926 年 7 月 9 日的蘇聯報告稱，截至 1926 年 6 月 1 日，蘇聯僅售予馮玉祥 3 架總值 300291 盧布的飛機。

波利卡波夫 U-1
Polikarpov U-1

機　　種： 教練機　**用　　途：** 訓練

乘　　員： 2 人　**首　　飛：** 1921 年

設 計 局： 波利卡波夫設計局（Polikarpov Design Bureau）

機長 / 翼展 / 機高： 8.78/10.85/3.21 米

淨重/全重： 600/840 千克

引　　擎： 1 台 M-2 型 9 缸轉缸發動機，120 馬力（M-2）

最大速度 / 巡航速度： 137/109 千米 / 小時

航　　程： 185 千米

升　　限： 4500 米

裝備範圍： 廣東革命政府

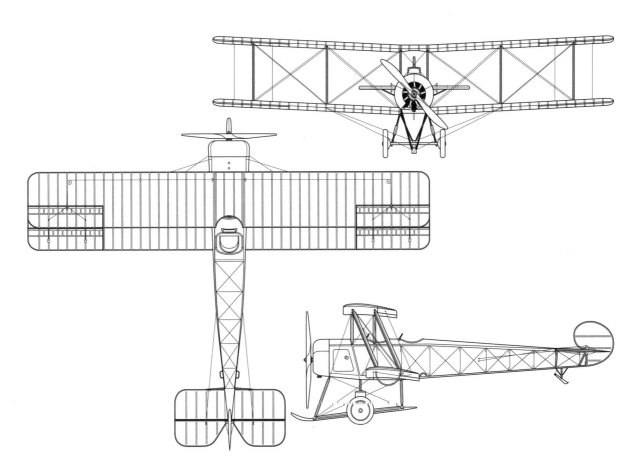

U-1 教練機三視圖

簡　史：

　　U-1（У-1）以阿弗羅 504K 為基礎仿製，1921 年投產，是蘇聯 1920 年代的主力初級教練機，1932 年被 U-2 取代。1925 年，廣東革命政府從蘇聯購得一批飛機，其中包括 1 架 U-1，同年 8 月交付。

南京國民政府空軍的 O-2MC 偵察 / 轟炸機

第二章 中華民國南京政府前期（1929—1936）

廣東飛機修理廠 羊城 51 號、52 號
Canton Aircraft Works Yangcheng No.51、52

機　　種：教練機　　用　　途：訓練

乘　　員：3 人　　首　　飛：1928 年

製 造 廠：廣東飛機修理廠

機長 / 翼展 / 機高：7.32/9.75/2.67 米

淨重 / 全重：950/1360 千克

引　　擎：1 台柯蒂斯 OX-5 型 V 型 8 缸液冷發動機，90 馬力（Curtiss OX-5）

最大速度：128 千米 / 小時（"羊城"52 號）

裝備範圍：廣東

簡　　史：

　　這 2 架飛機研發於 1928 年，採用的發動機是拆自失事損毀飛機的柯蒂斯 OX-5，儀錶等設備也是從失事損毀飛機上拆卸或翻新的。"羊城"51 號於 1928 年 12 月完工，12 月 29 日試飛成功，被廣東航空協會命名為"成功"號，並謬譽為中國製造的首架飛機。"羊城"52 號則於 1929 年初完工，機翼與機身間的支柱與樂士文 1 號相同，時速可達 128 千米 / 小時。這 2 架飛機後交給廣東空軍用於訓練。

中國製飛機

廣東飛機修理廠 羊城 53 號
Canton Aircraft Works Yangcheng No.53

機　　種：教練機　　用　　途：訓練

乘　　員：2 人

製 造 廠：廣東飛機修理廠

首　　飛：1928 年

機長 / 翼展 / 機高：7.5/9.82/2.71 米

淨重 / 全重：454/1089 千克

引　　擎：1 台希斯巴諾 - 蘇莎型發動機型 V 型 8 缸液冷發動機，180 馬力（Hispano-Suiza）

裝備範圍：廣東

"羊城"53 號教練機

簡　史：

　　"羊城"53號以"羊城"51號、52號為基礎研發，1929年11月8日製成。該機結構強化，外形光滑流線，與瓦克9型教練機頗為相似。由於安裝功率更大的發動機，其飛行性能獲得提升。隨着該機的成功，廣東飛機修理廠開始製造安裝大功率發動機的飛機。"羊城"53號後交給廣東空軍訓練使用。

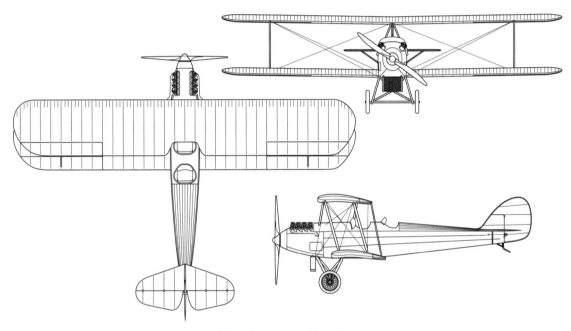

"羊城"53號教練機三視圖

廣東飛機修理廠 羊城 54 號、55 號
Canton Aircraft Works Yangcheng No.54、55

機　　種：教練機

用　　途：偵察 / 訓練

乘　　員：2 人　　　首　　飛：1930 年

製 造 廠：廣東飛機修理廠

機長 / 翼展 / 機高：8.3/10.98/3.1 米

淨重 / 全重：794/1497 千克

引　　擎：1 台萊特 J-5 "旋風" 型星型 9 缸氣冷發動機，220 馬力（Wright J-5 Whirlwind）

最大速度 / 巡航速度：201/177 千米 / 小時

升　　限：6096 米

裝備範圍：廣東

"羊城"55號，機身側面由"羊城"
二字變形組成飛機形狀。

簡　史：

　　"羊城" 54 號、55 號研發於 1930 年，其發動機拆自損壞的 "瓦克 ATO" 型教練機。"羊城" 54 號完工時間不詳，"羊城" 55 號於 1930 年 6 月 10 日製成。這 2 架飛機交付後編入廣東空軍第 3 隊服役，曾用於偵察江西南部紅軍。

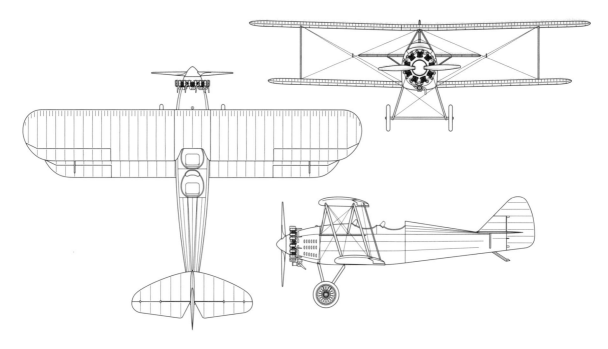

"羊城" 54 號、55 號教練機三視圖

廣東飛機修理廠 羊城 56 號、57 號
Canton Aircraft Works Yangcheng No.56、57

機　　種：偵察 / 轟炸機

用　　途：偵察 / 訓練

乘　　員：2 人

製　造　廠：廣東飛機修理廠

首　　飛：1930 年

翼　　展：9.82 米

全　　重：1497 千克

引　　擎：1 台普惠 "黃蜂" 型星型 9 缸氣冷發動機，200 馬力 (Pratt & Whitney Wasp)

最大速度：225 千米 / 小時

武　　備：1 挺可旋轉機槍（後座），4 枚 22.5 千克炸彈

裝備範圍：廣東

中國製飛機

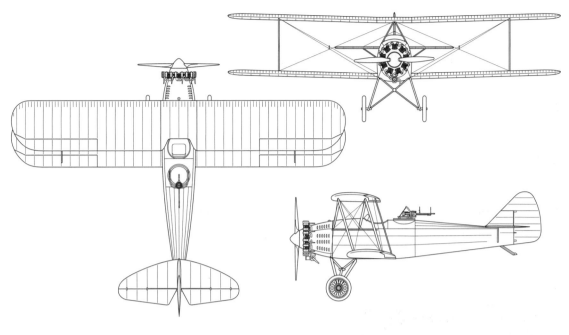

"羊城"56 號、57 號偵察 / 轟炸機三視圖

簡　史：

　　"羊城"56 號、57 號以"羊城"54 號、55 號為基礎研發，其外形與"羊城"54 號、55 號非常相似，後座裝有環形槍架，翼下可掛載 4 枚 22.5 千克炸彈。"羊城"56 號安裝的是拆自失事"瓦克 ATO"的萊特"旋風"型發動機，"羊城"57 號則採用普惠"黃蜂"型發動機（一說兩者安裝的皆為普惠"黃蜂"型發動機）。

　　"羊城"56 號於 1930 年 8 月 30 日製成。"羊城"57 號於 9 月 22 日製成，命名為"南雄"號，由丁紀徐、譚壽試飛，試飛中發現其供油系統和操縱性能較差。這 2 架飛機後編入廣東空軍第 3 隊服役，曾執行偵察江西南部紅軍的任務。

"羊城"56 號偵察 / 轟炸機

廣東飛機修理廠 羊城戰鬥機
Canton Aircraft Works Yangcheng Fighter

機　　種：戰鬥機

乘　　員：1 人

製 造 廠：廣東飛機修理廠

首　　飛：1930 年

機長 / 翼展 / 機高：5.19/7.8/2.15 米

淨重/全重：827/1120 千克

引　　擎：1 台萊特 R-975-C "旋風"型星型 9 缸
氣冷發動機，420 馬力（Wright R-975-C
Whirlwind）

最大速度：230 千米 / 小時

航　　程：500 千米

升　　限：6000 米

武　　備：2 挺固定式 7.62 毫米機槍

裝備範圍：廣東

中國製飛機

"羊城"戰鬥機

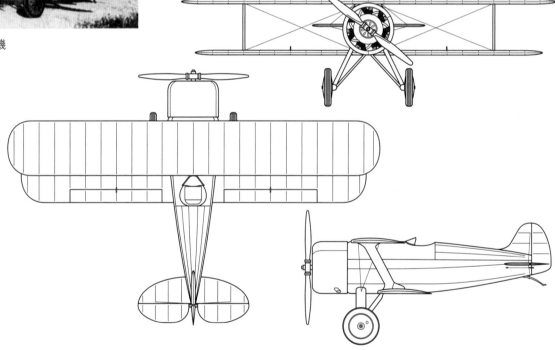

"羊城"戰鬥機三視圖

簡　史：

　　"羊城"戰鬥機研發於 1930—1931 年，其存在是根據一張梅龍安站在飛機左後側的照片分析推測，編號可能為 58 或 59 號，建造日期和試飛狀況不詳。

廣東飛機修理廠 羊城 70 號、71 號、72 號、73 號
Canton Aircraft Works Yangcheng No.70、71、72、73

機　　種：教練機　　用　　途：訓練
乘　　員：2 人　　首　　飛：1933 年
製 造 廠：廣東飛機修理廠
裝備範圍：廣東

簡　　史：

　　"羊城" 70-73 號以 "阿弗羅 616" 為基礎仿製，建成時間和使用狀況不詳。

廣東飛機修理廠 羊城單翼達機
Canton Aircraft Works YangCheng Monowing Douglas

機　　種：偵察 / 轟炸機
乘　　員：2 人
製 造 廠：廣東飛機修理廠
首　　飛：1933 年
機長 / 翼展 / 機高：9.4/12.2/3.3 米

淨重/全重：1500/1776 千克
引　　擎：1 台普惠 R-1690-3 "大黃蜂" 型星型 9 缸氣冷發動機，525 馬力（Pratt & Whitney R-1690-3 Wasp Hornet）
裝備範圍：廣東

簡　　史：

　　"羊城單翼達機" 以 "道格拉斯 O-2MC" 為基礎仿製，1933 年製成（一說為 1935 年），特點是將 O-2MC 的雙翼佈局改為高單翼，機身結構為木製，截面為橢圓形，垂直尾翼和方向舵的外形修改。

　　該機僅製造 1 架，試飛時因機翼折斷而墜毀。其後廣東飛機修理廠工程師駱維協採用沙袋測試法，對機翼和機身間所能承受的壓力進行測試，以此作為設計參考依據，其後仿製的該型飛機改為雙翼佈局。

"羊城"單翼達機

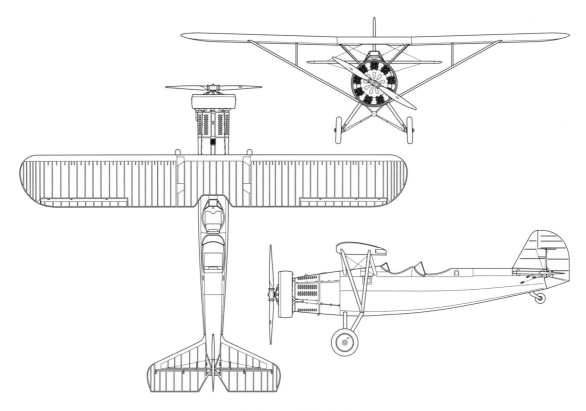

"羊城"單翼達機三視圖

廣東飛機修理廠 羊城達機
Canton Aircraft Works Yangcheng Douglas

機　　種： 偵察 / 轟炸機　　　　　　製 造 廠： 廣東飛機修理廠

用　　途： 偵察 / 轟炸 / 訓練　　　　首　　飛： 1934 年

乘　　員： 2 人　　　　　　　　　　裝備範圍： 國民政府、廣東

簡　史：

　　"羊城達機"以"道格拉斯 O-2MC"為基礎仿製，機身結構為木製，截面改為橢圓形，尺寸較小，發動機、武備與 O-2MC 相同，垂直尾翼和方向舵改良。

　　首架"羊城達機"於 1934 年 3 月 16 日製成（"羊城"74 號），其後又相繼製造了 75-78 號。1935年林福元接任廣東飛機修理廠廠長後繼續製造該機，前後共製造 10 多架，編入廣東空軍第 3、5 隊服役，抗戰爆發後調往宜昌射擊訓練班和跳傘訓練班使用，後移交成都飛行士官學校。

廣東飛機修理廠 羊城可塞
Canton Aircraft Works Yangcheng Corsair

機　　種： 偵察 / 轟炸機　　　　　　製 造 廠： 廣東飛機修理廠

用　　途： 偵察 / 轟炸 / 訓練　　　　裝備範圍： 廣東

乘　　員： 2 人

簡　史：

　　1934 年製成的"羊城可塞"是在"沃特 O2U-1D"基礎上仿製的型號，採用與 O2U-1D 相同的普惠"黃蜂"型發動機，機身尺寸較小，上翼改為平直翼，武備與 O2U-1D 相同。該型飛機共製造 6 架，根據照片判斷，其中 1 架為"羊城"108 號，其餘 5 架編號不詳。

羊城可塞

上海虹橋航空工廠 成功第一號

Shanghai Aircraft Works Cheng Gong No.1

機　　種： 教練機　　**用　　途：** 訓練

乘　　員： 2 人　　**首　　飛：** 1929 年

製　造　廠： 上海虹橋航空工廠

機長 / 翼展： 7.8/9.96 米

全　　重： 988 千克

引　　擎： 1 台希斯巴諾 - 蘇莎 8Ab 型 V 型 8 缸液冷發動機，180 馬力（Hispano-Suiza 8Ab）

最大速度： 170 千米 / 小時

裝備範圍： 國民政府

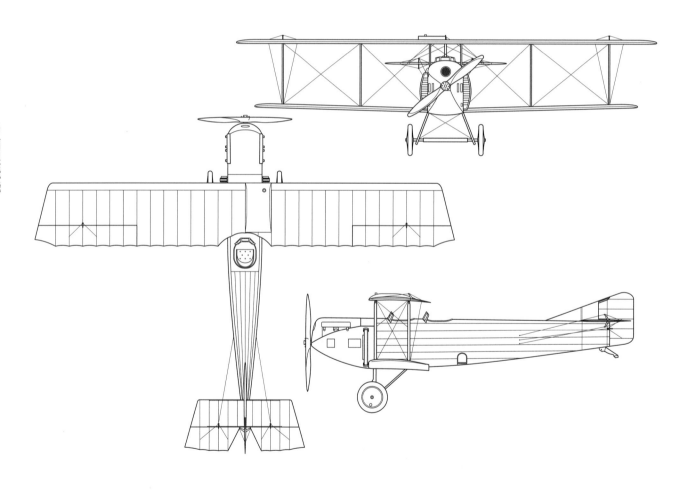

"成功第一號"教練機三視圖

簡　史：

　　“成功第一號”是由上海航空工廠工程師饒國璋等人以“高德隆 C.59”為基礎仿製，除發動機、儀錶等國內無法製造的零件外，其他部件均為自製。該機的發動機、結構、佈局與 C.59 相同，翼展略窄，油箱位於上翼上方右側以抵消扭矩，散熱器位於發動機後部兩側。

　　“成功第一號”於 1929 年初製成，僅製造 1 架，同年 2 月 13 日由該廠廠長沈德燮試飛成功，飛行性能良好，不亞於 C.59，而造價則僅相當於 C.59 的三分之一。1932 年“一‧二八事變”期間，該機與上海航空工廠均毀於日軍空襲。

“成功第一號”教練機

海軍製造飛機處 己型
Naval Air Establishment Chi

機　　種：水上轟炸 / 教練機

用　　途：訓練 / 轟炸

乘　　員：2 人

製 造 廠：海軍製造飛機處

首　　飛：1930 年

機長 / 翼展 / 機高：8.33/10.88/3.56 米

淨重 / 全重：730/168 千克

引　　擎：1 台萊特 J-6 "旋風" 型星型 5 缸氣冷發
動機，165 馬力（Wright J-6 Whirlwind）

最大速度 / 巡航速度：177/146 千米 / 小時

航　　程：1230 千米

升　　限：4800 米

武　　備：4 枚炸彈

裝備範圍：中國海軍

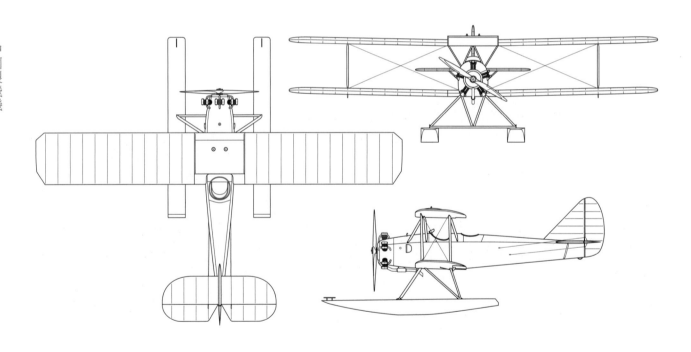

己型水上轟炸 / 教練機三視圖

簡　史：

己型以戊型為基礎研發，特點是換裝 1 台"旋風"型發動機，垂直尾翼改為三角形，駕駛艙和觀察員／射擊員艙採用常規佈局，油箱增大。

己型共製造 2 架，分別於 1930 年 10、11 月製成，命名為"江鴻"和"江雁"。陳文麟和德籍飛行員漢斯·伯特倫（Hans Bertram）曾駕駛"江鴻"自福州飛至廈門並飛返，其後二人曾計劃駕駛"江雁"自廈門飛往新加坡，因故未實施；福州海軍飛潛學校航空班第二期畢業的飛行員許成啟曾駕駛"江鴻"自馬尾飛往武漢，是海軍製造飛機處自製飛機航程最遠的一次飛行。

己型水上轟炸／教練機

海軍製造飛機處 庚型
Naval Air Establishment Keng

機　　種： 水陸交換偵察 / 教練機

用　　途： 偵察 / 訓練

乘　　員： 2 人

製 造 廠： 海軍製造飛機處

首　　飛： 1931 年

機長 / 翼展 / 機高： 8.2/9.82/3.3 米（水機型），
7.18/9.82/3 米（陸機型）

淨重 / 全重： 750/1116 千克（水機型），675/1038
千克（陸機型）

最大速度： 188 千米 / 小時（水機型），194 千米 /
小時（陸機型）

航　　程： 1150 千米（水機型），1260 千米（陸機型）

升　　限： 3810 米（水機型），4260 米（陸機型）

引　　擎： 1 台萊特 J-6 "旋風" 型星型 5 缸氣冷發
動機，165 馬力（Wright J-6 Whirlwind）

武　　備： 4 枚炸彈

裝備範圍： 中國海軍

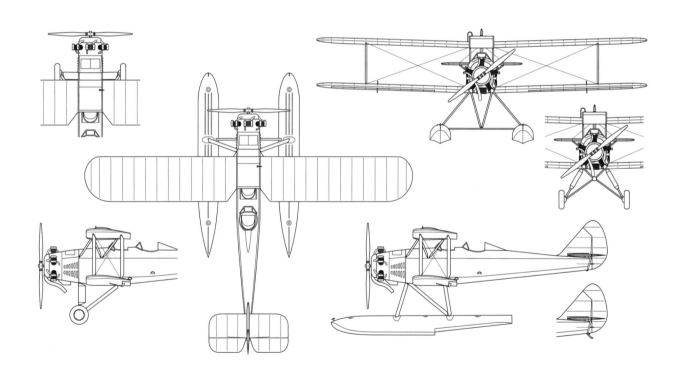

庚型水陸交換偵察 / 教練機三視圖

簡　史：

　　庚型是海軍製造飛機處自福州馬尾遷往上海後研製的第一種飛機，其特點是可非常方便地將木製浮筒更換為輪式起落架，氣動性能大幅優化，機翼可向後折疊以節約存儲空間。

　　庚型共製造 2 架，均於 1931 年 10 月製成並試飛成功，命名為"江鶴"和"江鳳"。1933 年 6 月 13 日，海軍製造飛機處處長曾詒經與德籍飛行員布里爾（Brill）駕駛"江鳳"自上海出發，沿長江長途飛行，6 月 27 日飛抵岳州，但在降落時浮筒被衝撞而漏水，飛行被迫終止。該機後被拆卸運回上海，改裝陸用起落架後飛往杭州、廈門等地。

安裝浮筒的"江鶴"號庚型水陸交換偵察 / 教練機

換裝陸用起落架的"江鶴"號庚型
水陸交換偵察 / 教練機

海軍製造飛機處 辛型
Naval Air Establishment Hsin

機　　種： 艦載水上偵察機

用　　途： 偵察

乘　　員： 1 人

製 造 廠： 海軍製造飛機處

首　　飛： 1934 年

機長 / 翼展 / 機高： 6.7/9.14/2.95 米

淨重/全重： 599/807 千克

引　　擎： 1 台瓦斯電 "神風" 型星型 7 缸氣冷發動機，130 馬力（Gasuden Jimpu）

最大速度： 169 千米 / 小時

航　　程： 547 千米

升　　限： 4420 米

裝備範圍： 中國海軍

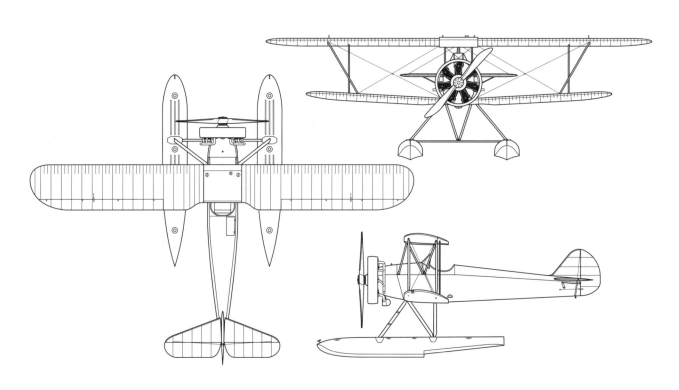

辛型艦載水上偵察機三視圖

簡　史：

　　1932年，由於海軍工作報告認為"寧海"號輕巡洋艦搭載的"愛知AB-3"型水上偵察機"不敷遣用，殊有增加之必要"，因此海軍部下令海軍製造飛機處為"寧海"號製造第2架艦載機，即為辛型。該機是中國第一架專為艦載設計的飛機，通常稱為"寧海附號"或"寧海2號"，裝有1台AB-3的備用發動機，結構佈局與庚型頗為相似，同時一定程度上參考AB-3，機翼可向後折疊以減少存放空間，比AB-3的拆卸式機翼更加方便。但由於"寧海"號輕巡洋艦的飛行甲板面積較小，因此在實際使用中必須將機首面向艦首方向才可折疊機翼進入機庫。

　　辛型於1933年12月開工，僅製造1架，次年8月6日首飛成功，除航程和最大時速外，其他性能均不亞於AB-3。該機於抗戰爆發後移交航空委員會，其後下落不詳。

中國製飛機

辛型艦載水上偵察機

海軍製造飛機處 摩斯式
Naval Air Establishment Moth

機　　種：水陸交換教練機

用　　途：訓練

乘　　員：2 人

製 造 廠：海軍製造飛機處

首　　飛：1934 年

機長 / 翼展 / 機高：7.38/9.14/2.68 米

淨重/全重：436/794 千克

引　　擎：1 台德・哈維蘭 "吉普賽" Ⅱ 直列

最大速度 / 巡航速度：159/137 千米 / 小時

航　　程：470 千米

升　　限：5500 米

裝備範圍：中國海軍

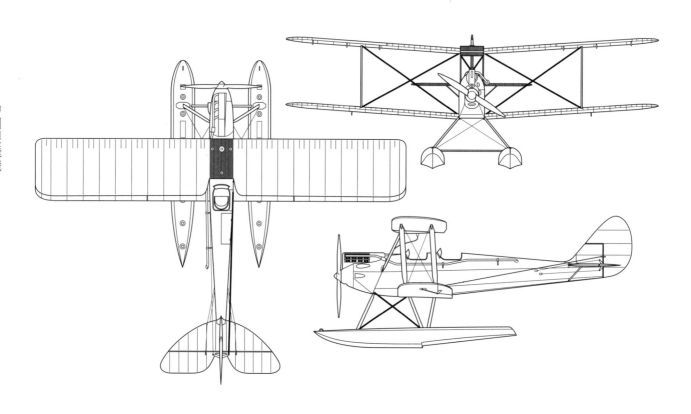

"摩斯" 式水陸交換教練機三視圖

簡　史：

　　“摩斯”式以“德・哈維蘭 DH.60G”為基礎仿製，除發動機和必要配件外，均使用國產材料製造。該型飛機的結構、外形與 DH.60G 基本相同，區別在於取消上翼的前緣襟翼，翼尖改為容易加工的方形。

　　“摩斯”式共製造 4 架，分別於 1933 年 12 月、1934 年 8 月、1335 年 7 月和 12 月製成，命名為“江鷴”、“江鵬”、“江鸚”和“江鵡”，其中部分可更換陸地起落架。 1935 年廈門舉行游泳大會時，“江鵬”号曾前往參加慶祝開幕式，在游泳池上低飛繞圈，並向游泳池中投下國旗和禮花。

中國製飛機

“摩斯”式水陸交換教練機

海軍製造飛機處 江鷁

Naval Air Establishment Chiang Ngo

機　　種：教練機

用　　途：訓練

乘　　員：2 人

製 造 廠：海軍製造飛機處

淨重/全重：454/726 千克

最大速度/巡航速度：169/145 千米/小時

航　　程：580 千米

裝備範圍：中國海軍

"江鷁"教練機

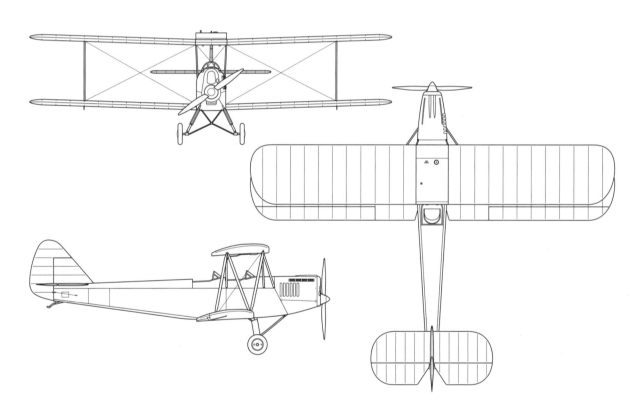

"江鷁"教練機三視圖

簡　　史：

　　"江鷁"是抗戰前海軍製造飛機處製造的最後 1 架飛機，裝有 1 台 120 馬力發動機，其佈局結構與"江鵲"頗為相似，僅垂直尾翼和起落架不同。該機於 1937 年製成，使用狀況不詳。

中國製飛機

青島海軍基地修理廠 滑翔機
Tsingtao Naval Air Station Repair Shop Glider

機　　種：滑翔機
用　　途：訓練
製　造　廠：青島海軍基地修理廠
首　　飛：1937 年
裝備範圍：中國海軍

簡　　史：

　　1937 年，青島海軍基地修理廠在白俄羅斯人霍米亞科夫（Homiakoff）領導下，以法國設計的滑翔機為藍本製造了 3 架滑翔機。這些飛機採用拖曳方式起飛，1937 年 3 月首飛成功。具體狀況不詳。

廈門海軍航空處 江鵲
Amoy Naval Air Service Chiang Ch'üeh

機　　種：教練機　　用　　途：訓練
乘　　員：2 人　　　首　　飛：1933 年
製　造　廠：廈門海軍航空處
機長/翼展/機高：7.4/8.9/2.5 米
淨重/全重：468/772 千克
最大速度：157 千米/小時

引　　擎：1 台 A.D.C "捲雲" III 型直列型 4 缸氣冷發動機，85 馬力（前期）(A.D.C Cirrus III)；1 台 A.D.C "捲雲競技神" I 型直列型 4 缸氣冷發動機，105 馬力（後期）(A.D.C Cirrus Hermes I)
航　　程：768 千米
裝備範圍：中國海軍

"江鵲"教練機

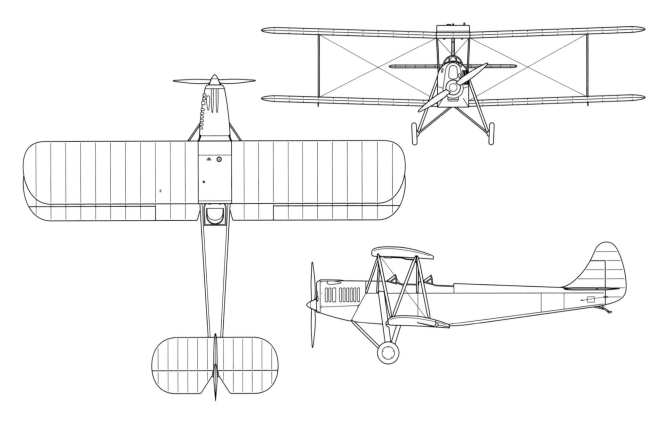

"江鵲"教練機三視圖

簡　史：

　　"江鵲"由廈門海軍航空處處長陳文麟和航空處機務科科長潘鼎新以"阿弗羅594"為基礎仿製，裝有1台"阿弗羅594"的備用發動機，除發動機、儀錶和機輪外的零件均由國產材料製成，其下翼、起落架支柱、垂直尾翼與"阿弗羅594"不同。

　　"江鵲"於1933年製成，僅製造1架，飛行狀況良好。同年7月20日，陳文麟和潘鼎新駕駛江鵲自廈門起飛進行全國飛行，在上海換裝了大功率的"捲雲競技神"發動機，9月11日飛往南京，10月22日飛返廈門。1935年2月14日，該機在一次長途飛行中因機械故障迫降，拆卸運回航空處維修，其後下落不詳。

　　據稱，陳文麟還曾於1935年2月設計了一種安裝75馬力普喬伊型發動機的單座木製飛機，其中2架已在建造中，是否完工不詳。

廣西機械製造廠 廣西 1 號
Kwangsi Mechanical and Aircraft Factory Kwangsi Type1

機　　種：教練機　　用　　途：訓練

乘　　員：2 人（一説為 1 人）

製　造　廠：廣西機械製造廠

首　　飛：1933 年

引　　擎：1 台 A.D.C "捲雲競技神" II 型直列型
　　　　　4 缸氣冷發動機，105 馬力（A.D.C
　　　　　Cirrus Hermes II）

裝備範圍：廣西

"廣西 1 號" 教練機，
右側為其原型——英製阿弗羅 616 "飛鳥" IVM。

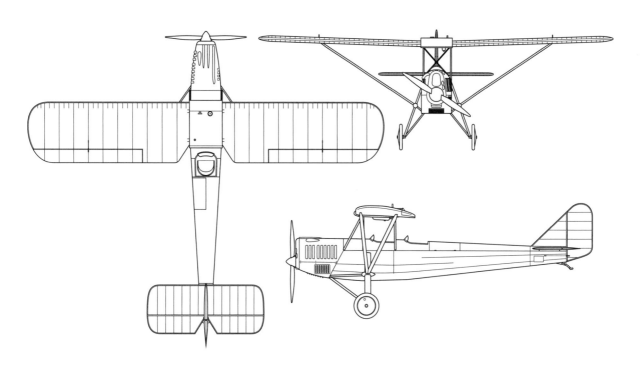

"廣西 1 號" 教練機三視圖

中國製飛機

簡　史：

　　"廣西 1 號"（又稱 "新廣西號"）是廣西機械製造廠廠長朱榮章於 1932 年底參考 "阿弗羅 616" 設計的教練機，該機改用高單翼佈局，除發動機、儀錶、金屬材料、起落架等材料外均為自製。1933 年 6 月 24 日（一説為 7 月）試飛成功，飛行性能良好，不亞於外購飛機，廣西機械製造廠因此受到廣西省主席黃旭初嘉獎。

廣西機械製造廠 廣西 3 號
Kwangsi Mechanical and Aircraft Factory Kwangsi Type 3

機　　種：戰鬥機　　用　　途：訓練

乘　　員：1 人

製　造　廠：廣西機械製造廠

首　　飛：1937 年

機長 / 翼展 / 機高：6.25/8.4/2.5 米

淨重/全重：760/1045 千克

引　　擎：1 台 260 馬力的阿姆斯特朗・西德利 "獵豹" IIA 發動機，260 馬力（Armstrong Siddeley Cheetah IIA）

最大速度 / 巡航速度：285/220 千米 / 小時

武　　備：1 挺固定式 7.7 毫米機槍（機首左側）

裝備範圍：國民政府、廣西

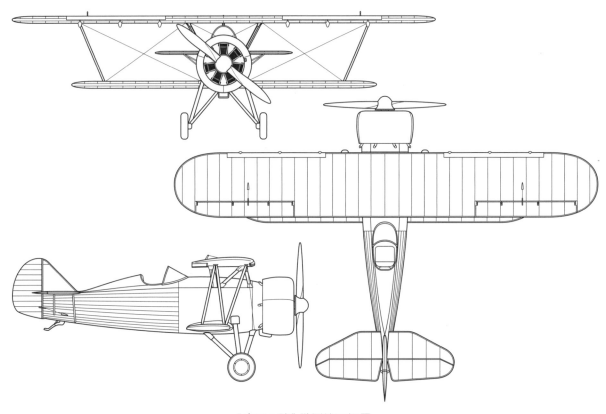

"廣西 3 號" 戰鬥機三視圖

簡　　史：

　　"廣西 3 號"（又稱 "朱榮章" 號）是中國自行設計製造成功並裝備部隊的第一種戰鬥機。該機由朱榮章設計，裝有 1 台 "獵豹" IIA 型發動機，採用混合結構，不等翼展雙翼佈局，機翼由鋁管和層板構成框架，外覆蒙布，上翼裝有副翼和前緣襟翼，武備為機首左側的 1 挺 7.7 毫米機槍，安裝有射擊協調器。

中國製飛機

"廣西3號"於1937年製成，7月試飛成功，外形流線美觀，飛行性能良好，廣西機械製造廠因此受到廣西省主席黃旭初嘉獎。由於該機性能不及同時期進口戰機，因此並未量產，後交廣西空軍訓練使用，抗戰爆發後移交第32中隊。廣西機械製造廠曾計劃在該機基礎上研發雙座型號充作教練機或偵察／轟炸機，但並未建造，據稱該計劃即為"廣西2號"。

廣西機械製造廠廠長朱榮章與試飛員陸光球
於"廣西3號"前合影

廣西機械製造廠 滑翔機
Kwangsi Mechanical and Aircraft Factory Glider

機　　種：滑翔機
用　　途：訓練
設　　計：陳國梁
首　　飛：1934年
裝備範圍：廣西

簡　史：

　　1934年5月，曾擔任廈門五通航校校長的陳國梁開始在廣西設計滑翔機，同年7月底製成首架，後交付廣西空軍用於滑翔訓練。

首都航空工廠"巴僑"號
Capital Aero Factory Batavia Overseas Chinese

機　　種：轟炸 / 教練機

用　　途：訓練

乘　　員：2 人

製 造 廠：首都航空工廠

首　　飛：1934 年

機長 / 翼展 / 機高：10.5/14.95/3.45 米

淨重/全重：1325/2363 千克

最大速度：238 千米 / 小時

航　　程：943 千米

升　　限：5170 米

引　　擎：1 台普惠 R-1690 "大黃蜂" A 型星型 9 缸氣冷發動機，525 馬力（Pratt & Whitney R-1690 Hornet A）

武　　備：1 挺固定式 7.62 毫米機槍（機首），1 挺可旋轉 7.62 毫米機槍（後座），200 千克炸彈

裝備範圍：國民政府

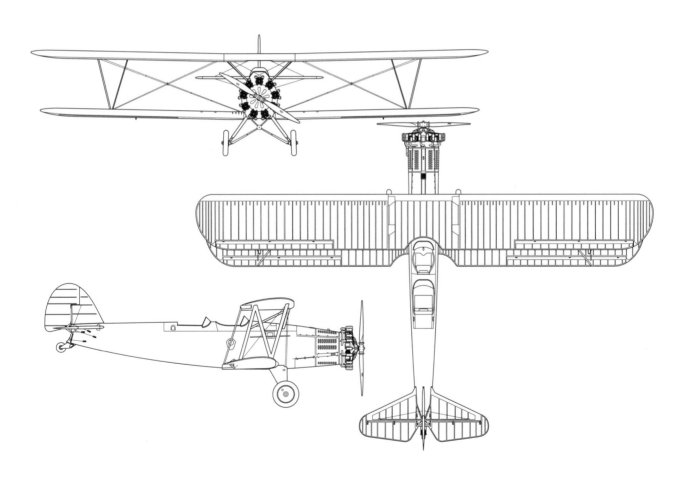

"巴僑"號轟炸 / 教練機三視圖

　　1932 年 5 月，首都航空工廠技正（總工程師）田培業等人開始在 "道格拉斯 O-2MC" 基礎上進行仿製。仿製機裝有 1 台與 O-2MC 相同的發動機，機身結構改為木製，垂直尾翼後緣改為橢圓形，尺寸放大，是當時中國空軍自製飛機中尺寸最大者。由於該機的尺寸、重量均超過 O-2MC，而發動機功率未增大，因此飛行性能略為遜色。

　　該機於 1934 年 6 月製成，僅製造 1 架，同年 12 月 15 日舉行獻機典禮，後交中央航校用於訓練。由於該機是由巴達維亞（今印尼雅加達）華僑集資捐款所製，因此命名為 "巴僑" 號，次年改名 "爪哇 -1" 號，後又改名 "新生活號"，以響應當時推行的 "新生活" 運動。

"新生活號" 轟炸 / 教練機

中國製飛機

毛克生 單翼機
Mao K'e-sheng Monoplane

機　　種：教練機
設　　計：毛克生
首　　飛：1935 年
全　　重：740 千克
最大速度：160 千米 / 小時
升　　限：6300 米
裝備範圍：雲南

簡　史：

　　1934 年，雲南航校的飛機學教官毛克生設計製造了 1 架輕型單翼教練機。該機裝有 1 台 100 馬力的 5 缸氣冷發動機，1935 年 2 月試飛成功，具體狀況不詳。

韶關飛機修理廠 "復興" AP-1 / "新復興" 甲
Shiukwan Aircraft Works Fu-hsing AP-1/His-Fu-Hsing

機　　種：教練/偵察/轟炸機

用　　途：訓練/聯絡

乘　　員：2人　　　首　飛：1936年

製　造　廠：韶關飛機修理廠

機長/翼展/機高：7.25/9.45/2.82米

淨重/全重：985/1634千克

引　　擎：1台萊特 R-975-E3 "旋風" 型星型9缸
氣冷發動機，450馬力 (Wright R-975-E3
Whirlwind)

最大速度：288千米/小時

航　　程：1577千米

升　　限：6462米

武備 (偵察/轟炸機型)：2挺固定式7.62毫米機
槍 (上翼)，1挺可旋轉7.62毫米機槍
(後座)，181千克炸彈

裝備範圍：國民政府、廣東

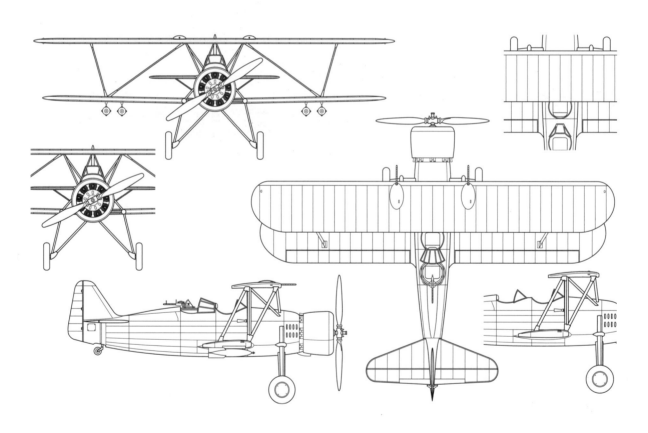

"新復興" 甲型教練/偵察/轟炸機三視圖

簡 史：

　　"復興" AP-1（後稱"新復興"甲）研發於 1930 年代中期，於 1936 年 5 月 20 日首飛成功，22 日在廣州飛行表演，並與波音 281 型戰鬥機模擬空戰。該型飛機外形流線美觀，飛行性能良好，機動靈活，較之同時期美英等國的同類飛機也不遜色。

　　"復興" AP-1 原計劃生產 20 架，其中 15 架是安裝照相機和機槍的偵察 / 轟炸型，另外 5 架則為教練型。1936 年的"兩廣事變"後，主政廣東的陳濟棠被迫下野，廣東韶關飛機修理廠被國民政府接收，改為韶關飛機製造廠，1937 年 1 月起其主要任務改為組裝"柯蒂斯霍克 III"，"新復興"甲遂暫停生產。停產前該機共製造 5 架，其中僅有 1 架為偵察 / 轟炸型。由於沒有機槍射擊協調器，該機的 2 挺固定式 7.62 毫米機槍安裝於上翼上方，後座風擋玻璃改良，裝有 1 挺同口徑旋轉機槍，翼下裝有炸彈架。

　　1937 年 9 月，"新復興"甲恢復生產，截至 1941 年 1 月 14 日，共製造 20 架，其中 7 架是偵察 / 轟炸型，抗戰勝利前又製造 2 架。該型飛機主要供空軍聯絡或訓練，1936 年 12 月 12 日爆發的"西安事變"期間，周恩來曾乘坐該機往來於延安、西安之間，是周恩來首次乘坐國產飛機。

偵察 / 轟炸型"新復興"甲

中央航空學校 滑翔機
Central Aviation Academy Glider

機　　種： 滑翔機
用　　途： 訓練
製 造 廠： 中央航空學校
首　　飛： 1935 年
裝備範圍： 國民政府

簡　　史：

　　1935 年夏季，中央航校的李泊霖（音譯，Li Po-ling）和馬邑秋（音譯，Ma Yi-chou）製造了 1 架金屬結構外覆蒙布的滑翔機。具體狀況不詳。

中國製飛機

滿飛 MT-1 "隼" 一型 / 二型 / 三型
Manshū MT-1 Hayabusa I/II/III

機　　種： 客機　　　**用　　途：** 運輸
乘　　員： 1+6 人（MT-1 I），1+5 人（MT-1 III）
製 造 廠： 滿洲飛行機製造株式會社（Manchuria Aviation Company）
首　　飛： 1937 年（MT-1 I），1938 年（MT-1 II），1941 年（MT-1 III）
機長 / 翼展 / 機高： 10/13/- 米（MT-1 I）（MT-1 II），9.38/13.6/3.6 米（MT-1 III）

淨重 / 全重： 1700/2700 千克（MT-1 I），-/2640 千克（MT-1 III）

引　　擎： 1 台中島ハ 1 "壽" 型星型 9 缸氣冷發動機，460 馬力（Nakajima Ha-1 Kotobuki）（MT-1 I），1 台中島ハ 1 "壽" 2 改 1 型星型 9 缸氣冷發動機，460 馬力（Nakajima Ha-1 Kotobuki 2 Kai1）（MT-1 II），（MT-1 III）

最大速度 / 巡航速度： 240/- 千米 / 小時（MT-1 I），245/- 千米 / 小時（MT-1 II），240/200 千米 / 小時（MT-1 III）

航　　程： 902 千米（MT-1 III）

升　　限： 6000 米（MT-1 III）

裝備範圍： 偽滿洲國

備　　註： MT-1 I、MT-1 III 參數

MT-1 I 型客機，其發動機整流罩和起落架是與 MT-1 II 的最顯著區別。

簡　史：

　　MT-1"隼"研發於 1930 年代中期，主要用於取代逐漸老舊的福克"超級通用"，在設計時參考了"容克 Ju 160"和"洛克希德奧利安"，外形與"奧利安"非常相似。其原型機於 1936 年 12 月完工，次年 4 月首飛成功，乘坐舒適，易於操控，飛行性能良好，命名為 MT-1"隼"一型。"隼"二型是其改良型，起落架增加整流罩，座艙蓋框架構造簡化，發動機整流罩改良，是 MT-1 系列的主要生產型號。"隼"三型是 1938 年設計的改良型，於 1941 年夏季完工，機身長度縮減，翼展增大，垂直尾翼和升降舵改良，起落架改為可收放式，但起落架收放結構的重量增加導致載客量減少至 5 人。

　　MT-1 於 1937 年投產，奉天（今瀋陽）的滿飛公司製造 35 架，日本國際航空公司製造 15-20 架，這些飛機除供偽滿洲國陸軍航空隊、滿洲航空公司和日軍使用外，也有少量供日本國際航空公司使用。其中滿洲航空公司裝備 30-35 架（編號 M-304 至 M-338），偽滿洲國陸軍航空隊裝備有 3 架。1945 年 8 月，偽滿洲国的最后 4 架 MT-1 被苏軍擄獲。

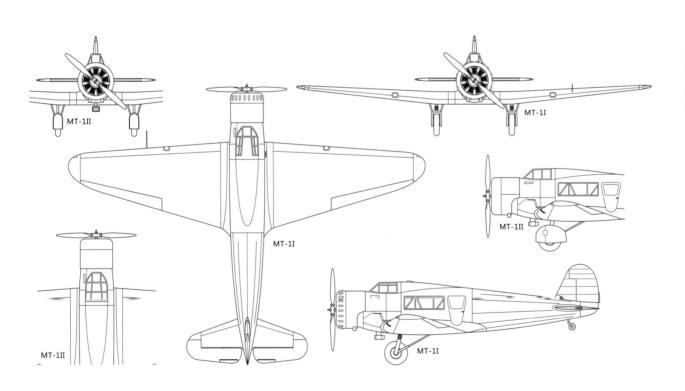

滿飛 MT-1"隼"一、二型客機三視圖

瑞安 B-1 "布魯厄姆馬車"

Ryan B-1 Brougham

機　　　種： 客機

用　　　途： 運輸 / 訓練 / 轟炸 / 聯絡 / 偵察

乘　　　員： 1+4 人

製　造　廠： 瑞安航空公司（Ryan Aeronautical
Company）

首　　　飛： 1927 年

機長 / 翼展 / 機高： 8.46/12.8/2.67 米

淨重/全重： 848/1497 千克

引　　　擎： 1 台萊特 J-5 "旋風" 型星型 9 缸氣冷發
動機，225 馬力（Wright J-5 Whirlwind）

最大速度 / 巡航速度： 201/177 千米 / 小時

航　　　程： 1130 千米

升　　　限： 4900 米

裝備範圍： 國民政府、廣東、雲南

美國製飛機

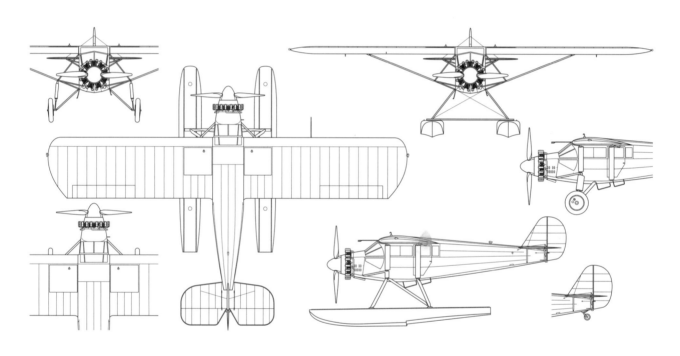

B-1 "布魯厄姆馬車" 客機三視圖

簡　史：

　　B-1 以 M-1 型小型客機為基礎研發，駕駛艙和客艙改為全封閉式，起落架可換裝浮筒，很受小型航空公司的歡迎。1927 年，著名飛行員查爾斯·林白成功飛越大西洋時所駕駛的 "聖路易斯精神" 號即為改裝的 B-1。

　　1928 年，廣東當局通過美信洋行（L·E·Gale Company）購得 2 架 B-1（陸機、水機型各一），分別於同年 10 月 9 日、11 月 20 日運抵中國，陸機型命名為 "廣州" 號，水機型為 "珠江" 號。11 月 11 日和 12 月 8 日，這 2 架飛機分別由張惠長和黃光銳等人駕駛，成功進行全國長途飛行。同年 12 月，武漢民用航空股份有限公司也通過美信洋行購得 5 架 B-1，包括 3 架陸機型和 2 架水機型（3 架陸機命名為"武昌"、"漢口"和"漢陽"號），1929 年 1 月底交付。1929 年夏季，武漢民用航空公司解體後，這 5 架飛機併入國民政府空軍，曾參加中原大戰。1929 年雲南當局購得 1 架 B-1（"昆明"號），並計劃將該機和其後購得的 1 架 B-5 一起用於商業航空運營，但因戰亂無法開航，後撥給雲南空軍，曾參加 1929 年龍雲防禦滇軍胡若愚、張汝驥進攻昆明的戰役。

廣東空軍"廣州"號瑞安 B-1 客機

瑞安 B-5 "布魯厄姆馬車"
Ryan B-5 Brougham

機　種：客機

用　途：運輸 / 轟炸 / 偵察 / 聯絡 / 航空測量

乘　員：1+6 人　　首　飛：1929 年

製 造 廠：瑞安航空公司（Ryan Aeronautical Company）

機長 / 翼展 / 機高：8.63/12.9/2.67 米

淨重 / 全重：1020/1814 千克

引　擎：1 台萊特 J-6-9 "旋風"型星型 9 缸氣冷發動機，300 馬力（Wright J-6-9 Whirlwind）

最大速度 / 巡航速度：222/193 千米 / 小時

航　程：1207 千米

升　限：5486 米

裝備範圍：國民政府、廣東、雲南、湖南、海南

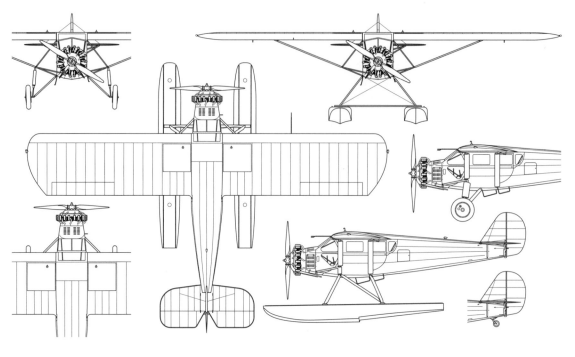

B-5 "布魯厄姆馬車" 客機三視圖

簡　史：

B-5 是 "布魯厄姆馬車" 系列小型客機的改良型,換裝 300 馬力的 "旋風" 發動機和可變距金屬螺旋槳,增加夜航燈,擴大客艙容積,提高舒適度。

1929 年秋,雲南當局通過美信洋行購得 1 架安裝浮筒的 B-5("金馬"號),原計劃開闢商業航空,旋因戰亂調撥給雲南空軍,9 月借給廣東執行運輸任務時失事損壞。1930 年,廣東當局通過美信洋行購得 5 架 B-5(有 1 架水機型命名為 "珠江" 號),次年 4 月交付,其中 1 架機身下裝有炸彈架。1932 年 "一‧二八事變" 期間,1 架 B-5 隨同廣東空軍混合機隊北上支援抗日,擔任運輸、聯絡任務。1932 年 1 月,汪精衛等人建立的廣州國民政府撤銷後,有 2 架 B-5 加入海南的張惠長—陳策聯盟。1936 年 9 月 "兩廣事變" 後,3 架尚可使用的 B-5 併入國民政府空軍。1932 年,湖南航空處通過美信洋行購得 2 架 B-5(編號 "湘 107"、"湘 207",其中 1 架為水機型),常用於貴州和上海之間走私毒品。1934 年 7 月,時任湖南航空處處長黃飛和林安駕駛 1 架 B-5 走私毒品途徑漢口時,被當地禁煙督察處查獲,因此導致湖南航空隊被撤銷,人員和飛機併入國民政府空軍。航空測量局也裝備有 3 架該型飛機,其中 2 架名稱為 "測量 3"、"測量 6" 號。

雲南空軍 "金馬" 號瑞安 B-5 客機

愛爾蘭 N-2B "海王星"
Ireland N-2B Neptune

機　　種：水陸兩棲客機

用　　途：訓練

乘　　員：1+4 人

製 造 廠：愛爾蘭飛機公司（Ireland Aircraft Inc）

首　　飛：1928 年

機長 / 翼展：9.14/12.19 米

淨重 / 全重：1337/1995 千克

引　　擎：1 台萊特 J-6 "旋風" 型星型 9 缸氣冷發
動機，300 馬力（Wright J-6 Whirlwind）

最大速度 / 巡航速度：185/144 千米 / 小時

航　　程：643 千米

裝備範圍：國民政府

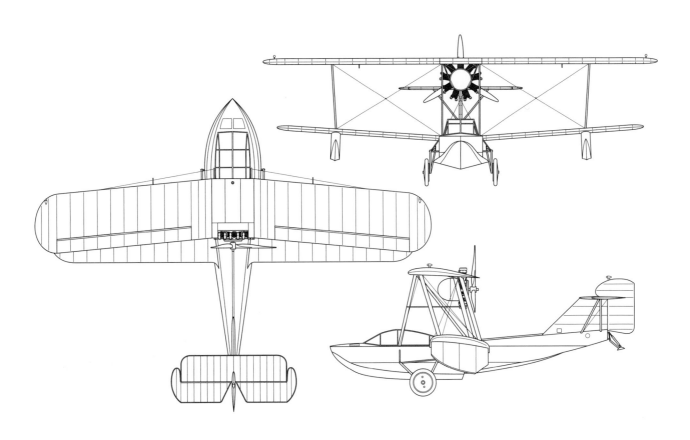

N-2B "海王星" 水陸兩棲客機三視圖

美國製飛機

簡　史：

　　N-2B 是 N-1B 的發展型，於 1928 年投產，換裝了大功率發動機，起落架可手動收放，乘坐舒適
度提高，頗受沿海小型航空公司歡迎。1929 年 3 月，柯蒂斯公司將一批飛機運往中國展銷，其中包
括 1 架該型飛機，3 月 30 日被國民政府購得，年內墜毀於上海。

柯蒂斯 "知更鳥" B/C/C-1
Curtiss Robin B/C/C-1

機　　種： 客機

用　　途： 運輸 / 訓練

乘　　員： 1+2 人

製 造 廠： 柯蒂斯飛機與發動機公司（Curtiss Aeroplane and Motor Company）

首　　飛： 1928 年（B），1929 年（C-1）

機 長 / 翼 展 / 機 高： 7.83/12.5/2.37 米（B），7.65/12.5/2.44 米（C-1）

淨重/全重： 668/1107 千克（B），770/1180 千克（C-1）

引　　擎： 1 台柯蒂斯 OX-5 型 V 型 8 缸液冷發動機，90 馬力（Curtiss OX-5）（B），1 台柯蒂斯 "挑戰者" 型星型 6 缸氣冷發動機，170-185 馬力（Curtiss Challenger）（C / C-1）

最大速度 / 巡航速度： 161/135 千米 / 小時（B），193/164 千米 / 小時（C-1）

航　　程： 772 千米（B），483 千米（C-1）

升　　限： 3109 米（B），3870 米（C-1）

裝備範圍： 國民政府、廣東

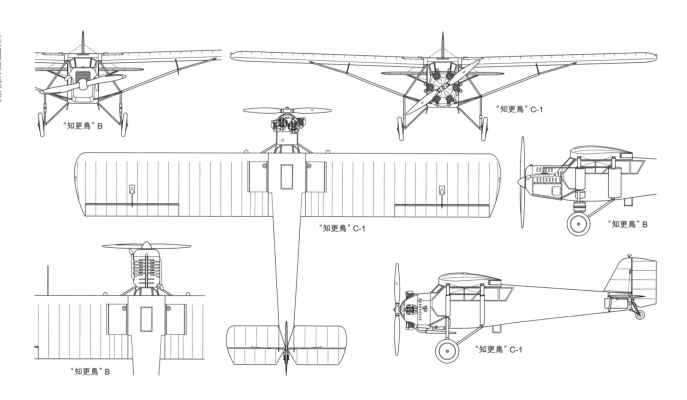

"知更鳥" B

"知更鳥" C-1

"知更鳥" C-1

"知更鳥" B

"知更鳥" B

"知更鳥" C-1

"知更鳥" B/C-1 客機三視圖

簡　史：

　　"知更鳥"是柯蒂斯公司根據市場需求推出的小型客機，1928年投產，具有結構簡單、堅固耐用、易於操控、飛行安全性好等特點，並有多種亞型。"知更鳥"B是最初的量產型；"知更鳥"C是1929年推出的改良型，飛行性能顯著提升，航程縮短；"知更鳥"C-1是"知更鳥"C的改良型，換裝發動機的同時改良起落架系統，1929年投產。

　　1929年3月，柯蒂斯公司將一批飛機運至中國展銷，其中包括"知更鳥"B、C型各1架，3月底被國民政府購得。其中1架於1931年7月移交中國航空公司，另1架則編入駐漢口的第1中隊。同年10月11日，中國愛國聯盟（加拿大安大略省華僑組織）購得2架飛機捐獻給國民政府，其中包括1架"知更鳥"C-1，11月19日運抵中國。1934年，廣東當局舉辦獻機運動時也購得1架安裝柯蒂斯OX-5型發動機的"知更鳥"。

柯蒂斯"幼鳥"/"幼鳥"J-2
Curtiss Fledgling/ Fledgling J-2

機　　種： 教練機	**用　　途：** 訓練/偵察	**引　　擎：**	1台萊特J-6-7"旋風"型星型7缸氣冷發動機，240馬力（Wright J-6-7 Whirlwind）
乘　　員： 2人	**首　　飛：** 1927年		
製　造　廠： 柯蒂斯飛機與發動機公司（Curtiss Aeroplane and Motor Company）		**最大速度/巡航速度：** 175/140千米/小時	
機長/翼展/機高： 8.33/11.93/3.15米		**航　　程：** 589千米	
淨重/全重： 968/1285千克		**升　　限：** 4600米	
		裝備範圍： 國民政府、廣東	
		備　　註： "幼鳥"J-2參數	

簡　史：

　　"幼鳥"是N2C-1型教練機的商用型，具有構造簡單堅固，容易操控的特點。"幼鳥"J-2是"幼鳥"的改良型，相當於N2C-2，飛行性能提升。

　　1929年，國民政府向柯蒂斯公司購得4架"幼鳥"型教練機，同年10月1日運往上海交付。10月11日，"中國愛國聯盟"將2架飛機捐獻給國民政府，其中包括1架"幼鳥"；中國愛國飛行隊（美國馬薩諸塞州波士頓華僑組織）也捐獻了1架"幼鳥"。1930年12月，柯蒂斯公司將1架"幼鳥"J-2運往中國展銷並在南京飛行表演，後被國民政府買下。1934年，廣東當局舉辦獻機運動時曾購得1架"幼鳥"J-2（"空軍全人號"）和配套的機槍架以及1挺7.62毫米機槍，同年運抵廣州，供廣東空軍用於偵察、訓練任務。

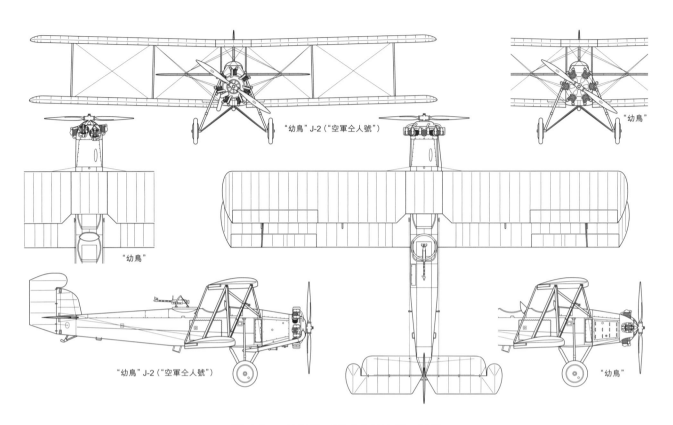

"幼鳥" J-2（"空軍全人號"）

"幼鳥"

"幼鳥"

"幼鳥" J-2（"空軍全人號"）

"幼鳥" J-2 教練機 /"幼鳥"教練機三視圖

柯蒂斯"獵鷹"
Curtiss Falcon

機　種：偵察 / 攻擊機　　**用　途**：偵察	**航　程**：703 千米
乘　員：2 人	**升　限**：5069 米
製造廠：柯蒂斯飛機與發動機公司（Curtiss Aeroplane and Motor Company）	**引　擎**：1 台自由 V-1650-1 型 V 型 12 缸液冷發動機，435 馬力（Liberty V-1650-1）
首　飛：1925 年	**武　備**：4 挺固定式 7.62 毫米勃朗寧機槍（機首、下翼各 2 挺），2 挺可旋轉 7.62 毫米劉易斯機槍（後座）
機長 / 翼展 / 機高：8.33/11.58/3.15 米	
淨重/全重：1366/2068 千克	**裝備範圍**：國民政府
最大速度 / 巡航速度：236/185 千米 / 小時	

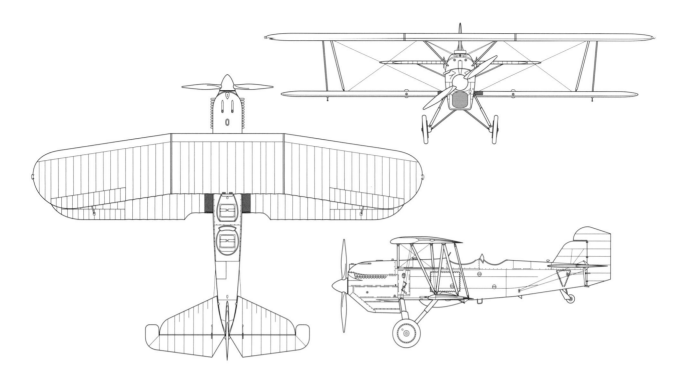

"獵鷹"偵察／攻擊機三視圖

簡　史：

　　"獵鷹"是研發於 1920 年代的一種非常成功的偵察／攻擊機，共有超過 40 種亞型，可執行多種軍、民用任務，部分該機直到 1941 年仍在服役。

　　1929 年 1 月 26 日，柯蒂斯公司將一批飛機運往中國展銷，其中包括 1 架"獵鷹"（註冊號 NC214E），同年 3 月運抵上海，3 月 30 日被國民政府購得。1930 年 12 月，柯蒂斯公司又將 1 架安裝柯蒂斯征服者型發動機的"獵鷹"（註冊號 NR310E）運往中國展銷，後被國民政府買下，但未編入建制。

史汀生 SM-1F "底特律人"

Stinson SM-1F Detroiter

機　　種：客機　　用　　途：運輸

乘　　員：1+6 人

製 造 廠：史汀生飛機公司（Stinson Aircraft Company）

首　　飛：1929 年

機長 / 翼展 / 機高：9.95/14.22/2.74 米

全　　重：1950 千克

引　　擎：1 台萊特 J-6-9 "旋風" 型星型 9 缸氣冷發動機，300 馬力（Wright J-6-9 Whirlwind）

最大速度 / 巡航速度：212/169 千米 / 小時

航　　程：1094 千米

升　　限：4876 米

裝備範圍：國民政府

美國製飛機

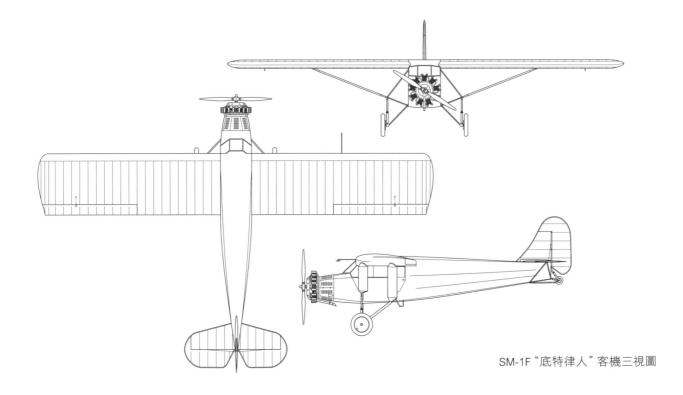

SM-1F "底特律人" 客機三視圖

SM-1F "底特律人" 客機

簡　史：

　　SM-1 以 SB-1 "底特律人" 型雙翼客機為基礎研發，飛行性能優良，曾創多項飛行記錄，SM-1F 是 1929 年推出的改良型。

　　1929 年 3 月 17 日，南京國民政府交通部通過美國駐南京領事館購得 4 架該型飛機用於開辦滬蓉航線，後又增購 4 架飛機，其中包括 2 架 SM-1F。第一批 4 架於 5 月 22 日運抵上海，命名為 "滬蓉 1" —"滬蓉 4" 號；第二批 4 架則於次年 2 月運抵上海。由於這些飛機是南京國民政府的財產，因此機翼、機身上飾有軍用機徽。1930 年夏，這 6 架 SM-1F 撥給新成立的中國航空公司使用，改名為 "滄州"、"北平"、"天津"、"濟南"、"徐州" 和 "蚌埠" 號，其中除 "濟南" 號於 1931 年 11 月 19 日因天氣惡劣撞山墜毀外（著名詩人徐志摩所搭乘的即是該機），其餘 5 架該型飛機均於 1940 年後毀於日軍空襲。

史汀生 SM-2AC "朱尼爾"
Stinson SM-2AC Junior

機　　種：客機 / 通用飛機

用　　途：運輸 / 訓練

乘　　員：1+3 人　　首　飛：1929 年

製 造 廠：史汀生飛機公司（Stinson Aircraft Company）

機長 / 翼展 / 機高：8.84/12.7/2.51 米

淨重 / 全重：984/1465 千克

引　　擎：1 台萊特 J-6-7 "旋風" 型星型 9 缸氣冷發動機，225 馬力（Wright J-6-7 Whirlwind）

最大速度 / 巡航速度：217/181 千米 / 小時

航　　程：724 千米

升　　限：6706 米

裝備範圍：國民政府

簡　史：

　　SM-2 是 SM-1 "底特律人" 的縮小型，被設計用於供私人用戶使用。SM-2AC 是 1929 年推出的改良型，飛行性能提升。

　　1929 年，國民政府交通部在訂購第 2 批 SM-1F 的同時，購得 2 架 SM-2AC，這 4 架飛機於次年 2 月運抵上海，SM-2AC 交付國民政府空軍，用於運輸、訓練任務，命名為 "九江"、"金陵" 號。

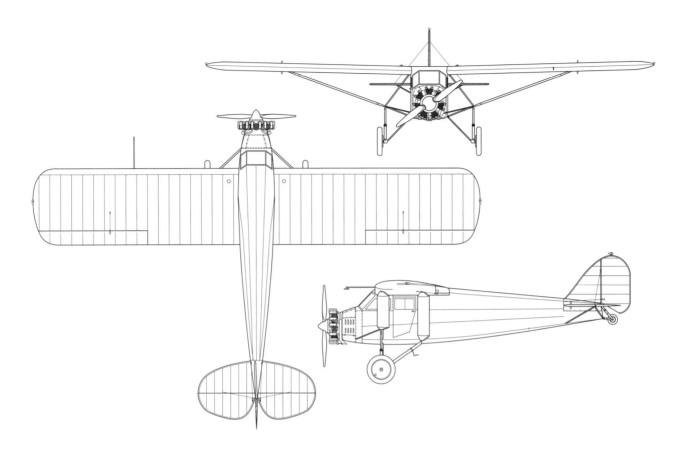

SM-2AC "朱尼爾" 客機 / 通用飛機三視圖

SM-2AC "朱尼爾" 客機 / 通用飛機

史汀生 O 型
Stinson Model O

機　　種：偵察 / 教練機

用　　途：偵察 / 巡邏 / 訓練 / 拖靶

乘　　員：2 人　　　首　飛：1933 年

製 造 廠：史汀生飛機公司（Stinson Aircraft Company）

機長 / 翼展 / 機高：8.43/12.17/2.44 米

淨重 / 全重：865/1187 千克

引　　擎：1 台萊康明 R-680 型星型 9 缸氣冷發動機，225 馬力（Lycoming R-680）

最大速度 / 巡航速度：219/196 千米 / 小時

航　　程：724 千米

升　　限：4877 米

武　　備：2 挺固定式機槍（機首），1 挺可旋轉機槍（後座），2 枚 55 千克炸彈或 5 枚 14 千克炸彈

裝備範圍：國民政府、廣東、（貴州）

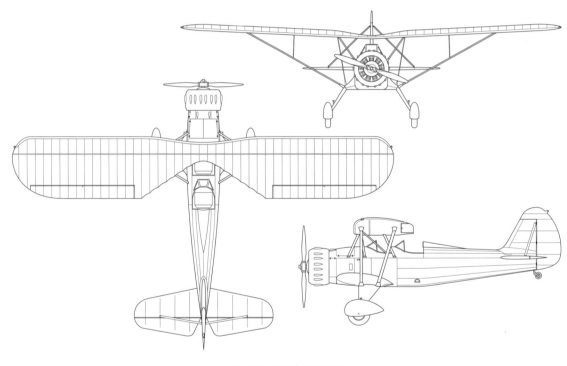

O 型偵察 / 教練機三視圖

簡　　史：

　　該型飛機以 SR "信賴" 小型客機為基礎研發，原本是史汀生公司為洪都拉斯空軍設計，是該公司的第一種也是唯一一種敞開式駕駛艙飛機。

　　1934 年 4 月，貴州省航空籌備處主任周一平前往廣東和香港訪問時訂購了 3 架 O 型，供貴陽航校訓練使用。這 3 架飛機於 5 月運抵香港，因故未交付貴陽航校，被廣東當局低價購得，"兩廣事變" 後併入國民政府空軍，後撥給南昌基地作為拖靶機使用。

O 型偵察 / 教練機

史汀生 飛機
Stinson Airplane

用　　途： 要人專機

製 造 廠： 史汀生飛機公司 (Stinson Aircraft Company)

裝備範圍： 雲南

簡　史：

　　1935 年，美國東方航空公司經雲南當局同意後，將 1 架性能良好、操縱靈活的史汀生飛機送至昆明展銷，並表示願幫助雲南當局擴充空軍，建立商業航空。但由於財政原因，雲南當局婉拒了東方航空公司的提議，僅買下該機作為雲南省主席龍雲的專機。其具體參數不詳。

瓦克 9
Waco 9

機　　種： 運動 / 教練機
用　　途： 訓練
乘　　員： 3 人
製 造 廠： 瓦克飛機公司（Waco Aircraft Company）
首　　飛： 1925 年
機長 / 翼展 / 機高： 7.08/9.62/2.81 米
淨重 / 全重： 598/952 千克

引　　擎： 1 台柯蒂斯 OX-5 型 V 型 8 缸液冷發
動機，90 馬力（Curtiss OX-5）
最大速度： 148 千米 / 小時
航　　程： 643 千米
升　　限： 3657 米
裝備範圍： 四川

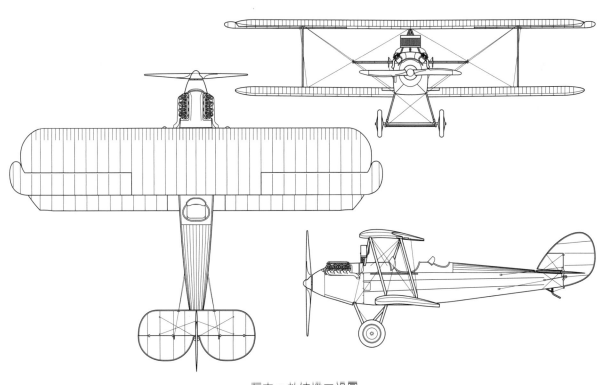

瓦克 9 教練機三視圖

美國製飛機

簡　史：

　　瓦克 9 是瓦克公司設計的第一種金屬結構機身的飛機，1925 年投產，有着結構堅固、易於操控等特點，直到 2007 年仍有部分完好可飛。

　　1929 年夏季，四川當局派季叔平通過美信洋行購得 1 架瓦克 9，10 月運抵重慶，次年 2 月由德籍飛行員奧古斯特·亨瑟爾（August Haensel）試飛。3 月初，亨瑟爾駕駛該機進行飛行表演時，不慎將炸彈投入人群，炸死炸傷軍校學生上百人。亨瑟爾因此被判處 14 個月監禁，但很快被釋放。

瓦克 ATO "錐形翼"
Waco ATO Taperwing

機　　種： 運動 / 教練機

用　　途： 訓練

乘　　員： 3 人

製 造 廠： 瓦克飛機公司（Waco Aircraft Company）

首　　飛： 1929 年

機長 / 翼展 / 機高： 6.96/9.22/2.79 米

淨重 / 全重： 810/1179 千克

引　　擎： 1 台萊特 J-5 "旋風" 型星型 7 缸氣冷發動機，220 馬力（Wright J-5 Whirlwind）

最大速度 / 巡航速度： 209/177 千米 / 小時

航　　程： 965 千米

升　　限： 5791 米

裝備範圍： 廣東

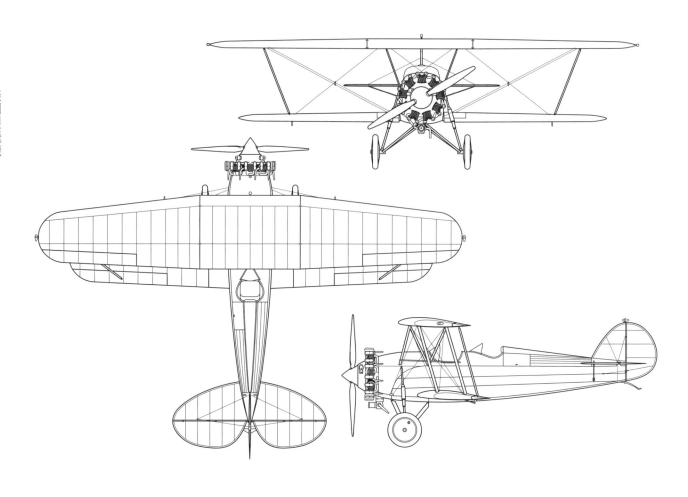

瓦克 ATO "錐形翼" 運動教練機三視圖

簡　史：

　　瓦克 ATO（又稱瓦克 220）是瓦克 O 系列的改良型，具有結構簡單、外形優雅美觀、飛行性能良好等特點，被譽為 O 系列中最成功的一種。

　　1929 年 4 月 2 日，廣東當局通過美信洋行購得 5 架瓦克 ATO，6 月交付，命名為"番禺"、"南海"、"台山"、"中山"和"東莞"號。8 月 24 日，張惠長出任南京軍政部航空署署長時，率領 5 架該型飛機編隊飛往南京，途中"台山"、"中山"和"東莞"號失事，後送至廣東飛機修理廠拆卸，用於製造"羊城"飛機；"番禺"和"南海"號則安全抵達南京。

"番禺"號 ATO 教練機

瓦克 CSO-A "平直翼"
Waco CSO-A Straightwing

機　　種： 戰鬥機

用　　途： 戰鬥

乘　　員： 1 人

製 造 廠： 瓦克飛機公司（Waco Aircraft Company）

首　　飛： 1929 年

機長 / 翼展 / 機高： 6.86/9.32/2.79 米

淨重/全重： 738/1179 千克

引　　擎： 1 台萊特 J-6 "旋風" 型星型 7 缸氣冷發
動機，225 馬力（Wright J-6 Whirlwind）

最大速度 / 巡航速度： 206/173 千米 / 小時

航　　程： 869 千米

升　　限： 5791 米

武　　備： 2 挺固定式 7.62 毫米柯爾特機槍（機
首），輕型炸彈

裝備範圍： 國民政府、廣東

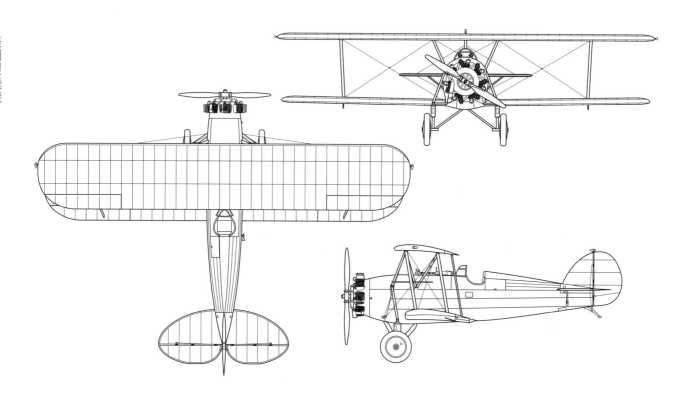

瓦克 CSO-A "平直翼" 戰鬥機三視圖

簡 史：

瓦克 CSO-A（又稱瓦克 240A）是瓦克 CSO "平直翼" 型教練機的武裝型，主要用於出口給拉丁美洲的小規模空軍，其前艙被鋼板封閉，上部固定 2 挺機槍，機身下裝有炸彈架。

1930 年，廣東當局通過美信洋行購得 6 架 CSO-A，次年 2 月交付。1932 年 "一‧二八事變" 期間，3 架該型飛機參加廣東空軍混合機隊北上抗日，2 月 26 日曾與日機發生空戰，吳汝鎏駕駛的 CSO-A 在空戰中被日軍飛機擊傷迫降，剩餘該型飛機於 5 月上旬隨廣東空軍混合機隊飛回廣東。1936 年 "兩廣事變" 後，尚可使用的 4 架 CSO-A 併入國民政府空軍。

瓦克 CSO-A "平直翼" 戰鬥機

瓦克 RNF
Waco RNF

機　　種： 運動 / 教練機

用　　途： 訓練

乘　　員： 3 人　　**首　　飛：** 1930 年

製 造 廠： 瓦克飛機公司 (Waco Aircraft Company)

機長 / 翼展 / 機高： 6.29/8.99/2.54 米

淨重 / 全重： 521/860 千克

引　　擎： 1 台華納 "聖甲蟲" 型星型 7 缸氣冷發動機，110 馬力 (Warner Scarab)

最大速度： 180 千米 / 小時

航　　程： 643 千米

升　　限： 4572 米

裝備範圍： 國民政府

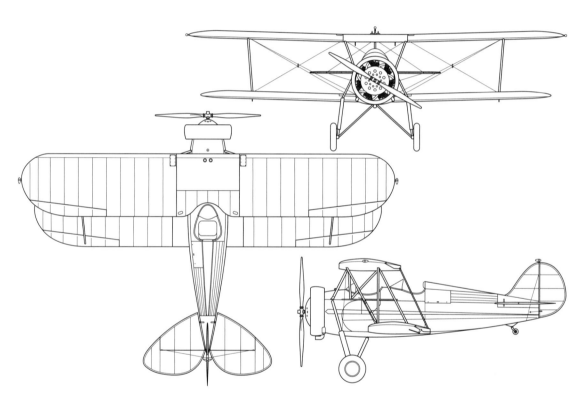

瓦克 RNF 運動教練機三視圖

簡　史：

　　瓦克 RNF 是瓦克 F 系列的最初量產型，1930 年 4 月量產，具有良好的飛行性能和承載能力，使用成本較低，廣受歡迎。

　　1934 年 1 月 18 日，國民政府通過美信洋行購得 5 架具體型號不詳的三座瓦克飛機，其中至少有 1 架 RNF。1933 年 6 月，湖南教育界捐款購得 1 架不明型號的瓦克飛機，交給湖南航空隊使用（1 份 1931 年 11 月 11 日的美國報告稱湖南購得 2 架瓦克飛機）。

瓦克 RNF 教練機

瓦克 MNF
Waco MNF

機　　種：教練機

用　　途：訓練 / 要人專機

乘　　員：3 人

製 造 廠：瓦克飛機公司 (Waco Aircraft Company)

首　　飛：1930 年

機長 / 翼展 / 機高：6.7/8.35/2.54 米

淨重 / 全重：528/861 千克

引　　擎：1 台梅納斯克 C-4 "海盜" 型倒置直列型 4 缸氣冷發動機，125 馬力 (Menasco C-4 Pirate)

最大速度：189 千米 / 小時

航　　程：587 千米

升　　限：4876 米

裝備範圍：國民政府、東北、山東

簡　史：

　　瓦克 MNF 是瓦克 F 系列的改良型，產量較少，僅製造 4 架。1930 年，美信洋行將 1 架 MNF 送至中國展銷，次年春在奉天 (今瀋陽) 飛行表演，"九・一八事變" 後被日軍擄獲，美信洋行以修復發動機的名義將該機送至上海，後可能售予山東。

　　1934 年 1 月，張學良通過美信洋行轉購 1 架 MNF 作為專機。另有報告稱，1934 年 1 月 18 日，國民政府通過美信洋行購得 5 架具體型號不詳的三座瓦克飛機，其中包括 1 架專供張學良使用的 MNF，可能與張學良所購為同 1 架。1937 年 12 月南京淪陷後，該機被日軍繳獲。

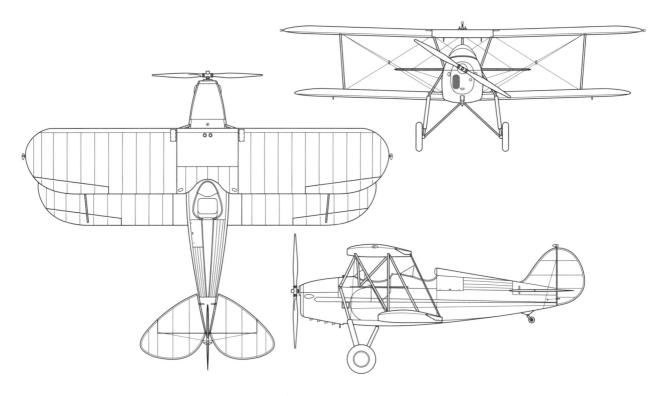

瓦克 MNF 教練機三視圖

南京淪陷後，日軍檢查遺留在南京的國民政府空軍飛機殘骸，
遠處為瓦克 MNF，近處則為伊 -16 和 O-2MC。

美國之鷹 A-129
American Eagle A-129

機　　種：運動 / 教練機

用　　途：訓練

乘　　員：3 人

製 造 廠：美國之鷹飛機公司（American Eagle Aircraft Corporation）

首　　飛：1929 年

機長 / 翼展：7.13/9.14 米

引　　擎：1 台柯蒂斯 OX-5 型 V 型 8 缸液冷發動機，90 馬力（Curtiss OX-5）

最大速度 / 巡航速度：169/144 千米 / 小時

航　　程：804 千米

裝備範圍：四川

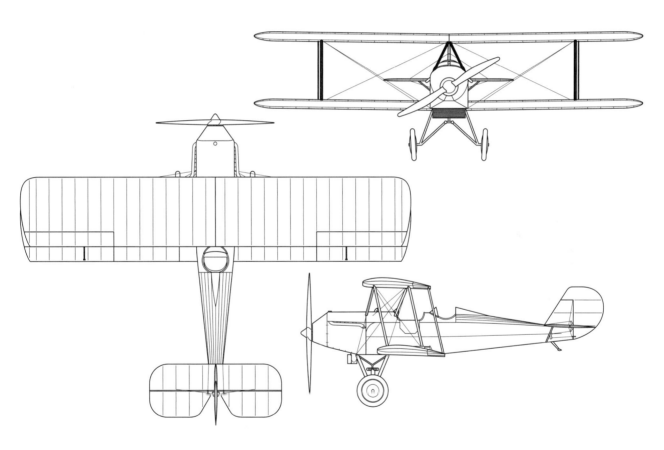

A-129 運動 / 教練機三視圖

簡　史：

　　1929 年首飛的 A-129 是 A-101 的發展型，飛行性能良好，頗受航校和私人使用者歡迎，部分該型飛機直到 2017 年仍可飛行。1929 年夏季，四川當局曾通過美信洋行購得 1 架 A-129，同年 10 月交付。

美國之鷹 "小鷹"
American Eagle Eaglet

機　　種： 通用飛機

用　　途： 訓練

乘　　員： 2 人

製 造 廠： 美國之鷹飛機公司（American Eagle Aircraft Corporation）

首　　飛： 1930 年

機長 / 翼展 / 機高： 6.63/10.44/2.36 米

淨重/全重： 212/393 千克

引　　擎： 1 台塞克利 SR-3 型 W 型 3 缸氣冷發動機，30 馬力（Szekeley SR-3）

最大速度 / 巡航速度： 129/113 千米 / 小時

航　　程： 450 千米

升　　限： 3048 米

裝備範圍： 廣東

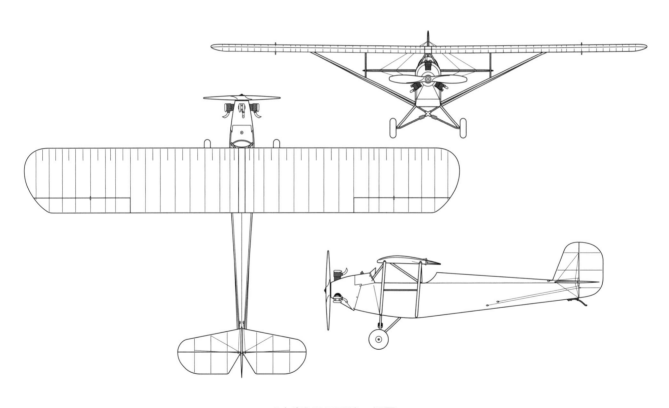

"小鷹" 通用飛機三視圖

簡　史：

　　"小鷹" 是美國之鷹公司為應對經濟大蕭條而設計的飛機，側重於減輕成本和售價，價格低廉，具有易於操控、安全性好的特點，截至 2001 年仍有數架完好可飛。1930 年代初，廣東當局向美國之鷹公司購得 1 架 "小鷹"，於 1933 年編入廣東空軍第 4 隊，編號 408。

沃特 O2U-1D "海盜"
Vought O2U-1D Corsair

機　　種： 偵察 / 觀測機

用　　途： 偵察 / 巡邏 / 轟炸 / 訓練 / 攻擊 / 戰鬥

乘　　員： 2 人

製 造 廠： 錢斯・沃特公司（Chance Vought Corporation）

首　　飛： 1926 年

機長 / 翼展 / 機高： 7.46/10.52/3.08 米

淨重/全重： 1062/1649 千克

航　　程： 978 千米　　　**升　　限：** 5700 米

引　　擎： 1 台普惠 R-1340 "黃蜂" 型星型 9 缸氣冷發動機，425 馬力 (Pratt & Whitney R-1340 Wasp)

最大速度 / 巡航速度： 241/220 千米 / 小時

武　　備： 1 挺固定式 7.62 毫米勃朗寧機槍（上翼右側），1 挺可旋轉 7.62 毫米勃朗寧機槍（後座），200 千克炸彈

裝備範圍： 國民政府、廣東、東北、湖南、山西、福建、工農紅軍

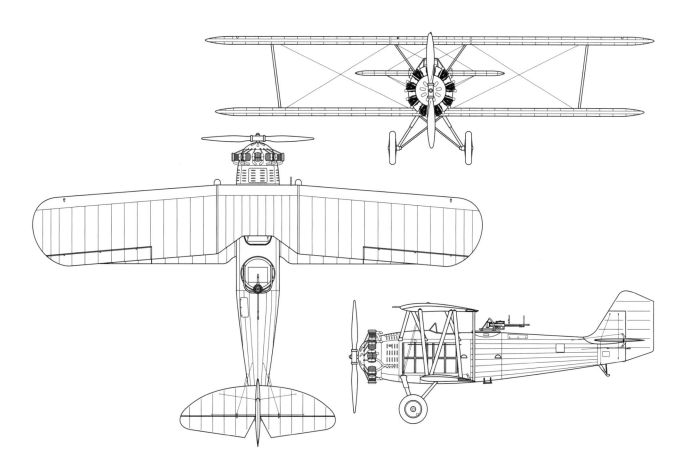

O2U-1D "海盜" 偵察 / 觀測機三視圖

簡　史：

O2U-1D 是 UO-1 型偵察 / 教練機的後繼機，於 1927 年投產，具有結構簡單、易於維護、飛行平穩、機動性優良、起落架可換裝浮筒等特點。曾參與電影《金剛》的拍攝。

1929 年，國民政府通過美信洋行購得 12 架 O2U-1D1，同年底運抵上海，次年 1 月運至南京組裝測試後交付。1930 年 5 月，國民政府再次向美信洋行購得 20 架裝有機槍和炸彈架的 O2U-1D2，9 月交付。該型飛機因音譯被中國飛行員稱為 "可塞機"，後為區分 V-65C 和 V-92C 而改稱 "舊可塞"。該機在蔣介石與李宗仁、馮玉祥、閻錫山的 "中原大戰" 中擔負偵察、巡邏、轟炸等任務，曾於 1930 年 7 月擊傷並迫降 1 架馮玉祥部的容克 W 33 運輸機，是中國航空史上首次在空戰中擊落飛機的戰例。期間，曾有 1 架 O2U-1D 叛逃至山西，次年 3 月 18 日被移交給東北當局。

1931 年 5 月，南京國民政府軍政部航空署署長張惠長率 4 架該型飛機隨孫科南下廣州，支持孫科與汪精衛等人組建的 "廣州國民政府"，與蔣介石對抗。1932 年 "一·二八事變" 期間，這 4 架飛機曾由丁紀徐率領北上參與淞滬空戰。1932 年 7 月在海口炸沉 "飛鷹" 艦（由孫科的支持者陳策所統轄的軍艦）的可能也是這些飛機，是中國航空史上首次用飛機擊沉大型軍艦的戰例。1933 年 11 月至 1934 年 1 月的 "福建事變" 期間，十九路軍曾扣留 2 架國民政府的 O2U-1D，但並未參戰，後毀於空襲。1930 年 10 月，湖南當局亦曾通過美信洋行購得 2 架 O2U-1D，"一·二八事變" 後捐贈給國民政府。

除上述以外，廣東飛機修理廠曾在該型飛機基礎上仿製了 6 架 "羊城可塞"。1930 年 2 月 28 日，1 架隸屬駐漢口航空隊的 O2U-1D 在執行自漢口飛往開封空投通信袋任務時因大霧迷航迫降，被鄂豫皖根據地工農紅軍繳獲，成為紅軍獲得的首架飛機。該機的飛行員龍文光被俘後參加紅軍，任紅軍第一任航空局局長兼飛行員。飛機被拆解後運至河南省新集（今新縣）重新組裝並塗漆，命名為 "列寧" 號。1931 年 4 月後，該機多次執行偵察、運輸、空投宣傳單、轟炸等任務。1932 年紅軍撤離鄂豫皖根據地時，該機被拆解分散掩埋，1951 年被群眾挖出上交政府。

國民政府空軍的 O2U-1D　　　　　　　　　　　1951 年被群眾挖出的 "列寧" 號 O2U-1D 機身

沃特 V-65CD/V-65C1 "海盜"

Vought V-65CD/V-65C1 Corsair

機　　種：偵察／轟炸機

用　　途：偵察／巡邏／轟炸／訓練

乘　　員：2 人　　　首　　飛：1933 年

製 造 廠：錢斯・沃特公司（Chance Vought
　　　　　Corporation）

機長 / 翼展 / 機高：8.4/11.2/3.3 米

引　　擎：1 台普惠 R-1690-C "大黃蜂" 式星型
　　　　　9 缸氣冷發動機，600 馬力（Pratt &
　　　　　Whitney R-1690-C Hornet）

最大速度：289 千米／小時

武　　備：1 挺固定式 7.62 毫米勃朗寧機槍（上
　　　　　翼右側），1 挺可旋轉 7.62 毫米勃朗
　　　　　寧機槍（後座），200 千克炸彈

裝備範圍：國民政府、廣東

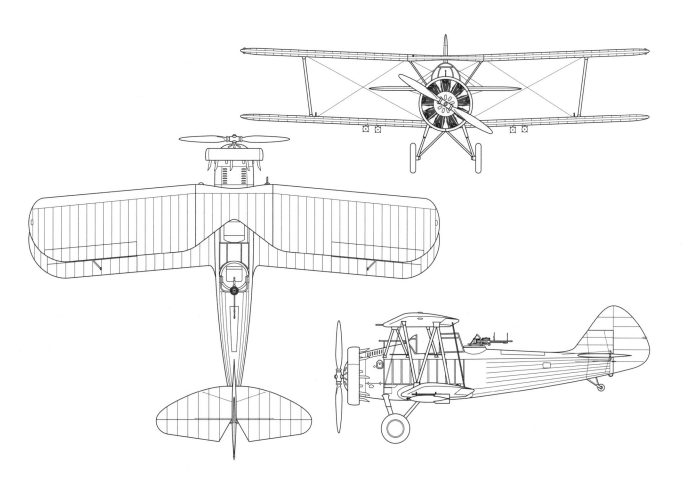

美國製飛機

V-65C "海盜" 偵察 / 轟炸機三視圖

V-65C 是在 SU-2 型偵察機基礎上製造的外銷中國型，特點是垂直尾翼為三角形。

1933 年，沃特公司將 1 架 V-65CD 送至中國展銷，隨即被國民政府買下，並通過聯合飛機出口公司（United Aircraft Exports）增購 9 架 V-65C1（一說為 14 架），其後又增購 32 架（一說 V-65C1 共訂購了 32 架），其中 4 架配備有浮筒。這些飛機於 1934 年 7 月全部運抵中國，其中 1 架未交付時墜毀於上海。為區分 O2U-1D，V-65CD、V-65C1 與其後購得的 V-92C 都被中國飛行員稱為"新可塞"。這些飛機曾參與圍剿紅軍、平定"福建事變"等軍事行動，1937 年底退出一線，撥交航校用於訓練。廣東當局於 1933 年購得 9 架 V-65C1，編入廣東空軍第 1 隊服役，"兩廣事變"後併入國民政府空軍。

國民政府空軍的 V-65C 偵察 / 轟炸機，飛行員手持的為機載照相機。

沃特 V-92C "海盗"
Vought V-92C Corsair

機　　種： 偵察 / 轟炸機

用　　途： 偵察 / 巡邏 / 轟炸 / 訓練 / 聯絡

乘　　員： 2 人

製 造 廠： 錢斯・沃特公司（Chance Vought Corporation）

首　　飛： 1934 年

機長 / 翼展 / 機高： 8.31/10.97/3.19 米

淨重/全重： 1402/2037 千克

引　　擎： 1 台普惠 R-1690-T2D-1 "大黃蜂" 式星型 9 缸氣冷發動機，635 馬力（Pratt & Whitney R-1690-T2D-1 Hornet）

最大速度： 278 千米 / 小時

航　　程： 1126 千米

升　　限： 6218 米

武　　備： 1 挺固定式 7.62 毫米勃朗寧機槍，1 挺可旋轉 7.62 毫米勃朗寧機槍，200 千克炸彈

裝備範圍： 國民政府

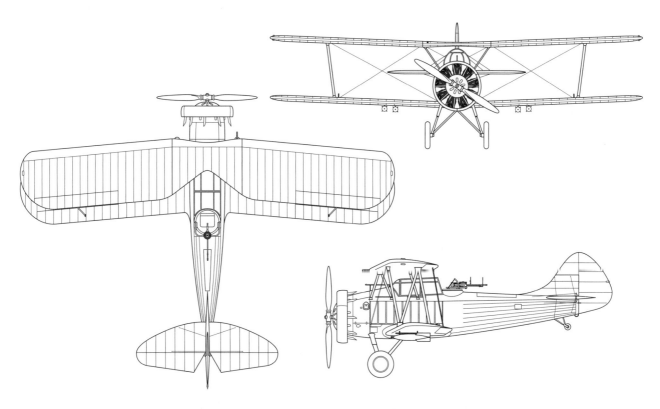

V-92C "海盜" 偵察 / 轟炸機三視圖

簡　史：

　　V-92 是 O3U 型偵察／轟炸機的外銷型，換裝大功率發動機和大型油箱，座艙蓋改為可封閉式，其中出口中國的型號為 V-92C，共製造 21 架。

　　1934 年 4 月 7 日，南京國民政府向沃特公司購買 20 架 V-92C。同年 5—7 月，沃特公司將 21 架該型飛機運往中國，其中 1 架可能用於賠償此前未交付即墜毀的 V-65C1。據稱沃特公司先前用於展銷的 V-90 也售予了中國。V-92C 與 V-65C 均被中國飛行員稱為 "新可塞"，曾參與圍剿紅軍的軍事行動。1936 年 "西安事變" 期間，1 架該型飛機由李學炎駕駛，擔任周恩來的聯絡機。抗戰初期，該型機主要用於轟炸、對地攻擊、偵察、巡邏等任務，曾轟炸上海日軍，偵察山西，參加平型關戰役，1937 年底退出一線，撥交航校作為教練機使用。

1

2

1. 擔任周恩來聯絡機的 V-92C，左為周恩來，右為李學炎。

2. 國民政府空軍的 V-92C 偵察／轟炸機

美
國
製
飛
機

道格拉斯 O-2MC
Douglas O-2MC

機　　種：偵察／轟炸機（O-2MC/2/3/5/10），轟炸／教練機（O-2MC4/5）

用　　途：偵察／轟炸／巡邏／訓練／戰鬥／攻擊

乘　　員：2 人

製 造 廠：道格拉斯飛機公司（Douglas Aircraft Company）

首　　飛：1929 年（O-2MC）/1932 年（O-2MC4）

機長／翼展／機高：9.75/12.19/3.25 米（O-2MC），9.25/12.19/3.3 米（O-2MC4）

淨重／全重：940/2022 千克（O-2MC），1362/1880 千克（O-2MC4）

最大速度／巡航速度：240/206 千米／小時（O-2MC），217/182 千米／小時（O-2MC4）

航　　程：1126 千米

升　　限：6309 米（O-2MC），5791 米（O-2MC4）

武　　備：1 挺固定式 7.62 毫米機槍，1 挺可旋轉 7.62 毫米機槍，4 枚 45 千克炸彈或 10 枚輕型炸彈

裝備範圍：國民政府、廣東、山西

引　　擎：1 台普惠 R-1690 "大黃蜂" A 型星型 9 缸氣冷發動機，525 馬力（Pratt & Whitney R-1690 Hornet A）（O-2MC）（O-2MC2）；1 台普惠 R-1860 "大黃蜂" B1 型星型 9 缸氣冷發動機，525 馬力（Pratt & Whitney R-1860 Hornet B1）（O-2MC3）；1 台普惠 "黃蜂" C 型星型 9 缸氣冷發動機，450 馬力（Pratt & Whitney Wisp C）（O-2MC4）；1 台普惠 "黃蜂" C1 型星型 9 缸氣冷發動機，450 馬力（Pratt & Whitney Wisp C1）（O-2MC5）；1 台萊特 R-1820-E "颶風" 型星型 9 缸氣冷發動機，575 馬力（Wright R-1820-E Cyclone）（O-2MC6）；1 台萊特 R-1820-F21 "颶風" 型星型 9 缸氣冷發動機，670 馬力（Wright R-1820-F21 Cyclone）（O-2MC10）

廣東空軍的 "德拉士" 號 O-2MC3 偵察／轟炸機

簡　史：

　　O-2MC 是道格拉斯公司在 O-38 型觀測機基礎上生產的外銷中國型，具有多種亞型，被當時中國統稱為 "達式機"（"達" 指道格拉斯的舊音譯達格拉斯）。其中 O-2MC4、O-2MC5 因採用功率較小的發動機而稱為 "小達機"，其他亞型則因採用 500 馬力以上功率的發動機而稱為 "大達機"。

　　該型飛機對當時中國軍事航空影響較大，自 1930 年起，國民政府共通過美國航空公司（American Aviation Corporation）和洲際航空（Inter-Continent Aviation）訂購了 78 架（O-2MC 型 10 架、O-2MC2 型 22 架、O-2MC4 型 12 架、O-2MC5 型 12 架、O-2MC6 型 22 架），其中 1 架於 1930 年叛逃至山西，道格拉斯公司代表弗洛伊德·N·舒梅克（Floyd·N·Shumaker）曾與山西當局接洽，希望購得該機用於向東北當局推銷，但並未購成。廣東當局於 1932 年也購得 5 架 O-2MC3，"兩廣事變" 後併入國民政府空軍。

　　中國中央飛機製造廠另與道格拉斯公司合作生產，至少製造了 68 架該型飛機。1936 年，道格拉斯公司還曾將 1 架 O-2MC10 運至中國作為樣本機，但因故未投產。除此之外，首都航空工廠在該型飛機基礎上仿製了 "巴僑" 號轟炸／教練機，廣州飛機修理廠仿製了 "羊城單翼達機" 和 "羊城達機"。

　　該型飛機進入中國時，性能雖不先進，但結構堅固、性能可靠、用途廣泛，是中國空軍在抗戰前的主力機種之一，先後參加中原大戰，平定 "福建事變"，圍剿紅軍等軍事行動。抗戰爆發後曾擔任夜間轟炸的任務，也用於攔截日機，是抗戰初期中國空軍的主力偵察／轟炸機，直至 1938 年春仍有部分在一線服役，1938 年後逐漸退居後方，用作教學訓練。

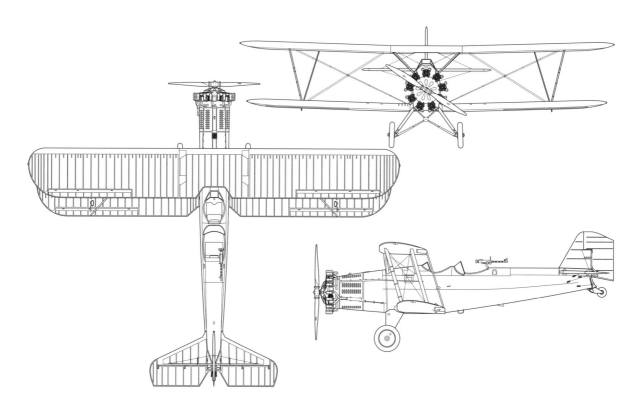

O-2MC 偵察／轟炸機三視圖

道格拉斯 DC-2
Douglas DC-2

機　　　種： 客機

用　　　途： 運輸 / 要人專機

乘　　　員： 3+14 人　　**首　　飛：** 1934 年

製 造 廠： 道格拉斯飛機公司（Douglas Aircraft Company）

機長 / 翼展 / 機高： 19.1/25.9/4.8 米

淨重/全重： 5650/8420 千克

引　　　擎： 2 台萊特 GR-1820-F52 "颶風" 型星型 9 缸氣冷發動機，每台 875 馬力（Wright GR-1820-F52 Cyclone）

最大速度 / 巡航速度： 338/278 千米 / 小時

航　　　程： 1750 千米

升　　　限： 6930 米

裝備範圍： 國民政府、廣東

美國製飛機

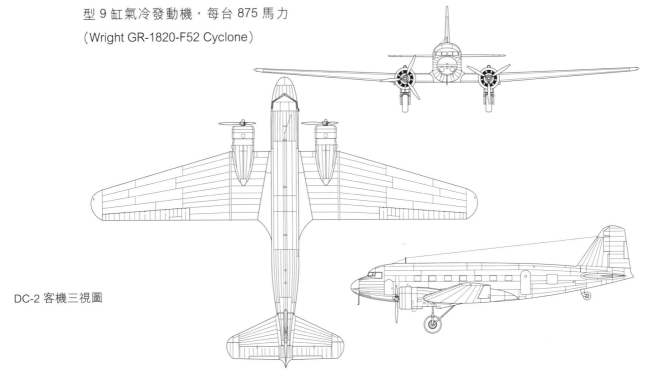

DC-2 客機三視圖

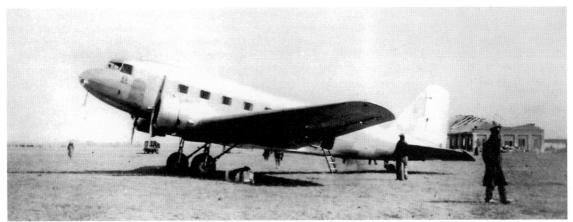

DC-2 客機

DC-2 是著名的 DC-3 的前身，具有外形流線美觀、性能安全可靠、飛行速度快、乘坐舒適等特點，廣受航空公司歡迎，在航空史上佔有非常重要的地位。

1936 年 5 月 28 日，廣東當局通過洲際航空購得 1 架 DC-2，作為廣東軍閥陳濟棠的專機，交付時正值 "兩廣事變" 期間。隨着陳濟棠失勢下野，該機被國民政府空軍接收，後移交中國航空公司使用，編號 36（"廣東" 號）。

同年 6 月 27 日，時任財政部長孔祥熙通過洲際航空購得 1 架 DC-2 作為政要專機（"中美" 號），該機內部裝飾華麗，被稱為 "飛行宮殿"。中國航空公司也購有 7 架 DC-2 用於營運，其中部分參加了抗戰時期的駝峰空運（二戰時期中國和印度之間的航綫，更是中國和盟軍一條主要的空中運輸通道，被視為中國從盟國獲取戰略物資的生命綫）。

福特三發 "錫鵝"
Ford Trimotor Tin Goose

機　種： 客機　　**乘　員：** 2+17 人

用　途： 要人專機 / 運輸

製造廠： 福特汽車公司斯托特金屬飛機分部（Stout Metal Airplane Division of the Ford Motor Company）

首　飛： 1929 年（5-AT-C）（6-AT-A）/1930 年（5-AT-D）

機長 / 翼展 / 機高： 15.32/23.72/4.5 米（5-AT-C），15.32/23.72/3.86 米（5-AT-D），15.39/23.72/4.29 米（6-AT-A）

淨重 / 全重： 3447/6123 千克（5-AT-C），3556/6123 千克（5-AT-D），3742/5670 千克（6-AT-A）

引　擎： 3 台普惠 "黃蜂" 型星型 9 缸氣冷發動機，每台 425 馬力（Pratt & Whitney Wasp）（5-AT-C）；3 台普惠 "黃蜂" SC 型星型 9 缸氣冷發動機，每台 450 馬力（Pratt & Whitney Wasp SC）（5-AT-D）；3 台萊特 J-6-9 "旋風" 型星型 9 缸氣冷發動機，每台 300 馬力（Wright J-6-9 Whirlwind）（6-AT-A）

最大速度 / 巡航速度： 245/196 千米 / 小時（5-AT-C），241/196 千米 / 小時（5-AT-D），193/160 千米 / 小時（6-AT-A）

航　程： 901 千米（5-AT-C）（5-AT-D）/861 千米（6-AT-A）

升　限： 5639 米（5-AT-C）（5-AT-D）/3352 米（6-AT-A）

裝備範圍： 國民政府、東北

張學良的福特 5-AT-D 專機

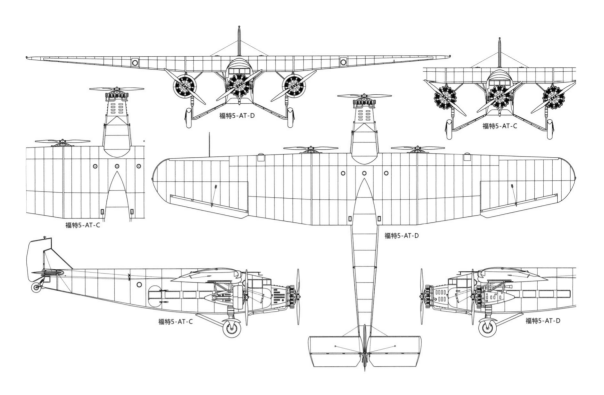

福特 5-AT-C/5-AT-D 客機三視圖

簡　史：

　　著名的"福特三發"研發於 1920 年代中期，有着結構簡單、堅固耐用、性能可靠、性價比高等特點，具有多種亞型，對美國商業航空有着深遠的影響。5-AT-C 是 5-AT 的改良型；5-AT-D 是 1930 年推出的改良型，機翼發動機加裝湯尼式整流罩，機翼安裝位置提高；6-AT-A 是換裝小功率發動機的改型，飛行性能下降。

　　1930 年夏季，福特公司將 1 架裝有無線電設施的 5-AT-C 運至奉天、上海和南京展銷，同年 12 月被張學良購得，作為專機使用。1931 年"九‧一八事變"時，由於該機已飛往北平，因此未被日軍擄獲，抗戰爆發後在漢口被日機炸毀。1932 年，張學良又向福特公司購得 1 架 5-AT-D，裝有無線電、彈簧座椅和酒桶，同年 3 月 24 日運往中國。1933 年張學良出國考察時，該機曾作為蔣介石和國民政府其他政要的專機使用。中國航空公司於 1935 年購得 3 架 5-AT-D，編號為 23（"昆明"號）、25（"漢口"號）和 27（"上海"號），其中"漢口"和"上海"號在抗戰爆發後被航空委員會徵用，1937 年損毀。1936 年 4 月，國民政府從美國航空公司轉購 2 架"福特三發"供中央航空學校使用，其中包括 1 架 6-AT-A 和 1 架 5-AT-C（由 6-AT-A 改造而成），編入第 18 中隊用於運輸任務，其後可能移交中國航空公司，編號為 29（"貴州"號）和 42 號。

亞歷山大"鷹石" A-2

Alexander Eaglerock A-2

機　　種：運動 / 教練機

用　　途：訓練

乘　　員：3 人

製　造　廠：亞歷山大飛機公司（Alexander Aircraft Company）

首　　飛：1926 年

機長 / 翼展 / 機高：7.6/11.18/2.94 米

淨重 / 全重：662/1018 千克

引　　擎：1 台柯蒂斯 OX-5 型 V 型 8 缸液冷發動機，90 馬力（Curtiss OX-5）

最大速度 / 巡航速度：159/136 千米 / 小時

航　　程：724 千米

升　　限：3718 米

裝備範圍：廣東

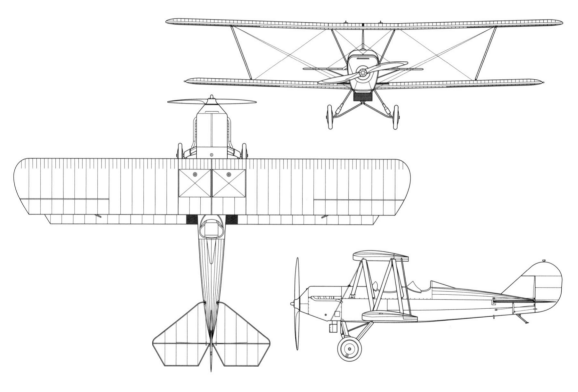

"鷹石" A-2 運動 / 教練機三視圖

簡　史：

　　"鷹石" A-2 是亞歷山大公司著名的"鷹石"飛機的改良型，1926 年投產。1928 年，華僑吳記霍、李清泉、薛芬士、林珠光等人為響應孫中山"航空救國"遺訓，在海外組織"航空委員會"並募集資金，在廈門五通鄉開辦廈門五通民用航校，購得 7 架飛機用於教學訓練，其中包括 2 架該型飛機。1930 年航校停辦，包括 2 架"鷹石" A-2 在內的飛機、器材被廣東空軍獲得，這 2 架飛機編入廣東空軍第 5 隊服役，編號 505、507。

費爾柴爾德 KR-34CA
Fairchil KR-34CA

機　　種：戰鬥機　　用　　途：攻擊 / 轟炸

乘　　員：1 人　　　首　　飛：1930 年

製　造　廠：費爾柴爾德飛機公司（Fairchild Aircraft
　　　　　　Corporation）

機長 / 翼展 / 機高：7.06/9.17/2.82 米

淨重 / 全重：691/1074 千克

引　　擎：1 台萊特 J-6-5 "旋風" 型星型 5 缸氣
　　　　　冷發動機，240 馬力（Wright J-6-5
　　　　　Whirlwind）

最大速度 / 巡航速度：193/164 千米 / 小時

航　　程：821 千米

升　　限：4300 米

武　　備：2 挺固定式 7.62 毫米柯爾特機槍（機
　　　　　首），輕型炸彈

裝備範圍：國民政府、湖南、四川

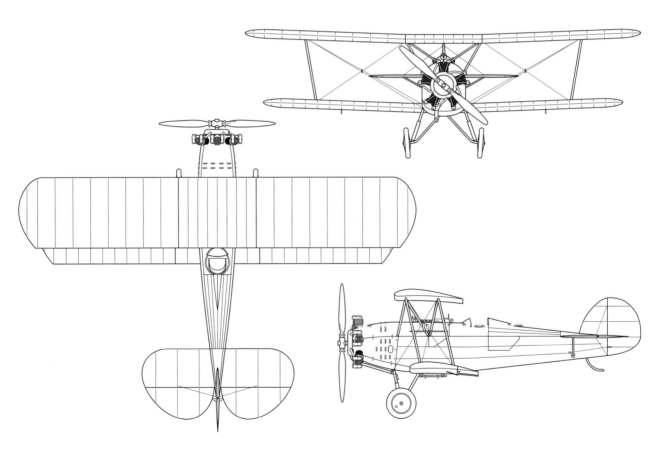

KR-34CA 戰鬥機三視圖

簡　史：

　　KR-34CA 是 KR-34C 型教練機的武裝型，其前艙封閉，加裝機槍和點環狀瞄準具，機身下裝有炸彈架，主要用於出口給空軍規模較小的國家或地區。

　　1930 年 10 月，湖南當局通過美信洋行訂購 4 架 KR-34CA，被音譯為"飛而超"。其中 2 架於次年交付，另外 2 架則因沒有付款未交付。1934 年湖南航空處撤銷，2 架 KR-34CA 併入國民政府空軍。1931 年秋，四川當局通過美信洋行以非常優惠的價格購得 2 架該型飛機（此前湖南訂購但未付款者），同年 11 月交付，曾參與軍閥混戰和圍剿紅軍。

湖南航空隊的"湘 201"號 KR-34CA

費爾柴爾德 C7A
Fairchil C7A

機　　種：運動 / 教練機

用　　途：要人專機

乘　　員：2 人

製 造 廠：費爾柴爾德飛機公司 (Fairchild Aircraft Corporation)

首　　飛：1931 年

機長 / 翼展 / 機高：6.6/10/2.41 米

引　　擎：1 台美國 "捲雲" III 高驅動型倒置直列型 4 缸氣冷發動機，95 馬力 (American Cirrus III Hi-drive)

最大速度 / 巡航速度：183/151 千米 / 小時

航　　程：466 千米

裝備範圍：東北

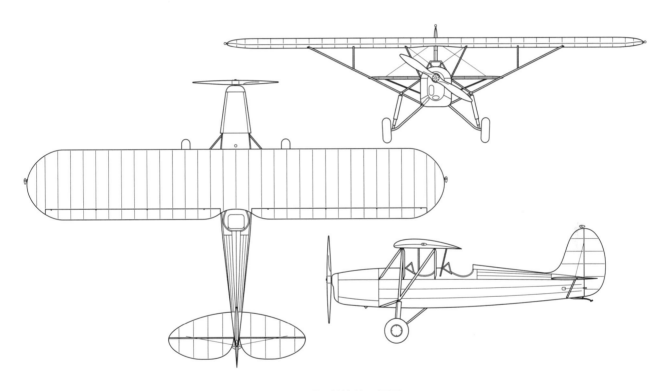

C7A 運動 / 教練機三視圖

簡　史：

　　C7 (費爾柴爾德 22) 是為應對美國經濟大蕭條所導致民用航空市場萎縮而設計，有着結構簡單、價格低廉的特點，C7A 是 1931 年推出的改良型。1931 年，張學良以 "中國國家航空公司" 名義通過豪斯根貿易公司 (Hosken Trading Company) 購得 1 架 C7A 作為專機使用。

美國製飛機

費爾柴爾德 FC-2
Fairchil FC-2

機　種：客機 / 通用飛機

用　途：運輸

乘　員：1+4 人

製造廠：費爾柴爾德飛機公司 (Fairchild Aircraft Corporation)

首　飛：1927 年

機長 / 翼展 / 機高：9.45/13.41/2.74 米

淨重 / 全重：980/1633 千克

引　擎：1 台萊特 J-5 "旋風" 型星型 9 缸氣冷發動機，200 馬力 (Wright J-5 Whirlwind)

最大速度 / 巡航速度：196/169 千米 / 小時

航　程：1127 千米

升　限：3500 米

裝備範圍：偽滿洲國

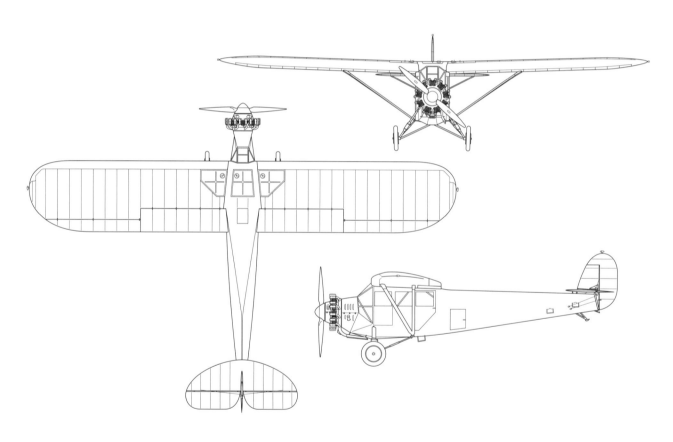

FC-2 客機 / 通用飛機三視圖

簡　史：

　　FC-2 以 FC-1 為基礎研發，最初設計為費爾柴爾德航空測量公司 (Fairchild Aerial Surveys) 的航空測量機，1927 年投產。1928 年 5 月，日本政府購得 1 架 FC-2 供下志津陸軍飛行學校使用，後移交滿洲航空公司。

布倫納 - 溫克爾 "小鳥" CK

Brunner-Winkle Bird CK

機　　種：運動 / 教練機

用　　途：要人專機

乘　　員：3 人

製 造 廠：布倫納 - 溫克爾公司 (Brunner-Winkle)

首　　飛：1928 年

機長 / 翼展 / 機高：6.9/10.36/2.64 米

引　　擎：1 台金納 B-5 型星型 5 缸氣冷發動機，
　　　　　125 馬力 (Kinner B-5)

最大速度：128 千米 / 小時

裝備範圍：東北

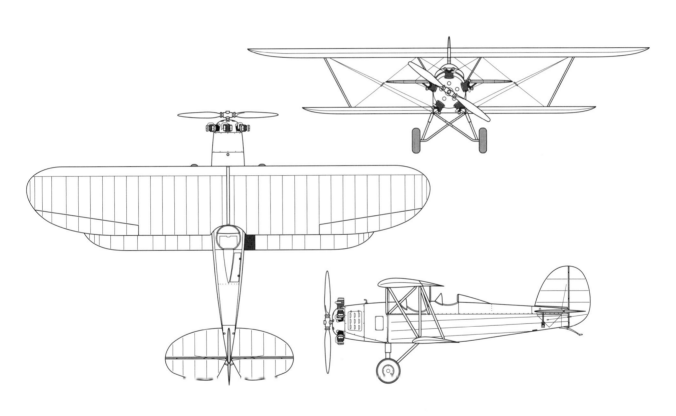

"小鳥" CK 運動 / 教練機三視圖

美國製飛機

簡　史：

　　"小鳥" CK 是 "小鳥" 型教練機的改良型，延續了 "小鳥" 操作簡單、易於維護、安全性好等特點。
1931 年，布倫納 - 溫克爾公司將 1 架 "小鳥" CK 送往上海展銷，被張學良購得作為專機使用。

西科斯基 S-38B
Sikorsky S-38B

機　　種： 水陸兩棲客機

用　　途： 要人專機

乘　　員： 2+10 人

製 造 廠： 西科斯基飛機公司（Sikorsky Aircraft Corporation）

首　　飛： 1928 年

機長 / 翼展 / 機高： 12.27/21.84/4.22 米

淨重/全重： 2971/4754 千克

引　　擎： 2 台普惠 "黃蜂" 型星型 9 缸氣冷發動機，每台 425 馬力（Pratt & Whitney Wasp）

最大速度 / 巡航速度： 201/177 千米 / 小時

航　　程： 1207 千米

升　　限： 4663 米

裝備範圍： 國民政府

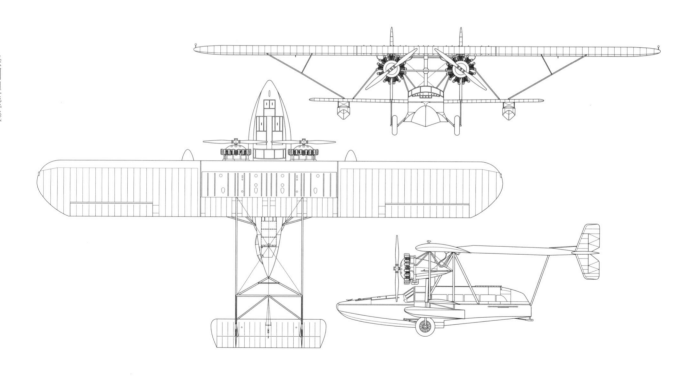

S-38B 水陸兩棲客機三視圖

簡 史：

　　S-38 以 S-36 為基礎研發，側重於飛行安全和乘坐舒適性，可在 1 台發動機失效的情況下持續飛行，S-38B 是其產量最多的亞型。

　　1931 年，國民政府通過聯合飛機出口公司購得 2 架 S-38B，同年秋季交付，其中 1 架裝有自衛機槍，作為蔣介石專機使用，1935 年在漢口因風暴沉沒；另 1 架供長江洪水救災委員會使用，1932 年 1 月 9 日墜毀於上海。

S-38B 水陸兩棲客機

波音 218
Boeing 218

機　　種： 戰鬥機

用　　途： 戰鬥

乘　　員： 1 人

製 造 廠： 波音飛機公司（Boeing Airplane Company）

首　　飛： 1930 年

機長 / 翼展 / 機高： 6.19/9.14/2.74 米

引　　擎： 1 台普惠 R-1340-33 "黃蜂" 星型 9 缸氣冷發動機，600 馬力（Pratt & Whitney R-1340-33 Wasp）

武　　備： 2 挺固定式 7.62 毫米柯爾特機槍，111 千克炸彈

裝備範圍： 國民政府

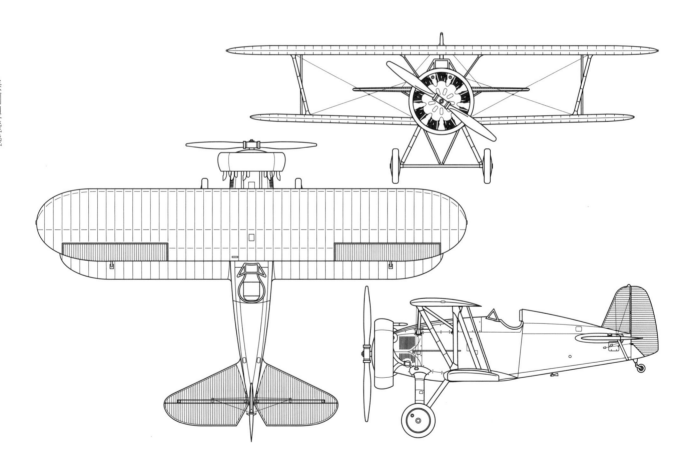

波音 218 戰鬥機三視圖

簡　史：

　　波音 218 是 P-12B 型戰鬥機的改良型，僅製造 1 架，是美軍裝備的 P-12E/F4B-3 的原型機。該機經美國陸軍航空隊評估測試後，於 1931 年 2 月送往中國展銷。

　　由於沒有獲得進口許可證，波音 218 運抵中國後一直儲存於碼頭倉庫中。1932 年 "一‧二八事變" 爆發後，該機於 2 月 18 日被國民政府買下，在法租界內一家汽車工廠組裝並送至虹橋機場安裝武備試飛。2 月 20 日，波音公司試飛員羅伯特‧肖特（Robert Short）駕駛該機自上海飛往南京，在龍華上空遭遇 3 架日軍艦載攻擊機攔截，肖特義憤迎戰，擊傷其中 2 架後飛抵南京。22 日肖特駕駛該機於蘇州西再次迎擊日機，擊傷 1 架日機後，不幸被擊落犧牲，後被國民政府追贈為上尉並公葬立碑紀念。

美國製飛機

波音 218 戰鬥機

波音 247D/Y
Boeing 247D/Y

機　　種：客機

用　　途：要人專機

乘　　員：3+10 人

製　造　廠：波音飛機公司（Boeing Airplane Company）

首　　飛：1934 年

機長 / 翼展 / 機高：15.7/22.6/3.8 米

淨重 / 全重：4055/6190 千克

最大速度 / 巡航速度：320/304 千米 / 小時

航　　程：1200 千米

升　　限：7620 米

引　　擎：2 台普惠 S1H1-G "黃蜂" 型星型 9 缸氣冷發動機，每台 550 馬力（Pratt & Whitney S1H1-G Wasp）

裝備範圍：國民政府、東北

備　　註：Boeing 247D 參數

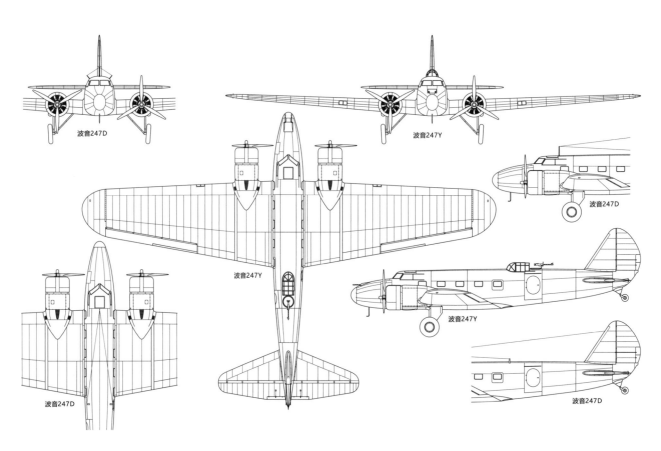

波音247D

波音247Y

波音247D

波音247Y

波音247D

波音247D

波音247Y

波音247D

波音 247D/Y 客機三視圖

簡　史：

波音 247 研發於 1930 年代初，是第一種真正現代意義的客機，具有外形美觀、飛行速度快、結構堅固可靠、飛行性能良好等特點。波音 247D 是 1934 年推出的改良型，特點是換裝發動機、NACA 型整流罩和可變距螺旋槳。波音 247Y 是張學良定製的武裝型，由波音 247D 改造而成，僅改造 1 架。該機加裝 4 個機身油箱，座位減為 6 個，機鼻裝有 2 挺固定式 7.62 毫米機槍，機背裝有環形槍架和 1 挺 7.62 毫米機槍。

1934 年，張學良向波音公司購得 1 架波音 247D（"白鷹"號）作為專機，同年 12 月交付。由於該機使用狀況良好，1936 年 9 月 30 日，張學良又向波音公司定製 1 架波音 247Y。"西安事變"後，張學良即是搭乘波音 247D 陪同蔣介石返回南京的。張學良被軟禁後，波音 247D 被國民政府空軍接管，1937 年 4 月後作為蔣介石專機使用，1938 年 5 月在湖北宜昌機場被日機炸毀。波音 247Y 於 1937 年夏季運往中國，次年 7 月在香港組裝測試，7 月 23 日飛抵漢口，作為宋美齡專機使用，1939 年 1 月初可能墜毀於印度支那邊界附近。

1	2
	3

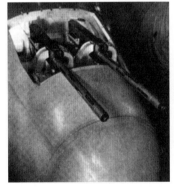

1. 波音 247Y 的機首機槍特寫

2. 波音 247Y 的機背環形槍架特寫

3. 張學良的"白鷹"號波音 247D 專機

波音 281 "玩具槍"
Boeing 281 Peashooter

機　　種：戰鬥機

用　　途：戰鬥

乘　　員：1 人

製 造 廠：波音飛機公司（Boeing Airplane Company）

首　　飛：1934 年

機長 / 翼展 / 機高：7.19/8.52/3.06 米

淨重 / 全重：1068/1378 千克

最大速度 / 巡航速度：374/338 千米 / 小時

航　　程：621 千米

升　　限：8595 米

引　　擎：1 台普惠 R-1340-27 "黃蜂" 型星型 9 缸氣冷發動機，600 馬力（Pratt & Whitney R-1340-27 Wasp）

武　　備：2 挺固定式 7.62 毫米勃朗寧機槍，2 枚 55 千克炸彈或 5 枚 14 千克炸彈

裝備範圍：國民政府、廣東

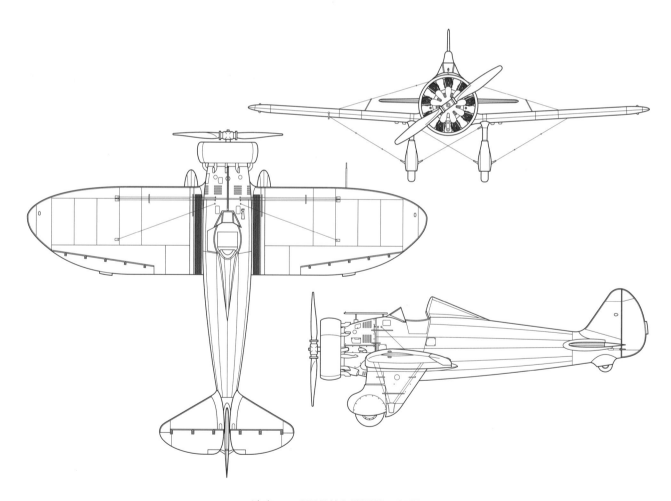

波音 281 "玩具槍" 戰鬥機三視圖

美國製飛機

簡　史：

　　P-26"玩具槍"被設計用於取代 P-12，是美國第一種全金屬結構戰鬥機。波音 281 是其外銷型，區別在於沒有安裝無線電設備。

　　1934 年，波音公司將 1 架波音 281 送至中國展銷，同年 9 月運抵廣州並飛行表演。廣東當局對該機的表現非常滿意，遂即購買 10 架。因進口許可證遲遲未批復，這批飛機直至 1936 年 1 月 26 日才運抵上海，後經鐵路運至廣東韶關飛機製造廠組裝，編入廣東空軍第 2 隊服役，編號分別為 1-10。該型飛機是廣東空軍裝備的最先進的戰鬥機，也是當時中國飛行速度最快的戰鬥機，由於其塗飾為銀白色，因此該中隊也被稱為"白鷹中隊"。"兩廣事變"後，該型飛機併入國民政府空軍，負責南京防空，抗戰初期多次擊落日機。由於數量過少，零件短缺，維修困難，1937 年 10 月後，該型飛機數量已不足 5 架。 1937 年 12 月 3 日，第 17 中隊中隊長黃伴揚駕駛 1706 號機自漢口飛往南京，換裝霍克 75 前往上海偵察，此後波音 281 停用。

美國製飛機

波音 281 "玩具槍"戰鬥機

伏立特 2
Fleet 2

機　　種： 運動 / 教練機

用　　途： 訓練

乘　　員： 2 人　　　**首　　飛：** 1929 年

製 造 廠： 聯合飛機公司 (Consolidated Aircraft Corporation) / 伏立特飛機公司 (Fleet Aircraft)

機長 / 翼展 / 機高： 6.32/8.53/2.39 米

淨重/全重： 482/826 千克

引　　擎： 1 台金納 K-5 型星型 5 缸氣冷發動機，100 馬力 (Kinner K-5)

最大速度 / 巡航速度： 183/142 千米 / 小時

航　　程： 560 千米

升　　限： 3700 米

裝備範圍： 廣東

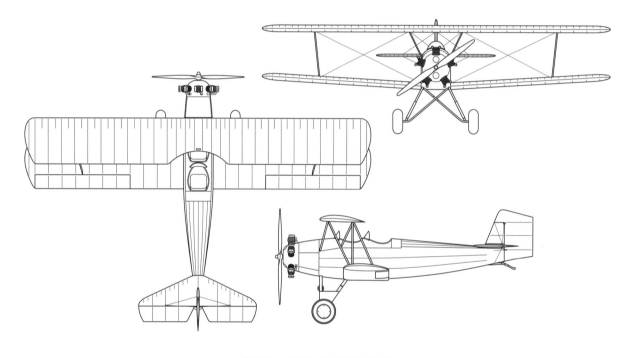

伏立特 2 運動 / 教練機三視圖

簡　史：

　　伏立特教練機是聯合公司和加拿大伏立特飛機公司合作生產的一系列教練機，特點是結構簡單、維護方便、飛行性能良好、可自由換裝同等級發動機，有多種亞型。伏立特 2 是 1929 年推出的改良型，特點是垂直尾翼為方形。

　　據稱，1930 年 6 月有 1 架伏立特飛機被送到中國展銷，具體狀況不詳。次年 4 月，羅伯特・肖特駕駛 1 架伏立特 2 在南京飛行表演，根據廣東空軍 1932 年 12 月的庫存報告（裝備有 1 架 110 馬力金納發動機的伏立特教練機）分析，這架飛機後來可能被售予廣東當局。

伏立特 5
Fleet 5

機　　種： 運動 / 教練機

用　　途： 訓練

乘　　員： 2 人　　　**首　　飛：** 1930 年

製 造 廠： 聯合飛機公司（Consolidated Aircraft Corporation）/ 伏立特飛機公司（Fleet Aircraft）

機長 / 翼展 / 機高： 6.32/8.53/2.38 米

淨重/全重： 469/759 千克

引　　擎： 1 台金納 K-5 型星型 5 缸氣冷發動機，100 馬力（Kinner K-5）

最大速度： 182 千米 / 小時

升　　限： 3718 米

裝備範圍： 國民政府、廣東、貴州

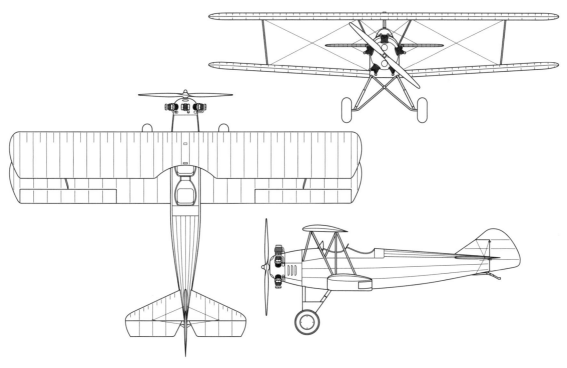

伏立特 5 運動 / 教練機三視圖

簡　史：

聯合公司和加拿大伏立特公司共有 2 種飛機被命名為伏立特 5，中國購得的伏立特 5 是加拿大伏立特公司於 1930 年推出的型號（伏立特 10A），其美國型號為伏立特 5 或伏立特 F5，特點是垂直尾翼為三角形。

1933 年，廣東當局購得 2 架二手伏立特 5 供空軍訓練使用，次年 3 月再次購得 6 架伏立特 10A，供廣東航空學校訓練使用。1936 年 "兩廣事變" 後，這些飛機被國民政府空軍獲得。貴州當局於同時期可能也購得 2 架伏立特教練機，具體狀況不詳。

伏立特 7 "小鹿"

Fleet 7 Fawn

機　　種： 運動／教練機

用　　途： 訓練

乘　　員： 2 人

製 造 廠： 聯合飛機公司 (Consolidated Aircraft
Corporation) ／伏立特飛機公司 (Fleet
Aircraft)

首　　飛： 1930 年

機長／翼展／機高： 6.5/8.5/2.4 米

淨重／全重： 513/844 千克

引　　擎： 1 台金納 B-5 型星型 5 缸氣冷發動機，
125 馬力 (Kinner B-5)

最大速度／巡航速度： 180/140 千米／小時

航　　程： 515 千米

升　　限： 4724 米

裝備範圍： 國民政府

伏立特 7 運動／教練機

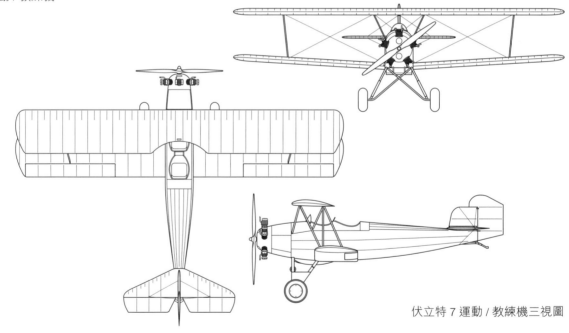

伏立特 7 運動／教練機三視圖

簡　史：

　　伏立特 7 是 1930 年推出的改良型，特點是垂直尾翼為方形，方向舵為牛角配重式。該型飛機的美國型號為伏立特 7，加拿大型號則為伏立特 7B。國民政府空軍至少購得 1 架伏立特 7，據稱於 1934 年底所購，具體狀況不詳。

伏立特 10
Fleet 10

機　　種： 運動 / 教練機

用　　途： 訓練

乘　　員： 2 人

製 造 廠： 聯合飛機公司 (Consolidated Aircraft Corporation) / 伏立特飛機公司 (Fleet Aircraft)

首　　飛： 1930 年

機長 / 翼展 / 機高： 6.64/8.53/2.36 米

淨重 / 全重： 509/908 千克

引　　擎： 1 台金納 B-5R 型星型 5 缸氣冷發動機，125 馬力 (Kinner B-5R)

最大速度： 167 千米 / 小時

航　　程： 483 千米

升　　限： 3200 米

裝備範圍： 國民政府、中國海軍

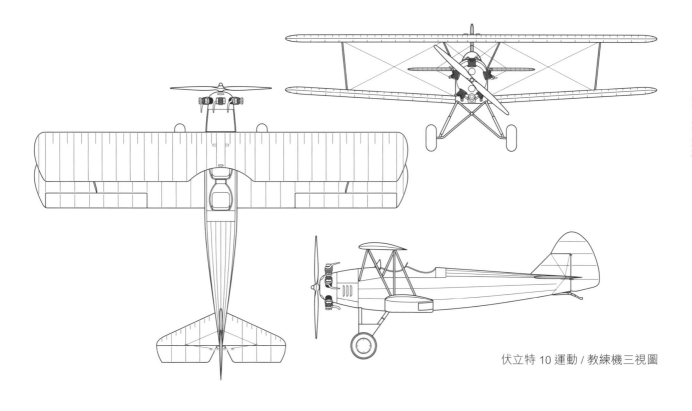

伏立特 10 運動 / 教練機三視圖

伏立特 10 運動 / 教練機

簡　史：

伏立特 10 是伏立特 7 的改良型，特點是垂直尾翼為三角形，起落架採用中央鉸接式相連。該型飛機的美國型號為伏立特 10，加拿大型號則為伏立特 10B。

該型飛機南京是國民政府空軍 1930 年代的主力教練機。1932 年，國民政府向聯合公司購得 15 架伏立特 10，同年 8 月運抵上海組裝測試後交付筧橋航校用於訓練。由於使用狀況良好，國民政府於 1933 年增購 20 架該型飛機。1934 年 12 月 11 日，國民政府再次增購 10 架伏立特 10B。除此之外，1932—1933 年，另有 2 架伏立特 10 運往中國展銷，其後狀況不詳。抗戰爆發前，國民政府向伏立特公司增購 50 架伏立特 10B，截至 1938 年 6 月 18 日前共交付 39 架。1939 年初，國民政府再次增訂 50 架該型飛機，但這份訂單很快被取消，改為購得 STM-2 型教練機。

據悉，1934—1935 年，海軍製造飛機處使用購得的零件組裝了 20 架伏立特 10（一說為海軍仿製 12 架），其中 1 架移交中國飛行俱樂部；第三飛機修理廠截至 1942 年 4 月共仿製 30 架；航空研究院仿製了 15 架 "研教一"。

伏立特 偵察機
Fleet Scout

簡　史：

1935 年，美國東方航空公司（Eastern Aviation Company）獲雲南當局同意後，將 1 架伏立特 "偵察機" 送至昆明展銷，後售予雲南當局，具體型號不詳。

伏立特 11
Fleet 11

機　　種：	運動 / 教練機	用　　途：	訓練
乘　　員：	2 人	首　　飛：	1934 年

製 造 廠： 聯合飛機公司（Consolidated Aircraft Corporation）/ 伏立特飛機公司（Fleet Aircraft）

機長 / 翼展： 6.6/8.53 米

引　　擎： 1 台金納 R-5 型星型 5 缸氣冷發動機，160 馬力（Kinner R-5）

最大速度： 167 千米 / 小時

航　　程：	482 千米	升　　限：	5425 米

裝備範圍： 國民政府

簡　史：

伏立特 11 是以伏立特 10 為基礎研發的外銷型，特點是換裝大功率發動機，飛行性能提高，其加拿大型號為伏立特 10D。

國民政府曾購得數量不詳的伏立特 11 用於訓練。有 5 架該型飛機命名為 "北平市 1" 號至 "北平市 5" 號，曾由著名飛行員高志航帶隊在北平飛行表演。"西安事變" 時，洛陽航校派飛行組長蔡錫昌駕駛 "北平市 1" 號前往臨潼搭救蔣介石，該機飛抵臨潼在公路上降落後，被楊虎城麾下的 17 路軍扣留。

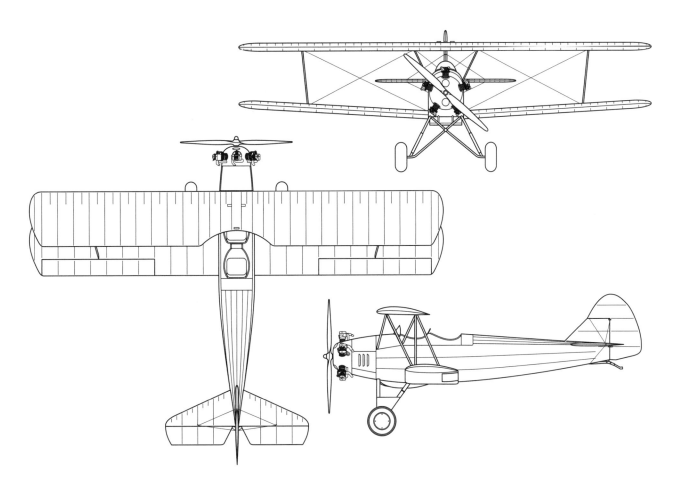

伏立特 11 運動 / 教練機三視圖

伏立特 11 運動 / 教練機

艾睿"運動追趕"
Arrow Sport Pursuit

機　　種：運動機

用　　途：訓練

乘　　員：2 人

製 造 廠：艾睿飛機和發動機公司（Arrow
Aircraft and Motor Corporation）

機長 / 翼展 / 機高：5.86/7.87/2.43 米

淨重/全重：451/703 千克

引　　擎：1 台金納 K-5 型星型 5 缸氣冷發動機，
100 馬力（Kinner K-5）

最大速度：177 千米 / 小時

升　　限：4267 米

裝備範圍：國民政府、廣東、雲南

美國製飛機

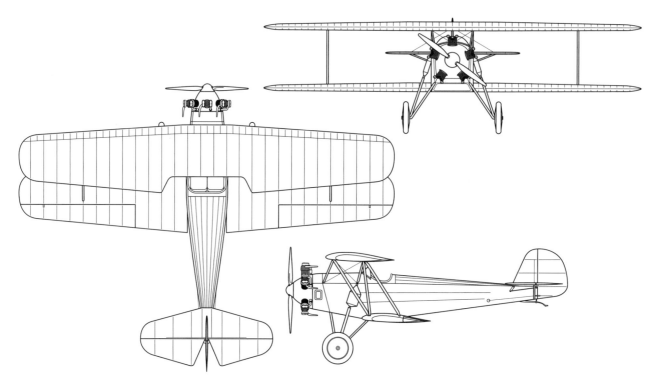

"運動追趕"運動機三視圖

簡　史：

　　"運動追趕"研發於 1926 年，其特點是上翼僅通過兩對支架與機身相連，上下翼間僅有一對裝飾性質的 N 型支柱，以緩解飛行員對其安全性的擔憂。

　　1931 年，雲南當局向艾睿公司購得 6 架該型飛機，次年 1 月經法屬安南海防運往雲南時被扣押，3 月底才運抵雲南，組裝測試後交付雲南航校用於訓練。與此同時，艾睿公司將另 1 架"運動追趕"送至香港展銷並飛行表演，後售予廣東，"兩廣事變"後併入國民政府空軍。

皮特凱恩 PA-6 "郵翼"

Pitcairn PA-6 Mailwing

機　　種：郵機 / 運動機

用　　途：轟炸 / 偵察

乘　　員：1 人

製 造 廠：皮特凱恩飛機公司 (Pitcairn Aircraft Company)

首　　飛：1928 年

機長 / 翼展 / 機高：7.11/10.06/2.79 米

淨重/全重：796/1383 千克

引　　擎：1 台萊特 J-5 "旋風" 型星型 9 缸氣冷發動機，220 馬力 (Wright J-5 Whirlwind)

最大速度 / 巡航速度：206/175 千米 / 小時

航　　程：965 千米

升　　限：4876 米

裝備範圍：國民政府、廣東

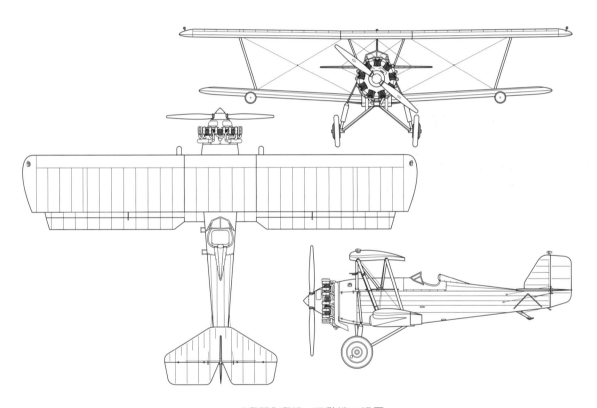

PA-6 "郵翼" 郵機 / 運動機三視圖

簡　史：

　　PA-6 是在 PA-5 基礎上研發的改良型，延續了 PA-5 結構簡單、堅固耐用、飛行性能良好等優點，1928 年投產。

　　1932 年 4 月，西南空軍總司令張惠長從美國航空公司轉購 8 架該型飛機充當輕型轟炸機，同年 5 月運抵香港。由於此時西南空軍司令部已被撤銷，飛機被廣東當局接收，編入廣東空軍第 4 隊服役，曾參與圍剿紅軍。1936 年 "兩廣事變" 後，尚可使用的 5 架 PA-6 併入國民政府空軍，1937 年報廢。

柯蒂斯 - 萊特 CW-16E "輕運動"
Curtiss-Wright CW-16E Light Sport

機　　種： 運動 / 教練機

用　　途： 訓練

乘　　員： 3 人

製 造 廠： 柯蒂斯 - 萊特公司（Curtiss-Wright Corporation）

首　　飛： 1930 年

機長 / 翼展 / 機高： 6.42/8.78/2.69 米

淨重 / 全重： 599/885 千克

引　　擎： 1 台萊特 J-6-5 "旋風" 型星型 5 缸氣冷發動機，165 馬力（Wright J-6-5 Whirlwind）

最大速度 / 巡航速度： 211/179 千米 / 小時

航　　程： 541 千米

升　　限： 5761 米

裝備範圍： 國民政府、廣東

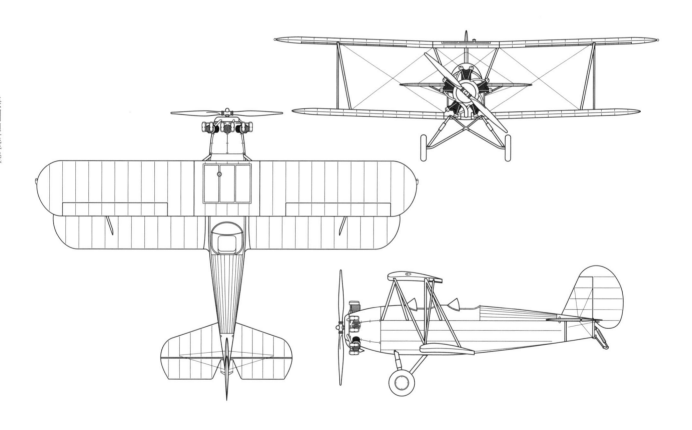

CW-16E "輕運動" 運動 / 教練機三視圖

簡　史：

　　CW-16 由航空旅行公司（Travel Air）研發，該公司於 1929 年被柯蒂斯 - 萊特公司收購，因此該型飛機又稱 "柯蒂斯 - 萊特 - 航空旅行"（Curtiss-Wright Travel Air），CW-16E 為換裝 "旋風" 發動機的亞型。

　　1932 年 12 月 9 日，廣東當局以中華航空公司（China Airways Company）名義購得 4 架 CW-16E、10 挺機槍及彈藥，次年交付。"兩廣事變" 後，尚可使用的 2 架該型飛機併入國民政府空軍。

CW-16E "輕運動" 運動 / 教練機

柯蒂斯 - 萊特 霍克 II

Curtiss-Wright Hawk II

機　　種：戰鬥 / 轟炸機

用　　途：戰鬥 / 轟炸 / 訓練

乘　　員：1 人　　首　飛：1932 年

製 造 廠：柯蒂斯 - 萊特公司（Curtiss-Wright
　　　　　Corporation）

機長 / 翼展 / 機高：6.88/9.6/2.96 米

淨重 / 全重：1347/1838 千克

引　　擎：1 台萊特 R-1820-F2 "颶風" 型星型
　　　　　9 缸氣冷發動機，700 馬力（Wright
　　　　　R-1820-F2 Cyclone）

最大速度 / 巡航速度：325/277 千米 / 小時

航　　程：840 千米

升　　限：7650 米

武　　備：2 挺固定式 7.62 毫米勃朗寧機槍（機
　　　　　首），4 枚 50 千克炸彈

裝備範圍：國民政府、廣東

美國製飛機

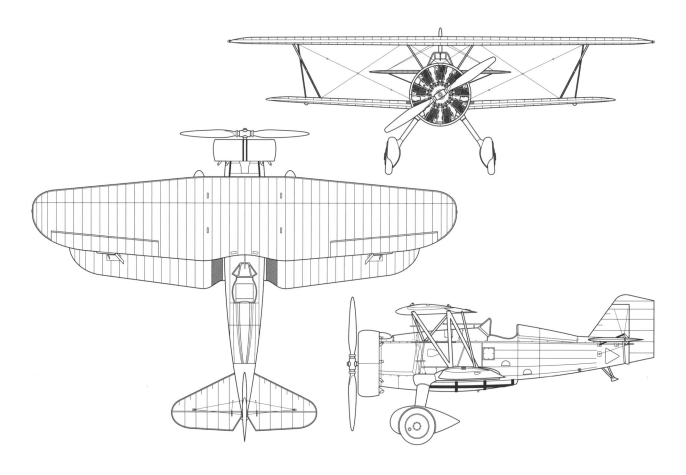

霍克 II 戰鬥 / 轟炸機三視圖

簡　史：

　　霍克 II（又譯鷹 II）是 F11C-2"蒼鷹"型艦載戰鬥 / 轟炸機的外銷型，1932 年投產，主要特點是換裝 700 馬力發動機，取消着艦鈎，尾輪改為尾橇，油箱容量增大。

　　1932 年 5 月，廣東當局通過洲際航空購得 18 架霍克 II，於次年 3—5 月運抵廣州，編入廣東空軍第 5、6 隊，"兩廣事變"後併入國民政府空軍。1933 年 4 月，洲際航空將 1 架霍克 II 送至中國展銷，該機由著名飛行員詹姆斯·哈羅德·杜立特（James Harold Doolittle）駕駛，分別在廣州和杭州進行飛行表演，5 月被國民政府買下，並增購 31 架。增購的霍克 II 於同年 9 月前運往中國，編入筧橋航校戰鬥訓練班，曾參與圍剿紅軍。1933 年"福建事變"期間，據稱有 2 架該型飛機叛逃至福建，但沒有資料證實。

　　抗戰爆發後，霍克 II 被調往南京擔負防空任務，同時支援華東戰場、攻擊東海日艦，9 月後部分該機調回廣東用於防空。該機性能雖不及日軍新型戰機，中國飛行員仍充分發揮該機機動性能良好的優點屢創佳績，多次擊落擊傷日軍飛機。1937 年 9 月 19 日的太原空戰中，號稱"驅逐之王"的日軍王牌飛行員三輪寬被第 28 中隊中隊長陳其光駕駛的霍克 II 擊落，是該型飛機最著名的戰例。但由於損耗過快、難以增補，截至 1940 年，中國空軍僅剩少量霍克 II 分佈於湖北宜昌、四川成都和雲南昆明等地供訓練使用。

美國製飛機

霍克 II 戰鬥 / 轟炸機

柯蒂斯 - 萊特 BT-32/AT-32A "兀鷹" II

Curtiss-Wright BT-32/AT-32A Condor II

機　　種： 運輸 / 轟炸機 (BT-32) / 客機 (AT-32A)

用　　途： 要人專機 / 運輸

乘　　員： 3 人

製 造 廠： 柯蒂斯 - 萊特公司 (Curtiss-Wright Corporation)

首　　飛： 1933 年

機長 / 翼展 / 機高： 15.09/24.99/4.98 米 (BT-32)，14.8/24.99/4.98 米 (AT-32A)

淨重 / 全重： 5095/7938 千克 (BT-32)，5550/7938 千克 (AT-32A)

最大速度 / 巡航速度： 283/212 千米 / 小時 (BT-32)，306/269 千米 / 小時 (AT-32A)

航　　程： 1352 千米 (BT-32)，1152 千米 (AT-32A)

升　　限： 6705 米 (BT-32)，7010 米 (AT-32A)

引　　擎： 2 台萊特 SGR-1820-F3 "颶風" 型星型 9 缸氣冷發動機，每台 720 馬力 (Wright SGR-1820-F3 Cyclone)

武　　備： 5 挺可旋轉 7.62 毫米勃朗寧 M1919 機槍 (前後槍塔、機身兩側、機腹各 1 挺) (BT-32)，762 千克炸彈 (BT-32)

裝備範圍： 國民政府

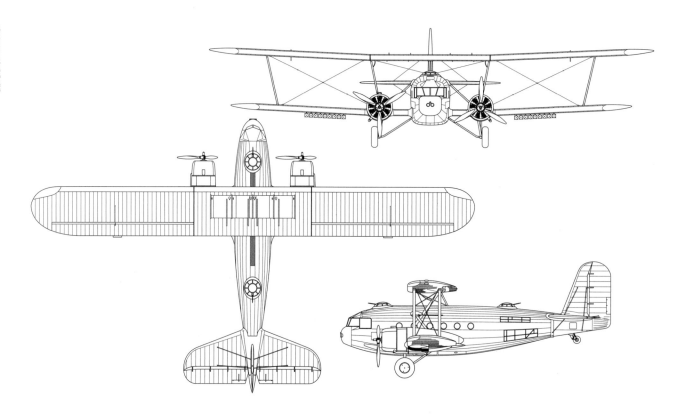

BT-32 "兀鷹" II 運輸 / 轟炸機三視圖

在中國展銷的 BT-32 運輸 / 轟炸機，翼下懸掛有小型炸彈。

簡　史：

T-32 以 B-2 "兀鷹" 型轟炸機為基礎研發，具有多種亞型。AT-32A 是其改良型，換裝大功率發動機和可變距螺旋槳；BT-32 是運輸 / 轟炸型，增加 4 個輔助油箱，地板下加裝彈艙，翼下裝有輕型炸彈掛架，機背加裝 2 座旋轉槍塔，機身兩側增設機槍位。

1934 年 2 月 17 日，柯蒂斯公司將 1 架 BT-32 運往中國展銷，4 月 17 日在南昌飛行表演，因飛行員着陸時忘記放下起落架，導致飛機失事受損。恰逢蔣介石等政府要員在場觀看，因此交易中止。9 月 2 日，該機被財政部長孔祥熙買下，交中央飛機製造廠修復後作為蔣介石專機使用。

1940 年，中央飛機製造廠通過美國航空（American Airlines）轉購 1 架 AT-32A，3 月運抵香港，在緬甸登記註冊（註冊號 XY-AAI）後供中央飛機製造廠運輸應急物資，1940 年 10 月 26 日毀於空襲。

柯蒂斯 - 萊特 霍克 III

Curtiss-Wright Hawk III

機　　種：戰鬥 / 轟炸機

用　　途：戰鬥 / 轟炸 / 攻擊 / 訓練

乘　　員：1 人　　首　　飛：1935 年

製 造 廠：柯蒂斯 - 萊特公司（Curtiss-Wright
　　　　　Corporation）

機長 / 翼展 / 機高：7.14/9.6/2.98 米

淨重 / 全重：1457/1958 千克

引　　擎：1 台萊特 R-1820-F53 "颶風" 型星型
　　　　　9 缸氣冷發動機，745 馬力（Wright
　　　　　R-1820-F53 Cyclone）

最大速度 / 巡航速度：386/328 千米 / 小時

航　　程：925 千米

升　　限：7864 米

武　　備：1 挺固定式 7.62 毫米勃朗寧機槍（機
　　　　　首右側），1 挺固定式 12.7 毫米勃朗
　　　　　寧機槍（機首左側），1 枚 227 千克
　　　　　炸彈或 4 枚 50 千克炸彈

裝備範圍：國民政府、廣東

美國製飛機

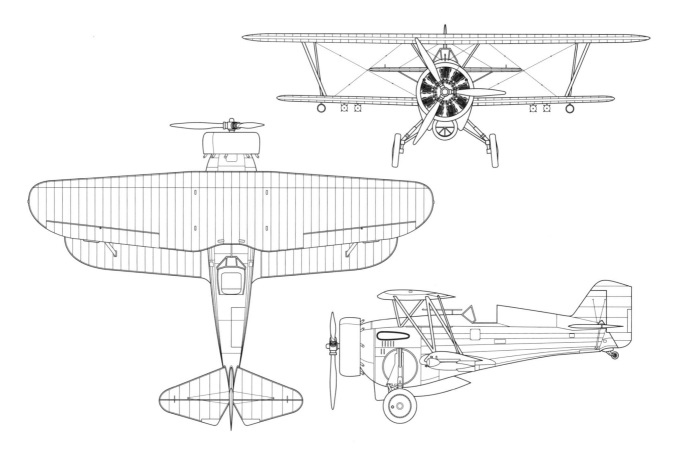

霍克 III 戰鬥 / 轟炸機三視圖

簡　史：

霍克 III，又譯鷹 III，中國飛行員稱之為"新霍克"或"新霍三"，是 F11C-3"蒼鷹"型艦載戰鬥／轟炸機的外銷型，1935 年投產。特點是取消着艦鈎，換裝木製機翼，火力強化，駕駛艙改為封閉式，起落架可收放。由於技術不成熟，該型飛機的可收放起落架雖提升了飛行速度，但增加的重量導致其機動性甚至不及霍克 II。

1936 年 2 月，廣東當局通過洲際航空購得 1 架該型飛機和 29 套散件，後增購 11 架。同時國民政府也通過洲際航空購得 30 套該型飛機的散件，由中央飛機製造廠組裝。樣機於 3 月、5 月分別運抵上海和廣州，散件則於 6 月下旬逐步運抵。"兩廣事變"後，廣東當局的霍克 III 被國民政府空軍接收。1937 年 8 月，國民政府又增購了 30 架霍克 III 的散件。

該型飛機是中國空軍抗戰前和抗戰初期的主力戰鬥機，共裝備了 71 架（一說 72 架），主要裝備第 3、4、5 大隊。"西安事變"期間曾用於威懾西安，抗戰爆發後活躍於華北、華中各戰場，並支援華南戰場。該機的性能在當時並不優秀，且有先天缺陷，中國空軍飛行員仍充分發揮該機的優點，駕駛該機創造了豐碩的戰績。其中最為著名的是四位空戰王牌：高志航、劉粹剛、樂以琴、李桂丹（一說為梁添成），被譽為中國空軍"四大天王"。1937 年 8 月 14 日下午，由高志航率領第 4 大隊的 27 架霍克 III 攔截了前來轟炸的 18 架日軍"九六陸攻"，取得擊落 3 架，重創 1 架，自機無一損傷的佳績，士氣大振，這也是中國空軍首次在空戰中擊落日軍飛機，國民政府因此將 8 月 14 日定為"空軍節"。除防空外，該型飛機也用於轟炸和對地攻擊。8 月 16 日，閻海文駕駛的霍克 III 執行轟炸任務時被日軍擊落，跳傘後落入日軍陣地，以配槍擊斃 3 名（一說 5 名）日軍士兵後自殺殉國。日軍對閻海文的氣節非常敬重，將其遺體埋葬並立碑紀念。由於損耗過快，且與日軍新型飛機的性能差距逐漸擴大，1938 年後，中國空軍剩餘的霍克 III 大多退出一線戰場，用於航校教學，同時兼負防空任務。

國民政府購得的最後 30 架霍克 III 散件於 1938 年 6 月後經香港轉運至中國，因戰局影響，直至 1940 年才組裝完畢。其中僅有 9 架裝備第 4 大隊，利用續航時間長，配備有夜戰裝備的優勢攔截夜襲重慶的日軍飛機，其餘霍克 III 則於 1941 年 9 月退出一線。

美國製飛機

1. 中国空军的霍克 III 戰鬥 / 轟炸機，
   翼下配備有炸彈架和着陸燈，抗戰期
   间為應對日軍新鋭的"九六艦戰"，這
   些裝備均被拆除以提高速度。
2. 第 4 大隊大隊長高志航的座機 IV-1

柯蒂斯 - 萊特 A-12 "伯勞鳥"
Curtiss-Wright A-12 Shrike

機　　種：攻擊機

用　　途：攻擊 / 戰鬥 / 轟炸 / 訓練

乘　　員：2 人

製　造　廠：柯蒂斯 - 萊特公司 (Curtiss-Wright Corporation)

首　　飛：1933 年

機長 / 翼展 / 機高：9.83/13.41/2.84 米

淨重 / 全重：1768/2611 千克

航　　程：724 千米　　**升　　限**：4618 米

引　　擎：1 台萊特 R-1820F "颶風" 型星型 9 缸氣冷發動機，775 馬力 (Wright R-1820F Cyclone)

最大速度 / 巡航速度：285/243 千米 / 小時

武　　備：4 挺固定式 7.62 毫米勃朗寧機槍 (起落架整流罩)，1 挺可旋轉 7.62 毫米勃朗寧機槍 (後座)，10 枚 13.6 千克炸彈 (彈倉)，4 枚 55 千克炸彈 (外掛)

裝備範圍：國民政府

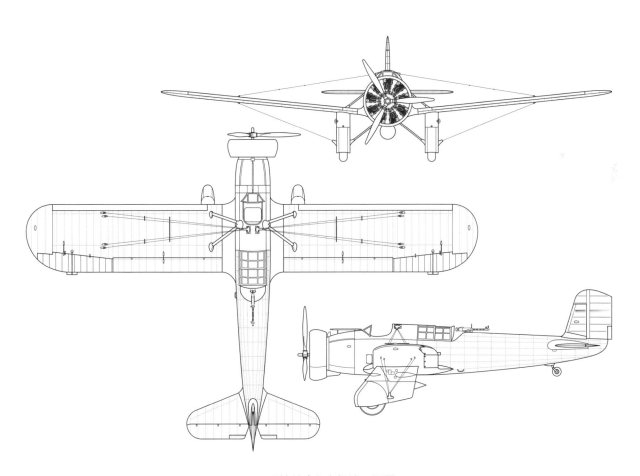

A-12 "伯勞鳥" 攻擊機三視圖

美國製飛機

簡　史：

A-12，中國飛行員音譯之為"許來克"或"許機"，是美軍第一種大量服役的單翼攻擊機，該型飛機以 A-8 為基礎研發，1933 年投產，其外銷型換裝大功率發動機，加裝照相偵察裝置，航程縮短。

1936 年，中國航空委員會派遣由毛邦初率領的訪問團赴美考察並購得 10 架出口型 A-12，同年 5 月運抵中國並在南京、杭州展示，廣受好評，國民政府遂增購 10 架。 1936 年 10 月 31 日蔣介石五十壽誕時，該型飛機曾參與空中閱兵和列隊飛行表演。

A-12 是中國空軍抗戰初期的主力攻擊機。抗戰爆發後，該型飛機最初計劃用於支援華北戰場，1937 年"八·一三事變"後改派往浙江曹娥機場支援淞滬抗戰。該型飛機雖是攻擊機，但其首場戰鬥卻是與日機空戰。1937 年 8 月 15 日淩晨，駐曹娥機場的第 9 大隊準備起飛出擊時，恰逢日軍 13 架"九四艦爆"前來襲擊，雙方遂展開了一場攻擊機與攻擊機的空戰，此役共擊落日機 4 架，自機被擊落 1 架，另有 1 架在起飛時失事墜毀，4 架被炸毀。 A-12 其後多用於轟炸、攻擊任務，9 月後開始支援華北戰場作戰，後轉戰南京，11 月曾奉命炸毀漳州鐵橋。由於損耗過大、使用頻繁且維護困難，1938 年 6 月後，該型飛機退出一線戰場，移交驅逐總隊和第 12 中隊用於訓練。8 月 21 日，最後 3 架 A-12 在武漢訓練時被日機擊落。

A-12 "伯勞鳥" 攻擊機

斯蒂爾曼 LT-1
Stearman LT-1

機　　種： 客機 / 運輸機

用　　途： 轟炸

乘　　員： 1+4 人　　**首　飛：** 1929 年

製 造 廠： 斯蒂爾曼飛機公司（Stearman Aircraft Corporation）

機長 / 翼展 / 機高： 9.9/14.93/3.81 米

淨重/全重： 1764/2834 千克

引　　擎： 1 台普惠"大黃蜂" A5 型星型 9 缸氣冷發動機，525 馬力（Pratt & Whitney Hornet A5）

最大速度： 222 千米 / 小時

航　　程： 1110 千米

升　　限： 3962 米

裝備範圍： 國民政府、廣東

美國製飛機

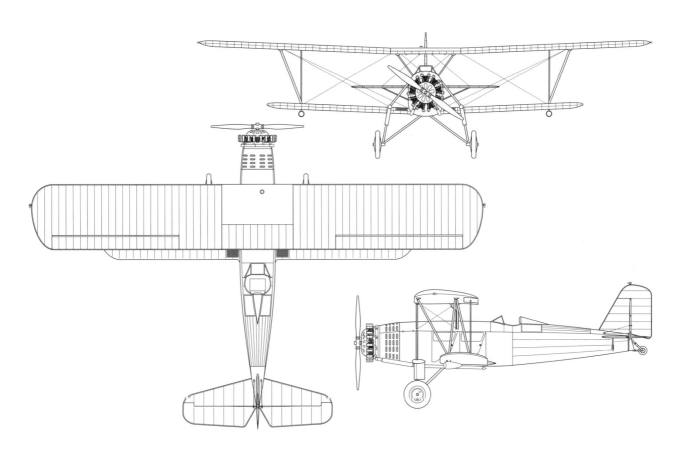

LT-1 客機 / 運輸機三視圖

簡　　史：

　　LT-1 以 M-2 "快速郵件" 為基礎研發，用於開闢亞特蘭大到芝加哥的郵政航線，1929 年投產，僅製造 3 架。1933 年，廣東當局從聯合飛機出口公司轉購全部 3 架該型飛機，原計劃供西南航空公司運營使用，接收後改交廣東空軍作為轟炸機，"兩廣事變" 後併入國民政府空軍。

洛寧 C-2C/C-2H "空中遊艇"

Loening C-2C/C-2H Air Yach

機　　種：水陸兩棲客機

用　　途：運輸 / 轟炸

乘　　員：2+6 人

製 造 廠：洛寧航空工程公司（Loening Aeronautical
Engineering Corporation）

首　　飛：1928 年

機長 / 翼展 / 機高：10.57/13.72/3.89 米

淨重/全重：1754/2676 千克

航　　程：805 千米

升　　限：4300 米

引　　擎：1 台萊特 "颶風" 型星型 9 缸氣冷發
動機，525 馬力（Wright Cyclone）（C-
2C）；1 台普惠 "大黃蜂" 型星型 9 缸氣
冷發動機，525 馬力（Pratt & Whitney
Hornet）（C-2H）

最大速度 / 巡航速度：190/165 千米 / 小時

裝備範圍：國民政府、廣東

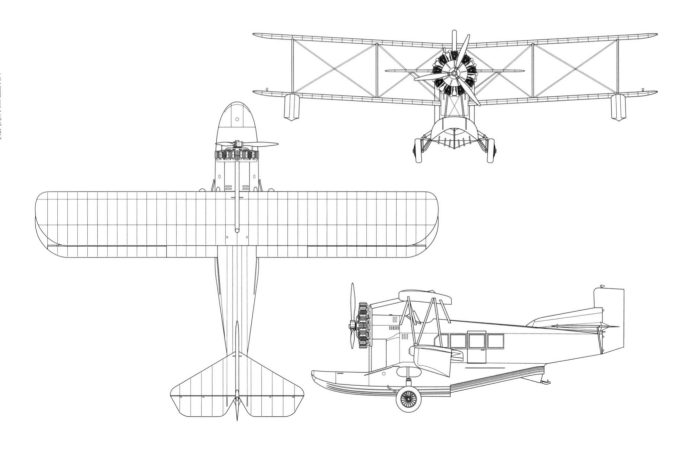

C-2C 水陸兩棲客機三視圖

美國製飛機

簡　史：

　　C-2 "空中遊艇" 以 OL-8 型水陸兩棲觀測機為基礎研發，C-2C、C-2H 是採用不同發動機的亞型。1933 年，廣東當局通過美國航空公司轉購 3 架 C-2C，原計劃供西南航空公司使用，接收後轉交廣東空軍改造為轟炸機。除此外，中國航空公司也曾購有該型飛機。抗戰爆發後，中國航空公司的 5 架 C-2H/C-2C 編入空軍後備第 3 中隊待命參戰，其中 3 架直到 1941 年 5 月仍在服役，後廢棄出售。

中國航空公司的 "安慶" 號
洛寧 C-2 客機

通用航空"克拉克"GA-43
General Aviation Clark GA-43

機　　種：客機

用　　途：運輸

乘　　員：2+10 人

製　造　廠：通用航空公司 (General Aviation)

首　　飛：1932 年

機長 / 翼展 / 機高：13.13/16.15/3.89 米

淨重 / 全重：2581/3969 千克

引　　擎：1 台萊特 R-1820-F3 "颶風" 型星型 9 缸氣冷發動機，700 馬力 (Wright R-1820-F3 Cyclone)

最大速度 / 巡航速度：312/295 千米 / 小時

航　　程：680 千米

裝備範圍：偽滿洲國

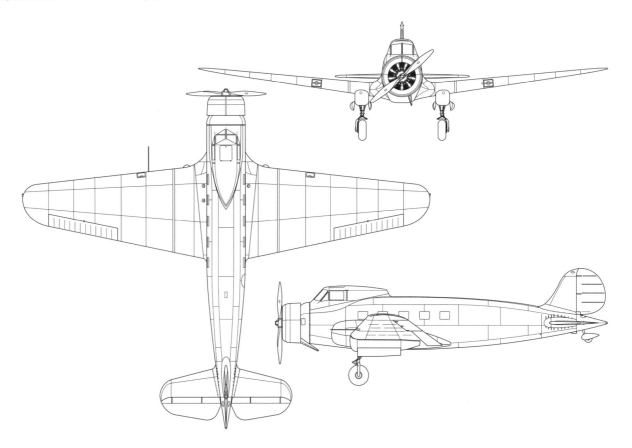

"克拉克" GA-43 客機三視圖

簡　史：

　　1932 年首飛的 GA-43 是費爾柴爾德公司 "美國朝聖者部門" 開發的高速客機，於 1934 年投產，此時速度更快、性能更先進的 DC-2 和波音 247 均已投產，因此該型機未獲商業成功。GA-43 的原型機被售予日本，1934 年 1 月移交滿洲航空公司 (編號 M-701)，5 月 18 日在日本東京羽田機場墜毀。

斯巴丹 C-4-301/C-5-301

Spartan C-4-301/C-5-301

機　　種： 客機 / 通用飛機

用　　途： 運輸 / 航空測量

乘　　員： 1+3 人 (C-4-301)，1+4 人 (C-5-301)

製 造 廠： 斯巴丹飛機公司 (Spartan Aircraft Company)

首　　飛： 1930 年 (C-4-301)，1931 年 (C-5-301)

機長 / 翼展 / 機高： 9.93/15.24/2.72 米 (C-4-301)，9.95/15.24/2.72 米 (C-5-301)

淨重 / 全重： 1183/1840 千克 (C-4-301)，1196/1898 千克 (C-5-301)

引　　擎： 1 台普惠 R-985 "小黃蜂" 型星型 9 缸氣冷發動機，300 馬力 (Pratt & Whitney R-985 Wasp Junior)

最大速度： 232 千米 / 小時

航　　程： 982 千米 (C-4-301)，1040 千米 (C-5-301)

升　　限： 4420 米 (C-4-301)，4450 米 (C-5-301)

裝備範圍： 國民政府

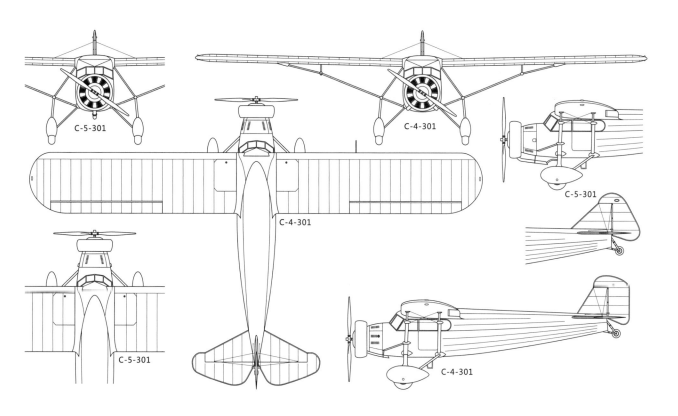

C-4-301/C-5-301 客機 / 通用飛機三視圖

　　C-4-301 是以 C-4-225 為基礎的改良型，換裝大功率發動機，僅製造 1 架。C-5-301 是 C-4-301 的發展型，乘客搭載量增加，方向舵後緣改為三角形，同樣僅製造 1 架。這 2 架飛機均被國民政府購得，其中 C-4-301 購得時間不詳，供空軍使用；C-5-301 則於 1935 年通過中國航空機械貿易公司（China Airmotive Company）購得，供航空測量局使用，命名為 "測量 8" 號。這 2 架飛機中有 1 架後來被移交給中國航空公司使用，編號 33。

美國製飛機

航空測量局使用的 C-5-301

諾斯羅普 "伽馬" 2E/2EC/2ED
Northrop Gamma 2E/2EC/2ED

機　種：輕型轟炸機

用　途：轟炸 / 偵察 / 巡邏 / 訓練

乘　員：2 人

製造廠：諾斯羅普公司（Northrop Corporation）

首　飛：1933 年

機長 / 翼展 / 機高：8.79/14.63/2.77 米

淨重 / 全重：1746/3447 千克

引　擎：1 台萊特 SR-1820-F53 "颶風" 型星型
9 缸氣冷發動機，750 馬力（Wright
SR-1820-F53 Cyclone）

最大速度 / 巡航速度：367/264 千米 / 小時

航　程：2301 千米

升　限：8931 米

武　備：2 挺固定式 7.62 毫米勃朗寧機槍（機
翼），1 挺可旋轉 7.62 毫米勃朗寧機
槍（後座），498 千克炸彈

裝備範圍：國民政府

備　註："伽馬" 2E 參數

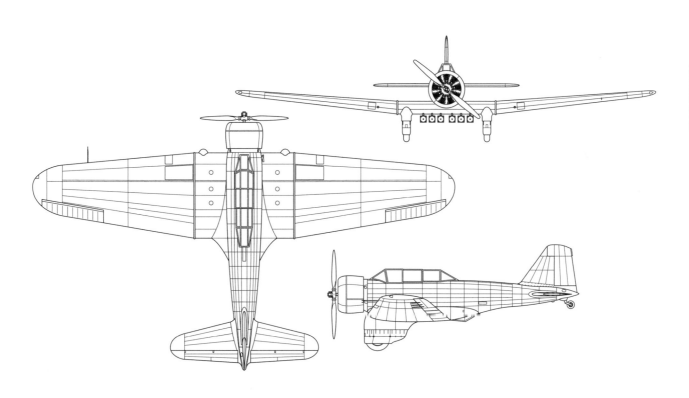

"伽馬" 2E 輕型轟炸機三視圖

美國製飛機

"伽馬" 2E 以 "伽馬" 系列運輸機為基礎研發，相當於美軍裝備的 A-13 型轟炸機，減少 2 挺機槍，載彈量增大。伽馬 2EC 是加裝照相偵察設備的亞型；"伽馬" 2ED 是安裝雙套控制系統的亞型，主要用於訓練。

1934 年，國民政府向諾斯羅普公司購得 24 架該型飛機，其中包括 2 架 2E，7 架 2EC 和 15 架 2ED，同年 2 月 19 日-9 月 21 日間運抵上海，由筧橋航空工廠組裝後投入訓練。1934 年 9 月，國民政府增購 25 架 "伽馬" 2E 的散件，次年運抵中國，由杭州中央飛機製造廠組裝，曾參與轟炸紅軍、偵察廣西，在 "兩廣事變" 和 "西安事變" 中用於示威。

"伽馬" 2E 是抗戰初期中國空軍的主力輕型轟炸機，曾多次轟炸日軍目標，支援陸軍作戰。1937 年 8 月 29 日，由沈崇誨和陳錫鈍駕駛的該型飛機在前往佘山和白龍港轟炸日艦時，因被擊傷（一說發動機故障）難以返航而駕機撞擊日艦，兩人均未跳傘（一說轟炸任務結束後發現沈崇誨駕駛的 904 號機失蹤，有觀戰群眾報告稱 1 架受損的中國飛機撞擊了白龍港的日本軍艦，推測應為沈崇誨機組）。事後國民政府為鼓舞士氣，對民眾宣稱沈崇誨機組駕機撞擊並重創日本海軍第三艦隊旗艦 "出雲" 號巡洋艦。由於損耗過快、難以增補，截至 1937 年 9 月中旬，中國空軍剩餘的 "伽馬" 2E 數量不足原有一半，同年 11 月移交給新成立的外籍飛行隊，在其解散後供成都飛行士官學校作為教練機使用。

"伽馬" 2E 轟炸機

諾斯羅普"阿爾法"4A
Northrop Alpha 4A

機　　種：運輸機

用　　途：運輸 / 偵察 / 訓練

乘　　員：1 人

製 造 廠：諾斯羅普公司（Northrop Corporation）

首　　飛：1930 年

機長 / 翼展 / 機高：8.7/13.4/2.7 米

淨重 / 全重：1202/2313 千克

引　　擎：1 台普惠 R-1340-SC1 "黃蜂" 型星型 9 缸氣冷發動機，420 馬力（Pratt & Whitney R-1340-SC1 Wasp）

最大速度 / 巡航速度：285/233 千米 / 小時

航　　程：2301 千米

升　　限：5882 米

裝備範圍：國民政府、廣東

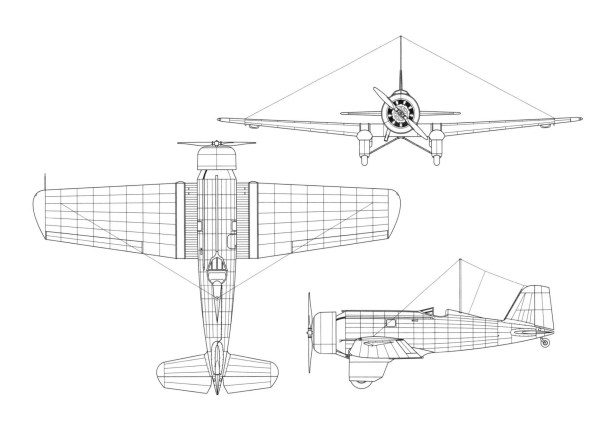

"阿爾法" 4A 運輸機三視圖

美國製飛機

簡　史：

　　該型飛機最初被設計為快速郵機 / 客機，有多種亞型。"阿爾法" 4A 是最終改型，全部由"阿爾法" 4 改造而成，機翼和尾翼上裝有橡膠除冰設備。1935 年 7 月 22 日，廣東當局購得 2 架原美國橫貫西部航空公司（Transcontinental & Western Air，TWA）的"阿爾法" 4A 用於運輸和訓練，"兩廣事變"後併入國民政府空軍，抗戰期間編入後備運輸第 2 隊，多次執行偵察任務。

諾斯羅普"伽馬"5D
Northrop Gamma 5D

機　　種： 輕型轟炸機

用　　途： 偵察

乘　　員： 2 人

製 造 廠： 諾斯羅普公司（Northrop Corporation）

首　　飛： 1936 年

機長/翼展： 9.5/14.63 米

引　　擎： 1 台普惠 R-1340-S3H1 "黃蜂" 型星型 9 缸氣冷發動機，550 馬力（Pratt & Whitney R-1340-S3H1 Wasp）

武　　備： 4 挺固定式 7.62 毫米勃朗寧機槍（機翼），1 挺可旋轉 7.62 毫米勃朗寧機槍（後座），450 千克炸彈

裝備範圍： 偽滿洲國

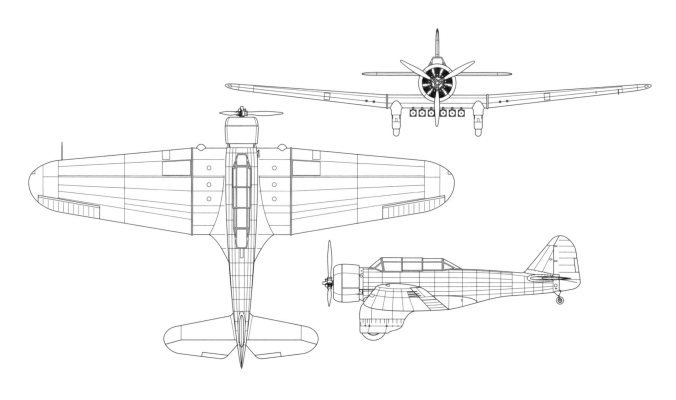

"伽馬" 5D 輕型轟炸機三視圖

簡　史：

　　"伽馬" 5D 是 "伽馬" 輕型轟炸機的亞型，換裝發動機和三葉螺旋槳，尾翼改良，座艙蓋框架結構改變，僅製造 1 架，後售予日本。1936 年，日本將該機經中島公司和海軍測試後，移交滿洲航空公司（編號 M-506）。1939 年日本、蘇聯、外蒙之間的 "諾門罕事件" 期間，該機曾用於對蘇軍陣地的偵察任務。

德·哈維蘭 DH.60G/M/T "蛾"
De Havilland DH.60G/M/T Moth

機　　種：運動 / 教練機

用　　途：訓練 / 偵察 / 要人專機 / 轟炸

乘　　員：2 人

製 造 廠：德·哈維蘭飛機有限公司 (De Havilland
　　　　　Aircraft Company Limited）

首　　飛：1928 年 (DH.60G/M)，1931 年 (DH.60T)

機長 / 翼展 / 機高：7.29/9.14/2.68 米

淨重 / 全重：417/750 千克 (DH.60G)，436/635 千
　　　　　克 (DH.60M)，-/826 千克 (DH.60T)

航　　程：515 千米

升　　限：4420米 (DH.60G)，5486米 (DH.60M)，
　　　　　4846 米 (DH.60T)

引　　擎：1 台德·哈維蘭 "吉普賽" I 型 4 缸直列
　　　　　式氣冷發動機，100 馬力 (De Havilland
　　　　　Gipsy I) (DH.60G/DH.60M)；1 台德·哈
　　　　　維蘭 "吉普賽" II 型 4 缸直列氣冷式發動
　　　　　機，120 馬力 (De Havilland Gipsy II) (DH.60M/
　　　　　DH.60T)

最大速度 / 巡航速度：164/137千米/小時(DH.60G)，
　　　　　169/137千米 /小時(DH.60M)，170/-千米 /
　　　　　小時(DH.60T)

裝備範圍：國民政府、東北、河南、山西、山東、
　　　　　四川、湖南、中國海軍、偽滿洲國

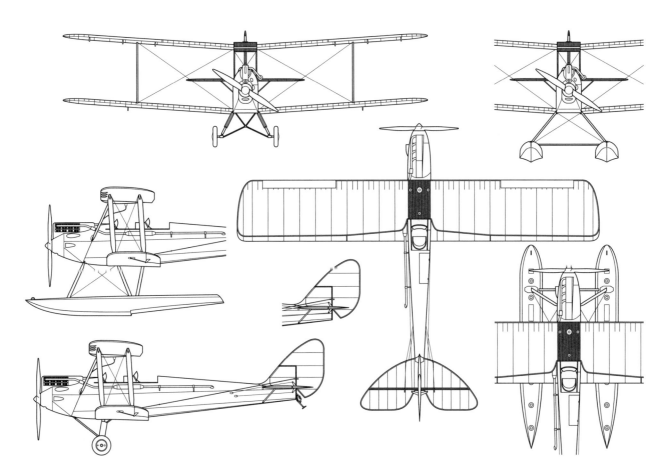

DH.60G "吉普賽蛾" 運動 / 教練機三視圖

簡　史：

DH.60 研發於 1920 年代末，具有結構簡單、價格低廉、易於維護、飛行平穩、安全性好、座艙舒適、機翼可折疊等特點，廣受歡迎，並有多種亞型。DH.60G 是換裝德·哈維蘭公司自產的"吉普賽"發動機的亞型，因此又稱"吉普賽蛾"（Gipsy Moth）。DH.60M 是換裝金屬結構機身的改良型，又稱"金屬蛾"（Metal Moth）。DH.60T "蛾訓練者"（Moth Trainer）是其最終亞型，亦是著名的 DH.82 "虎蛾"的前身。

1928 年 12 月，國民政府和武漢民用航空股份有限公司通過安利洋行各購得 4 架 DH.60G，次年交付。國民政府所購本是為馮玉祥轄下的洛陽航校所購，中原大戰後被國民政府獲得。1929 年夏季，武漢航空公司因政治原因解體，飛機被國民政府接收，與 1929 年 4 月增購的 12 架該型飛機一起供中央陸軍軍官學校航空班使用，在中原大戰中曾執行偵察、轟炸等任務。山西當局於 1929 年通過安利洋行購得 6 架 DH.60G，同年 9 月運抵香港，後轉運至山西，曾參與中原大戰。1930 年 3 月 10 日，張學良通過安利洋行購得 6 架 DH.60G 和 1 架 DH.60M，同年 4、5 月間運抵秦皇島交付，其中 DH.60M 是經過改造的封閉式座艙型，裝有前緣襟翼，作為張學良專機使用。4 月 4 日，張學良增購 19 架 DH.60G（一說為 DH.60M），其中 12 架於 7 月運抵奉天，9 月 6 日交付；另外 7 架未及交付，即因"九·一八事變"爆發而被日軍擄去（一說為交付 6 架後，其餘 13 架由國民政府收購），其中部分移交偽滿洲國使用。四川當局於 1930 年 10 月 13 日通過安利洋行購得 4 架 DH.60G 和 2 套浮筒及 1 台備用發動機，次年 2 月底交付。同時，劉文輝與安利洋行接洽，希望訂購 10 架 DH.60G，但未購成。1930 年 10 月，湖南當局通過安利洋行購得 2 架"蛾"，包括 1 架 DH.60M 和 1 架"高級蛾"，後者可能是類似張學良使用的經改裝的 DH.60M；次年 7 月，又購得 6 架 DH.60T。1932 年夏，廣東當局通過安利洋行購得 6 架 DH.60G，其中 4 架不久即因失事或意外損壞而無法使用。另根據 1 份 1935 年 3 月的美國報告稱，山東有 1 架"蛾"教練機（也可能是阿弗羅"飛鳥"），但沒有資料證實。各地的該型飛機最終併入國民政府空軍，1937 年全部報廢停用。

1929 年 12 月，中國海軍購得 6 架 DH.60G 用於訓練；1931 年 4 月，中國海軍又購得 3 架 DH.60M 供廈門海軍基地使用，並配有自製浮筒。這 9 架飛機命名為"江鳶"、"江燕"、"江鷺"、"江鸞"、"江鷁"、"江鶺"、"江鷗"、"江鵬"和"江鷫"。位於上海的海軍製造飛機處則以 DH.60G 為基礎仿製了 4 架"摩斯"式教練機。

配備有浮筒的中國海軍"江鷁"號 DH.60G "吉普賽蛾"運動／教練機

東北空軍購得的 DH.60M "金屬蛾"運動／教練機，左側為張學良使用的經過改造的 DH.60M，裝有前緣襟翼和封閉式駕駛艙。

英國製飛機

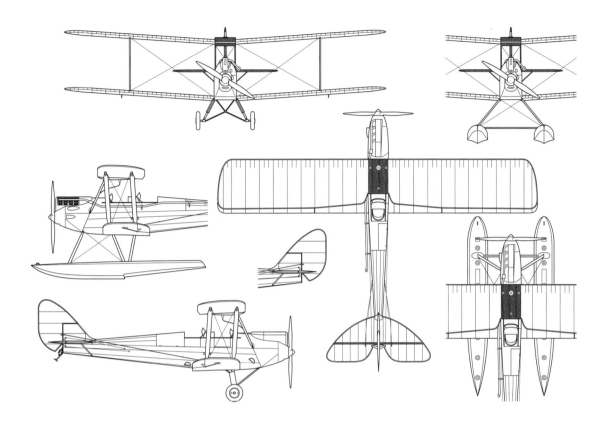

DH.60M "金屬蛾" 運動 / 教練機四視圖

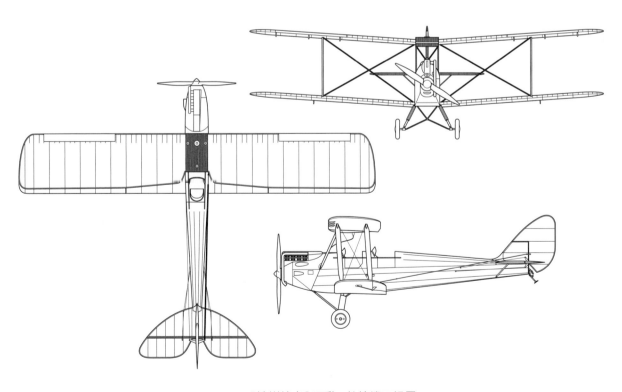

DH.60T "蛾訓練者" 運動 / 教練機三視圖

德·哈維蘭 DH.80A "貓蛾" / 滿航三式
De Havilland DH.80A Puss Moth/Manko Type 3

機　　種：通用飛機

用　　途：訓練 / 偵察 / 轟炸 / 聯絡

乘　　員：3 人

製 造 廠：德·哈維蘭飛機有限公司 (De Havilland
　　　　　Aircraft Company Limited)

首　　飛：1929 年

機長 / 翼展 / 機高：7.62/11.2/2.13 米

淨重 / 全重：574/930 千克

引　　擎：1 台德·哈維蘭 "吉普賽" III 型直列型 4
　　　　　缸氣冷發動機，120 馬力 (De Havilland
　　　　　Gipsy III)

最大速度 / 巡航速度：206/174 千米 / 小時

航　　程：483 千米

升　　限：5335 米

裝備範圍：國民政府、湖南、廣西、東北、偽
　　　　　滿洲國

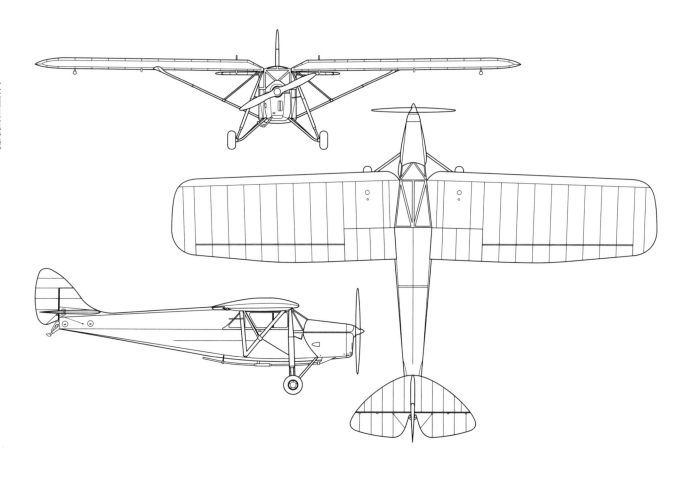

DH.80A "貓蛾" 通用飛機三視圖

簡　史：

　　DH.80A 是德‧哈維蘭公司為滿足私人飛行需求而設計，具有視野良好、容易操控、易於維護、乘坐舒適、飛行速度較快等特點，是同時期性能最好的私人飛機之一。

　　1930 年廣西當局曾購得 1 架 DH.80A，但使用狀況不詳。1931 年，東北當局也購得 1 架該型機。同年 7 月，湖南當局通過安利洋行購得 2 架 DH.80A，次年 3 月交付，主要用於聯絡。1934 年湖南航空處撤銷後，該型飛機併入國民政府空軍，與國民政府先前購得的 1 架該型飛機共同擔負偵察任務，曾用於圍剿紅軍，1937 年報廢。

　　1932 年，滿洲航空公司通過日本三井物產商社購得 12 架 DH.80A，同年 12 月至次年 5 月間陸續交付（編號 M-11 至 M-22），主要用於出租或執行行政任務，也擔負偵察、聯絡、運輸、轟炸等軍事任務。DH.80A 停產後，滿洲航空公司於 1934—1937 年間自行仿製了 15 架，被稱為 "滿航三式"。

德‧哈維蘭 DH.82 "虎蛾"
De Havilland DH.82 Tiger Moth

機　　種：教練機

用　　途：訓練 / 偵察

乘　　員：2 人　　　首　　飛：1931 年

製　造　廠：德‧哈維蘭飛機有限公司 (De Havilland Aircraft Company Limited)

機長 / 翼展 / 機高：7.29/8.94/2.68 米

淨重 / 全重：488/828 千克

引　　擎：1 台德‧哈維蘭 "吉普賽" III 型直列型 4 缸氣冷發動機，120 馬力 (De Havilland Gipsy III)

最大速度 / 巡航速度：175/136 千米 / 小時

航　　程：482 千米

升　　限：5182 米

裝備範圍：廣東、（山東）

DH.82 "虎蛾" 教練機

DH.82 以 DH.60T 為基礎研發，是德・哈維蘭公司研製的最著名的教練機之一。該型飛機在設計時較注重載荷能力，可安裝拍照偵察設備或在機身下掛載 4 枚 9 千克的訓練用炸彈，曾在二戰中擔負多種低強度作戰任務。

1932 年 4 月，安利洋行將 1 架 DH.82 送至廣州展銷，後被廣東當局買下並增購 3 架。這 4 架飛機交付後編入廣東空軍第 6 隊服役，均配備有拍照偵察設備和機槍架。1934 年 1 月，山東當局向安利洋行訂購 6 架配備機槍和炸彈架的 DH.82，由於未獲得進口許可證，訂購合同取消。

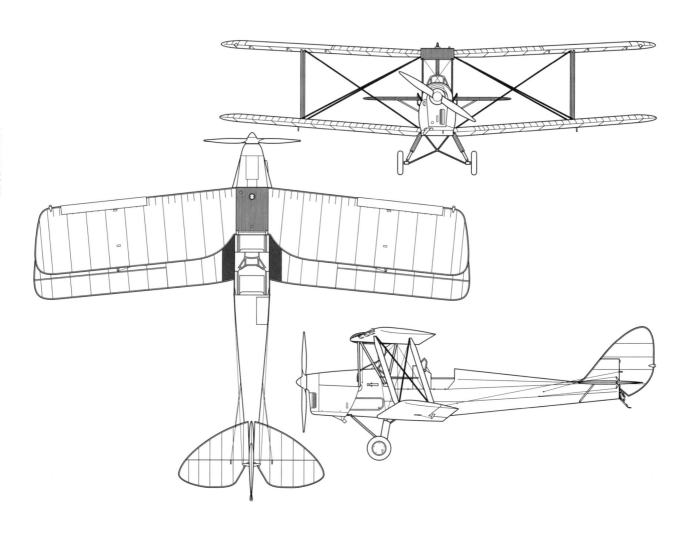

DH.82 "虎蛾" 教練機三視圖

德·哈維蘭 DH.85 "豹蛾"

De Havilland DH.85 Leopard Moth

機　　種：通用飛機

用　　途：運輸 / 聯絡 / 訓練

乘　　員：1+2 人

製 造 廠：德·哈維蘭飛機有限公司 (De Havilland
Aircraft Company Limited)

首　　飛：1933 年

機長 / 翼展 / 機高：7.47/11.43/2.67 米

淨重 / 全重：586/1011 千克

引　　擎：1 台德·哈維蘭 "大吉普賽" 型直列型 4
缸氣冷發動機，120 馬力 (De Havilland
Gipsy Major)

最大速度 / 巡航速度：221/192 千米 / 小時

航　　程：1151 千米

升　　限：6560 米

裝備範圍：偽滿洲國

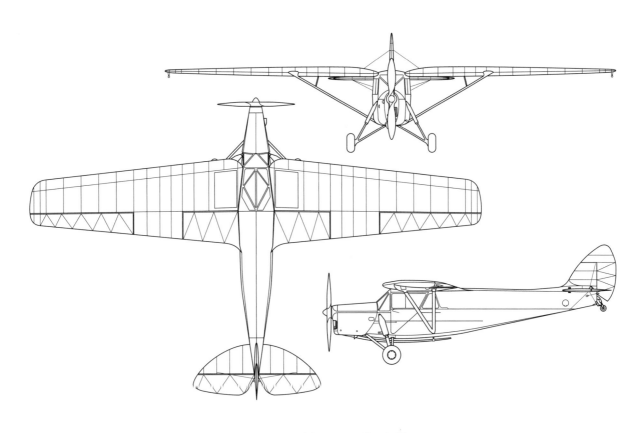

DH.85 "豹蛾" 通用飛機三視圖

簡　史：

　　1933 年 5 月 27 日首飛的 DH.85 是 DH.80 "貓蛾" 的後繼機，曾贏得皇家杯飛行競賽，部分該型飛機在二戰中用於通訊聯絡等任務。1933 年，日本向德·哈維蘭公司購得 1 架 DH.85，後移交滿洲航空公司使用（編號 M-303）。

阿弗羅 594 "飛鳥" IV

Avro 594 Avian IV

機　　種：教練機

用　　途：訓練

乘　　員：2 人

製 造 廠：阿弗羅公司 (A.V. Roe and Company)

首　　飛：1929 年

機長 / 翼展 / 機高：7.39/8.53/2.59 米

淨重/全重：424/651 千克

引　　擎：1 台 A.D.C "捲雲" III 型直列型 4 缸氣冷發動機，95 馬力 (A.D.C Cirrus III)

最大速度：164 千米 / 小時

航　　程：644 千米

升　　限：4300 米

裝備範圍：中國海軍

英國製飛機

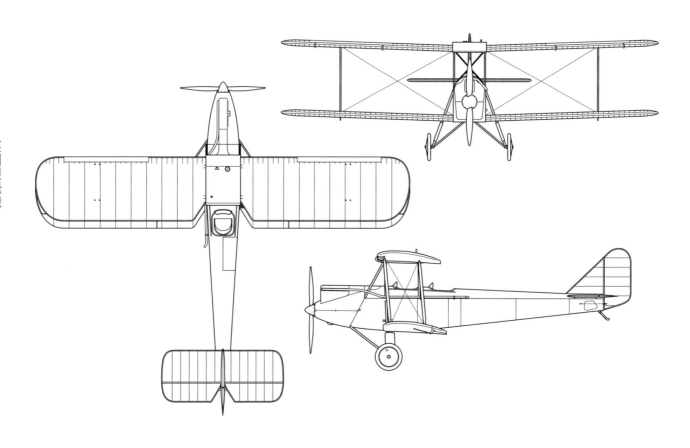

阿弗羅 594 "飛鳥" IV 教練機三視圖

簡　史：

　　阿弗羅 594 以阿弗羅 581"飛鳥"為基礎研發，1929 年投產，有多種亞型。"飛鳥"IV 是該型飛機的最終亞型，也是產量最多的一種，多用於外銷。

　　1929 年初，中國海軍派廈門海軍航空處籌備員陳文麟前往英國購得 4 架"飛鳥"IV（"廈門"、"江鶊"、"江鶿"和"江鷤"號）。其中"廈門"號由陳文麟和丹麥籍飛行員克里斯蒂安·詹森（Christian Johannsen）駕駛，3 月 4 日自英國倫敦起飛，5 月 12 日飛抵廈門，航程超過 1.5 萬千米。陳文麟因此被譽為"成功地完成國際長途飛行的第一個中國人"（南京飛行雜誌社《中國航空沿革》）。此外，廈門海軍航空處還以該型飛機為基礎仿製了教練機"江鵲"。

"廈門"號阿弗羅 594 教練機，前方身穿飛行服的兩人，
左側為陳文麟，右側為克里斯蒂安·詹森。

英國製飛機

229

阿弗羅 616 "飛鳥" IVM

Avro 616 Avian IVM

機　　種： 教練機	**最大速度 / 巡航速度：** 169/145 千米 / 小時
用　　途： 訓練 / 偵察 / 轟炸	**航　　程：** 579 千米
乘　　員： 2 人　　**首　　飛：** 1929 年	**升　　限：** 3800 米
製 造 廠： 阿弗羅公司（A.V. Roe and Company）	**裝備範圍：** 國民政府、中國海軍、廣東、廣西、
機長 / 翼展 / 機高： 7.39/8.53/2.59 米	福建、山東、工農紅軍
淨重 / 全重： 456/691 千克	
引　　擎： 1 台 A.D.C "捲雲競技神" I 型直列型 4	
缸氣冷發動機，105 馬力（A.D.C Cirrus	
Hermes I）	

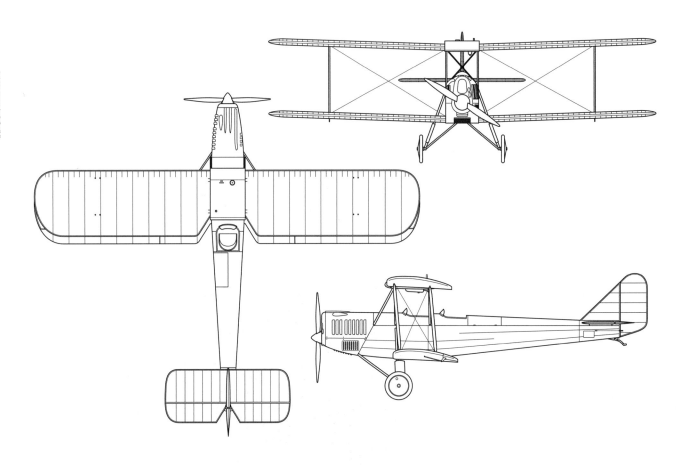

阿弗羅 616 "飛鳥" IVM 教練機三視圖

簡　史：

　　阿弗羅 616 是阿弗羅 594 的發展型，特點是機身改為易於維護的金屬結構，是 "飛鳥" 系列教練機中產量最多的一型。

　　受到 1929 年陳文麟駕駛阿弗羅 594 成功進行國際長途飛行的影響，"飛鳥" IVM 在中國頗為暢銷。1930 年，廣東當局通過遠東航空公司購得 3 架該型飛機，次年 7 月又增購 3 架，廣東飛機修理廠還以該型飛機為基礎仿製了 "羊城" 70-73 號。截至 "兩廣事變" 前，廣東空軍共有大約 25 架該型飛機，後併入國民政府空軍。1932 年，福建航空隊通過遠東航空公司購得 6 架 "飛鳥" IVM 和配套的機槍架，曾參與地方軍閥混戰和圍剿紅軍。1932 年 19 路軍移駐福建時接收了福建航空隊，通過遠東航空公司再次購得 6 架該型飛機（一說為 4 架）。"福建事變" 期間，除 3 架 "飛鳥" IVM 飛往廣東外，其餘飛機均被國民政府空軍炸毀。廈門海軍航空處於 1932 年購得 3 架該型飛機用於訓練。1933 年，廣西當局通過遠東航空公司購得 12 架 "飛鳥" IVM（一說為 6 架），用來訓練和作為仿製樣本機，廣西機械製造廠仿製了 15 架該型飛機和 1 架只有上單翼的 "廣西 -1" 號。抗戰爆發後，廣西空軍的 "飛鳥" IVM 併入國民政府空軍，1939 年毀於空襲。1933 年 5 月，遠東航空公司將 1 架 "飛鳥" IVM 先後送至上海、開封展銷，該機先是被杜月笙買下贈與自德國長途飛行返國的孫桐崗，命名為 "月輝" 號，機身兩側漆有 "鵬程萬里" 字樣，後被孫桐崗捐獻給山東當局。

　　1932 年 4 月 20 日，中國共產黨領導的工農紅軍在漳州橋南機場俘獲 1 架阿弗羅 616（一說為 2 架，其中 1 架不能飛），經修理後運至瑞金，命名為 "馬克思" 號，是紅軍裝備的第 2 架飛機。該機由一名學習過飛行的紅軍幹部駕駛，曾前往漳州拋撒傳單，並轟炸當地國民黨駐軍。但由於缺乏備件，該機不久後就無法使用，最終被紅軍銷毀。

廣西空軍的阿弗羅 616 教練機

紅軍繳獲的阿弗羅 616 教練機，
機前左為林彪，右為聶榮臻。

阿弗羅 621"導師"
Avro 621 Tutor

機　　種：教練機

用　　途：訓練

乘　　員：2 人

製 造 廠：阿弗羅公司 (A.V. Roe and Company)

首　　飛：1929 年

機長 / 翼展 / 機高：8.08/10.36/2.92 米

淨重 / 全重：836/1131 千克

引　　擎：1 台阿姆斯特朗・西德利"山貓"型
星型 7 缸氣冷發動機，215 馬力
(Armstrong Siddeley Lynx)

最大速度 / 巡航速度：193/156 千米 / 小時

航　　程：402 千米

升　　限：4877 米

裝備範圍：國民政府、廣西、（東北）

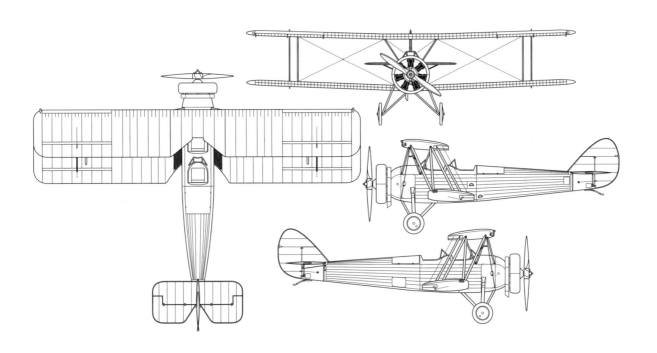

阿弗羅 621"導師"教練機四視圖

簡　史：

　　1930 年投產的阿弗羅 621 是阿弗羅 504N 的後繼機，具有結構簡單堅固、飛行性能良好、操縱性能出色等特點，主要供英國皇家空軍使用。

　　1931 年 4 月，東北當局通過遠東航空公司訂購一批飛機和配套的炸彈架、全景式照相機、機槍架、7.7 毫米劉易斯機槍，其中就包括 5 架阿弗羅 621，後因"九・一八事變"爆發，東北淪陷而未能交付。1932 年，廣西當局通過遠東航空公司購得 1 架阿弗羅 621 用於訓練（一說為 5 架），抗戰爆發後被國民政府空軍接收。

阿弗羅 624 "六"

Avro 624 Six

機　　種：客機

用　　途：轟炸 / 訓練 / 運輸

乘　　員：2+6 人

製 造 廠：阿弗羅公司 (A.V. Roe and Company)

首　　飛：1930 年

機長 / 翼展 / 機高：10.97/15.54/2.9 米

淨重 / 全重：1387/2268 千克

引　　擎：3 台阿姆斯特朗・西德利 "大香貓" 型星型 5 缸氣冷發動機，每台 105 馬力 (Armstrong Siddeley Genet Major)

最大速度 / 巡航速度：182/153 千米 / 小時

航　　程：644 千米

升　　限：4267 米

裝備範圍：福建

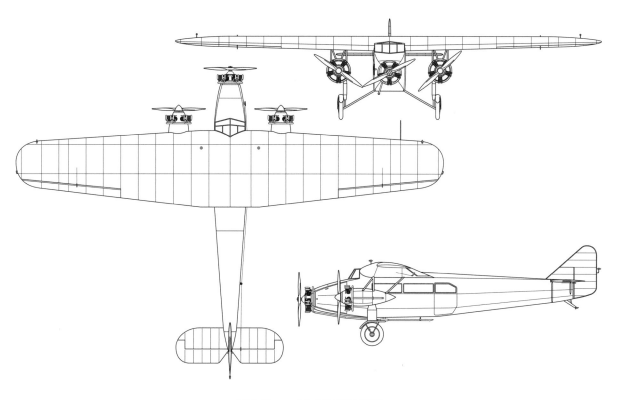

阿弗羅 624 "六" 客機三視圖

英國製飛機

簡　史：

　　該型飛機是以阿弗羅 618 "十" 為基礎研發，設計時非常注重乘坐舒適性，艙內裝飾豪華，配備有雙套控制系統。

　　1932 年 1 月，福建第 49 師師長張貞通過遠東航空公司購得 2 架阿弗羅 624 和配套的環形槍架，充作轟炸機供福建航空隊訓練。1933 年 6 月，第 49 師被第 19 路軍收編，2 架該型飛機隨福建航空隊併入駐閩綏靖公署航空隊，其中 1 架於 7 月 14 日墜毀。

阿弗羅 626 "高級訓練者"
Avro 626 Advanced Trainer

機　　種：教練機

用　　途：訓練

乘　　員：2 人

製 造 廠：阿弗羅公司（A.V. Roe and Company）

首　　飛：1930 年

機長 / 翼展 / 機高：8.08/10.36/2.92 米

淨重/全重：801/1247 千克

引　　擎：1 台阿姆斯特朗・西德利 "山貓" IVC
型星型 7 缸氣冷發動機，240 馬力
（Armstrong Siddeley Lynx IVC）

最大速度 / 巡航速度：180/153 千米 / 小時

航　　程：386 千米

升　　限：4511 米

裝備範圍：國民政府、福建、廣西、（東北）

英國製飛機

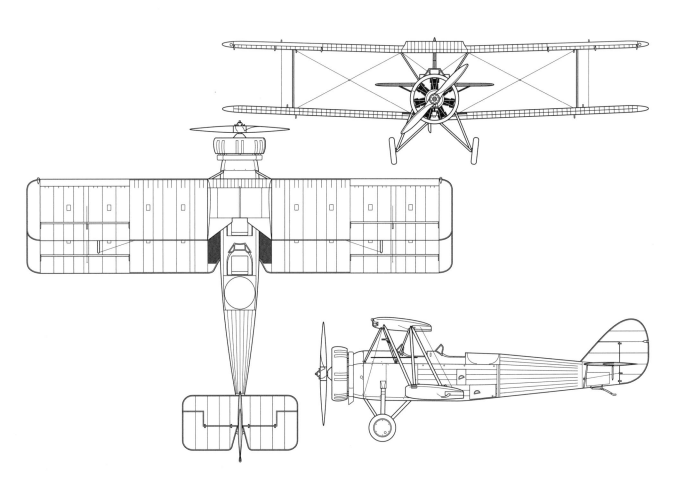

阿弗羅 626 "高級訓練者" 教練機三視圖

簡　史：

　　阿弗羅 626 以阿弗羅 621 為基礎研發，1930 年投產，主要面向空軍規模較小的國家和地區出口，因此注重多功能性，可執行多種訓練或低強度作戰任務。

　　1931 年 4 月，東北當局通過遠東航空公司訂購一批飛機和配套裝備，其中包括 5 架該型飛機，9 月運抵上海，後因"九‧一八事變"爆發而未能交付。1932 年，福建第 49 師師長張貞通過遠東航空公司購得 4 架阿弗羅 626 和配套的環形槍架，其後又增購 2 架，1933 年全部交付；其中 3 架該型飛機後被 19 路軍接收，"福建事變"期間毀於空襲。1932 年，廣西當局通過遠東航空公司購得 2 架阿弗羅 626，並以此為藍本仿製了 2 到 6 架，抗戰爆發後悉數併入國民政府空軍。

福建空軍的阿弗羅 626 教練機

英國製飛機

阿弗羅 631 "軍校學員"

Avro 631 Cadet

機　　種：教練機

用　　途：訓練

乘　　員：2 人

製　造　廠：阿弗羅公司（A.V. Roe and Company）

首　　飛：1931 年

機長 / 翼展 / 機高：7.54/9.14/2.66 米

淨重 / 全重：535/862 千克

引　　擎：1 台阿姆斯特朗 A 西德利 "大香貓" I 型星型 7 缸氣冷發動機，135 馬力（Armstrong Siddeley Genet Major I）

最大速度 / 巡航速度：190/161 千米 / 小時

航　　程：563 千米

升　　限：3962 米

裝備範圍：國民政府、廣西

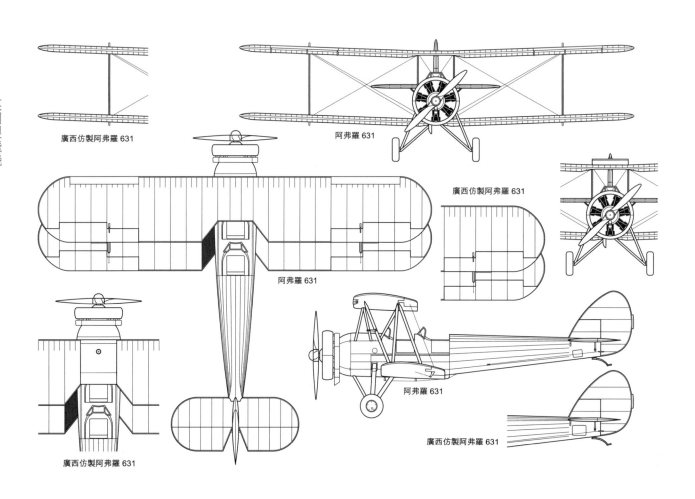

廣西仿製阿弗羅 631

阿弗羅 631

廣西仿製阿弗羅 631

阿弗羅 631

廣西仿製阿弗羅 631

阿弗羅 631

廣西仿製阿弗羅 631

阿弗羅 631 "軍校學員" 教練機三視圖

簡　史：

　　阿弗羅 631 研發於 1930 年代初，設計目的是開拓民用市場，其使用成本相較其母型阿弗羅 621 有所降低，但相較同時期同類飛機仍過高，且機翼無法折疊，競爭力較弱，故其用戶仍多為軍方或飛行學校。

　　1934 年，廣西當局通過遠東航空公司購得 1 架該型飛機作為仿製樣本。廣西機械製造廠在其基礎上共仿製 8 架（一說為 5 架），仿製的飛機取消前緣襟翼，油箱安裝於上翼中央，尾翼下方的維修艙門擴大。這批飛機主要供廣西航校用於訓練，抗戰爆發後被國民政府空軍接收，1939 年毀於空襲。

廣西仿製的阿弗羅 631 教練機

阿弗羅 637
Avro 637

機　　種：偵察/轟炸機

用　　途：訓練/偵察/巡邏/轟炸

乘　　員：2 人

製 造 廠：阿弗羅公司（A.V. Roe and Company）

機長/翼展：8.3/10.97 米

武　　備：1 挺固定式 7.7 毫米機槍（機首右側），
　　　　　1 挺可旋轉 7.7 毫米機槍（後座），輕型
　　　　　炸彈

引　　擎：1 台阿姆斯特朗·西德利"獵豹"V
型星型 7 缸氣冷發動機，260 馬力
（Armstrong Siddeley Cheetah V）或 1 台
阿姆斯特朗·西德利"大山貓"型星型
7 缸氣冷發動機，260 馬力（Armstrong
Siddeley Lynx Major）

裝備範圍：國民政府、廣西

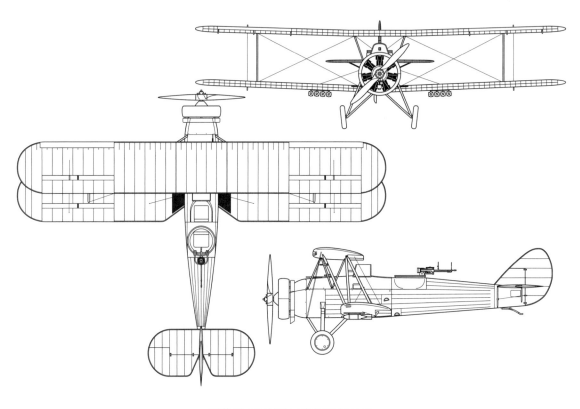

阿弗羅 637 偵察/轟炸機三視圖

英國製飛機

簡　史：

　　阿弗羅 637 是以阿弗羅 626 為基礎研發的武裝型，其翼展擴大，翼尖改為圓形，取消上翼油箱，前部駕駛艙增加半封閉式座艙蓋，並安裝瞄準具。該型飛機僅製造 8 架，全部外銷中國。

　　1933—1934 年，廣西當局通過遠東航空公司購得全部 8 架阿弗羅 637，抗戰爆發後，尚可使用的該型飛機併入國民政府空軍。據稱，1933 年福建當局也通過遠東航空公司訂購 3 架該機，但沒有資料證實。

阿弗羅 637 偵察 / 轟炸機

阿弗羅 671
Avro 671

機　　種： 旋翼機　　**用　　途：** 訓練

乘　　員： 2 人　　**首　　飛：** 1932 年

製 造 廠： 阿弗羅公司 (A.V. Roe and Company)

機長 / 主旋翼直徑 / 機高： 6/11.28/3.38 米

淨重/全重： 553/816 千克

引　　擎： 1 台阿姆斯特朗・西德利 "大香貓" IA
型星型 7 缸氣冷發動機，140 馬力
(Armstrong Siddeley Genet Major IA)

最大速度 / 巡航速度： 177/153 千米 / 小時

航　　程： 459 千米

升　　限： 2500 米

裝備範圍： 國民政府

阿弗羅 671 旋翼機

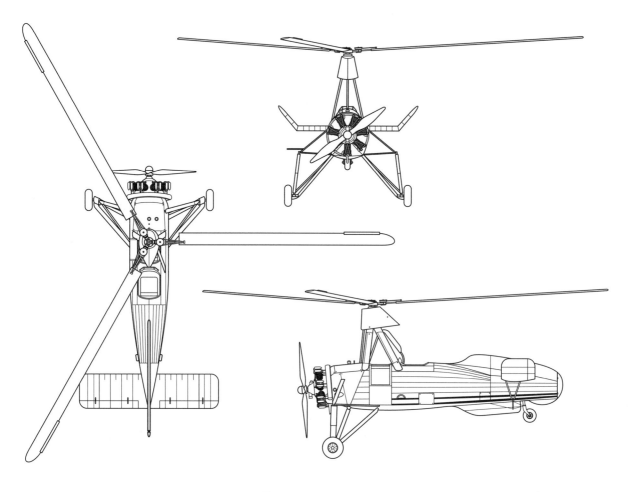

阿弗羅 671 旋翼機三視圖

簡　史：

　　阿弗羅 671 是阿弗羅公司在席爾瓦 C.30 基礎上仿製的型號。席爾瓦 C.30 是西班牙飛機設計師胡安・德拉・席爾瓦（Juan de la Cierva）研發的旋翼機，裝有雙套控制系統，具有旋翼可折疊、飛行性能平穩、可短距起降等特點。

　　1935 年 5 月，遠東航空公司將 1 架阿弗羅 671 送至中國展銷並在多地飛行表演。在張學良建議下，航空委員會買下該機並將其編配於南昌機場評估測試，後移交杭州筧橋航校用於教學訓練。

布萊克本 F.2 林考克 III

Blackburn F.2 Lincock III

機　　種：戰鬥機

用　　途：戰鬥 / 訓練

乘　　員：1 人　　首　　飛：1929 年

製 造 廠：布萊克本飛機有限公司（Blackburn Aircraft Limited）

機長 / 翼展 / 機高：5.94/6.86/2.38 米

淨重 / 全重：590/907 千克

引　　擎：1 台阿姆斯特朗・西德利 "大山貓" 型星型 7 缸氣冷發動機，250 馬力（Armstrong Siddeley Lynx Major）

最大速度 / 巡航速度：264/210 千米 / 小時

航　　程：612 千米

升　　限：7010 米

武　　備：2 挺固定式 7.7 毫米維克斯機槍（機首兩側）

裝備範圍：國民政府、湖南

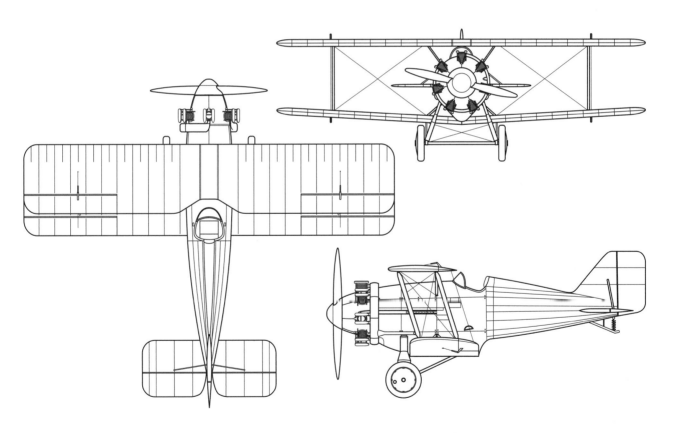

F.2 林考克 III 戰鬥機三視圖

英國製飛機

國民政府空軍第 6 隊的 610 號林考克 III 戰鬥機，
左後方為道格拉斯 O-2MC。

簡　史：

F.2 林考克研發於 1920 年代末，被設計為專供出口使用，具有良好的機動性能。林考克 III 是其最終改型，共製造 5 架，中國、日本各購得 2 架。

1930 年 3 月 10 日，張學良與安利洋行（Arnhold & Co.）簽訂合同，將 1 架林考克 III 運至東北展銷。該機於同年秋季運至奉天並飛行表演，但東北當局並未購買，後售予日本。同年 10 月，湖南當局通過安利洋行購得 2 架該型飛機，12 月運往中國，次年 5 月捐獻給國民政府，編入第 6 隊供筧橋航校訓練使用。1932 年 "一・二八事變" 期間，該型飛機多次參戰，用於護航、攔截等任務。2 月 5 日，2 架林考克 III 和 2 架 O2U-1D 在攔截 6 架日機的戰鬥中，擊傷 1 架日機，朱達先駕駛的林考克 III 在空戰中受損迫降。2 月 6 日中午，黃毓銓駕駛朱達先的林考克 III 起飛迎戰來襲日機，由於該機在此前戰鬥中操作系統受損，起飛後失事墜毀，黃毓銓犧牲。

阿姆斯特朗·惠特沃斯 A.W.16
Armstrong Whitworth A.W.16

機　種：戰鬥機

用　途：戰鬥 / 訓練

乘　員：1 人

製造廠：W·G· 阿姆斯特朗·惠特沃斯飛機公
司 (Sir W. G. Armstrong Whitworth Aircraft
Company)

首　飛：1930 年

機長 / 翼展 / 機高：7.62/10.06/3.5 米

淨重/全重：1268/1845 千克

引　擎：1 台阿姆斯特朗·西德利 "豹" IIIA
型星型 14 缸氣冷發動機，500 馬力
(Armstrong Siddeley Panther IIIA)

最大速度 / 巡航速度：327/279 千米 / 小時

航　程：435 千米

升　限：8732 米

武　備：2 挺固定式 7.7 毫米維克斯機槍 (機
首)，輕型炸彈 4 枚

裝備範圍：國民政府、廣東、廣西

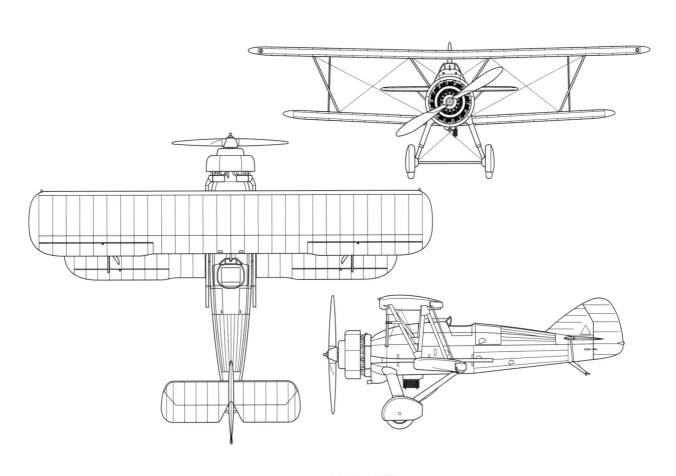

A.W.16 戰鬥機三視圖

英國製飛機

243

簡　史：

　　A.W.16 是阿姆斯特朗・惠特沃斯公司根據英國航空部 F9/26 規範研發，首飛時由於 F9/26 規範已過時，且發動機存在問題，因此未獲英軍訂單，僅中國購買了該型飛機。

　　1931 年，廣東當局通過遠東航空公司購得 6 架 A.W.16，次年 2 月前全部交付。1932 年廣東當局再次購得 2 架，這 8 架飛機編入廣東空軍第 1 隊服役。1936 年 "兩廣事變" 後併入國民政府空軍，因機型過時移交中央航校作為高級教練機使用。廣西當局於 1932 年通過遠東航空公司購得 3 架該型飛機，編入廣西飛機混成第 1 隊服役（一說廣東廣西各購得了 6 架該機），抗戰爆發後併入國民政府空軍供訓練使用。1932 年，國民政府發起獻機報國運動，河南省政府主席劉峙於 9 月通過遠東航空公司購得 3 架 A.W.16，次年增購 2 架，於 1933 年 5 月 28 日全數捐獻給國民政府。1933 年 5 月，遠東航空公司將 1 架 A.W.16 運至香港，曾在大英帝國博覽會上公開展銷，不久後售予國民政府。

英國製飛機

廣西空軍裝備的 A.W.16 戰鬥機

阿姆斯特朗・惠特沃斯"阿特拉斯"II
Armstrong Whitworth Atlas II

機　　種：協同機

用　　途：偵察 / 轟炸 / 戰鬥 / 訓練

乘　　員：2 人

製 造 廠：W•G• 阿姆斯特朗・惠特沃斯飛機公
司（Sir W. G. Armstrong Whitworth Aircraft
Company）

首　　飛：1931 年

機長 / 翼展 / 機高：8.84/12.24/3.28 米

淨重/全重：1419/2245 千克

引　　擎：1 台阿姆斯特朗・西德利"豹"IIA 型
星型 14 缸氣冷發動機，525 馬力
（Armstrong Siddeley Panther IIA）

最大速度：249 千米 / 小時

航　　程：772 千米

升　　限：5547 米

武　　備：1 挺固定式 7.7 毫米維克斯機槍（機
首），1 挺可旋轉 7.7 毫米劉易斯機
槍（後座），41 千克炸彈 4 枚

裝備範圍：國民政府、廣東、廣西、福建

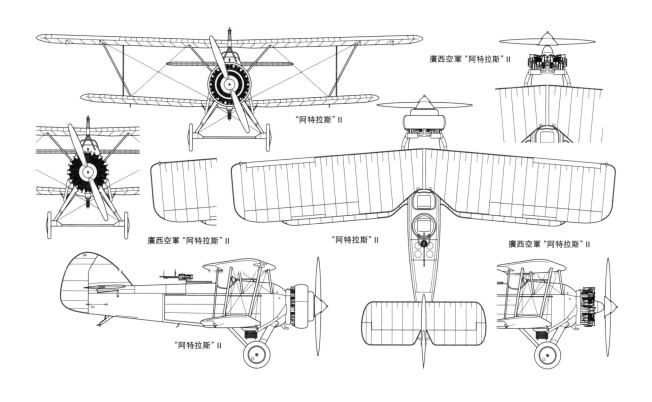

廣西空軍"阿特拉斯"II

"阿特拉斯"II

廣西空軍"阿特拉斯"II

"阿特拉斯"II

廣西空軍"阿特拉斯"II

"阿特拉斯"II

"阿特拉斯"II 協同機三視圖

英國製飛機

簡　史：

　　"阿特拉斯"是英國皇家空軍第一種專門用於支援陸軍作戰的協同機，1925 年首飛，可執行多種軍用任務，深受英軍歡迎，"阿特拉斯"II 是 1931 年推出的改良型，飛行性能提升。

　　1931 年，廣東當局通過遠東航空公司購得 6 架"阿特拉斯"II，次年 3 月交付。廣東空軍對這些飛機非常滿意，1932 年增購 3 架，編入廣東空軍第 4 隊服役，"兩廣事變"後，尚可使用的 4 架併入國民政府空軍。廣西當局於 1932 年購得 3 架該型飛機，編入廣西飛機混成第 1 隊服役，並拆除前緣襟翼和雙層湯尼式整流罩，抗戰爆發後併入國民政府空軍。1938 年日軍空襲南寧時，該型飛機曾起飛迎戰，但雙方並未遭遇。福建當局於 1933 年通過遠東航空公司購得 1 架"阿特拉斯"II（一說為 1931 年購得 2 架）。1934 年，遠東航空公司將 2 架該機運往中國，可能售予國民政府。

廣東空軍第 4 隊的"阿特拉斯"II，前方為 1 架"羊城達機"。

英國製飛機

韋斯特蘭 "麋鹿" IV/VIII
Westland Wapiti IV/VIII

機　　種： 偵察 / 轟炸機

用　　途： 偵察 / 轟炸 / 訓練

乘　　員： 2 人

製 造 廠： 韋斯特蘭飛機公司 (Westland Aircraft)

首　　飛： 1927 年

機長 / 翼展 / 機高： 10.42/14.15/3.96 米

淨重 / 全重： 1433/2450 千克

最大速度 / 巡航速度： 218/177 千米 / 小時 ("麋鹿" IV)，224/178 千米 / 小時 ("麋鹿" VIII)

航　　程： 804 千米

升　　限： 5550 米 ("麋鹿" IV)，6300 米 ("麋鹿" VIII)

引　　擎： 1 台阿姆斯特朗·西德利 "美洲虎" VIC 型星型 14 缸氣冷發動機，470 馬力 (Armstrong Siddeley Jaguar VIC) ("麋鹿" IV)；1 台阿姆斯特朗·西德利 "豹" IIA 型星型 14 缸氣冷發動機，525 馬力 (Armstrong Siddeley Panther IIA) ("麋鹿" VIII)

武　　備： 1 挺固定式 7.7 毫米維克斯機槍 (前座左側)，1 挺可旋轉 7.7 毫米劉易斯機槍 (後座)，227 千克炸彈

裝備範圍： 國民政府、廣西

英國製飛機

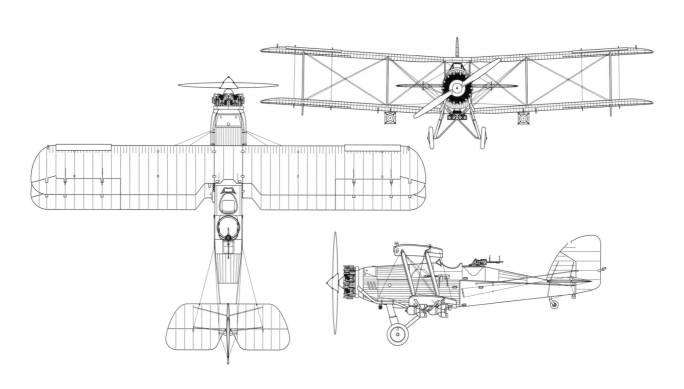

"麋鹿" VIII 偵察 / 轟炸機三視圖

簡　史：

　　"麋鹿"研發於 1920 年代後期，用於取代服役多年的 DH.9A，具有多種亞型。"麋鹿"IV 是專供出口西班牙的型號，機身長度增加，起落架為分隔式，尾橇改為尾輪。"麋鹿"VIII 是專供出口中國的型號，同樣採用長機身設計，換裝"豹"IIA 型發動機，共製造 4 架。

　　1931 年，遠東航空公司將 1 架"麋鹿"IV 送至奉天、南京展銷，但未售出。次年該機與 3 架"麋鹿"VIII 被廣西當局購得，編入廣西飛機混成第 1 隊服役。該型飛機曾用於協同陸軍剿除土匪和追擊紅軍的作戰任務，抗戰爆發後併入國民政府空軍，後移交中央航校柳州分校訓練使用，1941 年退役。

"麋鹿"VIII 偵察 / 轟炸機

桑德斯 - 羅伊 A.17 "卡蒂薩克"

Saunders-Roe A.17 Cutty Sark

機　　種：水陸兩棲客機
用　　途：運輸
乘　　員：1+3 人
製　造　廠：桑德斯 - 羅伊有限公司（Saunders-Roe Limited）
首　　飛：1929 年
機長 / 翼展 / 機高：10.46/13.72/3.4 米

淨重/全重：1239/1770 千克
引　　擎：2 台阿姆斯特朗·西德利 "大香貓" I 型星型 7 缸氣冷發動機，每台 135 馬力（Armstrong Siddeley Genet Major I）
最大速度 / 巡航速度：172/145 千米 / 小時
航　　程：507 千米　　升　　限：2740 米
裝備範圍：廣西

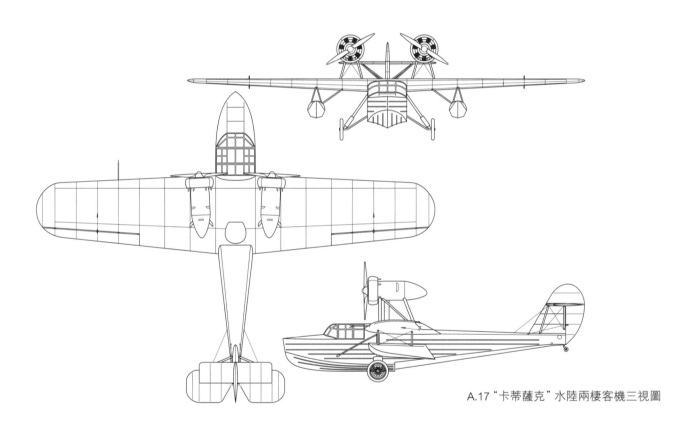

A.17 "卡蒂薩克" 水陸兩棲客機三視圖

簡　　史：

　　A.17 是英國第 1 架金屬結構的水陸兩棲客機，飛行性能優良。1932 年 4 月，廣西當局通過香港東方航空公司購得 2 架 A.17，同年 4 月運往香港，其中 1 架於 6 月 2 日在香港註冊（VR-HAY），並於當月將 1 位受傷的廣西飛行員從南寧送往香港救治，9 月再次執行救護飛行任務。11 月 15 日，該機飛往南寧交付，但被廣西當局以受損為由拒收，後被香港飛行俱樂部收購。另 1 架 A.17 則一直存放於香港啟德，後運回英國。

飛機製造有限公司 DH.9
Airco DH.9

機　　　種：偵察 / 轟炸機

乘　　　員：2 人　　　首　　飛：1917 年

製　造　廠：飛機製造有限公司 (The Aircraft Manufacturing Company Limited / Airco)

機長 / 翼展 / 機高：9.27/12.92/3.44 米

淨重/全重：1012/1508 千克

最大速度 / 巡航速度：178/154 千米 / 小時

引　　　擎：1 台西德利 - 迪希 "美洲獅" 型直列型 6 缸液冷發動機，230 馬力 (Siddeley-Deasy Puma)

升　　　限：4725 米

武　　　備：1 挺固定式 7.7 毫米維克斯機槍 (前座左側)，2 挺可旋轉 7.7 毫米劉易斯機槍 (後座)，209 千克炸彈

裝備範圍：海南

英國製飛機

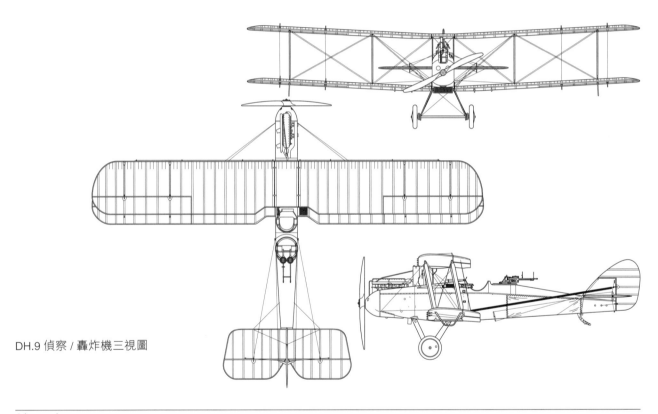

DH.9 偵察 / 轟炸機三視圖

簡　史：

　　DH.9 由著名飛機設計師傑弗瑞・德・哈維蘭 (Geoffrey de Havilland) 以 DH.4 為基礎研發，是著名的 DH.9A 的前身，一戰後期在多個戰區廣泛使用。

　　1932 年寧粵合作後，以汪精衛、孫科等人為首的廣東國民政府撤銷，成立西南政務委員會，並將麾下的空軍、海軍總司令部撤銷，空軍司令張惠長被解職。海軍司令陳策聯合張惠長前往海南另組海軍、空軍總司令部。同年，張惠長通過香港遠東航空公司 (Far East Aviation Company) 購得 1 架老舊的 DH.9，具體狀況不詳。

費爾雷 "狐狸" IV
Fairey Fox IV

機　　種：戰鬥 / 偵察機

用　　途：偵察　　乘　　員：2 人

製 造 廠：費爾雷航空有限公司（Fairey Aviation Company Limited）

首　　飛：1933 年

機長 / 翼展 / 機高：9.5/11.58/3.05 米

淨　　重：1450 千克

最大速度：304 千米 / 小時

航　　程：900 千米　　升　　限：9500 米

引　　擎：1 台勞斯 - 萊斯 "紅隼" II MS 型 V 型 12 缸液冷發動機，525 馬力（Rolls-Royce Kestrel II MS）

武　　備：2 挺固定式 7.62 毫米 FN 勃朗寧機槍（機首），1 挺可旋轉 7.62 毫米 FN 勃朗寧機槍（後座）

裝備範圍：廣東

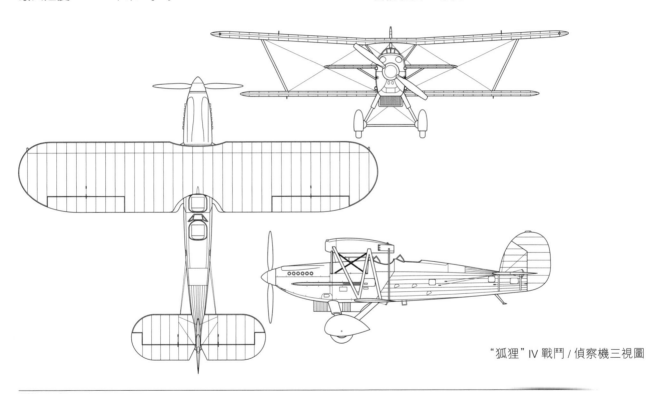

"狐狸" IV 戰鬥 / 偵察機三視圖

英國製飛機

簡　史：

"狐狸" 是費爾雷公司於 1920 年代研製的偵察 / 轟炸機，具有多種亞型，其中以 "狐狸" IV 命名的亞型共有 3 種：在 "狐狸" II 基礎上換裝希斯巴諾 - 蘇莎型發動機的型號、用於出口秘魯的水機型號、用於展銷的 "狐狸" III 的重命名型號。中國購得的 "狐狸" IV 為後者。

1934 年，飛機（中國）有限公司 [Aircraft (China) Ltd] 將 1 架 "狐狸" IV 運往中國展銷，同年 4 月運抵香港，後在多地飛行表演，1935 年 2 月後售予廣東。1936 年 7 月 18 日，"兩廣事變" 後廣東空軍北飛時，在信號旗一再催促下，該機在液冷發動機未充分預熱的情況下強行起飛，加之超員乘坐，隨即因發動機功率不足墜毀，機上 3 人遇難。

空速 AS.6 J "使者"
Airspeed AS.6 J Envoy

機　　種：客機

用　　途：要人專機 / 運輸

乘　　員：1+8 人

製 造 廠：空速有限公司 (Airspeed Limited)

首　　飛：1934 年

機長 / 翼展 / 機高：10.52/15.95/2.9 米

淨重 / 全重：1840/2858 千克

引　　擎：2 台阿姆斯特朗・西德利 "獵豹" IX 型
星型 7 缸氣冷發動機，每台 350 馬力
(Armstrong Siddeley Cheetah IX)

最大速度 / 巡航速度：338/289 千米 / 小時

航　　程：1046 千米

升　　限：6858 米

裝備範圍：國民政府、廣西

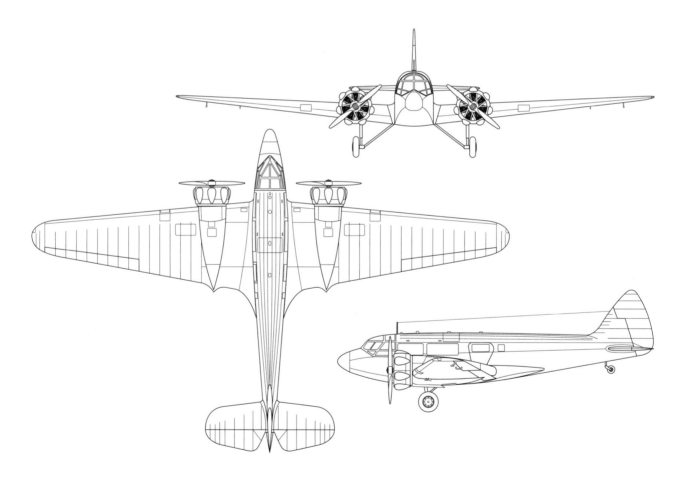

AS.6J "使者" 客機三視圖

簡　史：

　　AS.6 以 AS.5 "信使" 型單發客機為基礎研發，飛行平穩，性價比高，頗受小型航空公司的歡迎。AS.6 J 是換裝 "獵豹" IX 型發動機的亞型。

　　1936 年，廣西當局通過遠東航空公司購得 1 架 AS.6 J，次年 2 月交付。由於該機使用狀況良好，廣西當局於 1937 年增購 1 架 AS.6 J（"廣西" 號）作為李宗仁專機使用，7 月 7 日交付。1937 年 12 月 18 日，"廣西" 號搭載高級將領前往武漢參加軍事會議時，因天氣惡劣在武漢附近撞山墜毀。

AS.6J "使者" 客機

英國製飛機

福克-沃爾夫 S 24a "田鳧"

Focke-Wulf S 24a Kiebitz

機　　種：運動／教練機

用　　途：訓練

乘　　員：2 人　　　首　飛：1928 年

製　造　廠：福克 - 沃爾夫飛機製造公司（Focke-
Wulf Flugzeugbau AG）

機長／翼展／機高：6.25/8.9/2.25 米

淨重／全重：365/585 千克

引　　擎：1 台沃爾特 NZ-60 型星型 5 缸氣冷
發動機，75 馬力（Walter NZ-60）

最大速度／巡航速度：150/130 千米／小時

升　　限：3500 米

裝備範圍：國民政府

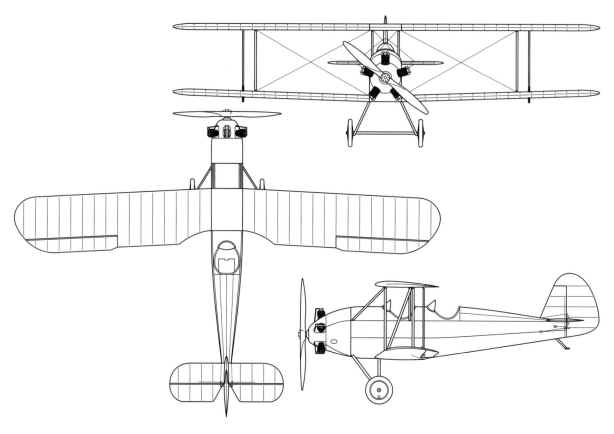

S 24a "田鳧" 運動／教練機三視圖

簡　史：

　　S 24a 是 S 24 型教練機的改良型，換裝 SH 4 型發動機，具有結構堅固、易於操控、飛行平穩、
安全性好等特點。

　　1928 年 12 月，國民政府通過禪臣洋行購得 20 架安裝沃爾特 NZ-60 型發動機的 S 24a（其中 3 架
命名為 "三藩市" 號），分兩批於次年 4 月交付，供中央陸軍軍官學校航空班訓練使用。

福克 - 沃爾夫 Fw 44F/Fw 44J "金翅雀"

Focke-Wulf Fw 44F/Fw 44J Stieglitz

機　　種：運動 / 教練機

用　　途：訓練 / 作戰

乘　　員：2 人

製 造 廠：福克 - 沃爾夫飛機製造公司 (Focke-Wulf Flugzeugbau AG)

首　　飛：1932 年

機長 / 翼展 / 機高：7.28/9/2.72 米

淨重 / 全重：560/900 千克

引　　擎：1 台西門子 - 哈斯基 SH 14 型星型 7 缸氣冷發動機，150 馬力 (Siemens-Halske SH 14)

最大速度 / 巡航速度：188/172 千米 / 小時

航　　程：540 千米

升　　限：4400 米

裝備範圍：國民政府、廣東

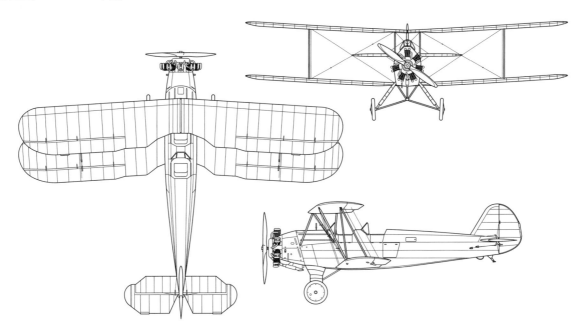

Fw 44J "金翅雀" 運動 / 教練機三視圖

德國製飛機

簡　史：

　　Fw 44 是福克 - 沃爾夫公司研發的飛機中，知名度僅次於 Fw 190 的飛機。該型飛機具有結構堅固耐用、飛行性能出色等特點，廣受歡迎。Fw 44F 是其換裝 SH 14 發動機的改良型。Fw 44J 是該型飛機的最終改型，也是產量最多的亞型，採用 SH 14A 或 SH 14A-4 型發動機。

　　1935 年 3 月，廣東當局通過保庇洋行 (F Feld & Co.) 購得 3 架 Fw 44F，6 月底交付。由於該型飛機使用狀況良好，同年 7 月廣東當局增購 6 架供廣東航校使用。1936 年 2 月，廣東當局再次購得 3 架 Fw 44F 和 7 架 Fw 44J，這 10 架飛機分別於同年 4、5 月運往中國。同年的 "兩廣事變" 後，這批飛機併入國民政府空軍，並於抗戰初期參戰，直到消耗殆盡。

福克 - 沃爾夫 Fw 58K-3 "渭河"
Focke-Wulf Fw 58K-3 Weihe

機　　種： 通用飛機

用　　途： 訓練

乘　　員： 4 人

製 造 廠： 福克 - 沃爾夫飛機製造公司 (Focke-Wulf Flugzeugbau AG)

首　　飛： 1935 年

機長 / 翼展 / 機高： 14/21/4.3 米

淨重 / 全重： 1900/2810 千克

引　　擎： 2 台阿格斯 As 10 型 V 型 8 缸氣冷發動機，每台 240 馬力 (Argus As 10)

最大速度 / 巡航速度： 256/238 千米 / 小時

航　　程： 676 千米

升　　限： 5400 米

武　　備： 2 挺可旋轉 7.92 毫米 MG 15 機槍（機首、機背）

裝備範圍： 國民政府、廣東

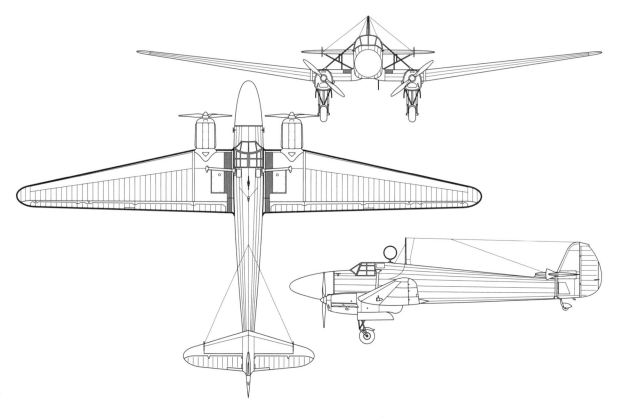

Fw 58K-3 "渭河" 通用飛機三視圖

簡　史：

　　Fw 58 是福克 - 沃爾夫公司研發的第一種雙發飛機，外形流線美觀，飛行平穩，易於操控，用途廣泛，可執行多種軍事、民用任務。Fw 58K-3 是用於出口中國的亞型，僅製造 1 架。該機於 1935 年 9 月被廣東當局通過保庇洋行購得，11 月 16 日運往中國，"兩廣事變" 後併入國民政府空軍。

德國製飛機

容克 W 33
Junkers W 33

機　　種： 運輸機

用　　途： 偵察 / 運輸 / 航空測量

乘　　員： 2-3 人

製　造　廠： 容克飛機與發動機製造公司（Junkers
Flugzeug-und Motorenwerke AG）

首　　飛： 1926 年

機長 / 翼展 / 機高： 10.5/17.75/3.53 米

淨重 / 全重： 1220/2500 千克

引　　擎： 1 台容克 L5 型直列型 6 缸液冷發動
機，310 馬力 (Junkers L5)

最大速度 / 巡航速度： 180/150 千米 / 小時

航　　程： 1000 千米

升　　限： 4300 米

裝備範圍： 國民政府、河南、（山西）

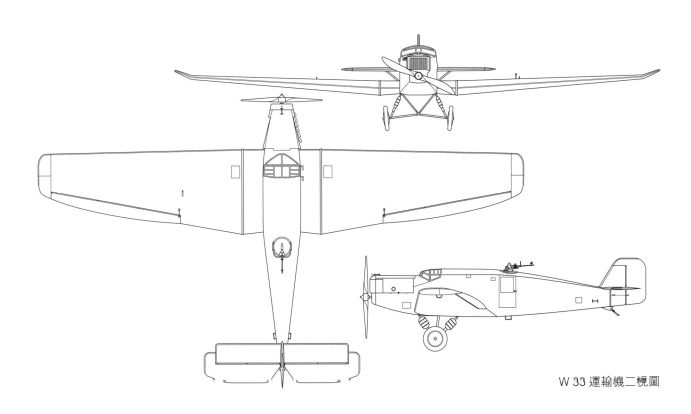

W 33 運輸機二視圖

加裝機槍的河南空軍容克 W 33 運輸機

簡　史：

　　1926 年首飛的 W 33 是著名的 F 13 的後繼機，實質上是 F 13 的現代化型號，曾創造多項飛行記錄，部分該型飛機直到 1952 年仍在服役。

　　1929 年，馮玉祥主政河南期間，以洛陽航校名義通過德商禪臣洋行（Siemssen & Co.）購得 3 架 W 33。第 1 架於 1929 年 4 月運抵上海，組裝測試後飛往河南交付。該機在中原大戰期間多次執行偵察任務，曾被國民政府空軍的 O2U-1D 擊傷，迫降於蘭封縣，是中國航空史上首架在空戰中被擊落的飛機；該機被修復後不久即投奔國民政府空軍。在中原大戰爆發前，禪臣洋行為避免暫存於上海的另外 2 架 W 33 被國民政府扣押，便將其運往馬尼拉，並於 1929 年 12 月售予國民政府，後撥給航空測量局使用（"測量 2"、"測量 7"）。1930 年 6 月，山西當局亦曾向容克公司訂購 3 架飛機，其中包括 1 架裝有武備的 W 33，但因中原大戰而未交付。其後，禪臣洋行試圖將這架 W 33 售予東北當局，但未成功。中德合資的歐亞航空公司也曾使用 6 架 W 33（"歐亞 1、2、5-8"號）營運，其中 1 架在抗戰期間被航空委員會徵用。

容克 W 34hi
Junkers W 34hi

機　　種： 客機 / 運輸機

用　　途： 航空測量 / 運輸

乘　　員： 2+6 人

製 造 廠： 容克飛機與發動機製造公司（Junkers Flugzeug-und Motorenwerke AG）

首　　飛： 1926 年

機長 / 翼展 / 機高： 10.27/17.75/3.53 米

淨重 / 全重： 1700/3200 千克

引　　擎： 1 台寶馬 132A 型星型 9 缸氣冷發動機，650 馬力（BWM132A）

最大速度 / 巡航速度： 265/233 千米 / 小時

航　　程： 900 千米

升　　限： 6300 米

裝備範圍： 國民政府

歐亞航空公司的容克 W 34hi 客機 / 運輸機

簡　史：

W 34 以 F 13 為基礎研發，與 W 33 同為取代 F 13 而設計。W 34hi 是換裝寶馬 132A 型發動機的亞型，並配備有經過改良的無線電和方向搜索儀。

1934—1935 年，山西、江蘇兩省與軍委會和鐵道部共同集資，通過禪臣洋行購得 3 架 W 34hi，供航空測量局使用。其中 2 架於 1935 年交付，使用不久即失事墜毀，軍委會出面購買 1 架增補。1937 年，增補的 W 34 與首批訂購的最後 1 架交付中國，但因航空測量局已裁撤，這 2 架飛機移交航空委員會處理。歐亞航空公司也曾使用 7 架 W 34hi 營運，其中 1 架在抗戰期間被航空委員會徵用。

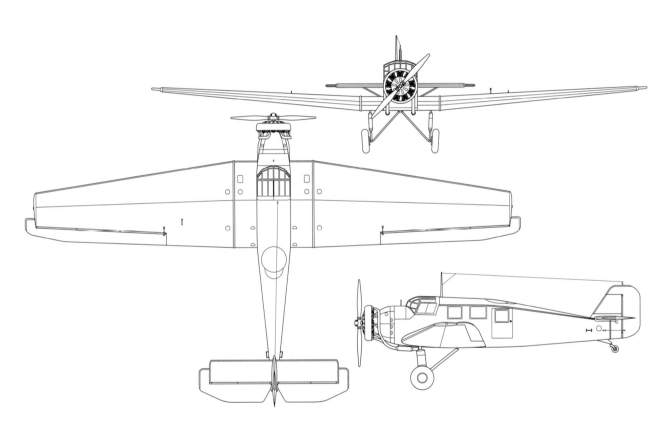

W 34hi 客機 / 運輸機三視圖

容克 K 47
Junkers K 47

機　　種：戰鬥機

用　　途：戰鬥 / 轟炸

乘　　員：2 人　　　首　飛：1929 年

製 造 廠：容克飛機與發動機製造公司（Junkers Flugzeug-und Motorenwerke AG）

機長 / 翼展 / 機高：8.55/12.4/2.4 米

淨重/全重：1050/1635 千克

航　　程：490 千米　　升　限：4250 米

引　　擎：1 台寶馬 "大黃蜂" A-2 型星型 9 缸氣冷發動機，600 馬力（BMW Hornet A-2）

最大速度 / 巡航速度：300/265 千米 / 小時

武　　備：2 挺固定式 7.92 毫米 LMG 08/15 機槍（機首），1 挺可旋轉 7.92 毫米 LMG 08/15 機槍（後座），2 枚 50 千克炸彈

裝備範圍：國民政府、（廣東）

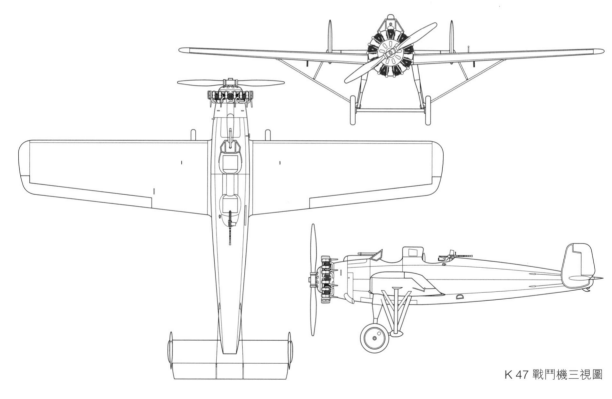

K 47 戰鬥機三視圖

南京國民政府空軍的容克 K 47 戰鬥機，最右側為上海天廚味精廠捐獻的 "天廚" 號，發動機裝有增壓器。

簡　史：

　　K 47 是 A 48 型快速郵機的武裝型,由容克公司瑞典分廠 AB 航空工業研發,主要用於外銷,後發展為著名的 Ju87 "斯圖卡"型俯衝轟炸機。

　　1930 年 11 月,禪臣洋行將 1 架 K 47 運至上海展銷,次年 1 月在南京進行飛行表演,並參加了 5 月 2 日的南京航空展,後被國民政府購得,並增購 6 架。廣東當局於同年 5 月 13 日通過禪臣洋行訂購 3 架裝有增壓器的該型飛機,8 月 22 日運抵上海,因政治原因被國民政府扣留使用。這 10 架飛機服役後編入國民政府空軍第 2 隊 (編號 P-1 至 P-10),1932 年的 "一‧二八事變"期間多次參戰,用於執行攔截日軍戰機、轟炸日軍等任務。由於同時參戰的飛機機種較多,性能差異較大,且缺乏統一指揮和配合,因此未取得較大戰果。此後,K 47 曾用於圍剿紅軍。

　　"一‧二八事變"後,全國發起獻機救國運動,上海天廚味精廠於 1933 年集資 11 萬元購得 1 架 K 47 捐獻國民政府。該機於同年 7 月運抵上海,試飛時因德方失誤導致飛機受損,運回瑞典修理,次年 3 月修復完畢運回中國並附贈 1 架 A 50 作為賠償,K 47 根據捐贈單位命名為 "天廚"號。

容克 A 50
Junkers A 50

機　　種：教練機

用　　途：訓練

乘　　員：2 人

製 造 廠：容克飛機與發動機製造公司 (Junkers Flugzeug-und Motorenwerke AG)

首　　飛：1929 年

機長 / 翼展 / 機高：7.12/10.02/2.4 米

淨重 / 全重：360/600 千克

引　　擎：1 台阿姆斯特朗‧西德利 "香貓"型星型 5 缸氣冷發動機,88 馬力 (Armstrong Siddeley Genet)

最大速度 / 巡航速度：172/145 千米 / 小時

航　　程：600 千米

升　　限：4600 米

裝備範圍：國民政府、(山西)

A 50 教練機

簡　史：

　　A 50 研發於 1920 年代後期，主要用於訓練或私人使用，具有外觀簡潔、易於操控、飛行性能優良、滯空時間長等特點。

　　1930 年 6 月，山西當局向容克公司訂購 3 架飛機，其中包括 1 架 A 50，這些飛機於 8 月 2 日自德國運往中國，因中原大戰影響，被運往日本暫存。1933 年，上海天廚味精廠員工集資購得 1 戰鬥機捐贈給國民政府，試飛時因德方失誤導致飛機受損，修復後運回中國時，容克公司將此前山西當局訂購的 A 50 作為補償贈送中國。該機於 1934 年 3 月 18 日交付，命名為"天廚附號"，後移交中國航空協會上海飛行社。

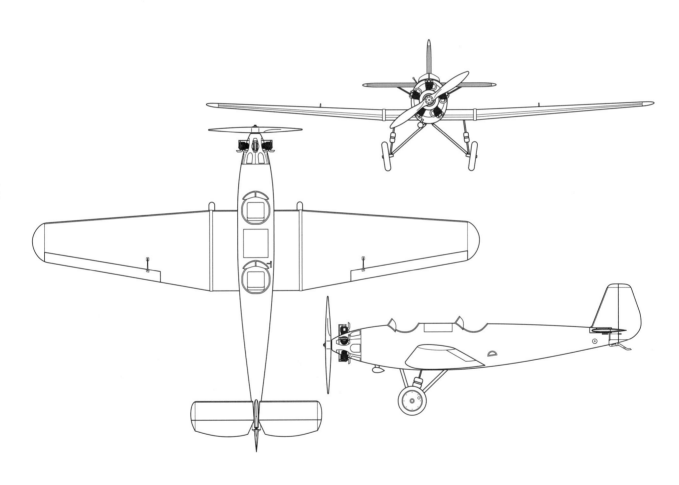

A 50 教練機三視圖

德國製飛機

容克 Ju 52/3M
Junkers Ju 52/3M

機　　種： 客機 / 運輸機

用　　途： 要人專機

乘　　員： 2+17 人

製 造 廠： 容克飛機與發動機製造公司（Junkers Flugzeug-und Motorenwerke AG）

首　　飛： 1932 年

機長 / 翼展 / 機高： 18.9/29.25/6.1 米

淨重/全重： 5970/9210 千克

引　　擎： 3 台寶馬 "大黃蜂" 型星型 9 缸氣冷發動機，每台 575 馬力（BMW Hornet）

最大速度 / 巡航速度： 271/222 千米 / 小時

航　　程： 950 千米

升　　限： 5200 米

裝備範圍： 國民政府

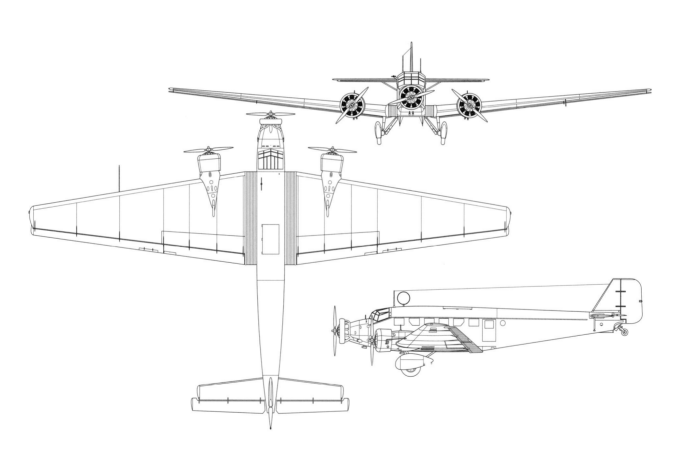

Ju 52/3M 客機 / 運輸機三視圖

德國製飛機

註冊號 D-ABAN，後成為蔣介石專機的容克 Ju 52/3M 客機。

簡　史：

　　Ju 52/3M 是容克公司研製的最著名的運輸機，也是航空史上最著名的運輸機之一，昵稱為 "容克大嬸" 或 "鋼鐵安妮"，具有結構堅固、飛行平穩、用途廣泛、起降距離短、可在未經整修的機場起降等特點，自問世起廣受歡迎，約 40 個國家使用過該機，有些直到 1980 年代仍在服役，至今仍有部分完好可飛。

　　1934 年 9 月 6 日，應德國駐華大使館要求，1 架曾在德國漢莎航空（Deutsche Lufthansa）服役的 Ju 52/3M 被運至上海展銷，並在多地進行飛行表演。次年 4 月，該機被國民政府購得，作為蔣介石的專機。"西安事變" 期間，宋美齡曾搭乘該機前往西安營救蔣介石。

　　1932 年，容克公司曾向國民政府提議為其提供 Ju 52/3M 和其軍用型號 K 45，1935 年再次提議提供 6 架 K 45W 型水上轟炸機，均被國民政府拒絕。

勒普·卡森斯坦 KL.1C "燕子"

Raab-Katzenstein KL.1C Schwalbe

機　　種：運動／教練機

用　　途：訓練

乘　　員：2 人　　首　飛：1926 年

製 造 廠：勒普·卡森斯坦飛機公司（Raab-
Katzenstein-Flugzeugwerke GmbH）

機長／翼展／機高：6.25/8/2.54 米

淨重／全重：490/740 千克

引　　擎：1 台西門子 - 哈斯基 SH 12 型 9 缸星型
氣冷發動機，125 馬力（Siemens-Halske
SH 12）

最大速度／巡航速度：149/130 千米／小時

航　　程：500 千米

升　　限：3500 米

裝備範圍：廣東

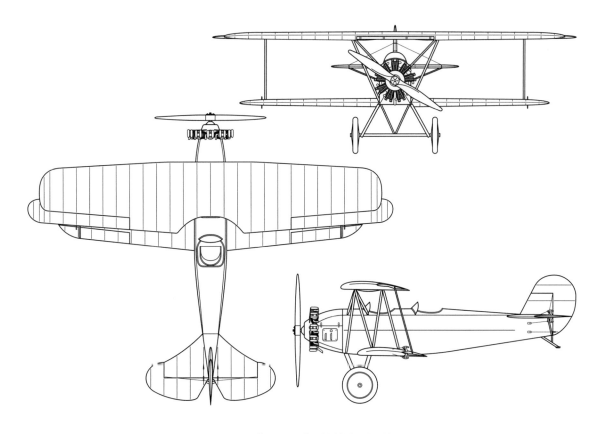

KL.1C "燕子" 運動／教練機三視圖

簡　史：

　　KL.1 是勒普·卡森斯坦公司研發的最著名的飛機，KL.1C 是換裝 SH 12 型發動機的亞型。福建廈門
五通民用航校曾購得 1 架該型飛機，1930 年航校停辦，包括該機（也可能是 RK.9 教練機）在內的飛機、器
材被廣東空軍獲得。1929 年 6 月，廣東當局曾向勒普·卡森斯坦公司咨詢 15 架 KL.1C 的報價，但未訂購。

勒普・卡森斯坦 RK.2A/RK.2C "鵜鶘"

Raab-Katzenstein RK.2A/RK.2C Pelikan

機　　種：運動 / 教練機

用　　途：訓練

乘　　員：2 人

製 造 廠：勒普・卡森斯坦飛機公司（Raab-Katzenstein-Flugzeugwerke GmbH）

首　　飛：1926 年

機長 / 翼展 / 機高：7.89/10.9/2.7 米（RK.2A），7.27/10.9/2.7 米（RK.2C）

淨重/全重：570/840 千克（RK.2A），610/860 千克（RK.2C）

最大速度：140 千米 / 小時（RK.2A），145 千米 / 小時（RK.2C）

航　　程：560 千米（RK.2A），420 千米（RK.2C）

升　　限：3200 米

引　　擎：1 台西門子 - 哈斯基 SH 11 型星型 5 缸氣冷發動機，90 馬力（Siemens-Halske SH 11）（RK.2A）；1 台西門子 - 哈斯基 SH 12 型星型 5 缸氣冷發動機，125 馬力（Siemens-Halske SH 12）（RK.2C）

裝備範圍：國民政府

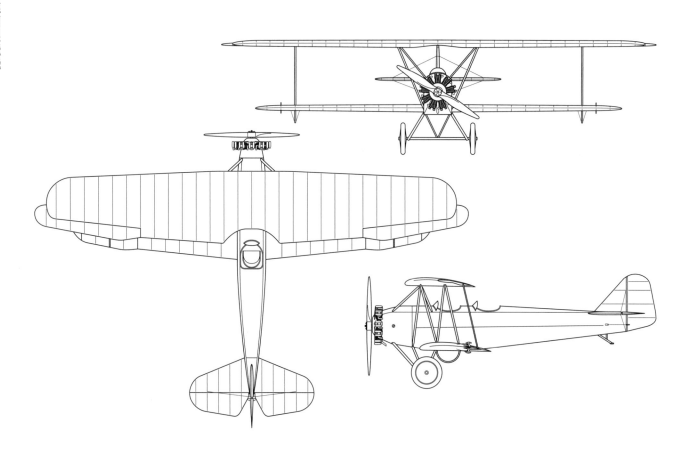

RK.2C "鵜鶘" 運動 / 教練機三視圖

德國製飛機

簡　史：

RK.2 以 KL.1 為基礎研發，具有易於操控、可短距起降、降落速度慢、飛行安全性高等特點，但轉向靈敏性較差。RK.2A 是安裝 SH 11 型發動機的亞型，RK.2C 是換裝 SH 12 的亞型。1929 年 2 月 18 日，中央陸軍軍官學校航空班成立時，海外華僑捐獻 6 架 RK.2C 供航空班訓練使用（一說為 RK.2A），同年 4 月交付。

RK.2C "鶒鶲" 運動 / 教練機

勒普·卡森斯坦 RK.9 "鶯"

Raab-Katzenstein RK.9 Grasmücke

機　　種： 運動 / 教練機

用　　途： 訓練

乘　　員： 2 人

製 造 廠： 勒普·卡森斯坦飛機公司（Raab-Katzenstein-Flugzeugwerke GmbH）

首　　飛： 1928 年

機長 / 翼展 / 機高： 6.85/8.96/2.3 米

淨重 / 全重： 250/450 千克

引　　擎： 1 台安贊尼型 W 型 3 缸氣冷發動機，35 馬力（Anzani）

最大速度 / 巡航速度： 120/100 千米 / 小時

航　　程： 400 千米　升　限： 3000 米

裝備範圍： 廣東

簡　史：

RK.9 於 1928 年 10 月在柏林航空展上首次亮相，具有爬升速度快、翼載荷低、降落速度慢、可短距起降、載重量大等特點，自推出起廣受歡迎。1928 年福建廈門五通民用航校曾購得 1 架裝有浮筒的該型飛機，1930 年航校停辦，包括該機（也可能是 KL.1C 教練機）在內的飛機、器材被廣東空軍獲得。

廈門五通民用航校購得的 RK.9

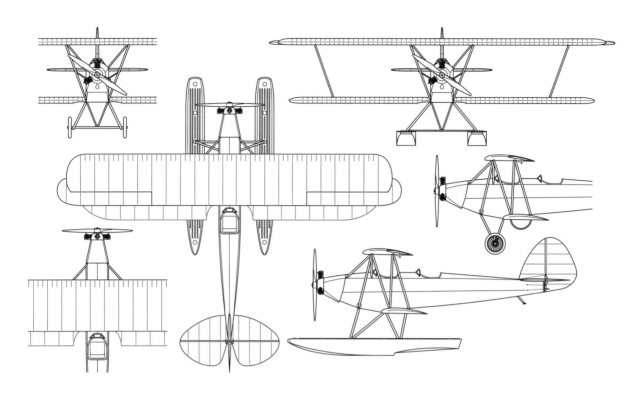

RK.9 "鶯" 運動 / 教練機三視圖

阿拉多 SC.II
Arado SC.II

機　　種：教練機	**用　　途**：訓練	**淨重/全重**：	1275/1985 千克

乘　　員：2 人

製 造 廠：阿拉多飛機製造廠
　　　　　（Arado Flugzeug werke）

首　　飛：1928 年

機長 / 翼展 / 機高：8.89/13.2/3.47 米

引　　擎：1 台寶馬 Va 型 V 型 12 缸液冷發動
　　　　　機，320 馬力（BWM Va）

最大速度：180 千米 / 小時

升　　限：5000 米

裝備範圍：國民政府、山西

簡　史：

　　1928 年於巴黎航展上首次亮相的 SC.II 是 SC.I 的改良型，其產量較少，主要供利佩茨克的德國航校訓練使用。1930 年，德商禮和洋行（Carlowitz & Co.）與山西當局協商，協助山西當局建立新航校，並提供 SC.II 訓練飛行員。同年 6 月，禮和洋行將 1 架 SC.II 運往中國，但未交付山西，而是送往南京、上海展銷，其後可能被國民政府購得，曾在首都航空工廠修理。

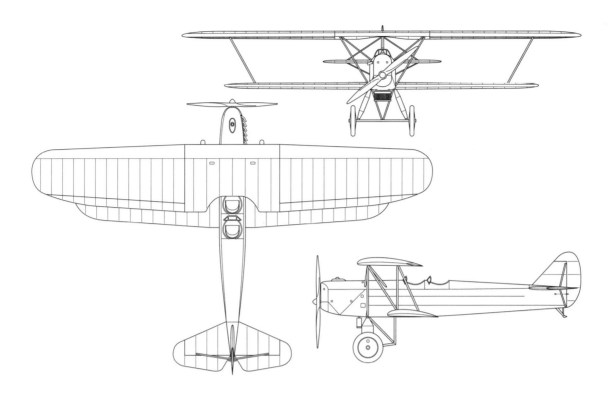

SC.II 教練機三視圖

SC.II 教練機

克萊姆 L.25Ia

Klemm L.25Ia

機　　種：運動 / 教練機

用　　途：訓練　　　**首　　飛**：1928 年

乘　　員：2 人

製 造 廠：克萊姆輕型飛機製造有限公司
　　　　　　（Klemm Leichtflugzeugbau GmbH）

機長 / 翼展 / 機高：7.7/13/2 米

淨重 / 全重：290/500 千克

引　　擎：1 台薩爾姆森 AD.9 型星型 9 缸氣冷
　　　　　　發動機，40 馬力（Salmson AD.9）

最大速度 / 巡航速度：140/125 千米 / 小時

航　　程：450 千米

升　　限：6500 米

裝備範圍：廣東

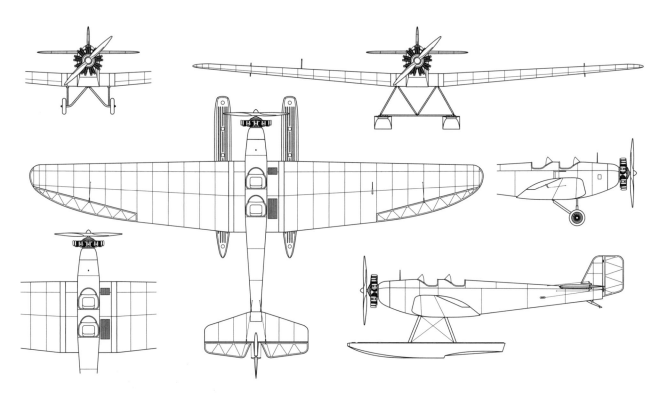

L.25Ia 教練機三視圖

簡　史：

　　L.25（又稱 KL.25）以 L.20 為基礎研發，具有結構簡單、裝配容易、翼載荷低、飛行性能優良等特點，廣受航校和私人使用者歡迎。L.25Ia 是換裝 AD.9 型發動機的亞型。1928 年福建廈門五通民用航校曾購得 2 架該型飛機，其中 1 架配備有浮筒。1930 年航校停辦，至少 1 架該型飛機被廣東航校接收。

克萊姆 L.26II
Klemm L.26II

機　　種：運動 / 教練機

用　　途：訓練 / 轟炸

乘　　員：2 人　　　**首　　飛**：1929 年

製 造 廠：克萊姆輕型飛機製造有限公司
（Klemm Leichtflugzeugbau GmbH）

機長 / 翼展 / 機高：7.22/13/2.2 米

淨重 / 全重：425/750 千克

引　　擎：1 台西門子 - 哈斯基 SH 13A 型星型
5 缸氣冷發動機，88 馬力（Siemens-
Halske SH 13A）

最大速度：170 千米 / 小時

航　　程：820 千米

升　　限：6100 米

裝備範圍：山東

孫桐崗與 "航空救國" 號 L.26II 教練機

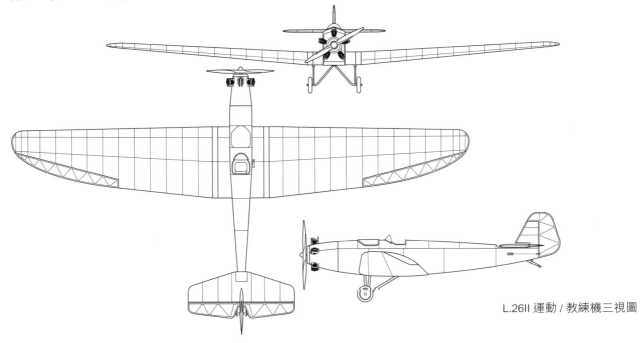

L.26II 運動 / 教練機三視圖

簡　　史：

　　1930 年投產的 L.26（又稱 KL 26）是 L.25 的發展型，L.26II 是換裝 SH 13A 型發動機的亞型。1933 年 6 月，赴德學習航空的山東人孫桐崗在德國購得 1 架 L.26II（"航空救國" 號），機身兩側分別漆有 "航空" 和 "救國" 字樣。同年 6 月 26 日，孫桐崗駕駛該機自德國富爾特啟程，7 月 20 日飛抵廣州，成功完成自德國至中國的跨國長途飛行。該機於 8 月 20 日飛抵濟南，後被孫桐崗捐獻給山東當局，曾充當臨時轟炸機執行剿匪任務。

巴伐利亞 M.18d
BFW M.18d

機　　種：客機　　　用　　途：航空測量

乘　　員：4 人　　　首　　飛：1930 年

製 造 廠：巴伐利亞飛機製造公司（Bayerische Flugzeugwerke / BFW）

機長 / 翼展 / 機高：9.4/15.8/2.8 米

淨重 / 全重：890/1760 千克

航　　程：630 千米

升　　限：5300 米

引　　擎：1 台萊特 R-975 "旋風" 型星型 9 缸氣冷發動機，325 馬力（Wright R-975 Whirlwind）

最大速度 / 巡航速度：212/180 千米 / 小時

裝備範圍：國民政府

德國製飛機

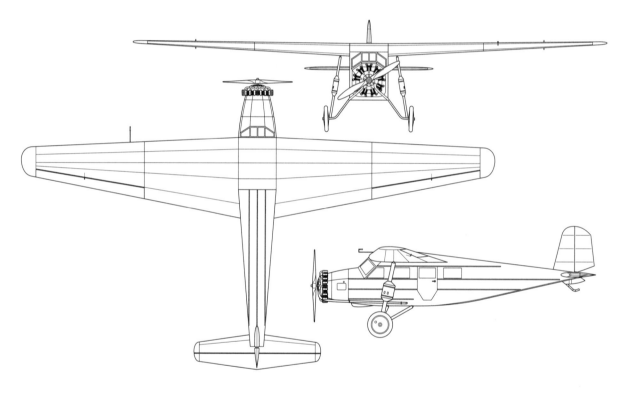

M.18d 客機三視圖

簡　史：

　　M.18d 是 M.18 型客機的改良型，由著名飛機設計師威利·梅賽施密特（Willy Messerschmitt）設計，機身擴大，乘坐舒適度提高。

　　1930 年 7 月 27 日，杭州航空測量局向巴伐利亞公司購得 1 架 M.18d 和配套的攝影設備用於航空測量，同年 9 月運抵中國。該機後機身兩側漆有 "空測 1" 字樣，機翼下方也漆有 "空測"。1931 年航空測量局併入中國測量局後，該機後機身字樣改為 "測量 1"。

M.18d 客機

巴伐利亞 M.23b
BFW M.23b

機　種：運動 / 教練機	引　擎：1 台西門子 - 哈斯基 SH 13 型星型
用　途：訓練	5 缸氣冷發動機，80 馬力（Siemens-
乘　員：2 人　　首　飛：1928 年	Halske SH 13）
製 造 廠：巴伐利亞飛機製造公司（Bayerische	最大速度 / 巡航速度：160/135 千米 / 小時
Flugzeugwerke / BFW）	航　程：800 千米
機長 / 翼展 / 機高：6.5/11.8/2.3 米	升　限：4500 米
淨重/全重：330/595 千克	裝備範圍：山西

簡　史：

　　M.23b 是 M.23a 型教練機的改良型，由著名飛機設計師梅賽施密特設計，1929—1930 年間曾獲多次競賽的冠軍。1929 年，德商禮和洋行將 3 架飛機送往中國展銷，同年 8 月運抵山西太原組裝並進行飛行表演，其中包括 1 架 M.23b。該機後被山西當局買下，供山西航校訓練使用，1930 年 11 月後被國民政府接收。

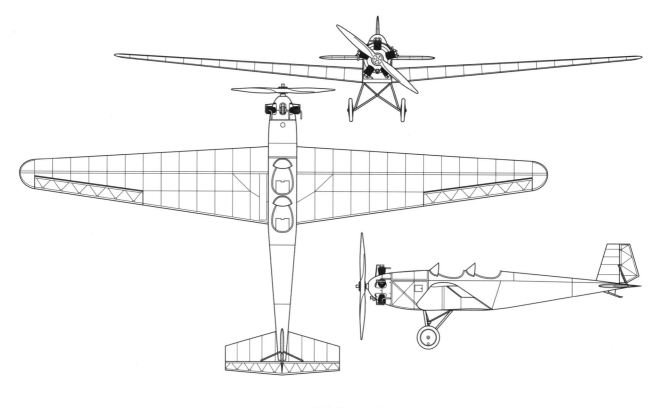

M.23b 教練機三視圖

山西航校的 M.23b 教練機（右），
左側為烏戴特 U 12b。

亨克爾 He 66aCh/bCh

Heinkel He 66aCh/bCh

機　　種：俯衝轟炸機		**引　　擎**：1 台布拉莫 322B 型星型 9 缸氣冷發動機，650 馬力 (Bramo 322B)	
用　　途：轟炸 / 訓練			
乘　　員：2 人　　**首　飛**：1931 年		**武　　備**：1 挺固定式 7.92 毫米 MG 17 機槍（機首），1 挺可旋轉 7.92 毫米 MG 15 機槍（後座），250 千克炸彈	
製 造 廠：亨克爾飛機公司 (Heinkel Flugzeugwerke)			
機長 / 翼展 / 機高：9.3/11.4/2.41 米		**裝備範圍**：國民政府	
淨重/全重：1516/2500 千克		**備　　註**：He 66bCh 參數	
最大速度 / 巡航速度：235/190 千米 / 小時			
航　　程：1330 千米　　**升　限**：8000 米			

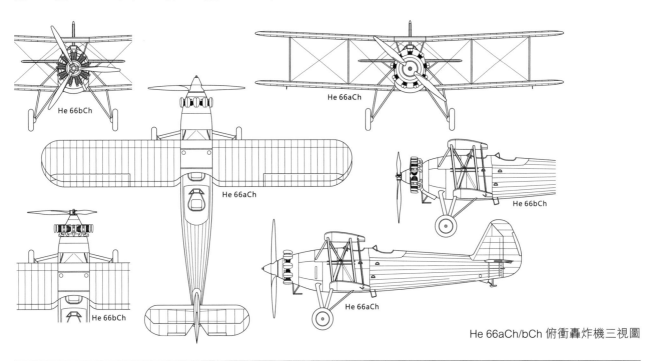

He 66aCh/bCh 俯衝轟炸機三視圖

簡　史：

　　He 66aCh 是在 He 66 基礎上製造的外銷中國型，其特點是換裝西門子 "木星" VIIF 型發動機，共製造 12 架。He 66bCh 是在 He 66aCh 基礎上換裝布拉莫型發動機的亞型，相當於德國空軍使用的 He 50A，共製造 12 架，同樣僅供外銷中國。

　　1934 年初，國民政府向亨克爾公司購得 12 架 He 66aCh，同年 7 月運抵中國 (一說未交付)。次年國民政府向亨克爾公司購得 12 架 He 66bCh，於 1935 年初製成，但由於德國空軍自身發展需要，這批飛機改為交付德國空軍，型號改為 He 50B。半年後，這些飛機獲得出口許可證，於 1936 年 1 月運抵香港，但又被扣留，直到 1937 年 7 月才交付中國空軍。據稱這些飛機交付後漆為黃色，但在抗戰中幾乎沒有發揮作用 (一說這 12 架飛機同樣未交付)。

亨克爾 He 111A-0

Heinkel He 111A-0

機　　種： 轟炸機

用　　途： 轟炸 / 訓練 / 運輸 / 聯絡

乘　　員： 4 人

製 造 廠： 亨克爾飛機公司 (Heinkel Flugzeugwerke)

首　　飛： 1935 年

機長 / 翼展 / 機高： 17.5/22.6/4.1 米

淨重 / 全重： 5400/8220 千克

引　　擎： 2 台寶馬 VI 6.0 Z 型 V 型 12 缸液冷發動
機，每台 660 馬力 (BMW VI 6.0 Z)

最大速度 / 巡航速度： 309/270 千米 / 小時

航　　程： 1497 千米

升　　限： 6000 米

武　　備： 3 挺可旋轉 7.9 毫米 MG 15 機槍（機
首、機背、機腹）

裝備範圍： 國民政府、廣東

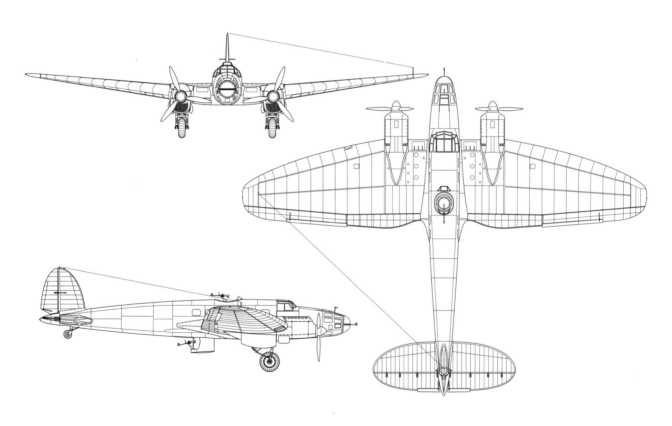

亨克爾 He 111A-0 轟炸機三視圖

德國製飛機

簡　史：

　　最初以民用運輸機名義研發的 He 111 是二戰期間德軍裝備的最著名的**轟炸機**之一。He 111A-0 是該型飛機的首款**轟炸**型，共製造 10 架，由於發動機功率不足，導致飛行速度慢、操縱性較差，因此被德國空軍拒收。

　　1935 年 9 月，廣東當局通過保庇洋行向亨克爾公司購買 10 架 He 111A-0，共交付 8 架（一說 6 架），其中 2 架作為備件，是當時中國最現代化的轟炸機。這 8 架飛機在拆除轟炸瞄準鏡、無線電導航和自毀裝置後，於 1936 年夏季交付，編入廣東空軍第 4 隊服役（編號 "粵一" 至 "粵六"，其中 2 架根據捐款單位命名為粵一 "公務員" 號和粵二 "銀行" 號）。

　　"兩廣事變" 後，廣東空軍並入國民政府空軍，He 111A-0 於同年 10—11 月分兩批移交航空委員會，後編入第 8 大隊第 19 中隊。抗戰爆發後，該機多次用於轟炸任務。1937 年 8 月 25 日，3 架該型飛機與 2 架馬丁 139WC1 在波音 281 護航下前往上海轟炸日軍登陸部隊和軍艦。由於飛機性能不同，缺乏配合經驗，He 111A-0 未能與同行飛機保持緊密隊形，導致遭遇日機攔截時各自為戰，其中 1 架投彈後被擊落，1 架被擊傷迫降，另 1 架受損較輕。同年 10 月 1 日，有 1 架該型飛機被航校學員彭周誤判為日機擊落。由於消耗過快、缺少零件且維護困難，1937 年底中國空軍僅剩 1 架 He 111A-0。該機被編入第 13 中隊供轟炸航校訓練使用，後編入第 14 中隊用於對遠征日本的馬丁 139WC2 進行後勤支援和聯絡，任務完成後停止使用。1943 年，該機移交中央航空公司，編號為 "中二"。由於液冷發動機維護困難且缺乏配件，中央航空公司為該機換裝 2 台萊特 R-1820 "颶風" 型發動機（一說為普惠 "大黃蜂" 型發動機），1944 年 12 月 23 日在昆明機場試飛時墜毀。

亨克爾 He 111A-0 轟炸機

德國製飛機

波泰茨 25/25 TOE
Potez 25/25 TOE

機　　種：偵察／轟炸機

用　　途：偵察／轟炸／攻擊／訓練

乘　　員：2 人

製 造 廠：亨利・波泰茨飛機公司 (Aéroplanes Henry Potez)

首　　飛：1925 年 (波泰茨 25)，1928 年 (波泰茨 25TOE)

機長／翼展／機高：9.2/14.14/3.59 米 (波泰茨 25)，9.1/14.14/3.67 米 (波泰茨 25TOE)

淨重／全重：1490/2558 千克 (波泰茨 25)，1502/2558 千克 (波泰茨 25TOE)

航　　程：600 千米 (波泰茨 25)，750 千米 (波泰茨 25TOE)

升　　限：5500 米 (波泰茨 25)，5800 米 (波泰茨 25TOE)

引　　擎：1 台希斯巴諾 - 蘇莎 HS-12Hb 型 V 型 12 缸液冷發動機，500 馬力 (Hispano-Suiza HS-12Hb) (波泰茨 25)；1 台洛林 - 迪特里奇 12Eb 型 V 型 12 缸液冷發動機，450 馬力 (Lorraine-Dietrich 12Eb) (波泰茨 25TOE)

最大速度／巡航速度：214/- 千米／小時 (波泰茨 25)，208/176 千米／小時 (波泰茨 25TOE)

武　　備：1 挺固定式 7.7 毫米維克斯機槍 (機首右側)，2 挺可旋轉 7.7 毫米劉易斯機槍 (後座)，200 千克炸彈

裝備範圍：國民政府、四川、(雲南)

法國製飛機

南京國民政府空軍的波泰茨 25 偵察／轟炸機

278

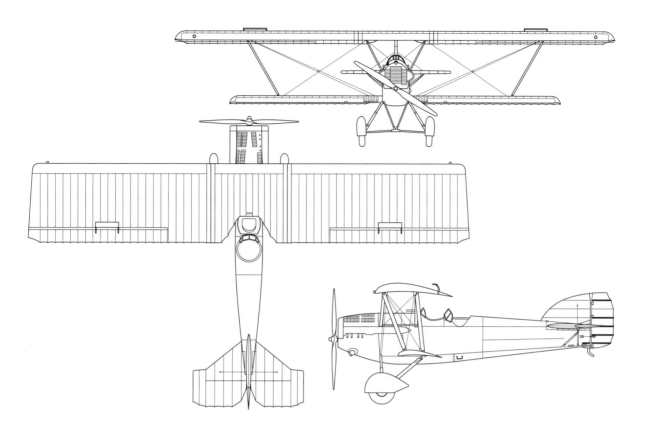

波泰茨 25TOE 偵察 / 轟炸機三視圖

簡　史：

　　波泰茨 25 研發於 1920 年代，是當時法國最著名的軍用飛機之一，具有結構簡單、堅固耐用、易於操控、飛行速度快、用途廣泛、可換裝多品牌發動機等特點。波泰茨 25TOE 是產量最多的亞型，配備適用於熱帶地區作戰的設備，主要供法國的殖民地使用。

　　1929 年，國民政府向波泰茨公司購得 4 架波泰茨 25，同年夏季交付。四川當局也購得 1 架安裝洛林 - 迪特里奇 12Eb 型發動機的波泰茨 25，1931 年 5 月交付。同年，四川當局增購 5 架波泰茨 25TOE、2 台備用發動機、2 套浮筒和 6 挺哈奇開斯機槍，1932 年底前全部交付，曾參與四川軍閥劉湘與劉文輝之間的 "二劉戰爭" 和圍剿紅軍。抗戰爆發後，四川空軍的飛機和所屬工廠、人員、設備均被航空委員會接收，由於該型飛機機齡老化且缺乏配件，因此僅供訓練使用。1935 年，法屬印度支那政府曾與雲南當局接洽，希望將 4 架二手的波泰茨 25 售予雲南當局，但沒有成功。

波泰茨 32
Potez 32

機　　種：客機

用　　途：運輸

乘　　員：2+4 人

製 造 廠：亨利・波泰茨飛機公司 (Aéroplanes
　　　　　Henry Potez)

首　　飛：1928 年

機長 / 翼展 / 機高：10.15/14.5/4 米

淨重/全重：950/1750 千克

引　　擎：1 台薩爾姆森 9Ab 型星型 9 缸氣冷發
　　　　　動機，230 馬力 (Salmson 9Ab)

最大速度 / 巡航速度：190/160 千米 / 小時

航　　程：670 千米

升　　限：4500 米

裝備範圍：四川、雲南

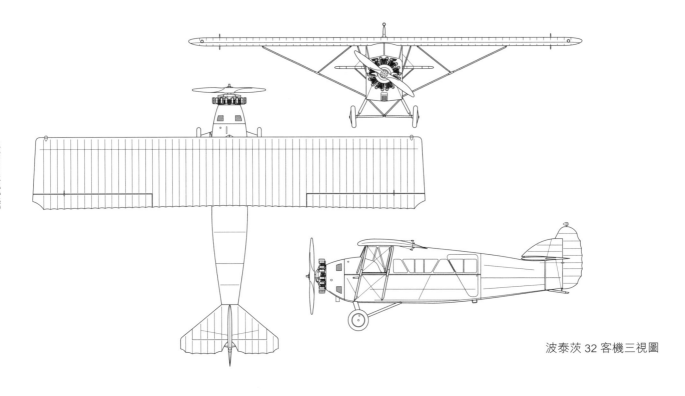

波泰茨 32 客機三視圖

簡　史：

　　波泰茨 32 以波泰茨 29 型雙翼客機為基礎研發，1928 年投產，其側面輪廓碩大，因此被中國飛行員根據音譯稱為 "大肚包台茲機"。

　　1929 年，吳蜀奇在法國為四川當局購得波泰茨 32 和波泰茨 33/2 共 4 架，其中 2 架配備有浮筒，1929 年 4 月運往中國。四川當局曾計劃用其中 3 架與另外 5 架飛機經營滬蓉航線，因該航線被中國航空公司承接而取消。1929 年 11 月，東北當局也購得 1 架波泰茨 32。1929 年，廣東當局向雲南當局借 "金馬" 號運輸機運送一位師長前往梧州前線，降落時失事損壞，次年廣東購得 1 架波泰茨 32（ "碧雞" 號）賠償給雲南，10 月交付。

波泰茨 33/2
Potez 33/2

機　　種：偵察 / 轟炸機

用　　途：偵察 / 巡邏 / 訓練 / 運輸

乘　　員：2 人

製　造　廠：亨利・波泰茨飛機公司（Aéroplanes Henry Potez）

首　　飛：1928 年

機長 / 翼展 / 機高：10.15/14.5/3.28 米

淨重 / 全重：950/1750 千克

引　　擎：1 台薩爾姆森 9Ab 型星型 9 缸氣冷發動機，230 馬力（Salmson 9Ab）

最大速度 / 巡航速度：190/150 千米 / 小時

航　　程：670 千米

升　　限：4500 米

武　　備：1 挺可旋轉 7.7 毫米劉易斯機槍（機背），10 枚 10 千克炸彈

裝備範圍：國民政府、四川

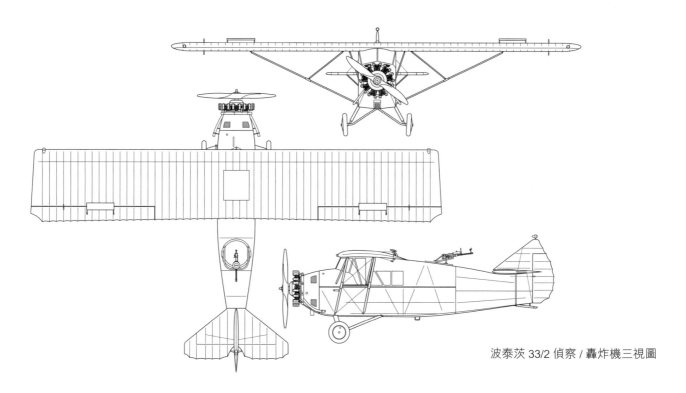

波泰茨 33/2 偵察 / 轟炸機三視圖

簡　史：

　　波泰茨 33 是波泰茨 32 型客機的武裝型，1928 年投產，換裝三角形垂直尾翼並加裝武備。波泰茨 33/2 是換裝薩爾姆森 9Ab 型發動機的亞型。

　　1929 年，國民政府向波泰茨公司購得 2 架波泰茨 33/2，同年夏季交付，在中原大戰中擔負偵察、巡邏、運輸等任務。1929 年，四川當局派吳蜀奇等人購得波泰茨 33/2 和波泰茨 32 共 4 架，其中 2 架配備有浮筒。這些飛機經上海轉運至重慶後，由於無人會駕駛，因此一直存放在倉庫內，後由蔣魁試飛成功。四川當局曾計劃用其經營滬蓉航線，因該航線被中國航空公司承接而取消。

波泰茨 36 ｜波泰茨 36/13
Potez 36 ｜ Potez 36/13

機　　種： 通用飛機

用　　途： 訓練　　**乘　　員：** 2 人

製 造 廠： 亨利‧波泰茨飛機公司 (Aéroplanes Henry Potez)

首　　飛： 1927 年 (波泰茨 36)，1931 年 (波泰茨 36/13)

機長 / 翼展 / 機高： 7.5/10.45/2.4 米 (波泰茨 36)，7.5/10.45/2.7 米 (波泰茨 36/13)

淨重 / 全重： 427/650 千克 (波泰茨 36)，427/720 千克 (波泰茨 36/13)

最大速度 / 巡航速度： 150/115 千米 / 小時 (波泰茨 36)，150/128 千米 / 小時 (波泰茨 36/13)

引　　擎： 1 台薩爾姆森 5AC 型星型 5 缸氣冷發動機，60 馬力 (Salmson 5AC)（波泰茨 36）；1 台薩爾姆森 7AC 型星型 5 缸氣冷發動機，95 馬力 (Salmson 7AC)（波泰茨 36/13）

航　　程： 500 千米 (波泰茨 36)，400 千米 (波泰茨 36/13)

升　　限： 3600 米 (波泰茨 36)，4300 米 (波泰茨 36/13)

裝備範圍： 東北、雲南

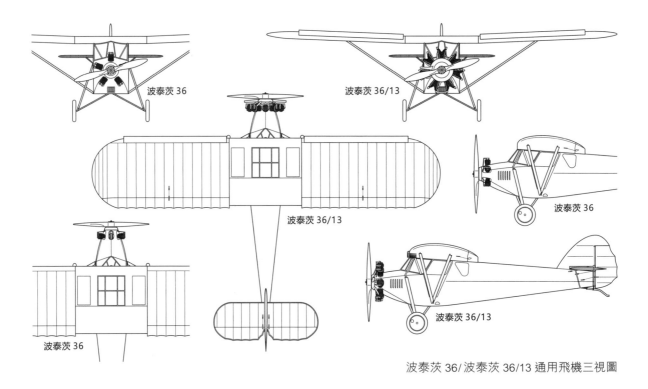

波泰茨 36

波泰茨 36/13

波泰茨 36/13

波泰茨 36

波泰茨 36

波泰茨 36/13

波泰茨 36/ 波泰茨 36/13 通用飛機三視圖

雲南空軍的波泰茨 36/13 通用飛機

簡　史：

　　1929 年投產的波泰茨 36 的設計目的主要是供私人飛行運動或旅遊使用，操控簡便，機翼可折疊，頗受私人用戶和飛行俱樂部歡迎，具有多種亞型。波泰茨 36/13 是波泰茨 36/5 的量產型，加裝前緣襟翼，飛行性能提升。

　　1930 年，東北當局向法國購得 5 架波泰茨 36，同年 5 月交付，試用後發現其發動機功率過小，不適於作戰。張學良一度打算將這些飛機轉賣，最終將其作為教練機使用。1933 年，雲南當局向法國購得 4 架波泰茨 36/13，同年 7 月交付，後供雲南航校訓練使用。

德瓦蒂納 D.27C1
Dewoitine D.27C1

機　種：戰鬥機　　用　途：戰鬥

乘　員：1 人　　首　飛：1928 年

製造廠：埃米爾・德瓦蒂納飛機製造公司（Constructions Aéronautiques Émile Dewoitine）

機長 / 翼展 / 機高：6.5/9.8/2.79 米

淨重 / 全重：1038/1382 千克

引　擎：1 台希斯巴諾 - 蘇莎 12Mc 型 V 型 12 缸液冷發動機，500 馬力（Hispano-Suiza 12Mc）

最大速度 / 巡航速度：312/289 千米 / 小時

航　程：600 千米

升　限：9200 米

武　備：2 挺固定式 7.5 毫米達恩機槍（機首）

裝備範圍：東北

法國製飛機

簡　史：

　　D.27 以 D.26 型教練機為基礎研發，具有結構簡單、外形美觀、飛行性能良好、安全性好等特點，D.27C1 是用於出口中國的亞型；D.53 是 D.27 的強化型，曾在法國海軍航空母艦 "貝亞恩" 號上服役。

　　1930 年，里奧雷 - 奧利維埃公司（Lioré-et-Olivier）將 1 架 D.27C1 運往中國展銷，次年 7 月 20 日售予東北當局，1931 年 "九・一八事變" 後被日軍擄獲。1933 年 1 月，據稱有 7 架 D.27/D.53 被售予福建，但沒有簽署訂單，一說這 7 架飛機是先前東北空軍訂購的，具體狀況不詳。

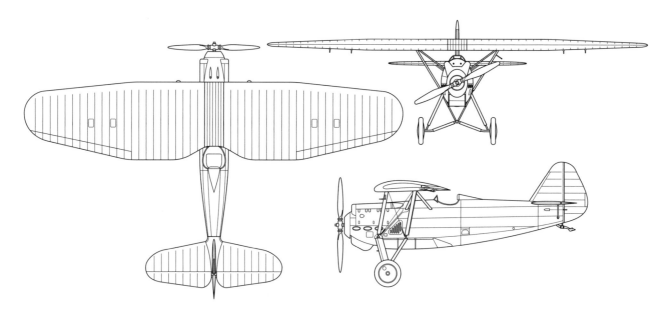

D.27C1 戰鬥機三視圖

法
國
製
飛
機

莫拉納 - 索爾尼埃 MS.225C.1
Morane-Saulnier MS.225C.1

機　　種：戰鬥機　　用　　途：戰鬥

乘　　員：1 人　　首　　飛：1933 年

製 造 廠：莫拉納 - 索爾尼埃飛機公司
　　　　　（Aéroplanes Morane-Saulnier）

機長 / 翼展 / 機高：7.25/10.56/3.26 米

淨重 / 全重：1215/1590 千克

最大速度 / 巡航速度：334/284 千米 / 小時

航　　程：700 千米

引　　擎：1 台 "土地神" 羅納 9KBrs 型星型 9 缸
　　　　　氣冷發動機，500 馬力（Gnome Rhone
　　　　　9KBrs）

升　　限：9500 米

武　　備：2 挺固定式 7.7 毫米維克斯機槍（機首）

裝備範圍：福建

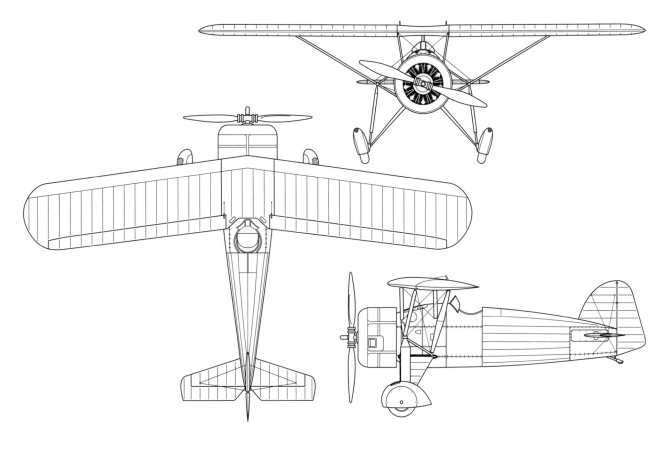

MS.225C.1 戰鬥機三視圖

簡　史：

　　1932 年在巴黎航展上首度亮相的 MS.225C.1 是 MS.224 的發展型，具有結構堅固、易於維修、飛行性能優良等特點，深受飛行員歡迎。

　　1933 年 7 月，駐福建的第 19 路軍通過香港飛航公司（Aero Trading Company）訂購了 6 架 MS.225C.1，第一批 3 架於同年 11 月初運抵廈門，第二批 3 架沒有交付。當時的國民政府禁止外商販賣軍火給地方政府和軍隊，法國政府不願廠商利益受損，便與國民政府交涉，僅出售無武裝的飛機，因此交付的飛機沒有安裝武器。19 路軍發起"福建事變"後，國民政府隨即進行鎮壓，並派空軍空襲福建。由於 MS.225C.1 沒有武備，無法起飛迎戰，只能拆卸或疏散掩藏。"福建事變"失敗後，2 架沒有受損的 MS.225C.1 戰鬥機自福州飛往漳州，後自行焚毀。

法曼 F.291
Farman F.291

機　　種：客機 / 通用飛機

用　　途：運輸 / 訓練

乘　　員：1+4 人

製 造 廠：法曼航空工程（Farman Aviation Works）

首　　飛：1931 年

機長 / 翼展 / 機高：10.42/14.38/2.52 米

淨重 / 全重：1122/1900 千克

引　　擎：1 台 "土地神" 羅納 7Kb 型星型 7 缸　氣冷發動機，300 馬力（Gnome & Rhone 7Kb）

最大速度：193 千米 / 小時

航　　程：840 千米

升　　限：5800 米

裝備範圍：國民政府、福建

法國製飛機

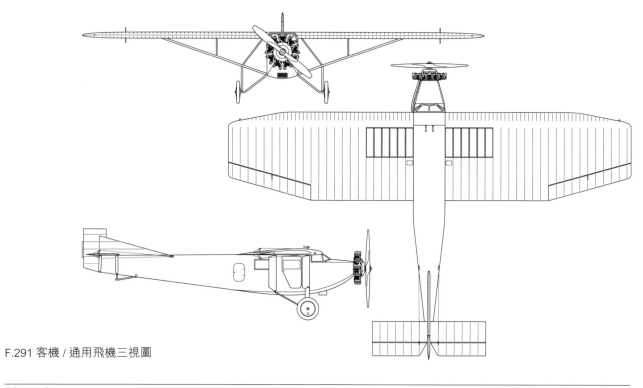

F.291 客機 / 通用飛機三視圖

簡　史：

　　1931 投產的 F.291 是 F.190 的改良型，區別主要在於發動機的不同。

　　1933 年 7 月，法國飛行家賈克・德・西伯（Jacques de Sibour）與福建當局簽訂銷售 MS.225C.1 型戰鬥機的合同時，將 1 架 F.291 贈於福建當局。該機是賈克此前駕駛用於巴黎至北平國際長途飛行的 "薩法利 4 號"，在中國期間曾訪問南京和上海。

　　"福建事變" 爆發後，1 名福建飛行員於 19 路軍投降前的一周，駕駛該機飛往法國租借的白瓦特城（今廣東湛江 /Bayard），計劃為該機加裝武器，但被法國當局扣押並轉交國民政府，其後可能交給長沙航校訓練使用。

布雷蓋 Br.273
Breguet Br.273

機　　種：偵察 / 轟炸機

用　　途：偵察 / 轟炸 / 巡邏 / 訓練

乘　　員：2 人　　首　　飛：1932 年

製 造 廠：路易斯・布雷蓋航空公司 (Société des Ateliers d'Aviation Louis Breguet)

機長 / 翼展 / 機高：9.7/17/3.58 米

淨重 / 全重：1876/3618 千克

最大速度 / 巡航速度：310/250 千米 / 小時

航　　程：1250 千米　升　　限：9600 米

引　　擎：1 台希斯巴諾 - 蘇莎 12Ydrs 型 V 型 12 缸液冷發動機，860 馬力 (Hispano-Suiza 12 Ydrs)

武　　備：1 挺固定式 7.5 毫米達恩機槍 (機首右側)，2 挺可旋轉 7.7 毫米劉易斯機槍 (後座)，400 千克炸彈

裝備範圍：國民政府

法國製飛機

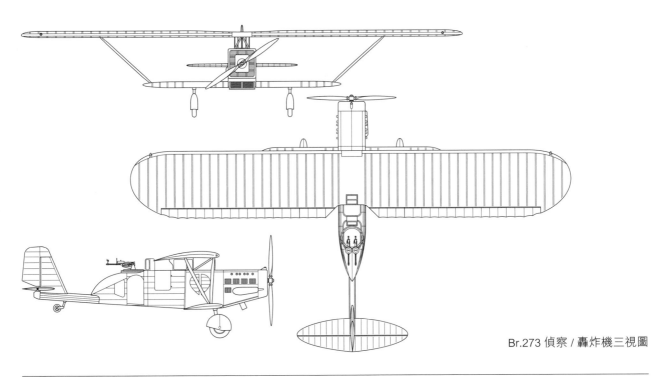

Br.273 偵察 / 轟炸機三視圖

簡　史：

　　Br.273 是在 Br.27 基礎上推出的外銷型，全部用於出口中國和委內瑞拉，其發動機功率大幅增強，機首裝有大型方形散熱器，飛行性能顯著提升。

　　1934 年 3 月，國民政府通過法國航空業代表簡・奧丁奈 (Jean Audinet) 購得 5 架該型飛機，6 月 22 日又增購 5 架，於年內全部交付，編入第 13 中隊服役，其中 2 架在飛往南昌訓練時，於鄱陽湖口迫降失事。該型飛機曾多次參與圍剿山西西部紅軍的戰鬥，執行偵察、巡邏、轟炸等任務。由於西北地區風沙較大，機場後勤設備較差，且該型飛機經常執行遠距離作戰飛行任務，損壞率較高。截至 1936 年 5 月，第 13 中隊僅剩 3 架 Br.273 完好可飛，後僅供訓練使用。

川崎 八八式偵察機
Kawasaki Army Type 88 Reconnaissance Aircraft

機　種：偵察機

用　途：偵察 / 轟炸 / 訓練

乘　員：2 人

製 造 廠：川崎航空機工業株式會社（Kawasaki Kokuki Kogyo K.K.）

首　飛：1927 年（Type88-1），1929 年（Type88-2）

機長 / 翼展 / 機高：12.8/15/3.4 米

淨重 / 全重：1750/2800 千克（Type88-1），1800/2850 千克（Type88-2）

引　擎：1 台川崎 - 寶馬 VI 型 V 型 12 缸液冷發動機，600 馬力（Kawasaki-BWM VI）

最大速度 / 巡航速度：196/- 千米 / 小時（Type88-1），216/195 千米 / 小時（Type88-2）

升　限：6200 米

武　備：1 挺固定式 7.7 毫米機槍（機首），1-2 挺可旋轉 7.7 毫米機槍（後座）

裝備範圍：東北、偽滿洲國

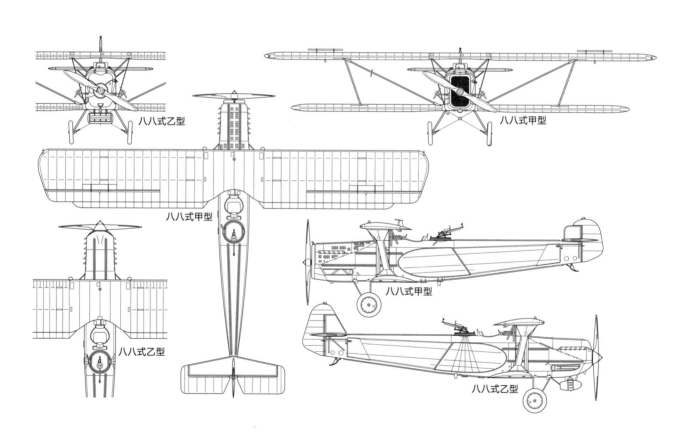

八八式乙型

八八式甲型

八八式甲型

八八式甲型

八八式乙型

八八式乙型

八八式偵察機三視圖

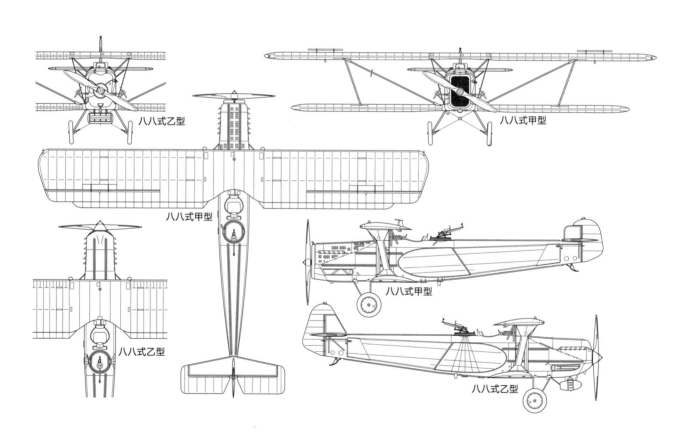日本製飛機

簡　史：

　　八八式偵察機研發於 1920 年代後期，公司編號 KDA-2，於 1928 年投產，具有多種亞型。其甲型的機首裝有大型方形散熱器，垂直尾翼為方形；乙型的發動機整流罩改為流線型，散熱器位於機首下方，垂直尾翼改為三角形，飛行速度提升。八八式偵察機在侵華戰爭初期曾被日軍廣泛用於偵察、轟炸等任務，1938 年退出一線。

　　1930 年 7 月，東北當局向日本購得 3 架八八式甲型，7 月 27 日交付，"九·一八事變"後被日軍擄獲。1937 年 2 月，偽滿洲國陸軍航空隊成立，裝備有若干八八式甲型，並有至少 1 架八八式乙型。

八八式偵察機

日本製飛機

川崎 九二式戰鬥機
Kawasaki Army Type 92 Fighter

機　　種：戰鬥機

乘　　員：1 人

製 造 廠：川崎航空機工業株式會社（Kawasaki Kokuki Kogyo K.K.）

首　　飛：1930 年

機長/翼展/機高：7.05/9.55/3.1 米

淨重/全重：1280/1700 千克

引　　擎：1 台寶馬 VI 型 V 型 12 缸液冷發動機，馬力（BWM VI）

最大速度/巡航速度：320/280 千米/小時

航　　程：850 千米

升　　限：9500 米

武　　備：2 挺 7.7 毫米機槍（機首）

裝備範圍：（東北）、偽滿洲國

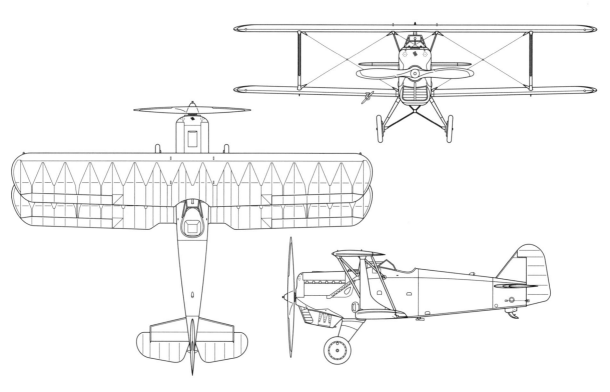

九二式戰鬥機三視圖

簡　史：

九二式戰鬥機投產於 1932 年，公司編號 KDA-5，是當時世界上最好的戰鬥機之一，但其起降性能和嚴寒地帶的飛行性能較差，後被九五式戰鬥機取代。

據稱東北當局曾向日本訂購 20 架九二式，但沒有交付。偽滿洲國陸軍航空隊於 1937 年 2 月成立後，自日軍接收部分該機用於訓練。

三菱 八七式輕爆擊機
Mitsubishi Army Type 87 Light Bomber

機　種： 轟炸機

用　途： 偵察 / 轟炸

乘　員： 2 人　　**首　飛：** 1926 年

製 造 廠： 三菱重工業株式會社 (Mitsubishi Heavy Industries, Ltd.)

機長 / 翼展 / 機高： 10/14.8/3.63 米

淨重 / 全重： 1800/3300 千克

引　擎： 1 台希斯巴諾 - 蘇莎型 V 型 12 缸液冷發動機，450 馬力 (Hispano-Suiza)

最大速度 / 巡航速度： 185/140 千米 / 小時

航　程： 420 千米

升　限： 4275 米

武　備： 1 挺固定式 7.7 毫米機槍 (機首)，2 挺可旋轉 7.7 毫米機槍 (後座)，1 挺可旋轉 7.7 毫米機槍 (機腹)，500 千克炸彈

裝備範圍： 偽滿洲國

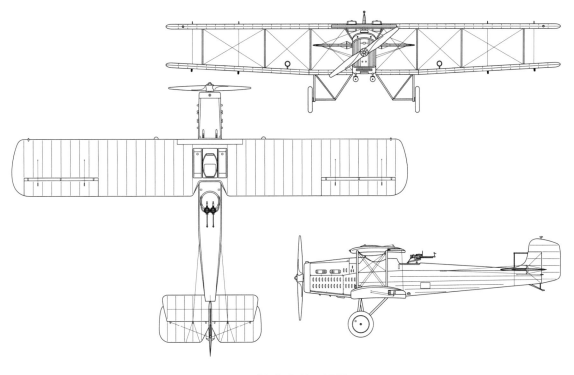

八七式輕爆擊機三視圖

日本製飛機

簡　史：

　　八七式輕爆擊機研發於 1920 年代中期，公司編號 2MB1，1927 年投產，可用於偵察、通訊、聯絡、轟炸等任務。該機服役後首先裝備駐中國東北的日本關東軍，用於配合陸軍清剿東北各地的抗日義勇軍，1934 年後逐漸退出一線。1933 年，偽滿洲國海邊警察隊自日本陸軍接收 2 架八七式。

三菱 九二式偵察機
Mitsubishi Type 92 Reconnaissance Aircraft

機　　種： 偵察機

用　　途： 偵察 / 訓練

乘　　員： 2 人　　　**首　　飛：** 1931 年

製 造 廠： 三菱重工業株式會社（Mitsubishi Heavy Industries, Ltd.）

機長 / 翼展 / 機高： 8.52/12.75/3.48 米

淨重 / 全重： 1060/1770 千克

引　　擎： 1 台三菱 92 式星型 9 缸氣冷發動機，475 馬力（Mitsubishi Type 92）

最大速度 / 巡航速度： 221/185 千米 / 小時

航　　程： 750 千米

升　　限： 5700 米

武　　備： 2 挺固定式 7.7 毫米八九式機槍（機首），2 挺可旋轉 7.7 毫米八九式機槍（後座）

裝備範圍： 國民政府、廣西、（福建）

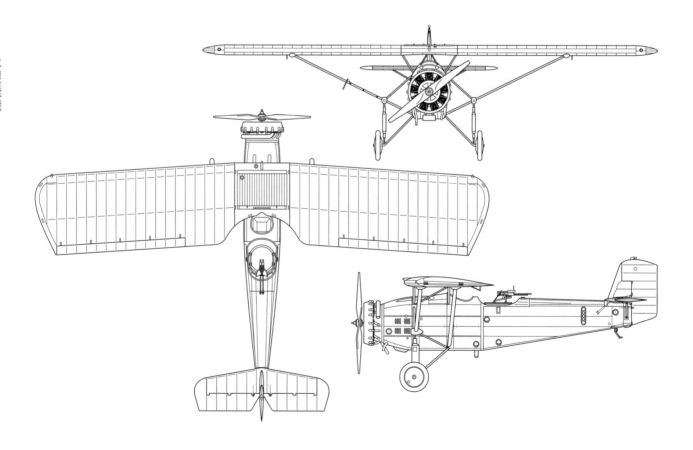

九二式偵察機三視圖

九二式偵察機是日本第一種批量生產的安裝國產發動機的軍用飛機，研發於 1920 年代後期，公司編號 2MR8，1932 年投產，服役後首先供日本關東軍用於清剿東北各地的抗日義勇軍，抗戰初期廣泛用於華北戰場。

1933 年 11 月 "福建事變" 期間，第 19 路軍向日本訂購 1 批飛機，其中包括 4 架該型飛機，由於 19 路軍迅速失敗，這批飛機未交付。1934 年，廣西當局向日本購得 2 架九二式，同年 8 月交付。次年廣西當局再次購得包括 4 架該型飛機在內的一批飛機，實際上是 1933 年 19 路軍所訂購而未交付者。這些飛機後編入教導第 3 隊，擔負偵察和協同陸軍作戰任務，抗戰爆發後併入國民政府空軍，駐防廣西武鳴，1938 年後移交重慶偵察班用於訓練。

愛知 AB-3
Aichi AB-3

日本製飛機

機　　種： 艦載水上偵察機	**淨重/全重**： 575/790 千克
用　　途： 偵察	**引　　擎**： 1 台瓦斯電 "神風" 型星型 7 缸氣冷發動機，130 馬力 (Gasuden Jimpu)
乘　　員： 1 人	
製 造 廠： 愛知時計電機 (Aichi Tokei Denki Seizo Kabushiki Kaisha)	**最大速度 / 巡航速度**： 194/137 千米 / 小時
	航　　程： 702 千米
首　　飛： 1932 年	**升　　限**： 4300 米
機長 / 翼展 / 機高： 6.6/9/2.88 米	**裝備範圍**： 中國海軍

簡　史：

AB-3 由愛知公司為中國海軍 "寧海" 號輕巡洋艦量身定製，因此又稱 "寧海" 號或 "寧海 1 號"。該機僅製造 1 架，尺寸較小，外側機翼可拆卸，飛行性能良好，1932 年 8 月隨 "寧海" 號巡洋艦一同交付中國海軍。中國海軍製造飛機處曾使用該機的備用發動機自製了 "寧海 2 號"。抗戰爆發後，AB-3 移交航空委員會，其後下落不詳。

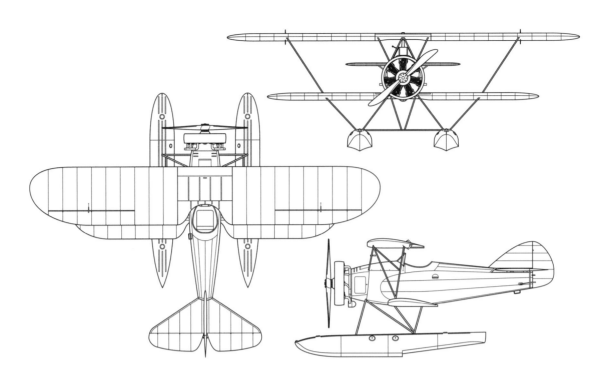

AB-3 艦載水上偵察機三視圖

AB-3 艦載水上偵察機

愛知 二式水上偵察機
Aichi Type 2 Two-seat Reconnaissance Seaplane

機　　種：艦載水上偵察機

用　　途：偵察 / 巡邏

乘　　員：2 人

製 造 廠：愛知時計電機（Aichi Tokei Denki Seizo
　　　　　Kabushiki Kaisha）

首　　飛：1926 年

機長 / 翼展 / 機高：9.7/14.88/4.27 米

淨重 / 全重：1700/2350 千克

引　　擎：1 台納皮爾"獅子"型 W 型 12 缸液
　　　　　冷發動機，450 馬力（Napier Lion）

最大速度 / 巡航速度：204/185 千米 / 小時

航　　程：910 千米

武　　備：1 挺可旋轉 7.7 毫米機槍（後座），
　　　　　300 千克炸彈

裝備範圍：偽滿洲國

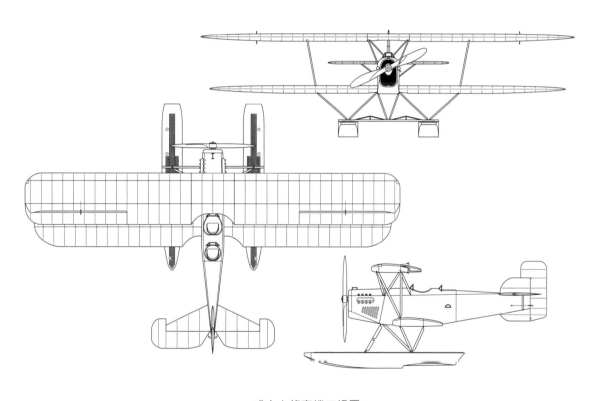

二式水上偵察機三視圖

簡　史：

　　二式水上偵察機是德國亨克爾 HD 25 的改良型。HD 25 是亨克爾公司應日本海軍要求研發的艦載偵察機，飛行性能良好，曾在日軍"長門"號戰列艦上測試。1934—1935 年，偽滿洲國海邊警察隊自日本海軍接收至少 3 架二式，編號"海邊 -9"至"海邊 -11"號。

愛知 九〇式一號水上偵察機
Aichi Type 90-1 Reconnaissance Seaplane

機　　種：艦載水上偵察機

用　　途：偵察 / 巡邏

乘　　員：2 人

製 造 廠：愛知時計電機（Aichi Tokei Denki Seizo Kabushiki Kaisha）

首　　飛：1931 年

機長 / 翼展 / 機高：8.45/11.5/3.67 米

淨重 / 全重：1118/1600 千克

最大速度 / 巡航速度：197/125 千米 / 小時

引　　擎：1 台日立金浦 90 型星型 9 缸氣冷發動機，300 馬力（Hitachi Tempu Type 90）

航　　程：735 千米

升　　限：4710 米

武　　備：1 挺固定式 7.7 毫米機槍（機首），1 挺可旋轉 7.7 毫米機槍（後座），2 枚 30 千克炸彈

裝備範圍：偽滿洲國

簡　史：

　　1932 年投產的九〇式一號水上偵察機（機體略番 E3A1）是德國亨克爾 HD 56 的仿製型，具有結構緊湊、視野良好、飛行性能優良等特點。1936—1937 年，偽滿洲國海邊警察隊自日本海軍接收至少 5 架九〇式，編號 "海警 -15" 至 "海警 -19" 號，其中 1 架是 "海威" 號警備船的艦載機。

九〇式一號水上偵察機

日本製飛機

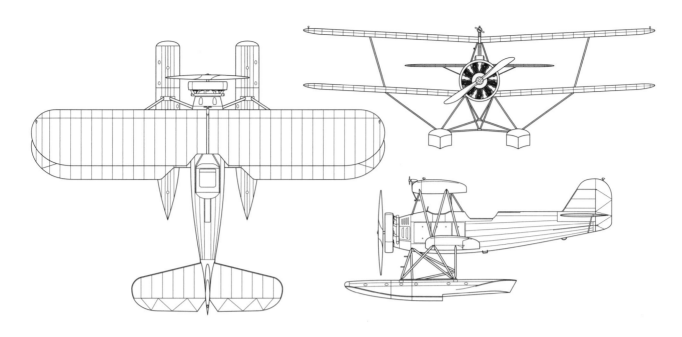

九○式一號水上偵察機三視圖

中島 甲式四型戰鬥機
Nakajima Army Ko-4 Fighter

機　種：戰鬥機

用　途：訓練

乘　員：1 人

製 造 廠：中島飛行機製作所（Nakajima Aircraft Company）

首　飛：1923 年

機長 / 翼展 / 機高：6.44/9.7/2.66 米

淨重/全重：850/1160 千克

引　擎：1 台三菱 - 希斯巴諾 - 蘇莎型 V 型 8 缸液冷發動機，320 馬（Mitsubishi-Hispano-Suiza）

最大速度 / 巡航速度：232/170 千米 / 小時

航　程：480 千米

升　限：7250 米

武　備：2 挺固定式 7.7 毫米維克斯機槍（機首），輕型炸彈

裝備範圍：國民政府、廣西、東北、偽滿洲國、（福建）

廣西空軍的甲式四型戰鬥機

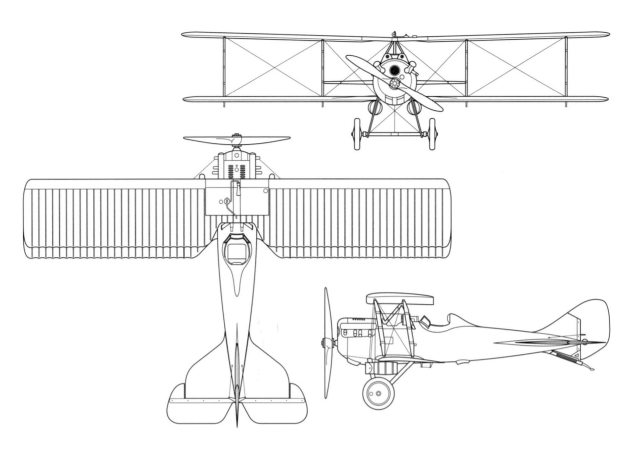

甲式四型戰鬥機三視圖

簡　史：

　　甲式四型戰鬥機以紐波特 - 德拉赫 NiD.29 型戰鬥機為基礎仿製，是 1920 年代日本陸軍航空隊的製式單座戰鬥機。1931 年"九·一八事變"時，日軍曾在中國東北大量集結該機準備作戰，但因東北軍未做抵抗而沒有參戰。

　　1930 年，東北當局向中島公司購得 6 架甲式四型，同年 6 月在日本所澤交付，其中 3 架於 6 月底運抵奉天，另外 3 架則於 7 月 27 日運抵。1931 年，東北當局又購得至少 4 架該型飛機，同年 7 月交付。"九·一八事變"後，東北空軍的甲式四型全部被日軍擄獲，其中 1 架移交偽滿洲國，是偽滿洲國陸軍航空隊成立時唯一的一架飛機。

　　1933 年 11 月，發動"福建事變"的第 19 路軍向日本訂購 1 批飛機，其中包括 10 架甲式四型，但由於事變被國民政府迅速平息，這批飛機未交付，後轉售廣西當局，1935 年 9 月運抵廣西梧州。甲式四型在交付時已過時，因此編入教導第 1 隊用於訓練。抗戰爆發後，該機併入國民政府空軍，供中央航校柳州分校訓練使用。1938 年柳州分校遷往昆明，剩餘 7 架該型飛機因機齡陳舊、不適飛行而退役報廢。

中島-福克"超級通用"/滿航一式/二式
Nakajima-Fokker Super Universal/Manko Type 1/Type 2

機　　種： 客機 / 運輸機

用　　途： 運輸 / 要人專機 / 訓練

乘　　員： 2+6 人

製 造 廠： 中島飛行機株式會社（Nakajima Hikōki
　　　　　　　Kabushiki Kaisha）

首　　飛： 1931 年

機長 / 翼展 / 機高： 11.09/15.43/2.82 米

淨重 / 全重： 1720/3000 千克

引　　擎： 1 台中島 Ha-1 "壽" 二改一型星型 9 缸
　　　　　　　氣冷發動機，460 馬力（Nakajima Ha-1
　　　　　　　Kotobuki 2 Kai1）

最大速度 / 巡航速度： 242/171 千米 / 小時

航　　程： 900 千米

升　　限： 6000 米

裝備範圍： 偽滿洲國、汪偽國民政府、偽蒙疆
　　　　　　　聯合自治政府、東北民主聯軍

日本製飛機

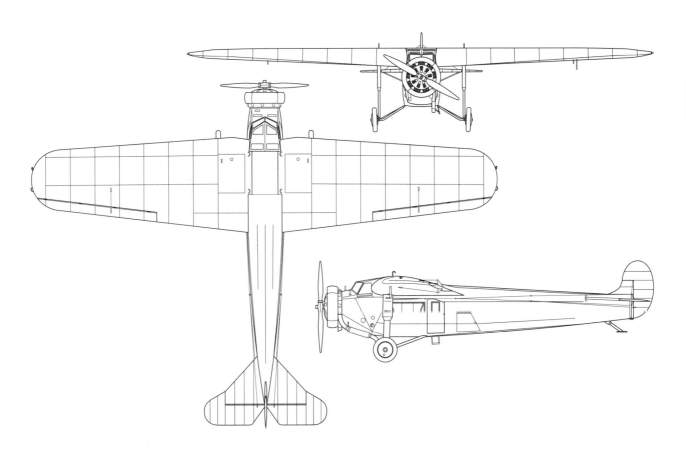

中島 - 福克 "超級通用" 客機 / 運輸機三視圖

簡　史：

　　該型飛機以福克美國公司製造的"超級通用"型運輸機為基礎仿製，延續了"超級通用"結構堅固可靠、飛行性能良好等特點，日本陸軍、海軍和航空公司均曾裝備。1933年，位於奉天的滿洲飛行機製造株式會社也開始仿製"超級通用"，型號為"滿航一式"，截至1936年10月，該株式會社共仿製35架，其中部分加裝拍照攝影裝置，型號改為"滿航二式"。

　　1932年10月22日，滿洲航空公司自日本接收4架"超級通用"，其中第1架於10月27日飛抵奉天。截至1933年6月，滿洲航空公司共接收16架該型飛機（後增至18架），用於運營並協助軍隊作戰。日蘇之間爆發"諾門罕事件"時，滿洲航空公司的該型飛機曾為日軍擔負運輸任務，有3架被蘇軍擊毀。

　　1935年7月8日，偽滿洲國將1架"滿航一式"移交偽蒙疆聯合自治政府，作為德穆楚克棟魯普親王專機使用，命名為"天馬"號，其飛行員初為日籍，後改由蒙古籍飛行員鮑慶祥駕駛。1945年8月19日鮑慶祥駕機飛往北平，拆除螺旋槳後棄置。另說偽蒙疆政府共有3架該型飛機，其中1架由日軍於1935年贈與，另外2架（"飛虎"號、"天馬"號）則為1943年購買，"飛虎"號由日本飛行員駕駛墜毀。另有數架該型飛機供滿洲國陸軍航空隊使用。汪偽政權也裝備至少1架該機，作為汪精衛專機使用。

　　1945年10月，東北民主聯軍自瀋陽奉集堡機場繳獲2架原日軍第4練成飛行隊的"超級通用"，其中1架為白色，另1架為青色，供東北民主聯軍運輸、訓練。

滿洲航空公司的 M-113 號"超級通用"

中島 九一式戰鬥機
Nakajima Army Type 91 Fighter

機　　種： 戰鬥機

用　　途： 戰鬥 / 訓練

乘　　員： 1 人

製 造 廠： 中島飛行機株式會社 (Nakajima Hikōki Kabushiki Kaisha)

首　　飛： 1931 年

機長 / 翼展 / 機高： 7.26/11/2.79 米

淨重 / 全重： 1075/1530 千克

引　　擎： 1 台中島 - 布里斯托 "木星" VII 型星型 9 缸氣冷發動機，520 馬力 (Nakajima-Bristol Jupiter VII)

最大速度 / 巡航速度： 300/268 千米 / 小時

航　　程： 750 千米

升　　限： 9000 米

武　　備： 2 挺固定式 7.7 毫米八九式機槍 (機首)

裝備範圍： 國民政府、廣西、偽滿洲國、(福建)

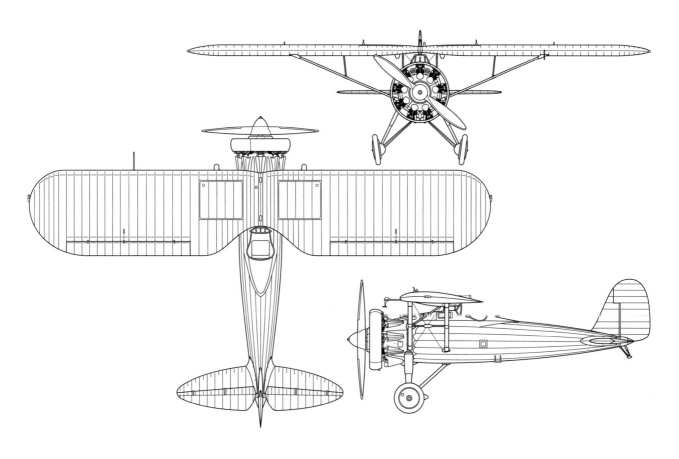

九一式戰鬥機三視圖

簡 史：

九一式戰鬥機是日本第一種自行設計且大規模裝備部隊的戰鬥機，於 1931 底投產，具有飛行速度快、爬升性能優良、視野良好等特點，很受飛行員歡迎。1932 年"一·二八事變"期間，該機曾參戰，但未與中國空軍戰鬥機相遇。抗戰爆發後，該機曾與中國空軍在太原上空交戰。

1933 年"福建事變"期間，第 19 路軍曾向日本訂購 1 批飛機，包括 12 架九一式。由於事變被迅速平息，這批飛機未能交付。1934 年，廣西當局購得 2 架九一式，同年 9 月運抵廣西梧州，其中 1 架在飛行表演時意外墜毀。1935 年廣西當局再次購得包括 12 架九一式在內的一批飛機（此前第 19 路軍所訂購者），9 月交付。九一式服役後編入教導第 1 隊，抗戰爆發後編入國民政府空軍第 32 中隊。1938 年 1 月 8 日，該中隊曾迎戰轟炸南寧的日本海軍水上偵察機，展開一場少有的日本飛機對日本飛機的空戰，結果擊落日機 2 架，自機損失 1 架。1938 年 5 月，第 32 中隊北上換裝伊 -152 戰鬥機，九一式移交第 34 中隊用於訓練。

1937 年 2 月，偽滿洲國陸軍航空隊成立後，曾裝備若干架九一式，滿洲航空公司也裝備有該型飛機。

日本製飛機

滿洲航空公司的九一式戰鬥機

瓦斯電 KR-1

Gasuden KR-1

機　　種：客機

用　　途：聯絡 / 運輸

乘　　員：1+3 人

製 造 廠：東京瓦斯電氣工業（Tokyo Gas and
Electric Industry）

首　　飛：1933 年

機長 / 翼展 / 機高：7.6/9.2/2.7 米

淨重/全重：576/964 千克

引　　擎：1 台瓦斯電 "神風" 三型星型 7 缸氣冷
發動機，150 馬力 (Gasuden Jimpu 3)

最大速度 / 巡航速度：198/159 千米 / 小時

航　　程：650 千米

升　　限：4200 米

裝備範圍：偽滿洲國

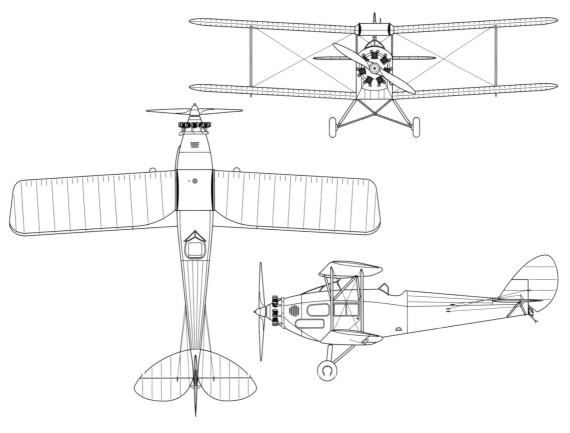

KR-1 客機三視圖

簡　史：

　　KR-1 以德·哈維蘭 DH.83 "狐蛾" 型客機為基礎研發，1934 年初投產，主要供日本國際航空公司和日本海軍使用。1935—1936 年，偽滿洲國海邊警察隊自日本海軍接收 2 架該型飛機，編號 "海警 -12" 和 "海警 -13" 號。

瓦斯電 KR-2
Gasuden KR-2

機　　種：客機

用　　途：聯絡 / 運輸

乘　　員：1+3 人

製 造 廠：東京瓦斯電氣工業（Tokyo Gas and
　　　　　Electric Industry）

首　　飛：1934 年

機長 / 翼展 / 機高：7.71/9.2/2.7 米

淨重 /全重：570/980 千克

引　　擎：1 台瓦斯電 "神風" 三型星型 7 缸氣冷
　　　　　發動機，150 馬力（Gasuden Jinpu 3）

最大速度 / 巡航速度：215/180 千米 / 小時

航　　程：750 千米

升　　限：4500 米

裝備範圍：偽滿洲國

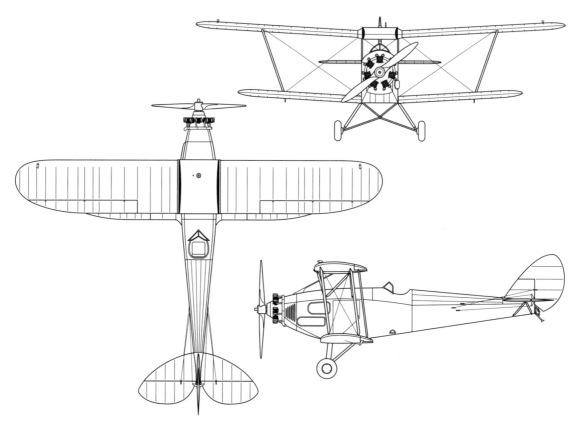

KR-2 客機三視圖

簡　史：

　　KR-2 是 KR-1 的改良型，換裝了新設計的機翼，1934 年底投產，主要供航空公司和日本海軍使用。1935—1936 年，偽滿洲國海邊警察隊自日本海軍接收 1 架該型飛機，編號 "海警 -14" 號。

波利卡波夫 U-2/ 波 -2
Polikarpov U-2/Po-2

機　　　種：教練機

用　　　途：訓練

乘　　　員：2 人

設　計　局：波利卡波夫設計局（Polikarpov Design Bureau）

首　　　飛：1928 年

機長 / 翼展 / 機高：8.17/11.4/3.1 米

淨重/全重：770/1030 千克

引　　　擎：1 台什維佐夫 M-11 型星型 5 缸氣冷發動機，125 馬力（Shvetsov M-11）

最大速度 / 巡航速度：152/110 千米 / 小時

航　　　程：630 千米

升　　　限：3000 米

裝備範圍：國民政府、新疆、解放軍空軍

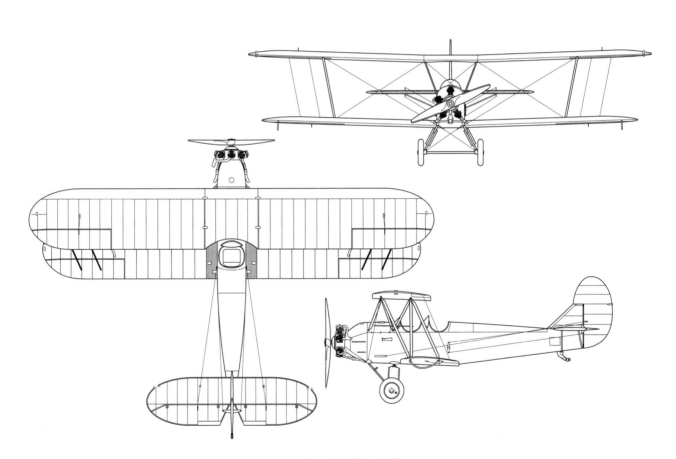

U-2/ 波 -2 教練機三視圖

簡　史：

　　U-2（У-2，後改為波-2/По-2）是波利卡波夫設計的最成功的教練機，也是航空史上產量最高的飛機之一，具有結構簡單堅固、飛行平穩、操控容易、用途廣泛、可短距起降等特點。二戰和朝鮮戰爭期間，部分該型飛機加裝機槍和炸彈架在夜間襲擾作戰中戰果頗豐。

　　1931年，新疆當局開始組建空軍，次年7月自蘇聯購得8架飛機，其中包括至少3架U-2。1933年盛世才出任新疆督辦後，繼續擴充空軍，向蘇聯購得18架飛機，其中包括U-2，這些飛機於1934年秋季毀於颶風。1936年1月1日，盛世才和蘇聯簽署新協議，繼續購買新機擴充空軍，並組建新航校，使用U-2和R-5訓練飛行員。中國工農紅軍曾借用蘇聯和盛世才的關係，派遣人員前往新疆學習飛行和機械。抗戰爆發後，根據1938年3月22日簽訂的合同，蘇聯向中國提供部分該型飛機供伊寧教導總隊訓練使用，具體數量不詳。

　　1949年8月，劉亞樓、呂黎平等人前往蘇聯商談購買飛機、聘請顧問、開辦航校等事宜。同年10月15日，第一批飛機通過滿洲里口岸運抵中國，其中包括21架波-2（代號"17號機"）。這些飛機主要用於空軍訓練飛行員，部分移交民用航空公司用於噴灑農藥等農業作業，後轉為運動特技飛機。1959年，解放軍空軍的最後9架波-2退役。

波利卡波夫 R-5
Polikarpov R-5

機　　種：偵察 / 轟炸機

用　　途：訓練 / 偵察 / 轟炸

乘　　員：2 人　　首　飛：1928 年

設　計　局：波利卡波夫設計局（Polikarpov Design Bureau）

機長 / 翼展 / 機高：10.56/15.5/3.25 米

淨重 / 全重：1969/2955 千克

引　　擎：1 台米庫林 M-17B 型 V 型 12 缸液冷發動機，680 馬力（Mikulin M-17B）

最大速度 / 巡航速度：228/205 千米 / 小時

航　　程：1000 千米

升　　限：6400 米

武　　備：1 挺固定式 7.62 毫米 PV-1 機槍（機首），2 挺可旋轉 7.62 毫米 PV-1 機槍（後座），250 千克炸彈

裝備範圍：國民政府、新疆

新疆航空隊的 R-5 偵察 / 轟炸機

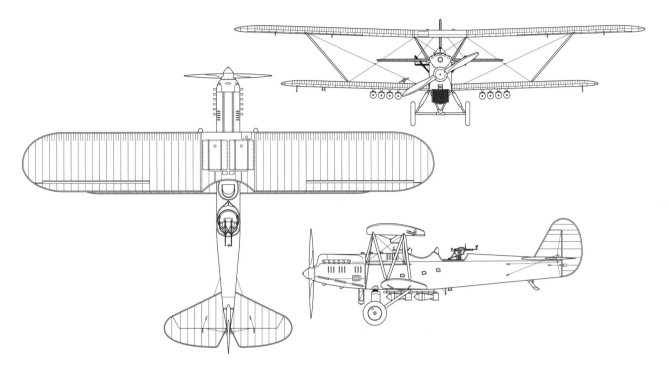

R-5 偵察 / 轟炸機三視圖

簡　史：

　　1930 年投產的 R-5（P-5）是 R-1 型偵察 / 轟炸機的後繼機，具有結構簡單、用途廣泛、易於維護、飛行穩定、操控容易、機動性能良好等特點，曾參加入侵波蘭、蘇芬戰爭和二戰，1944 年退役。

　　1933 年冬，新疆督辦盛世才開辦航空學校，向蘇聯購得 18 架飛機用於訓練，據稱包括 12 架蘇聯贈送的 R-5。這些飛機於 1934 年秋季被一場颶風毀壞，修復後，其中 7 架飛回蘇聯，另外 5 架則供新疆航校訓練使用。1936 年盛世才繼續購買該型飛機擴充新疆空軍，並組建新的航校。

　　抗戰爆發後，R-5 並未直接參戰，僅有部分新疆航校的蘇聯教官駕駛該型飛機對中國部分機場的情況進行評測。1937 年 6 月上旬南疆叛亂時，新疆當局派空軍前往參與平叛，執行偵察、轟炸任務。1944 年 9 月，航空委員會將包括 R-5 在內的 20 架飛機和器材編入西北混合隊。1947 年 11 月，西北混合隊撤銷，該型飛機退役停用。

加里寧 K-5
Kalinin K-5

機　種： 客機

用　途： 運輸

乘　員： 2+8 人

設 計 局： 加里寧設計局（Kalinin Design Bureau）

首　飛： 1929 年

機長 / 翼展 / 機高： 15.87/20.5/2.89 米

淨重/全重： 2362/3750 千克

引　擎： 1 台什維佐夫 M-22 型星型 9 缸氣冷發動機，473 馬力（Shvetsov M-22）

最大速度 / 巡航速度： 187/157 千米 / 小時

航　程： 950 千米

升　限： 4270 米

裝備範圍： 新疆

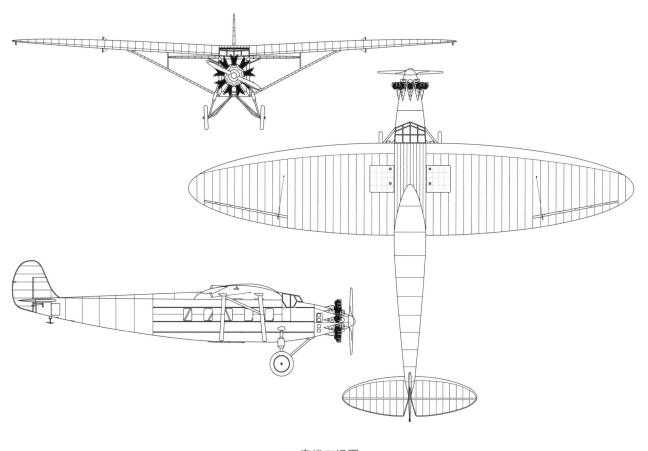

K-5 客機三視圖

簡　史：

　　K-5（K-5）是上世紀二三十年代蘇聯產量最多的客機。該型飛機以 K-4 為基礎研發，於 1929 年投產，實質上是 K-4 的放大型。1932 年 7 月，新疆當局向蘇聯購得 8 架飛機，其中包括 2 架 K-5。

福克 D.XVI

Fokker D.XVI

機　種：戰鬥機

用　途：戰鬥 / 偵察

乘　員：1 人　　首　飛：1929 年

製造廠：福克公司 (Fokker)

機長 / 翼展 / 機高：7.2/9.4/2.7 米

淨重 / 全重：990/1400 千克

最大速度 / 巡航速度：330/286 千米 / 小時

航　程：640 千米

引　擎：1 台阿姆斯特朗・西德利 "美洲虎" VIIA 型星型 14 缸氣冷發動機，460 馬力 (Armstrong Siddeley Jaguar VIIA)

武　備：2 挺固定式 7.92 毫米 FN 勃朗寧機槍（機首）

裝備範圍：東北、偽滿洲國

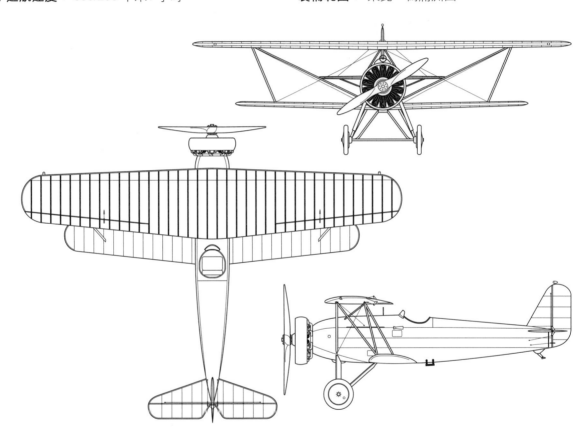

D.XVI 戰鬥機三視圖

簡　史：

　　D.XVI 研發於 1920 年代後期，主要用於取代老舊的福克 D.VII。1931 年 4 月 4 月，張學良與福克公司簽訂合同，訂購 D.XVI 和 C.VE 各 30 架，並由福克公司自費運送樣機各 1 架到奉天測試。其中 D.XVI 於 1931 年 5 月運往中國，7 月 25 日運抵奉天並飛行表演，但未被東北空軍接收。"九・一八事變"後，該機被日軍擄獲，後移交滿洲航空公司使用（編號 M-301）。

移交滿洲航空公司的 D.XVI，機身兩側漆有編號 M-301。

福克 C.VE
Fokker C.VE

機　　種： 偵察 / 轟炸機

用　　途： 偵察 / 轟炸

乘　　員： 2 人　　**首　　飛：** 1926 年

製 造 廠： 福克公司 (Fokker)

機長 / 翼展 / 機高： 9.53/15.3/3.38 米

淨重 / 全重： 1390/2390 千克

引　　擎： 1 台阿姆斯特朗・西德利 "美洲虎" VIIA 型星型 14 缸氣冷發動機，460 馬力 (Armstrong Siddeley Jaguar VIIA)

最大速度： 222 千米 / 小時

航　　程： 1000 千米

升　　限： 5400 米

武　　備： 1 挺固定式 7.92 毫米 FN 勃朗寧機槍（機首），1-2 挺可旋轉 7.92 毫米 FN 勃朗寧機槍（後座），16 枚 8 千克炸彈或 4 枚 50 千克炸彈

裝備範圍： （東北）、偽滿洲國

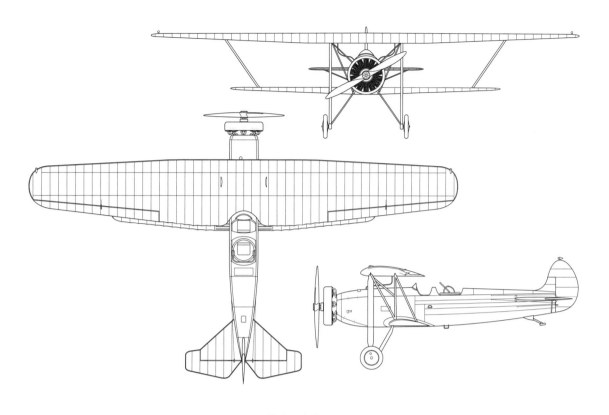

C.VE 偵察 / 轟炸機三視圖

簡　史：

　　C.V 研發於 1920 年代初，具有結構簡單、價格低廉、飛行穩定、操縱性好等特點，廣受歡迎，並有多種亞型，C.VE 是偵察 / 轟炸亞型。

　　1931 年 4 月 4 日，張學良向福克公司訂購 C.VE 和 D.XVI 各 30 架。C.VE 的樣機於 10 月初運抵天津，由於此時奉天已被日軍佔領，該機改運往北平，後被滿洲航空公司接收（編號 M-302）。

C.VE 偵察 / 轟炸機，左側是 D.XVI 戰鬥機。

福克 F.VIIb/3M

Fokker F.VIIb/3M

機　　種：客機	**用　　途**：運輸	**引　　擎**：	3 台萊特 J-6-9 "旋風" 型星型 9 缸氣
乘　　員：2+10 人			冷發動機，每台 300 馬力 (Wright J-6-9
製 造 廠：福克公司 (Fokker)			Whirlwind)
首　　飛：1927 年		**最大速度**：207 千米 / 小時	
機長 / 翼展 / 機高：14.5/21.71/3.9 米		**航　　程**：1200 千米	
淨重 / 全重：3049/5300 千克		**裝備範圍**：偽滿洲國	

荷蘭製飛機

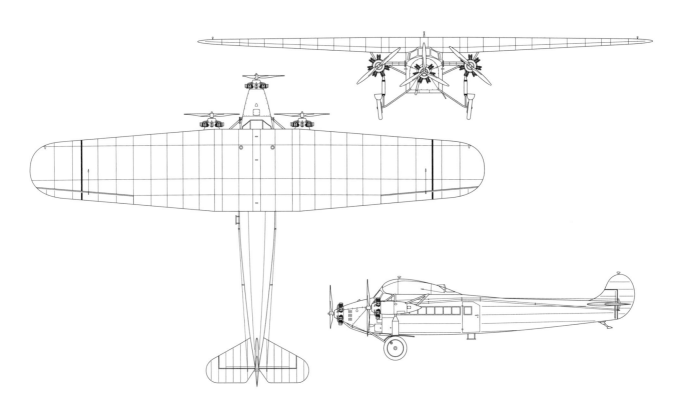

F.VIIb/3M 客機 / 運輸機三視圖

簡　史：

　　F.VII/3M 又稱福克三發，是 1920 年代最成功的客機，開創了眾多重要航線。F.VIIb/3M 是其主要生產型號，廣受航空公司歡迎，暢銷多個國家，並對航空業的發展有着深遠影響，在上世紀二三十年代大量的三發飛機上都可看到福克三發的影子。

　　1932 年 10 月 22 日，滿洲航空公司自日本接收 1 架 F.VIIb/3M（編號 M-501），不久後又接收 1 架（編號 M-502），主要供滿洲航空公司營運使用，同時協助軍隊作戰。

菲亞特 BR.3
Fiat BR.3

機　　　種：轟炸機

用　　　途：轟炸 / 偵察 / 戰鬥 / 訓練

乘　　　員：2 人

製　造　廠：菲亞特航空公司 (Fiat Aviazione)

首　　　飛：1930 年

機長 / 翼展 / 機高：10.66/17.3/3.91 米

淨重 / 全重：2646/4195 千克

引　　　擎：1 台菲亞特 A.25 型 V 型 12 缸液冷發
　　　　　　動機，1090 馬力 (Fiat A.25)

最大速度 / 巡航速度：240/206 千米 / 小時

航　　　程：1126 千米

升　　　限：6309 米

武　　　備：1 挺固定式 7.7 毫米維克斯機槍（機首
　　　　　　左側），1 挺可旋轉 7.7 毫米劉易斯機
　　　　　　槍（後座），720 千克炸彈

裝備範圍：國民政府

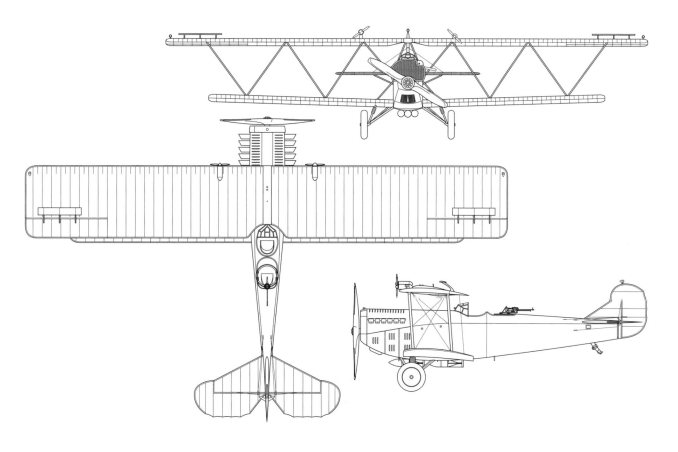

BR.3 轟炸機三視圖

意大利製飛機

簡　史：

BR.3 是 BR 輕型轟炸機的最終量產型，由 BR.2 改良而成，1930 年投產，是 1920 年代初意大利空軍的主力輕型轟炸機。

1932 年 6 月 30 日，國民政府通過義興洋行（Compagnia Italiana D'Estremo Oriente）購得 20 架 BR.3，以《辛丑條約》中對意大利賠款的退款支付，同時意方派遣軍事顧問團前來中國協助建設空軍，並持續出售給中國新型意製飛機。該型飛機於 1933 年分批運抵中國，編入轟炸第一隊服役，先後執行平定福建事變、圍剿江西紅軍、轟炸革命根據地等戰鬥任務，直到抗戰爆發前一直是國民政府空軍一線作戰機種之一。抗戰前期，中國空軍實力匱乏，該機也曾參與攔截日軍飛機，但因其飛行速度過慢，作用不大，且未與日機交戰。

菲亞特 CR.30
Fiat CR.30

機　　種：	戰鬥機	航　　程：	850 千米
用　　途：	戰鬥 / 攻擊	升　　限：	8350 米
乘　　員：1 人　　首　飛：1932 年		引　　擎：	1 台菲亞特 A.30 RA 型 V 型 12 缸液冷
製　造　廠：	菲亞特航空公司（Fiat Aviazione）		發動機，600 馬力（Fiat A.30 RA）
機長 / 翼展 / 機高：7.88/10.55/2.78 米		武　　備：	2 挺固定式 7.7 毫米維克斯機槍（機首）
淨重 / 全重：1345/1895 千克		裝備範圍：	國民政府
最大速度：351 千米 / 小時			

簡　史：

CR.30 研發於 1930 年代初，1933 年投產，外形修長美觀，結構堅固，飛行性能良好，其燃料是由 55% 汽油、23% 酒精和 22% 苯組成的混合物。

1933 年，國民政府通過義興洋行購得 2 架 CR.30，為保障彈藥的充足供應，為其換裝了 7.7 毫米維克斯機槍。該型飛機與後來購得的 CR.32 型戰鬥機均被中國飛行員稱為"飛雅特"式，交付後由筧橋航校保管使用，曾用於執行圍剿紅軍、攻擊革命根據地等任務，其中一架於 1937 年被紅軍擊落（一説為失事墜毀）。

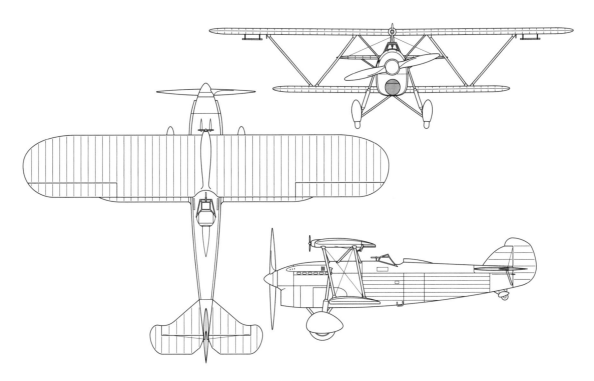

CR.30 戰鬥機三視圖

菲亞特 CR.32
Fiat CR.32

機　　種：戰鬥機

用　　途：戰鬥 / 訓練

乘　　員：1 人

製 造 廠：菲亞特航空公司（Fiat Aviazione）

首　　飛：1933 年

機長 / 翼展 / 機高：7.47/9.5/2.36 米

淨重 / 全重：1455/1975 千克

引　　擎：1 台菲亞特 A.30 RA 比斯型 V 型 12 缸
液冷發動機，600 馬力（Fiat A.30 RA-
Bis）

最大速度 / 巡航速度：360/322 千米 / 小時

航　　程：781 千米

升　　限：8800 米

武　　備：2 挺固定式 7.7 毫米維克斯機槍（機
首），100 千克炸彈

裝備範圍：國民政府

CR.32 戰鬥機

　　CR.32 以 CR.30 為基礎研發，1934 年投產，保留 CR.30 所有優點的同時，其速度和靈活性獲得提高，纏鬥性能非常優秀，深受飛行員喜愛，被譽為 1930 年代最傑出的雙翼戰鬥機。

　　1934 年，國民政府聽從意大利軍事顧問團建議，通過義興洋行訂購 24 架 CR.32，實際僅購得 22 架（一說為 16 架），其中第 1 批 9 架於同年交付。這批飛機是菲亞特公司量產的首批 CR.32，由於墨索里尼政府同意優先提供新式戰機給中國，因此未交付意大利空軍。第 2 批 13 架則於 1935 年初交付，編入第 3 大隊第 8 中隊服役，有 5 架在訓練中損失。該型飛機與此前購得的 CR.30 一樣，換裝 7.7 毫米維克斯機槍以保障彈藥充足供應，並去除機鼻部位小油箱的散熱片，部分該型飛機沒有安裝無線電裝置。中國飛行員對 CR.32 非常喜愛，認為其不僅外觀美觀，機動性和操控性也非常優秀，但一些空軍軍官則因其使用的混合燃料獲取困難而持負面看法。抗戰爆發後，第 8 中隊移防江蘇句容，擔負南京的防空任務，曾多次攔截來襲日機，並有擊落日機記錄。南京被日軍攻陷後，中國空軍的 CR.32 全部損失。

意大利製飛機

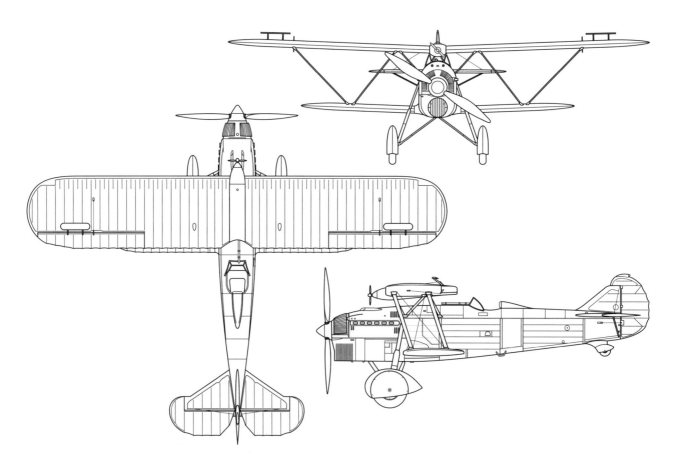

CR.32 戰鬥機三視圖

卡普羅尼 Ca.101
Caproni Ca.101

機　種：運輸 / 轟炸機

用　途：轟炸 / 運輸 / 訓練

乘　員：4—5 人

製 造 廠：米蘭・卡普羅尼意大利公司（Società Italiana Caproni, Milano）

首　飛：1927 年

機長 / 翼展 / 機高：14.37/19.68/3.89 米

淨重 / 全重：3437/5133 千克

引　擎：3 台比亞喬・斯特拉 VII 型星型 7 缸氣冷發動機，每台 370 馬力（Piaggio Stella VII）

最大速度 / 巡航速度：250/205 千米 / 小時

航　程：1000 千米

升　限：6000 米

武　備：2 挺可旋轉 7.7 毫米劉易斯機槍（機背、機腹各 1 挺），800 千克炸彈

裝備範圍：國民政府

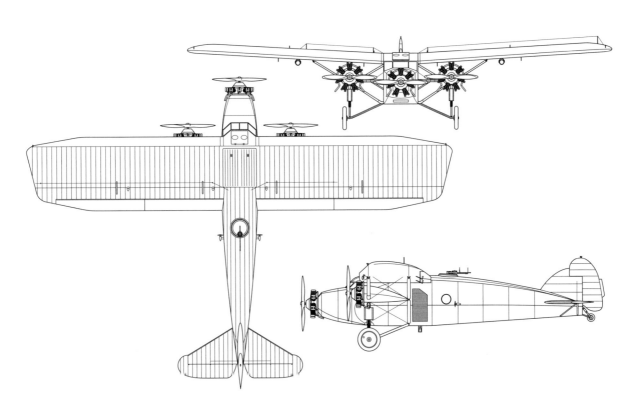

Ca.101 運輸 / 轟炸機三視圖

簡　史：

　　Ca.101 以 Ca.97 型多用途運輸機為基礎研發，實質上是 Ca.97 的放大型，於 1927 年投產，主要用於非洲的利比亞、厄立特里亞和意屬索馬里等地的運輸任務，曾參加意大利入侵埃塞俄比亞的戰爭。1933 年，國民政府向卡普羅尼公司購買 14 架 Ca.101，首架於同年秋季運至杭州筧橋航校試用。由於當時該機性能已落伍，因此僅接收 1 架。

卡普羅尼 Ca.111RC/Ca.111C
Caproni Ca.111RC/Ca.111C

機　　種： 偵察／轟炸機

用　　途： 偵察／巡邏／轟炸／運輸／訓練／要人專機

乘　　員： 3+7 人　　　**首　　飛：** 1932 年

製 造 廠： 米蘭・卡普羅尼意大利公司（Società Italiana Caproni, Milano）

機長／翼展／機高： 15.3/19.68/3.85 米

淨重／全重： 3418/5418 千克（Ca.111RC），3490/5490 千克（Ca.111C）

最大速度／巡航速度： 280/255 千米／小時（Ca.111RC），290/- 千米／小時（Ca.111C）

航　　程： 2250 千米（Ca.111RC）/1300 千米（Ca.111C）

引　　擎： 1 台伊索塔・弗萊齊尼・埃索 750 RC35 型 W 型 18 缸液冷發動機，850 馬力（Isotta Fraschini Asso 750 RC 35）（Ca.111RC）；1 台伊索塔・弗萊齊尼・埃索 750 RC 型 W 型 18 缸液冷發動機，950 馬力（Isotta Fraschini Asso 750 RC）（Ca.111C）

升　　限： 6700 米

武　　備： 4 挺可旋轉 7.7 毫米劉易斯機槍（機背、機腹、機身左右各 1 挺），600 千克炸彈

裝備範圍： 國民政府

簡 史：

　　Ca.111 以 Ca.101 為基礎研發，1932 年投產，結構堅固可靠，飛行性能良好，具有多種亞型。Ca.111RC 是 1934 年推出的改良型，換裝發動機和可在地面調整槳距的金屬三葉螺旋槳。Ca.111C 是專供外銷中國的亞型，換裝大功率發動機，機首裝有大型散熱器。

　　1934 年，墨索里尼將 1 架拆除武備等設施，改裝為豪華客機的 Ca.111RC 派往中國，作為送給蔣介石的禮物。該機於 7 月運抵杭州，8 月飛往南京，作為蔣介石專機使用（一說為 2 架，其中 1 架在南京、江西等地展銷，另 1 架則是送給蔣介石的禮物），後撥給南昌基地的轟炸訓練班，1937 年調回委員長侍從室。由於該機使用狀況良好，1934 年國民政府通過義興洋行購得 6 架 Ca.111C，1935 年初交付，編入第 9 中隊服役，曾用於圍剿紅軍。1936 年 1 月 29 日，1 架該型飛機執行人員運輸任務時撞山墜毀，其餘 5 架後調往廣東，編入第 18 中隊，用於執行沿海偵察、巡邏等任務，抗戰爆發後調回第 10 中隊（原第 9 中隊）用於華東、華北戰場的運輸補給任務。

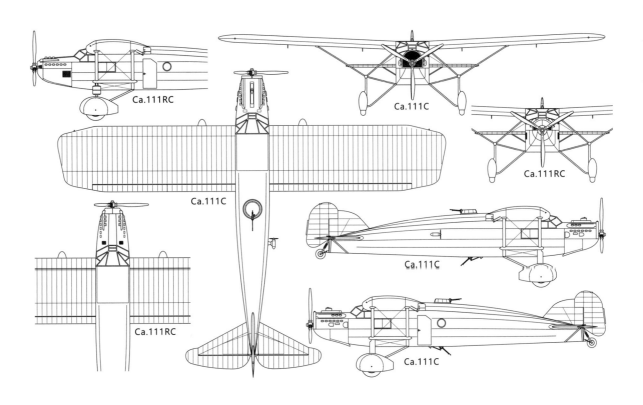

Ca.111RC/C 運輸 / 轟炸機四視圖

意大利製飛機

319

第 9 中隊的 903 號 Ca.111C 運輸 / 轟炸機

卡普羅尼 Ca.113
Caproni Ca.113

機　種：教練機　　**用　途**：訓練

乘　員：2 人

製 造 廠：米蘭・卡普羅尼意大利公司 (Società Italiana Caproni, Milano)

首　飛：1931 年

機長 / 翼展 / 機高：7.3/10.5/2.7 米

淨重 / 全重：850/1100 千克

引　擎：1 台比亞喬・斯特拉 VII C.35 型星型 7 缸氣冷發動機，370 馬力 (Piaggio Stella VII C.35)

最大速度 / 巡航速度：250/210 千米 / 小時

航　程：300 千米

升　限：7315 米

裝備範圍：國民政府

簡　史：

　　Ca.113 以 Ca.100 為基礎研發，1931 年投產，飛行性能良好，大多供民用航空俱樂部使用。1933 年 12 月，1 架註冊號為 I-AAXO 的 Ca.113 運往中國展銷，曾在上海、南京飛行表演，1934 年夏季運回意大利。據稱 1936 年國民政府向卡普羅尼公司購得數架該機，供南昌基地訓練使用。

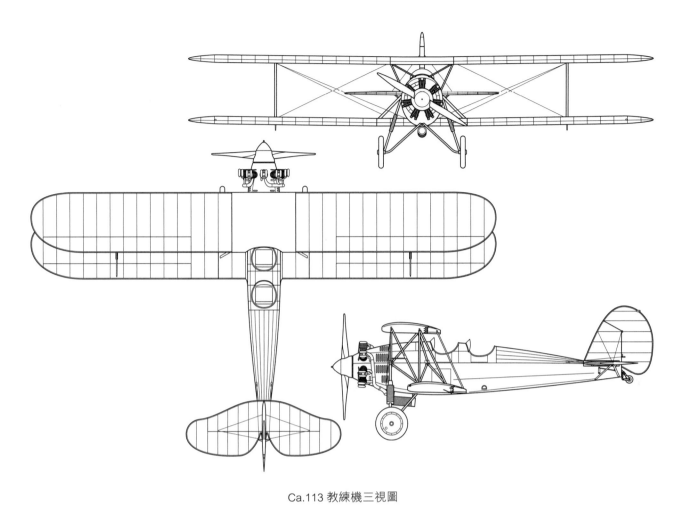

Ca.113 教練機三視圖

布雷達 Ba.25
Breda Ba.25

機　種：教練機　**用　途**：訓練	**引　擎**：1 台阿爾法・羅密歐 "山貓" 型星型 7
乘　員：2 人	缸氣冷發動機，240 馬力 (Alfa Romeo
製 造 廠：埃內斯托・布雷達公司 (Società	Lynx)
Italiana Ernesto Breda)	**最大速度/巡航速度**：205/165 千米/小時
首　飛：1931 年	**航　程**：400 千米
機長/翼展/機高：7.8/9.98/2.83 米	**升　限**：4900 米
淨重/全重：788/1037 千克	**裝備範圍**：國民政府

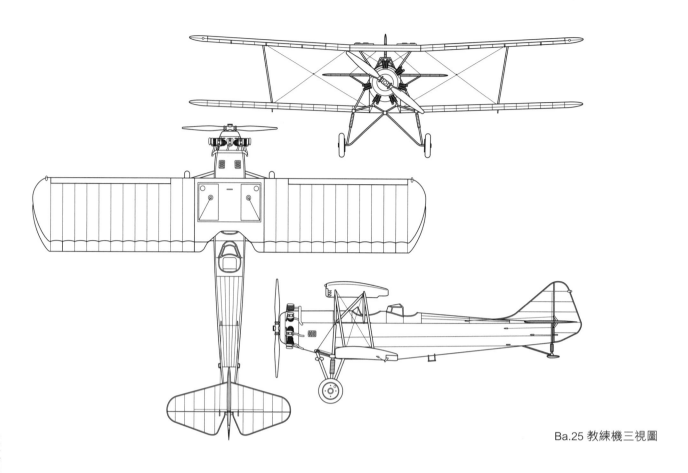

Ba.25 教練機三視圖

簡　史：

　　1931 年首飛成功的 Ba.25 是 1930 年代意大利使用的最廣泛的教練機。該型飛機除作為意大利空軍的標準教練機服役外，同時供民間使用和出口。1934 年，國民政府通過義興洋行購得 20 架 Ba.25（編號 NB1-NB20），供洛陽航校訓練使用。該型飛機於同年交付，使用不久即發現其發動機存在不可靠等問題，1936 年被 Ba.28 取代。

Ba.25 教練機

布雷達 Ba.28

Breda Ba.28

機　　種： 教練機

用　　途： 訓練

乘　　員： 2 人

製　造　廠： 埃內斯托・布雷達公司（Società Italiana Ernesto Breda）

首　　飛： 1936 年

機長 / 翼展 / 機高： 8.7/10/2.9 米

淨重 / 全重： 790/1200 千克

引　　擎： 1 台比亞喬・斯特拉 P.VII 型 7 缸氣冷發動機，370 馬力（Piaggio Stella P.VII）

最大速度 / 巡航速度： 240/215 千米 / 小時

航　　程： 400 千米

升　　限： 7500 米

裝備範圍： 國民政府

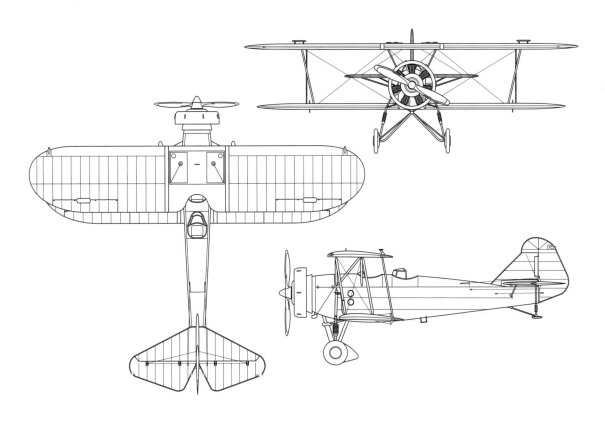

Ba.28 教練機三視圖

簡　史：

　　Ba.28 以 Ba.25 為基礎研發，於 1936 年 6 月在威尼斯航展上首度亮相，特點是換裝大功率發動機，氣動性能改善，飛行性能提高，但操控性較差。1936 年，國民政府通過義興洋行購得 18 架該型飛機用於取代 Ba.25。

Ba.28 教練機

布雷達 Ba.27M
Breda Ba.27M

機　　種：	戰鬥機	航　　程：	750 千米
用　　途：	戰鬥 / 訓練	引　　擎：	1 台阿爾法・羅密歐 "水星" IVA 型
乘　　員：	1 人　　首　飛： 1934 年		星型 9 缸氣冷發動機 (Alfa Romeo
製 造 廠：	埃內斯托・布雷達公司 (Societ à		Mercury IVA)
	Italiana Ernesto Breda)	升　　限：	9000 米
機長 / 翼展 / 機高：	7.6/10.7/3.4 米	武　　備：	2 挺固定式 12.7 毫米布雷達 SAFAT
淨重/全重：	1260/1790 千克		機槍
最大速度 / 巡航速度：	380/335 千米 / 小時	裝備範圍：	國民政府

簡　史：

　　Ba.27M 是在 Ba.27 基礎上推出的改良型，結構改為金屬製，換裝光滑的鋁製蒙皮、NACA 型整流罩和三葉金屬螺旋槳，尾翼擴大，飛行性能改善，但未獲得意大利空軍青睞。

　　1935 年，國民政府經意大利軍事顧問團推薦，向布雷達公司訂購 18 架 Ba.27M。這些飛機僅有 9 架於 1935 年交付中國（一說為 11 架），編入第 7 中隊服役，編號 701—709。由於該型飛機技術不成熟，燃油系統有缺陷，短短 1 年內就有 5 架墜毀，4 名飛行員遇難，後僅用於訓練。抗戰爆發後，殘存的 Ba.27M 編入空軍暫編第 29 中隊駐防廣東，在該中隊換裝霍克 III 後除役。

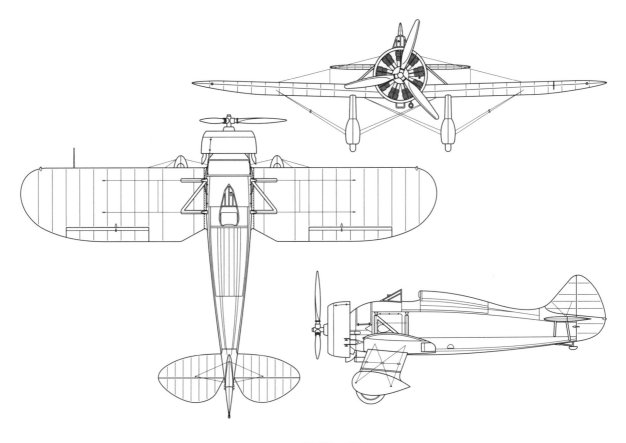

Ba.27M 戰鬥機三視圖

Ba.27M 戰鬥機

薩沃亞 - 馬爾凱蒂 SM.72
Savoia-Marchetti SM.72

機　　種：運輸 / 轟炸機

用　　途：轟炸 / 運輸 / 要人專機

乘　　員：4+20 人　　首　　飛：1932 年

製　造　廠：薩沃亞 - 馬爾凱蒂公司（Savoia-
Marchetti）

機長 / 翼展 / 機高：19.95/29.68/5.5 米

淨重 / 全重：6800/12800 千克

最大速度 / 巡航速度：295/235 千米 / 小時

航　　程：2000 千米　　升　　限：8000 米

引　　擎：3 台阿爾法·羅密歐 "飛馬" II 型星型
9 缸氣冷發動機，每台 550 馬力（Alfa
Romeo Pegasus II）

武　　備：6 挺可旋轉 7.7 毫米機槍（機首 1 挺，
機背 2 挺，機腹、機身左右各 1 挺），
1000 千克炸彈

裝備範圍：國民政府

意大利製飛機

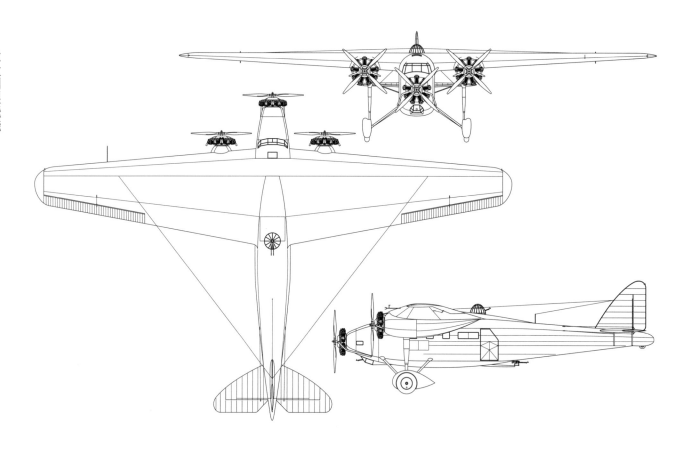

SM.72 運輸 / 轟炸機三視圖

簡　史：

　　SM.72 研發於 1930 年代初，實質上是 SM.71 型客機的放大強化版本，其原型機曾創造多項飛行記錄，但未獲得意大利軍方青睞。薩沃亞 - 馬爾凱蒂公司後將其武備及轟炸觀察窗等設施拆除，改裝為豪華客機交給墨索里尼。

　　1935 年 7 月 6 日，墨索里尼派改裝後的 SM.72 飛往中國，贈予蔣介石，作為中意友誼的象徵。該機於 8 月 4 日自上海轉飛南昌，編配在委員長侍從室機隊組，作為宋美齡專機使用。經評估測試後，國民政府於同年向薩沃亞公司訂購 20 架 SM.72，後減為 6 架。這 6 架該型飛機換裝四葉螺旋槳，1936 年初交付。由於 SM.72 的原型機前後飛行距離超過 1.5 萬千米，沒有發生任何事故，因此國民政府空軍曾計劃使用該型飛機突襲日本的吳、佐世保兩處軍港，並多次進行載重極限飛行、無線電定位、儀器飛行及海洋長途飛行等訓練。最終由於訓練不足、飛機性能有限和全民族抗戰的爆發，該計劃被迫終止，SM.72 改為執行運輸補給任務。1937 年 12 月，有 2 架該型飛機在日軍空襲南昌時被炸毀。

意大利製飛機

第 10 中隊 1002 號 SM.72 運輸 / 轟炸機，
左側是第 9 中隊的 905 號 Ca.111C 運輸 / 轟炸機。

抗戰期間中美聯合空軍的 B-25C 型轟炸機

第三章
全面抗戰時期
（1937—1945）

朱家仁 "蘇州" 號

Chu Chajen Suchow

機　種：教練機　　　　　　製 造 者：朱家仁
用　途：訓練　　　　　　首　飛：1937年
乘　員：2人　　　　　　裝備範圍：國民政府

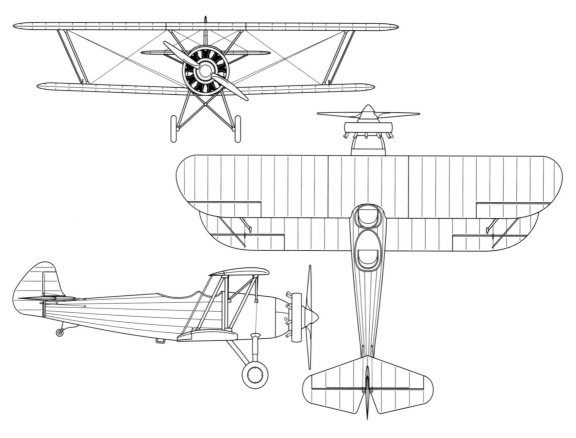

"蘇州" 號教練機三視圖

簡　史：

　　"蘇州" 號由中國直升機先驅朱家仁 (1900—1985) 研發，於 1930 年申請政府撥款製造。該機原計劃在山東製造，並在製成後開設飛機製造廠，後由於政治原因改在蘇州朱家仁家中製造。

　　"蘇州" 號於 1937 年 3 月製成，裝有 1 台 200 馬力的萊特 "旋風" 型發動機，上下翼均裝有副翼，通過連杆聯動，座艙為敞開式縱列雙座，沒有安裝風擋玻璃。在航空委員會對該機進行技術檢測後，於同年 5 月 18 日由航空委員會作戰科科長羅機試飛成功。該機後交給航空委員會，計劃投產用於訓練飛行員，因抗戰爆發被迫終止。

滿飛 MT-2
Mansyū MT-2

機　　種： 客機/通用飛機

用　　途： 原型幾

乘　　員： 1+4人

製 造 廠： 滿洲飛行機製造株式會社（Manchuria Aviation Company）

首　　飛： 1938年

引　　擎： 1台梅納斯克C6S型倒置直列型6缸氣冷發動機，250馬力（Menasco C6S）

裝備範圍： 偽滿洲國

簡　史：

MT-2 由日本設計師林元設計，外觀與高德隆"西穆恩"型通用飛機（Caudron Simoun）頗為相似，僅製造 1 架，於 1938 年夏季建成並試飛測試。由於"梅賽施密特 BF 108"的批量引進，該機未投產。

MT-2 客機 / 通用飛機

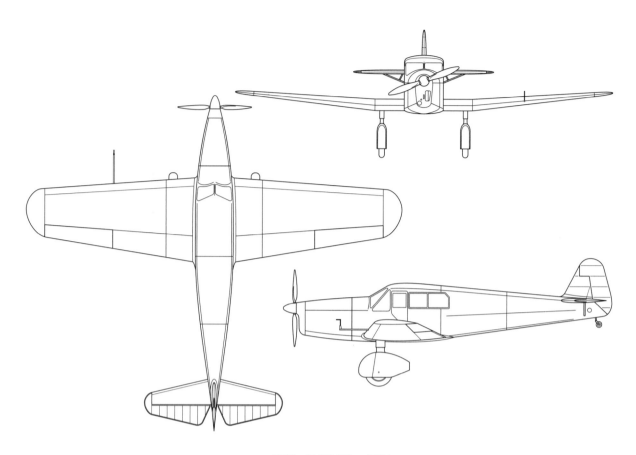

MT-2 客機 / 通用飛機三視圖

滿飛 キ 71

Mansyū Ki-71

機　　種： 偵察/轟炸機

用　　途： 原型機

乘　　員： 2人

首　　飛： 1941年

製 造 廠： 滿洲飛行機製造株式會社
（Manchuria Aviation Company）

機長/翼展/機高： 9.21/12.1/2.73米

淨重/全重： 2225/3163千克

引　　擎： 1台三菱ハ112-II型星型14缸氣冷發動機，1300馬力（Mitsubishi Ha-112-II）

最大速度： 470千米/小時

升　　限： 10300米

武　　備： 2門固定式Ho-5型20mm航炮（機翼），1挺可旋轉Ho-103型12.7mm機槍（後座），200-400千克炸彈

簡　史：

　　キ71 試作軍偵以九九式襲擊機為基礎研發，特點是換裝可收放起落架和大功率發動機，以增加飛行速度，提高戰場存活率。該型飛機共製造 3 架，由於強化的武備和起落架收放裝置導致重量增加，飛行性能沒有顯著提高，因此未投產，盟軍代號"埃德娜"（Edna）。

794 キ 71 偵察 / 轟炸機

滿飛二式高等練習機
Mansyū Army Type 2 Advanced Trainer

機　　種： 教練機　　**用　　途：** 訓練	
乘　　員： 1人（甲型），2人（乙型）	
首　　飛： 1942年	
製 造 廠： 滿洲飛行機製造株式會社	
（Manchuria Aviation Company）	
機長/翼展/機高： 7.85/11.5/3米	
全　　重： 1300千克（甲型），1439千克（乙型）	
引　　擎： 1台日立 ハ 13甲型星型9缸氣冷發動	
機，510馬力（Hitachi Ha.13a-I）	

最大速度/巡航速度： 340/286千米/小時（甲型），
　　　　　　　　　　　330/280千米/小時（乙型）

航　　程： 920千米（甲型），880千米（乙型）

升　　限： 5600米（甲型），5395米（乙型）

武　　備： 1挺固定式7.7毫米八九式機槍（甲型）

裝備範圍： 國民政府、偽滿洲國、東北民主聯軍/
　　　　　　解放軍空軍

備　　註： 二式高練甲型、二式高練乙型參數

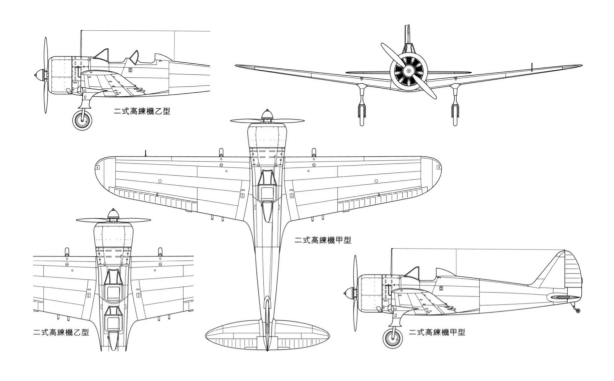

二式高練機乙型

二式高練機甲型

二式高練機乙型

二式高練機甲型

二式高等練習機三視圖

簡　史：

　　二式高等練習機（キ番號キ79）以九七式戰鬥機為基礎研發，特點是改用小功率發動機和敞開式駕駛艙，有3種亞型。二式高練甲型（キ79甲）是單座教練型，裝有1挺機槍；二式高練乙型（キ79乙）是裝有雙套控制系統的雙座教練型，沒有固定武器，二戰後期曾用於神風特攻；二式高練丙型（キ79丙）是1944年推出的單座型，換裝功率進一步降低的日立ハ13丙型發動機，除機身結構外均改為木製，飛行性能降低，最大速度僅280千米/小時。滿飛公司曾計劃在其基礎上製造雙座的二式高練丁型，但並未落實。

　　二式高練共製造1379架，供偽滿洲國、日本、印度尼西亞和泰國使用。抗戰勝利後，國民政府曾短暫使用自日本接收的少量二式高練甲型和乙型。東北民主聯軍於1945年10月在瀋陽奉集堡機場繳獲數架二式高練乙型，由於缺乏備件無法使用，直到國共內戰後期，才獲得大量器材得以修復使用。1948年4月，解放軍空軍第一個殲擊機中隊——東北人民解放軍航空學校一大隊在湯原縣（今屬黑龍江佳木斯市）成立時，即裝備有2架二式高練乙型。1949年11月中國人民解放軍空軍正式成立時，仍有3架二式高練乙型在第7航校服役，曾用於訓練第一批女飛行員，於1953年退役。

東北民主聯軍航校使用的二式高練乙型

滿飛 キ 116
Mansyū Ki-116

機　　種：戰鬥機　　用　　途：原型機

乘　　員：1人　　淨　　重：2300千克

製 造 廠：滿洲飛行機製造株式會社
（Manchuria Aviation Company）

機長/翼展/機高：9.93/11.3/3.7米

引　　擎：1台三菱ハ112-II "金星" 型星型14缸
氣冷發動機，1500馬力（Mitsubishi
Ha-112-II Kinsei）

最大速度/巡航速度：619/499千米/小時

航　　程：805千米

升　　限：10104米

武　　備：2挺固定式12.7毫米Ho-103機槍（機首），
2門固定式20毫米Ho-5航炮（機翼）

裝備範圍：偽滿洲國

簡　史：

　　キ 116 是滿飛公司在其製造的第 4 架四式戰鬥機 "疾風" 基礎上改造而成，換裝 1 台與百式司偵三型相同的ハ 112-II 型發動機和三葉螺旋槳，尾翼面積擴大。由於其發動機功率較低，因此飛行性能降低，機動性能卻因重量減輕而提升。該機僅改造 1 架，直到 1945 年 8 月蘇聯出兵中國東北時仍在進行飛行測試，為防止被蘇聯擄獲，滿飛公司將該機和設計圖銷毀。

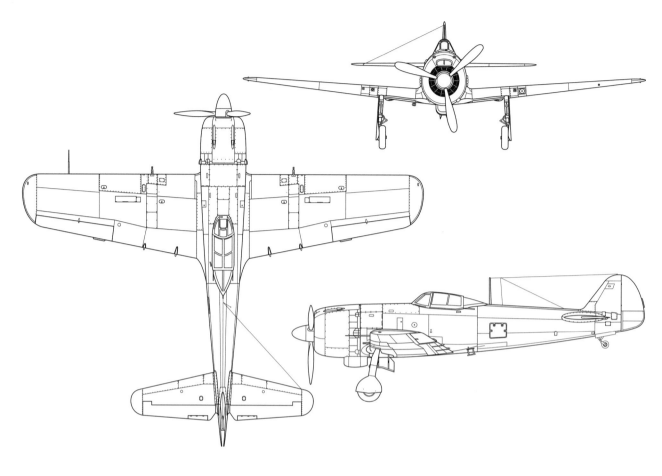

キ 116 戰鬥機三視圖

第二飛機製造廠 忠 28 甲 / 忠 29

The No.2 Aircraft Factory Chung 28 A/Chung 29

機　種： 戰鬥機（忠28甲），教練機（忠29）	首　飛： 1939年（忠28甲），1941年（忠29）
用　途： 戰鬥（忠28甲），訓練（忠29）	製造廠： 第二飛機製造廠
乘　員： 1人（忠28甲），2人（忠29）	裝備範圍： 國民政府

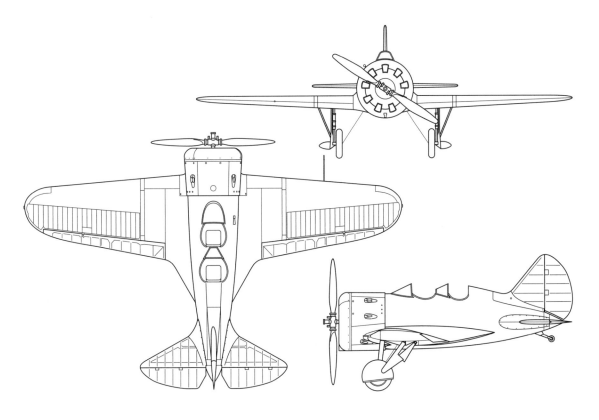

"忠 29" 教練機三視圖

簡　史：

　　"忠 28 甲"（28 代表該機的研製時間是民國 28 年，即公元 1939 年）由第二飛機製造廠（原南昌飛機製造廠）以"伊 -16"為基礎，利用被擊落的"伊 -16"零件或庫存剩餘材料仿製，裝有 1 台與"霍克 III"相同的發動機，螺旋槳改為雙葉變距式，武備為柯爾特機槍或 20 毫米馬德森航炮。

　　"忠 28 甲"於 1939 年初仿製完成，共製造 3 架，飛行狀況良好。由於戰爭影響，國民政府向美國訂購的 60 套仿製材料到 1940 年底才運抵中國，由於此時"伊 -16"已落後過時，無法與日軍新機相抗衡，該廠改用這批材料仿製"UTI-4"教練機，型號改為"忠 29"（一說該機的型號仍為"忠 28 甲"）。截至 1942 年 9 月，該廠共製造 30 架"忠 29"（一說 33 架，可能包括此前製造的"忠 28 甲"）。由於同時期大量性能更好的美製教練機運抵中國，導致該型飛機已無使用之必要。1943 年，航空委員會將一批"忠 29"撥給後方各大學作為教學器材使用。

第二飛機製造廠 中運一號
The No.2 Aircraft Factory Chung Yun-1

機　　種：運輸機　　用　　途：運輸

乘　　員：2+8人　　首　　飛：1944年

製 造 廠：第二飛機製造廠

機長/翼展/機高：11.95/15.85/2.67米

淨重/全重：3147/4540千克

最大速度：344千米/小時

航　　程：1696千米

升　　限：5334米

引　　擎：2台萊特R-975-E3"旋風"型星型9缸氣冷發動機，每台450馬力（Wright R-975-E3 Whirlwind）

裝備範圍：國民政府

中國製飛機

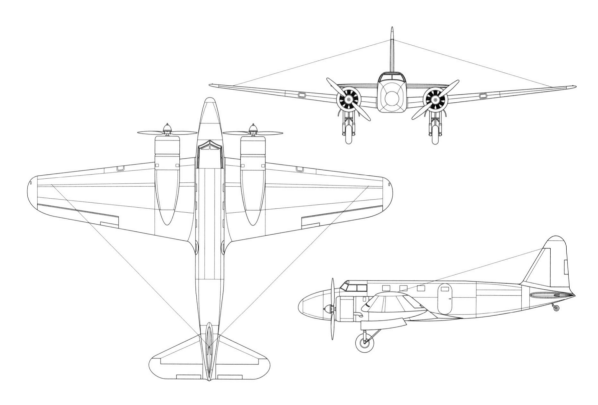

"中運一號"運輸機三視圖

簡　史：

　　"中運一號"（最初命名為C-0101）是中國自行研製的首架雙發運輸機，於1941年底開始研製，參考了"波音247"和"AS.6"，除發動機、儀錶、起落架、螺旋槳等零件購自美國外，其餘材料均為國產。

　　"中運一號"於1944年8月製造完成，僅製造1架，10月在重慶白市驛機場首飛。11月18日，該機飛往成都進一步測試，性能良好，飛行速度比"DC-2"還要略快一些。第二飛機製造廠曾計劃將該機改造為轟炸機，但由於同時期大量性能更好的美援新機運抵中國，且經費不足，計劃取消。"中運一號"於1946年底移交給國民政府空軍空運大隊。

"中運一號"運輸機

第一飛機製造廠 忠28乙
The No.1 Aircraft Factory Chung 28B

機　　種：戰鬥機

用　　途：訓練

乘　　員：1人

首　　飛：1941年

製 造 廠：第一飛機製造廠

機長/翼展/機高：6.27/10.2/2.8米

淨重/全重：1400/1740千克

引　　擎：1台萊特R-1820-F53"颶風"型星型9缸氣冷發動機，745馬力（Wright R-1820-F53 Cyclone）

最大速度：370千米/小時

升　　限：9500米

武　　備：4挺7.62毫米機槍（機首）

裝備範圍：國民政府

簡　史：

　　"忠28乙"（28代表該機的研製時間為民國28年）以"伊-152"為藍本，採用庫存較多的"霍克 III"零件仿製，實質上是結合"伊-152"和"霍克 III"特點的"混血"機型。該型飛機的結構和佈局與"伊-152"相同，採用"霍克 III"的發動機和螺旋槳，同時根據其特點改良發動機整流罩和排氣管，下翼增加副翼，通過連杆與上翼副翼聯動，使用尾輪替換尾橇。此外，其座艙後部的弧度和方向舵外形都有所簡化。

　　1941—1943年，第一飛機製造廠（原韶關飛機製造廠）共製成30架"忠28乙"，由於該型飛機在仿製時已是過時機種，因此交付後僅用於訓練。

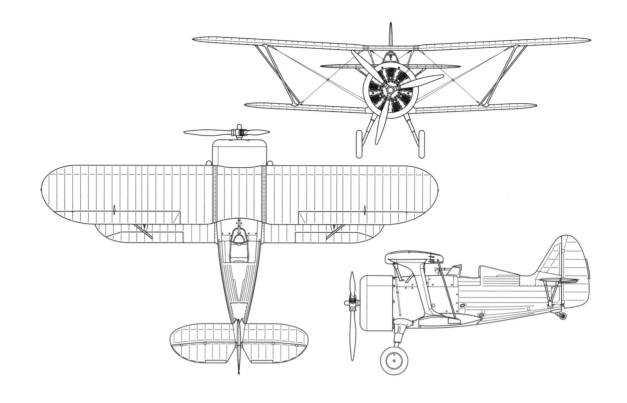

"忠 28 乙"戰鬥機三視圖

1 架着陸失敗翻倒的"忠 28 乙"

第一飛機製造廠 "新復興" 丙 AP-2
The No.1 Aircraft Factory His-Fu-hsing 3 AP-2

機　　種：教練機

用　　途：訓練

乘　　員：2人

首　　飛：1942年

製 造 廠：第一飛機製造廠

機長/翼展/機高：7.25/9.45/2.82米

淨重/全重：985/1634千克

引　　擎：1台萊特R-975-E3 "旋風" 型星型9
　　　　　缸氣冷發動機，450馬力（Wright
　　　　　R-975-E3 Whirlwind）

最大速度：295千米/小時

航　　程：1319千米

升　　限：7040米

裝備範圍：國民政府

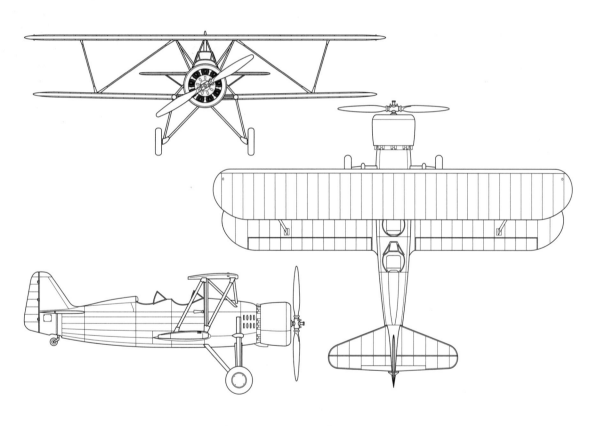

"新復興" 丙 AP-2 教練機三視圖

簡　史：

　　"新復興" 丙 AP-2 是在 "新復興" 甲基礎上推出的改良型，於 1940 年 4 月開始研發，主要特點是使用易於獲得的國產材料取代進口材料，結構改為木製，起落架增加斜向支撐。

　　1942 年後，由於大量美援新型教練機的到來，該型飛機的需求降低。截至抗戰勝利，第一飛機製造廠共製造 4 架 "新復興" 丙。

"新復興"丙 AP-2 教練機

第一飛機製造廠 研驅零
The No.1 Aircraft Factory XP-0

機　　種：	戰鬥機
用　　途：	戰鬥/訓練
乘　　員：	1人　　　**首　飛：** 1942年
製 造 廠：	第一飛機製造廠
機長/翼展/機高：	8.74/11.2/2.82米
淨重/全重：	2000/2850千克
最大速度：	450千米/小時

航　　程：	1840千米　　**升　限：** 9000米
引　　擎：	1台普惠R-1830-S1C-G "雙黃蜂" 型星型14缸氣冷發動機，1200馬力 (Pratt & Whitney R-1830-S1C-G Twin Wasp)
武　　備：	1挺固定式7.62毫米機槍，1挺固定式12.7毫米機槍
裝備範圍：	國民政府

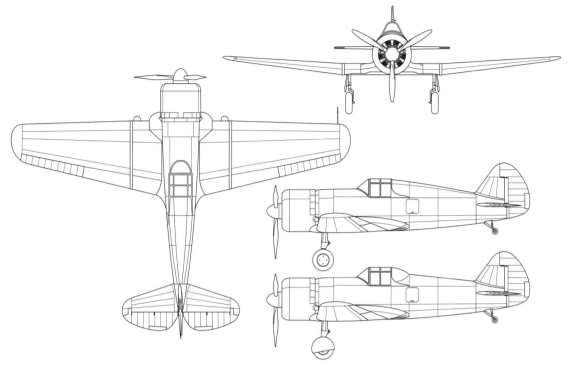

"研驅零"戰鬥機三視圖

簡　史：

　　"研驅零"由第一飛機製造廠廠長朱家仁參考"霍克75"戰鬥機的結構佈局進行設計，使用"霍克75"的備用零件或從損毀飛機上拆下的零件，輔以該廠自製材料製成。

　　該型飛機共製造10架，第1架於1942年製成，外觀與"霍克75"相似，起落架收放裝置與"NA-48"相似，同年在昆明楊林機場試飛成功，降落時因左輪先着地導致損毀，所幸試飛員未受傷。第一飛機製造廠隨後對其改良，1944、1945年各製造2架，1946年使用庫存材料又製造5架。由於製造時使用的零件不同，因此該型飛機的外形也多有區別，以至於部分"研驅零"的外觀接近"霍克75"，部分則與"P-66"相似，1946年後停止生產。

"研驅零"戰鬥機

第一飛機製造廠 研驅一
The No.1 Aircraft Factory XP-1

機　　種：戰鬥機

乘　　員：1人

首　　飛：1945年

製 造 廠：第一飛機製造廠

機長/翼展：8.72/12.1米

全　　重：2930千克

引　　擎：1台萊特R-1820"颶風"型星型9缸氣冷發動機，710馬力（Wright R-1820 Cyclone）

最大速度：580千米/小時

航　　程：1410千米

裝備範圍：國民政府

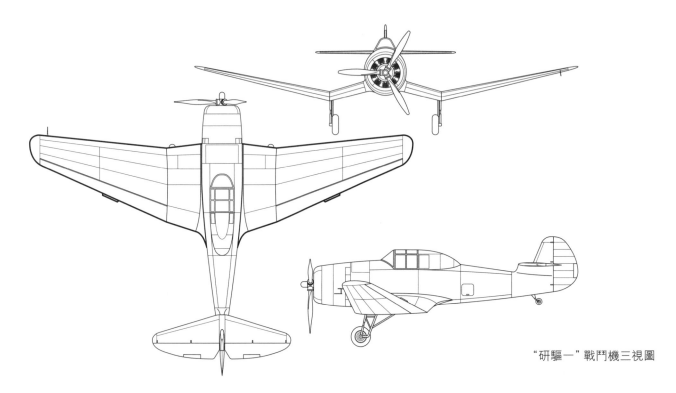

"研驅一"戰鬥機三視圖

"研驅一"戰鬥機

中國製飛機

344

簡　史：

"研驅一"由第一飛機製造廠貴陽分廠的俄裔美籍副總工程師康斯坦丁·L·薩切恩科（Constantine L. Zakhartchenko，又譯為薩克程高）主持設計，裝有 1 台由失事的 "C-47" 上拆卸的 "颶風" 型發動機，特點是機翼採用帶有前掠角的倒鷗形翼佈局，是中國自製的第 1 架鷗形翼飛機。

該型飛機共製造 2 架，分別於 1944 年夏、秋季製成，未安裝武備、航行燈和起落架收放系統，於 1945 年 1 月 18 日首飛，在急速轉彎時出現不穩定現象，其後數次爬升均失敗，最終失速墜毀，試飛員譚壽不幸遇難。由於該機未安裝無線電，因此無法得知試飛過程中的細節，事後分析可能是設計穩定性不足或發動機問題，"研驅一" 計劃因此終止。

1944 年 "研驅一" 開始製造時，研驅一設計開發小組在其基礎上開始研製其發展型 "研驅二"，但由於 "研驅一" 試飛失敗，"研驅二" 計劃終止。

航空研究院 研教一
Aviation Research Academy XT-1

機　　種：教練機	**用　　途**：訓練	**引　　擎**：1台金納B-5型星型5缸氣冷發動機，125馬力（Kinner B-5）	
乘　　員：2人		**最大速度/巡航速度**：207/192千米/小時	
首　　飛：1942年		**航　　程**：580千米	
製 造 廠：航空研究院/第三飛機製造廠		**升　　限**：5035米	
機長/翼展/機高：7.2/8.53/2.16米		**裝備範圍**：國民政府	
淨重/全重：641/885千克			

簡　史：

"研教一" 是航空研究院在副院長王助領導下，在 "伏立特 10" 基礎上仿製而成，特點是換裝自行設計的木製結構機身，覆以竹木層板，同時將部分零件改為木製，以應對因日軍封鎖而造成的物資匱乏。

"研教一" 由第三飛機製造廠承製，1942 年首飛成功，除爬升率略遜色外，其餘性能均超越 "伏立特10"，共製造 15 架，交給航校和士官學校訓練使用，後因老化退役停用。

"研教一"教練機

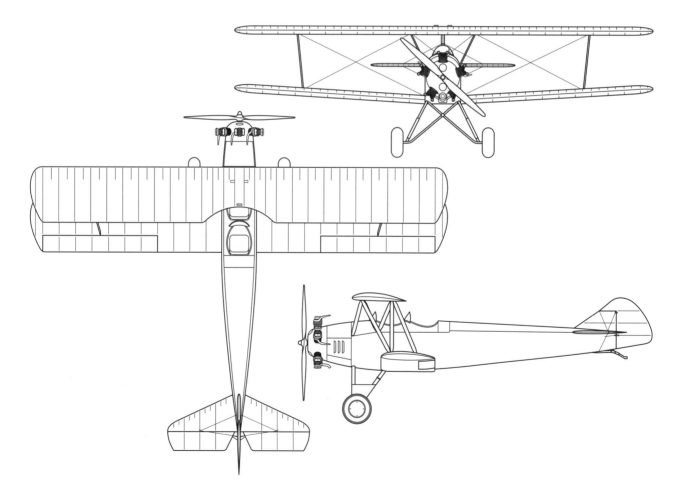

"研教一"教練機三視圖

航空研究院 研教二
Aviation Research Academy XT-2

機　　種： 教練機　　**用　　途：** 訓練

乘　　員： 2人

首　　飛： 1943年

製 造 廠： 航空研究院/第三飛機製造廠

機長/翼展/機高： 7.19/8.6/2.16米

淨重/全重： 641/885千克

引　　擎： 1台金納B-5型星型5缸氣冷發動機，
125馬力（Kinner B-5）

最大速度/巡航速度： 208/192千米/小時

航　　程： 576千米

升　　限： 5035米

裝備範圍： 國民政府

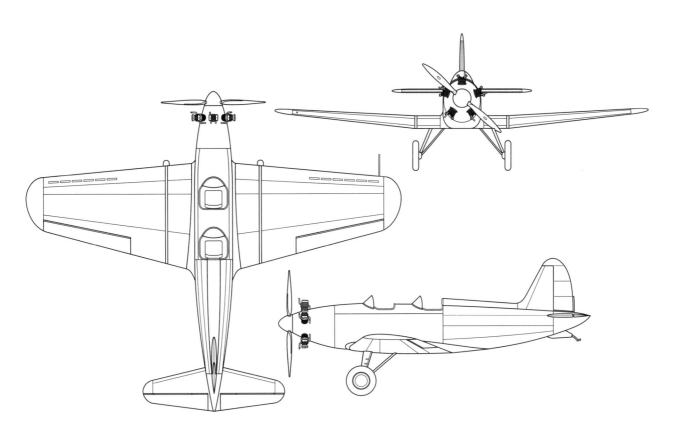

"研教二"教練機三視圖

簡　史：

　　"研教二"由航空研究院副院長王助設計，採用與"研教一"相同的發動機，結構由四川盛產的竹木製成，外覆竹製層板並塗有生漆，機翼採用下單翼佈局，前緣裝有增升縫翼。

　　該型飛機於 1943 年在成都太平寺機場試飛成功，飛行性能良好。由於資金缺乏，且當時中國空軍軍官學校遷往印度，因此"研教二"未大量生產，僅少量製造供航校和士官學校訓練使用，截至 1946 年仍有 13 架在役。

"研教二"教練機

航空研究院 研教三
Aviation Research Academy XT-3

機　　種： 教練機

乘　　員： 2人

製 造 廠： 航空研究院/第三飛機製造廠

引　　擎： 1台萊康明O-43-1型橫列型4缸發動
機，185馬力（Lycoming O-43-1）

裝備範圍： 國民政府

簡　　史：

　　"研教三"是以"研教二"為基礎研發，由航空研究院副院長王助設計，特點是以先進新穎的 V 型尾翼取代傳統的垂直、水平尾翼，是中國第一架安裝 V 型尾翼的飛機。該機僅製造 1 架，根據照片判斷其拍照時尚未完工，也沒有發現試飛記錄。

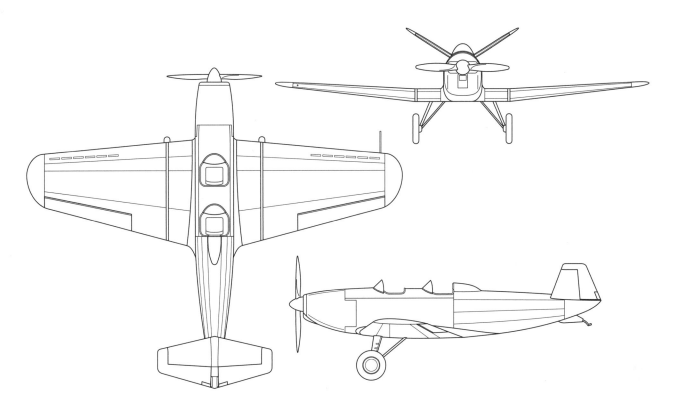

"研教三"教練機三視圖

"研教三"教練機

航空研究院 研轟三
Aviation Research Academy XB-3

機　　種：　轟炸機

乘　　員：　3—4人

首　　飛：　1944年

製　造　廠：　航空研究院/第三飛機製造廠

機長/翼展/機高：　13.3/20.4/3.3米（推估）

引　　擎：　2台克里莫夫M-103型V型12缸液冷發
　　　　　　動機，每台960馬力（Klimov M-103）

最大速度：　約380千米/小時

航　　程：　1000千米

武　　備：　2挺7.62毫米機槍（機首、機背），
　　　　　　500千克炸彈

裝備範圍：　國民政府

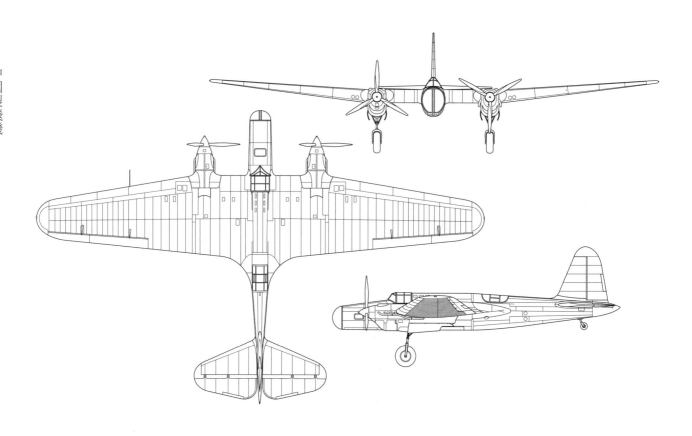

“研轟三”轟炸機三視圖

簡　史：

　　"研轟三"是航空研究院和第三飛機製造廠在"SB 2M-103"基礎上仿製的三座雙發單翼轟炸機。該機的發動機、螺旋槳和起落架均沿用"SB 2M-103"的零件，除主要受力部分使用金屬結構外，其他部分均使用四川所產的雲杉等木製材料，外部覆以竹製層板和蒙布。其外觀與"SB 2M-103"有較大區別，垂直尾翼增高，後緣曲線簡化，增加尾椎，機首延長，與"阿爾漢格爾斯基 Ar-2"型俯衝轟炸機頗為相似。

　　"研轟三"於 1942 年 9 月開始製造，1944 年 1 月完成，僅製造 1 架（另據台灣方面資料稱，該型飛機共製造 2 架，另有 3 架未完工）。1944 年 3 月，該機分段運至成都太平寺機場組裝試飛，共試飛 3 次，在第 3 次試飛時由於操作失誤導致降落時起落架折斷，機翼受到損傷。由於當時中國空軍已擁有性能更為先進的美製轟炸機，"研轟三"的母型"SB 2M-103"的性能已落後過時，因此沒有修復，樣機棄置郊外。

中國製飛機

"研轟三"轟炸機

西科斯基 S-43W "小飛剪"

Sikorsky S-43W Baby Clipper

機　　種：水陸兩棲客機

用　　途：要人專機

乘　　員：2+18人　　首　飛：1935年

製　造　廠：西科斯基飛機公司（Sikorsky Aircraft Corporation）

機長/翼展/機高：15.6/26.21/5.38米

淨重/全重：5783/8845千克

引　　擎：2台萊特SGR-1820-F2 "颶風" 型星型9缸氣冷發動機，每台875馬力（Wright SGR-1820-F2 Cyclone）

最大速度/巡航速度：306/267千米/小時

航　　程：1247千米

升　　限：5791米

裝備範圍：國民政府

美國製飛機

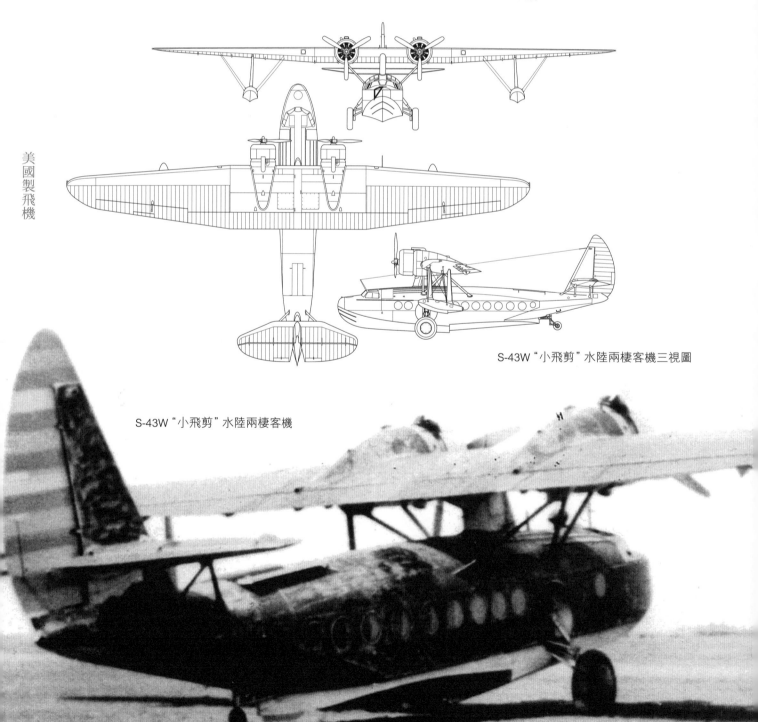

S-43W "小飛剪" 水陸兩棲客機三視圖

S-43W "小飛剪" 水陸兩棲客機

簡　史：

　　S-43 以 S-42 "飛剪" 為基礎研發，實質上是 S-42 的縮小型號，外形流線美觀，飛行性能良好，可運載 18—25 名乘客或 450 千克貨物，廣受航空公司歡迎。S-43W 是換裝 SGR-1820-F2 型發動機的亞型。

　　1936 年 12 月 18 日，中國航空公司通過聯合飛機出口公司 (United Aircraft Exports Corporation) 購得 2 架 S-43W。其中 1 架於 1937 年 1 月底運抵上海，抗戰爆發後交給國民政府作為蔣介石專機。該機於 1940 年 10 月 26 日在雲南壘允中央飛機製造廠檢修時被日機炸傷。1942 年中央飛機製造廠撤出壘允時，尚未修復的該機被迫起飛，後撞山損毀。

馬丁 139WC1/WC2
Martin 139WC1/WC2

機　　種：　轟炸機

用　　途：　轟炸/訓練

乘　　員：　4人

首　　飛：　1932年

製　造　廠：　格倫・L・馬丁公司 (Glenn L. Martin Company)

機長/翼展/機高：　13.61/21.5/4.7米

淨重/全重：　4412/6802千克

最大速度/巡航速度：　343/311千米/小時

航　　程：　1996千米

升　　限：　7407米

引　　擎：　2台萊特R-1820-F3S "颶風" 型星型9缸氣冷發動機，每台750馬力 (Wright R-1820-F3S Cyclone)

武　　備：　3挺可旋轉7.62毫米勃朗寧機槍（機首槍塔、機背、機腹），1030千克炸彈

裝備範圍：　國民政府

"人道遠征" 的馬丁 139WC 型轟炸機和徐煥升

簡　史：

馬丁139W是B-10B型轟炸機的外銷型，B-10是世界上第一種金屬結構單翼轟炸機，在投產時是世界上最先進的轟炸機。馬丁139WC是用於出口中國的型號，其中第1批型號為馬丁139WC1，第2批為馬丁139WC2。

1936年11月，國民政府使用"獻機祝壽"款項購得9架馬丁139WC。其中首批6架於次年2月運抵上海，在虹橋機場組裝後交付，抗戰爆發後多次出擊轟炸日軍。由於該型飛機飛行速度快，難以攔截，所以在作戰中即使遇到日軍飛機攔截，也可安全返回。但由於訓練不足，經驗欠缺，這批飛機大多在訓練或轉場飛行中損失。

第2批3架馬丁139WC2於1937年8月運往中國，組裝測試後編入第14中隊（由外籍飛行員組成，又稱國際中隊）服役。為振奮士氣、鼓舞軍心，國民政府自抗戰爆發後就開始籌劃攻擊日本本土，在反覆甄選現役機型後，選擇由速度快、航程遠的馬丁139WC2執行此任務。但由於該機的航程尚無法攜彈往返，只得於機腹彈倉內加裝油箱，僅攜帶《中華民國全國民眾告日本國民書》、《中華民國總工會告日本工人書》等宣傳單，以顯示抗戰絕不屈服的決心。由於中國空軍缺乏無線電導航訓練和海上長途飛行的經驗，該任務最初計劃由第14中隊的外籍飛行員執行，但外籍飛行員藉此索取高額報酬，並詆毀中國飛行員不稱職且缺乏勇氣，因此該任務改由中國飛行員執行。1938年5月19日，經一個多月訓練後，1403、1404號機由徐煥升、佟彥博等人駕駛，於23點48分自寧波櫟社機場起飛，20日凌晨2點45分飛抵長崎，開始拋撒傳單，3點25分飛往福岡，4點32分返航，11點13分返回漢口王家墩機場，圓滿完成任務。這次任務後被譽為"紙片轟炸"、"人道遠征"，比著名的杜立特空襲日本早了4年，不但極大地激勵了中國軍民的抗日鬥志，而且在國際社會中為中國起到良好的政治宣傳效果。同年6月，中國空軍僅剩的2架馬丁139WC2多次配合友機出擊，7月5日1404號機在前往上海轟炸後因油盡迫降安徽宿松，1403號機則在洛陽機場降落時因意外導致右翼損壞。中國空軍將此前受損或迫降的馬丁139WC拆卸後運抵四川，組裝出2架該型飛機供訓練使用，其中1架在空襲疏散中失事墜毀，另1架封存停用。

裝彈出擊的馬丁139WC轟炸機

美國製飛機

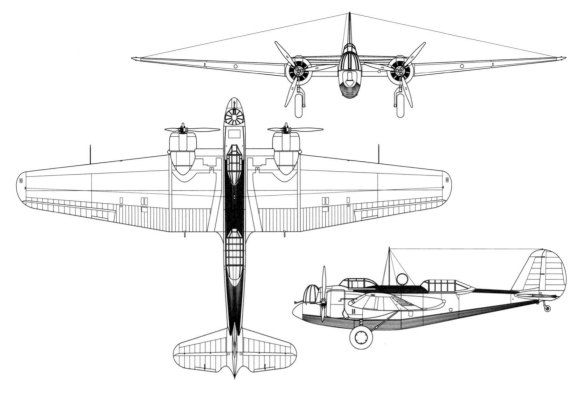

馬丁 139WC 轟炸機三視圖

柯蒂斯 - 萊特 CW-19R
Curtiss-Wright CW-19R

機　　種： 攻擊/教練機

用　　途： 訓練/攻擊

乘　　員： 2人

首　　飛： 1937年

製 造 廠： 柯蒂斯-萊特公司（Curtiss-Wright Corporation）

機長/翼展/機高： 8.02/10.66/2.6米

淨重/全重： 904/1588千克

引　　擎： 1台萊特R-975"旋風"型星型9缸氣冷發動機，450馬力（Wright R-975 Whirlwind）

最大速度/巡航速度： 298/264千米/小時

武　　備： 3挺固定式7.62毫米機槍（機首、左右起落架輪罩各1挺），1挺可旋轉7.62毫米機槍（後座），輕型炸彈

裝備範圍： 國民政府

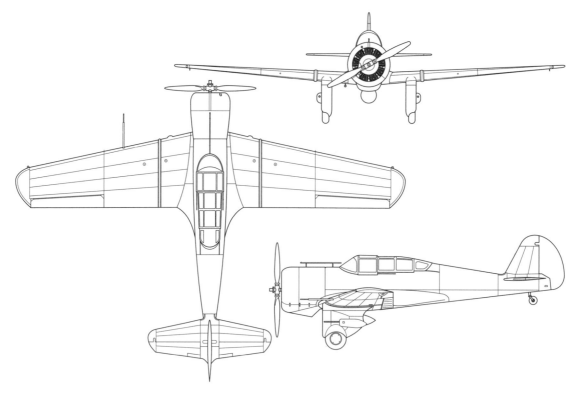

CW-19R 攻擊 / 教練機三視圖

簡　史：

　　CW-19R 是 CW-19 型教練機的軍用型，於 1937 年投產，特點是將駕駛艙改為串列雙座式，同時換裝大功率發動機，增加武備，可執行多種軍事任務。 1937 年夏天，柯蒂斯 - 萊特公司將 1 架 CW-19R 送往中國展銷，被國民政府購得，1938 年 1 月 5 日因意外墜毀。

CW-19R 攻擊 / 教練機

柯蒂斯 - 萊特 CW-21 "惡魔"

Curtiss-Wright CW-21 Demon

機　種：戰鬥機　用　途：戰鬥

乘　員：1人　首　飛：1938年

製造廠：柯蒂斯-萊特公司（Curtiss-Wright
　　　　Corporation）

機長/翼展/機高：8.07/10.66/2.64米

淨重/全重：1383/1856千克

引　擎：1台萊特R-1820-G5 "颶風" 型星型9
　　　　缸氣冷發動機，1000馬力（Wright
　　　　R-1820-G5 Cyclone）

最大速度：489千米/小時

航　程：933千米

升　限：10668米

武　備：1挺固定式7.62毫米勃朗寧機槍（機首），
　　　　1挺固定式12.7毫米勃朗寧機槍（機首）

裝備範圍：國民政府

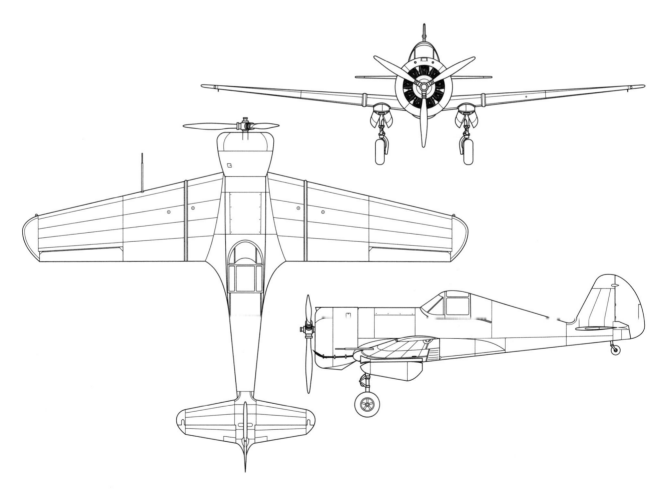

CW-21 "惡魔" 戰鬥機三視圖

美國製飛機

簡　史：

CW-21 以 CW-19R 為基礎研發，沿用了 CW-19R 的結構和大部分零件，換裝大功率發動機和三葉變距螺旋槳，機翼結構強化，沒有安裝防護裝甲和自封油箱，具有飛行速度快、爬升性能優良的特點，非常適合攔截轟炸機。

1939 年，柯蒂斯 - 萊特公司將 1 架 CW-21 運往中國展銷，3 月在昆明和成都飛行表演，並與 D.510C、伊 -152 和伊 -16 對抗測試，4 月初曾擊傷一架日軍的 BR.20 型轟炸機。國民政府對該機的表現非常滿意，隨即購得該機，並在反覆協商後與柯蒂斯 - 萊特公司簽訂 3 架整機和 27 套散件的合同，要求為該型飛機換裝防彈風擋玻璃，加裝 12.7 和 7.62 毫米機槍各 1 挺，增加外掛副油箱，同時要求在中國組裝。已買下的 CW-21 則交給第 4 大隊使用，但同年 6 月，該機着陸時傾覆損壞。

1940 年 5 月，由柯蒂斯 - 萊特公司組裝並按中國空軍要求改良的 3 架 CW-21 運抵仰光，由於英國封鎖緬甸公路而無法運回，後計劃飛往昆明供飛虎隊使用。在飛往昆明途中，3 架該型飛機均因油料問題導致發動機故障，1 架撞山，2 架迫降。1941 年緬甸公路重新開放後，27 套 CW-21 的散件運抵雲南壘允（今雲南瑞麗市雷允）中央飛機製造廠，但僅僅組裝完成 2 架後，便由於日軍逼近，被迫將部分器材設備銷毀處理，組裝完成的 2 架 CW-21 下落不詳。

CW-21 "惡魔" 戰鬥機

柯蒂斯-萊特 霍克 75H/M

Curtiss-Wright Hawk 75H/M

機　　種： 戰鬥機

用　　途： 戰鬥/偵察/訓練/攻擊

乘　　員： 1人　　　首　飛： 1938年

製　造　廠： 柯蒂斯-萊特公司（Curtiss-Wright Corporation）

機長/翼展/機高： 8.79/11.37/2.81米

淨重/全重： 1883/2400千克

引　　擎： 1台萊特R-1820-G3 "颶風" 型星型9缸氣冷發動機，875馬力（Wright R-1820-G3 Cyclone）

最大速度/巡航速度： 450/386千米/小時

航　　程： 880千米

升　　限： 9700米

武　　備： 1挺固定式7.62毫米勃朗寧機槍（機首左側），1挺固定式12.7毫米勃朗寧機槍（機首右側）或4挺固定式7.62毫米勃朗寧機槍（機首、機翼各2挺），136千克炸彈

裝備範圍： 國民政府

備　　註： 霍克75M參數

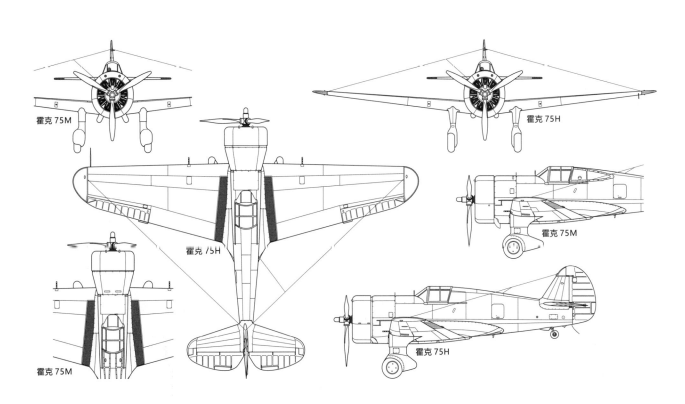

霍克 75H/M 戰鬥機三視圖

簡　史：

霍克 75H 是在 P-36 型戰鬥機基礎上推出的外銷型，換裝功率較小的發動機，起落架改為固定式。霍克 75M 是霍克 75H 的量產型，發動機與霍克 75H 相同，駕駛艙後部增加風擋玻璃，起落架整流罩外形改良。

1937 年 6 月 8 日，柯蒂斯 - 萊特公司將 1 架霍克 75H 運往中國展銷，8 月 25 日在南京飛行表演，隨後被宋美齡買下贈與美籍顧問陳納德，並增購 30 架霍克 75M。增購的該型飛機於次年 5 月 6 日至 8 月 5 日陸續運抵廣州組裝，同年 7 月 9 日開始交付。

被買下的那架霍克 75H 隨即加裝武器，機翼裝有 2 挺 7.62 毫米機槍，機首左側裝有 1 挺 7.62 毫米機槍，右側為 1 挺 12.7 毫米機槍。陳納德曾駕駛該機於南京、南昌和漢口戰役期間多次執行偵察任務，並觀測多場空戰，為後來飛虎隊的輝煌勝利奠定了良好基礎。該機後於一次飛行任務中，在地面滑行時發生事故受損，無法修復。

國民政府增購的霍克 75M 於 1938 年 8 月 18 日首次參戰，主要用於重點城市的防空任務，多次擊落、擊傷日機。昆侖關戰役時（1939 年 11 月 -12 月），該機曾用於對地掃射攻擊，拖延了日軍進攻昆侖關的時間。1941 年 1 月後，霍克 75M 多被移交訓練單位，但直到 1942 年仍有部分在役，其中 2 架於 4 月借給美軍，用於勘察杜立特轟炸東京返程時可供迫降的地點。

第 25 中隊的 2501 號霍克 75M 戰鬥機

柯蒂斯 - 萊特 霍克 75Q/A-5
Curtiss-Wright Hawk 75Q/A-5

機　　種：戰鬥機

用　　途：驅逐機

乘　　員：1人　　首　飛：1938年

製　造　廠：柯蒂斯-萊特公司（Curtiss-Wright Corporation）

機長/翼展/機高：8.79/11.37/2.74米

淨重/全重：2052/2602千克

引　　擎：1台萊特R-1820-G105A "颶風" 型星型9缸氣冷發動機，1100馬力（Wright R-1820-G105A Cyclone）

最大速度/巡航速度：490/420千米/小時

航　　程：1090千米

升　　限：9997米

武　　備：1挺固定式7.62毫米勃朗寧機槍（機首左側），1挺固定式12.7毫米勃朗寧機槍（機首右側），2門固定式23毫米馬德森航炮（機翼下），10枚13.6千克炸彈

裝備範圍：國民政府

備　　註：霍克75Q參數

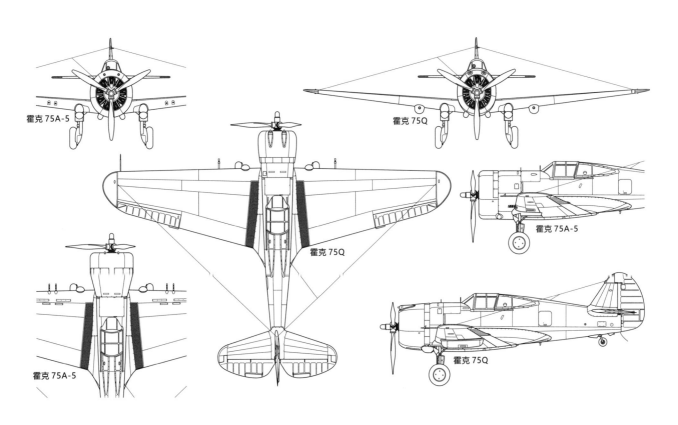

霍克 75A-5

霍克 75Q

霍克 75A-5

霍克 75Q

霍克 75A-5

霍克 75Q

霍克 75Q/A-5 戰鬥機三視圖

簡　史：

霍克 75Q 是霍克 75 的改良型，相當於 XP-36F，其火力和防禦力強化，起落架改為可收放式。霍克 75A-5 是霍克 75Q 的量產型，與出口法國的霍克 75A-4 頗為相似，武備為 6 挺 7.62 毫米勃朗寧機槍。

1938 年 12 月，柯蒂斯 - 萊特公司將 1 架霍克 75Q 送往中國展銷，次年運抵中國，由中央飛機製造廠組裝，在昆明、成都和重慶飛行表演，並與伊 -152 和伊 -16 型戰鬥機進行對抗測試並勝出，國民政府隨即購得該機。美籍飛行員喬治・魏格勒（George Weigle）報告稱曾駕駛該機在一次作戰中擊落 4 架日軍九六式陸上攻擊機。1939 年 5 月 5 日，該機由魏格勒駕駛時墜毀。

1939 年 5 月 31 日，國民政府向柯蒂斯 - 萊特公司訂購 1 架霍克 75A-5 樣機和 54 套散件（一說為 50 套），由中央飛機製造廠組裝。由於戰爭影響，樣機組裝完成後，剩餘散件被迫轉移到印度境內的斯坦飛機製造工廠繼續組裝。但組裝完成的飛機並未交付中國，改交英國皇家空軍使用，英軍稱之為"莫霍克"IV。

柯蒂斯 - 萊特 霍克 81A-2 "戰斧"
Curtiss-Wright Hawk 81A-2 Tomahawk

機　種：戰鬥機
用　途：戰鬥/攻擊/偵察/訓練
乘　員：1人　　首　飛：1938年
製　造　廠：柯蒂斯-萊特公司（Curtiss-Wright Corporation）
機長/翼展/機高：9.66/11.38/3.23米
淨重/全重：2636/3424千克
最大速度/巡航速度：555/435千米/小時
航　程：1287千米

升　限：8992米
引　擎：1台艾莉森V-1710-33型V型12缸液冷發動機，1090馬力（Allison V-1710-33）
武　備：2挺固定式12.7毫米勃朗寧M2機槍（機首），4挺固定式7.62毫米柯爾特MG40機槍（機翼）
裝備範圍：國民政府

簡　史：

P-40 "戰斧"（後期型號綽號"小鷹"、"戰鷹"）是二戰爆發時美國陸軍航空隊的主力戰鬥機，也是柯蒂斯 - 萊特公司研製的最著名的戰鬥機。該型飛機實質上是在 P-36 基礎上換裝液冷發動機的型號，其性能並不先進，但價格低廉、結構堅固、飛行平穩、低空性能良好。霍克 81A-2 (英國型號"戰斧"IIB) 是在出口法國型號霍克 81A-1 的基礎上改良的亞型，主要用於出口英國，相當於美軍使用的 P-40C，但沒有安裝炸彈架。

1941 年 6 月，經英國同意後，美國將 100 架原計劃售予英國的霍克 81A-2 轉售國民政府。這批飛機中有 1 架轉運時落入海中，其餘 99 架順利運抵緬甸仰光，交給同年 8 月 1 日正式成立的飛虎隊 (美國志願航空隊) 服役。飛虎隊的該機通常會在機首處繪以張開血盆大口的鯊魚塗裝，這個塗裝最初由英國皇家空軍駐北非的第 112 中隊使用，由於飛虎隊的成功而廣為人知。

1941 年 12 月 20 日，飛虎隊首次參戰，便擊落 3 架空襲昆明的日軍九九式輕爆擊機，自機則僅有 1 架因燃料耗盡而迫降受傷。其後飛虎隊多次在雲南、緬甸等地與日軍作戰，由於飛虎隊指揮官克萊爾・李・陳納德 (Claire Lee Chennault) 採用可以充分發揮霍克 81A-2 性能優勢的"一擊脫離"戰術，因此在戰鬥中可以揚長避短。截至 1942 年 5 月底，飛虎隊共參加各種規模的戰鬥上百次，取得擊落日機 190 多架，擊毀地面日機 75 架，自機僅損毀 69 架的輝煌戰績。抗戰期間，由於國軍缺乏攻擊機和轟炸機，該型飛機還曾多次充作攻擊機支援雲南和緬甸境內的中國軍隊。有 1 架霍克 81A-2 裝有照相機，多次用於偵察任務。

1942 年 7 月 3 日，飛虎隊奉令解散，飛機和部分人員編入美國第 10 航空隊第 23 大隊，部分霍克 81A-2 後供印度中美混合團訓練隊用於訓練。

為保護外籍飛行員，避免因語言不通而與國人發生誤會和衝突，航空委員會為外籍飛行員頒發有"血幅 (Blood Chits)"，通常縫於飛行服背後。

駐紮於昆明的飛虎隊霍克 81A-2 戰鬥機，左後方是 1 架瑞安 STM-2E 教練機

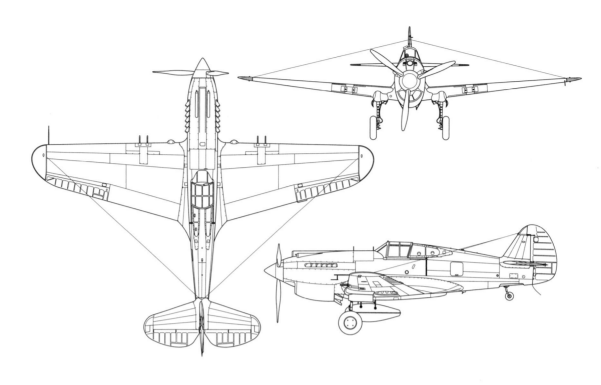

霍克 81A-2 戰鬥機三視圖

柯蒂斯-萊特 P-40E/K/M "小鷹"
Curtiss-Wright P-40E/K/M KittyHawk

機　　種： 戰鬥機

用　　途： 戰鬥/攻擊/轟炸

乘　　員： 1人

首　　飛： 1940年（P-40E），1942年（P-40K/M）

製 造 廠： 柯蒂斯-萊特公司（Curtiss-Wright Corporation）

機長/翼展/機高： 9.66/11.38/3.23米（P-40E），10.16/11.38/3.23米（P-40K/M）

淨重/全重： 2880/3756千克（P-40E），2903/3810千克（P-40K），2939/3629千克（P-40M）

最大速度/巡航速度： 582/431千米/小時（P-40E），584/467千米/小時（P-40K），579/438千米/小時（P-40M）

航　　程： 1100千米（P-40E），1127千米（P-40K/M）

引　　擎： 1台艾莉森V-1710-39型V型12缸液冷發動機，1150馬力（Allison V-1710-39）（P-40E）；1台艾莉森V-1710-73型V型12缸液冷發動機，1325馬力（Allison V-1710-73）（P-40K）；1台艾莉森V-1710-81型V型12缸液冷發動機，1200馬力（Allison V-1710-81）（P-40M）

升　　限： 8800米（P-40E），8535米（P-40K），9145米（P-40M）

武　　備： 6挺固定式12.7毫米勃朗寧M2機槍（機翼），3枚227千克炸彈（P-40E），1枚227千克炸彈和2枚45千克炸彈（P-40K/M）

裝備範圍： 國民政府

　　P-40E 是 P-40 的改良型，於 1940 年投產，換裝大功率發動機，強化防護裝甲，武備調整，機翼和機身下增加炸彈架。由於重量增加，該型飛機的俯衝性能提升，機動性下降。P-40K 是 1942 年推出的改良型，換裝附帶增壓器的大功率發動機，垂直尾翼前端增加弧形背鰭，後期生產型的後機身延長，用以抵消發動機扭矩。P-40M 是在 P-40K 基礎上進一步改良的亞型，採用與 P-40K 後期型相同的長機身，加裝起落架失效警告儀，換裝 1 台帶有一級二速機械增壓系統的發動機，主要用於出口。

　　1942 年，國民政府向美國購得 30 架 P-40E，5 月 22 日運抵雲南壘允，組裝後交給飛虎隊使用，迅速補充了飛虎隊因零件短缺造成的戰鬥力不足。由於該型飛機裝有炸彈架，可充作轟炸機使用，曾多次使用蘇製 257 千克炸彈轟炸中緬邊境的日軍目標和怒江江面的日軍運輸船，有效阻遏了日軍渡過怒江的計劃。1942 年 7 月 3 日，飛虎隊奉令解散，飛機和部分人員編入美國第 10 航空隊第 23 大隊。同年 8 月，27 架 P-40E 自美國運往中國，次年 1 月交付中國空軍第 4 大隊，是中國空軍除飛虎隊外獲得的首批 P-40 戰鬥機，也是第一種可與日軍新型戰鬥機匹敵的飛機。不過，由於該型飛機與中國空軍此前的主力戰鬥機伊 -152、伊 -16 的性能差異及操作方式的不同，導致換裝之初飛行員的適應狀況不佳。1943 年 5 月 31 日，5 架中國空軍的 P-40E 因迷航而迫降於日本佔領的湖北公安基地，日軍將其俘獲並更換塗裝後，分配給第 50 戰隊使用，曾誤擊落 1 架日軍的九七式重爆擊機。

　　1943 年，根據《租借法案》，美國提供 25 架 P-40K、15 架 P-40M 給中國空軍使用。這些飛機運抵中國後交付第 4 大隊第 23 中隊使用。中美混合團中第 3 大隊第 28、32 中隊也裝備有該型飛機。

1. 1943 年 6 月，日軍空襲後的重慶梁山機場的 P-40 戰鬥機。

2. 1942 年 10 月在印度組裝的 P-40K 型戰鬥機。

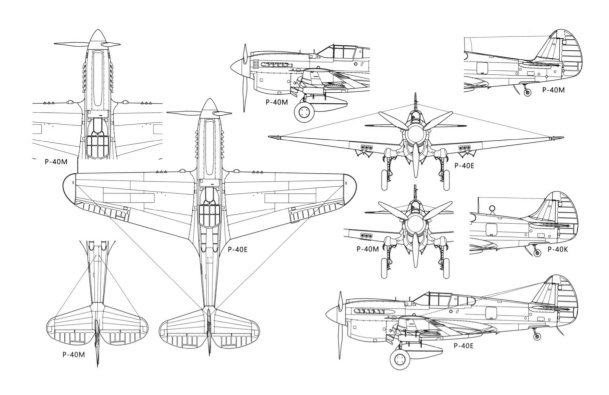

P-40E/K/M 戰鬥機三視圖

柯蒂斯 - 萊特 P-40N "戰鷹"
Curtiss-Wright P-40N WarHawk

機　　種： 戰鬥機

用　　途： 戰鬥/攻擊/轟炸/偵察/運輸

乘　　員： 1人

首　　飛： 1943年

製 造 廠： 柯蒂斯-萊特公司（Curtiss-Wright Corporation）

機長/翼展/機高： 10.16/11.38/3.76米

淨重/全重： 2906/3507千克

最大速度/巡航速度： 608/454千米/小時

航　　程： 1207千米

升　　限： 9450米

引　　擎： 1台艾莉森V-1710-81型V型12缸液冷發動機，1200馬力（Allison V-1710-81）

武　　備： 6挺固定式12.7毫米勃朗寧M2機槍（機翼），3枚227千克炸彈或火箭彈

裝備範圍： 國民政府

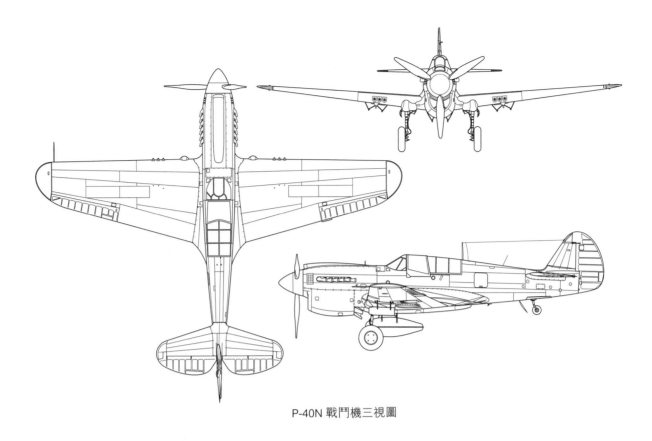

P-40N 戰鬥機三視圖

簡　史：

　　P-40N 是 P-40 型戰鬥機的最後一款量產型，也是產量最多的亞型。該型飛機採取多種減輕重量的措施，飛行性能顯著提高，擁有亞型中最高的實用性和生存性，但相比盟軍同時期的主力戰鬥機而言，其性能一般。

　　根據《租借法案》，從 1943 年到 1945 年，美國共提供 267 架（一說 299 架）P-40N 供中國空軍使用，編入第 4、11 大隊和中美混合團第 3、5 大隊服役。該型飛機是中國空軍抗戰中後期的主力戰鬥機，幾乎參加了抗戰後期的所有戰役，其性能雖不及日軍新式戰鬥機，但防禦力較強，在使用合適戰術的情況下仍可取得空戰優勢。除空戰外，該型飛機還可執行對地攻擊、護航、轟炸、偵察、巡邏、夜間戰鬥等任務，有時甚至使用副油箱裝載子彈或食物用於空投補給，或使用行李艙進行人員運輸。抗戰後期中國著名的王牌飛行員周志開、王光復、高又新、臧錫蘭等人均曾駕駛該型飛機並取得豐碩戰果。在性能更先進的 P-51 "野馬" 加入中國戰場後，P-40N 的主要任務改為對地攻擊等。

　　抗戰勝利後，第 3、4、5 大隊換裝 P-51，第 11 大隊大部分中隊換裝 P-47 "雷電"，第 11 大隊第 44 中隊則仍使用 P-40N 參加內戰，1949 年退役。西北混合隊於抗戰後也接收一批 P-40N。1947 年 11 月，西北混合隊撤銷，其飛機隨之退役。

1 架被炸傷的中美混合團 P-40N，左前方為王光復座機 "太公令" 號。

柯蒂斯 - 萊特 TP-40N/C-40 "戰鷹"
Curtiss-Wright TP-40N/C-40 WarHawk

機　　種：戰鬥/教練機

用　　途：訓練

製 造 廠：柯蒂斯-萊特公司 (Curtiss-Wright
　　　　　Corporation)

乘　　員：2人

裝備範圍：國民政府

中美混合隊自行改造的 C-40 戰鬥 / 教練機

簡　史：

　　TP-40N 是在 P-40N 基礎上改造的戰鬥/教練機。該型飛機拆除了機身油箱,增加後部教員艙和第二套控制系統,原有的武備和炸彈架保留。C-40 係由中美混合團自行改造的戰鬥/教練機,在駕駛艙後部增加教員艙,加裝第二套控制系統,拆除機身油箱和後座座艙蓋,武備與 P-40N 相同。

　　1944 年,根據《租借法案》,美國提供給中國空軍數量不詳的 TP-40N-30,編入中美混合團作為高級教練機使用,主要用於過渡訓練。中美混合團同時裝備自行改造的 C-40 教練機。這些飛機於 1945 年 10 月中旬移交中國空軍。

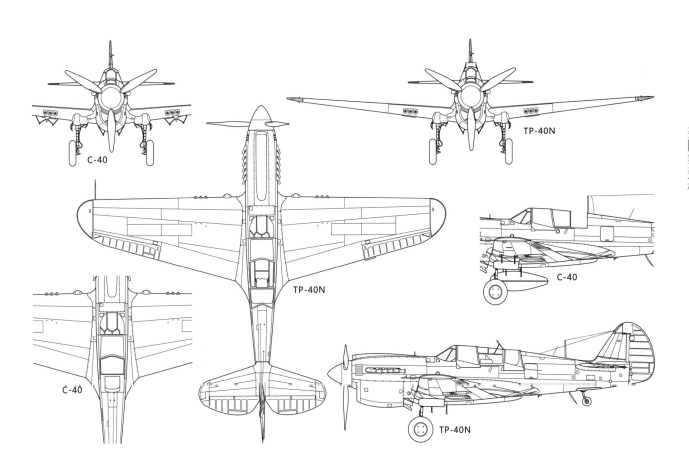

TP-40N/C-40 戰鬥/教練機三視圖

柯蒂斯 - 萊特 C-46A/D/E/F "突擊隊員"
Curtiss-Wright C-46A/D/E/F Commando

機　　種： 運輸機

用　　途： 運輸/偵察/空投

乘　　員： 4+38人（C-46A/E），4+50人（C-46D），
4+48人（C-46F）

首　　飛： 1940年（C-46A），1944年（C-46D），
1945年（C-46E/F）

製　造　廠： 柯蒂斯-萊特公司（Curtiss-Wright
Corporation）

機長/翼展/機高： 23.27/32.92/6.63米（C-46A/D），
23.27/32.92/6.71米（C-46E/F）

淨重/全重： 13608/20412千克（C-46A），14696/20412
千克（C-46D），-/-千克（C-46E/F）

引　　擎： 2台普惠R-2800-51 "雙黃蜂" 型星型14
缸氣冷發動機，每台2000馬力（Pratt
& Whitney R-2800-51 Twin Wasp）

最大速度/巡航速度： 435/278千米/小時（C-46A），
435/301千米/小時（C-46D），423/-千米/
小時（C-46E），407/-千米/小時（C-46F）

航　　程： 1609千米（C-46A），4748千米（C-46D），
1931千米（C-46E/F）

升　　限： 8199米（C-46A），8412米（C-46D），8382
米（C-46E/F）

裝備範圍： 國民政府、解放軍空軍

美國製飛機

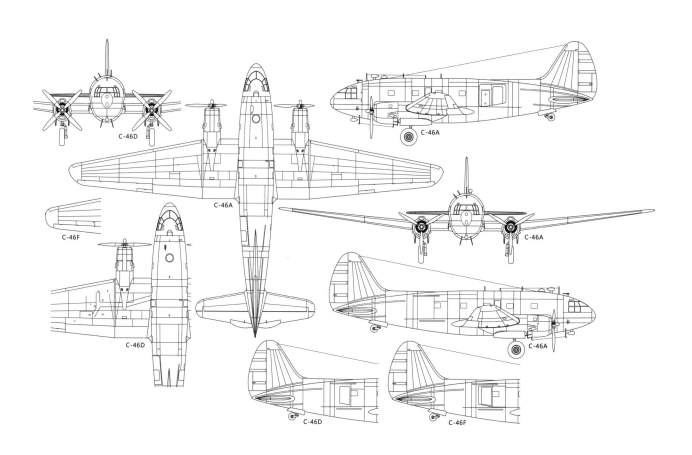

C-46A/D/F 運輸機四視圖

簡　史：

C-46 是 CW-20 型高空客機的軍用型，投產時是世界上最大的雙發飛機，運載能力幾乎是著名的 C-47 的 1 倍，但有着油耗量大、結構複雜、維護困難、事故率高等缺點，常被稱為"鯨魚"、"柯蒂斯災難"、"水管工的噩夢"、"飛行棺材"。該型飛機在二戰中廣泛用於運輸、空投等任務，是駝峰航線中、後期的主力運輸機，具有多種亞型。C-46A 是 C-46 的改良型，地板結構強化，設有 40 個可折疊的帆布座椅，後機身左側裝有兩扇式貨艙門。C-46D 是 1944 年推出的改型，機身左側增加艙門，主要用於空投傘兵。C-46E 是 1945 年推出的改型，特點是在 C-46A 基礎上換裝階梯狀風擋玻璃。C-46F 是 C-46E 的改良型，後機身兩側均裝有貨艙門，翼尖改為方形，主要用於貨運。

1945 年，根據《租借法案》，美國將 26 架 C-46 交付中國空軍，其中包括 A、F 型，另有 12 架 C-46E 也被分配給中國，但沒有交付。1946 年，國民政府向美國購得 182 架淪為剩餘物資的 C-46，其中包括 A、D、F 型，1946—1949 年又增購一些。該型飛機是國共內戰期間國民政府空軍的主力運輸機，主要用於運輸和空投任務，在國民黨當局退往台灣後，該型飛機仍多次飛臨大陸執行夜間偵察和空投傳單等任務。部分 C-46 移交中國航空公司使用。1958 年的金門炮戰中，該型飛機曾大規模空投物資，解除了解放軍炮火對金門的封鎖。1969 年，C-46 被 C-119 "飛行車廂" 取代。

1948 年的遼瀋戰役期間，解放軍在錦州繳獲首架 C-46D，10 月又繳獲 1 架，這 2 架飛機檢修後交給東北人民解放軍航空學校訓練使用。12 月 10 日，解放軍於北平（今北京）南苑機場繳獲 1 架 C-46D 和 22 台發動機。1949 年 1 月 3 日，1 架 C-46D 從杭州筧橋飛往鄭州起義，其後有多架該機起義加入解放軍。8 月 15 日解放軍第一個戰鬥飛行中隊在北平南苑機場成立，裝備有 C-46D，其中 3 架參加了開國大典閱兵式。1949 年 11 月 11 日中國人民解放軍空軍正式成立時，共有 C-46D18 架，其中 8 架完好，10 架待修，"兩航起義" 後又獲得 3 架（1949 年 11 月 9 日，原國民黨當局的中國航空公司和中央航空公司宣佈起義，共 12 架各型飛機從香港飛抵北京、天津）。該型飛機是解放軍空軍初期的主力運輸機，1950 年開闢進入康藏高原的航線，並多次為進藏部隊空投補給，1959 年曾參加西藏平叛。1982 年 12 月，最後 14 架 C-46D 退役。

美國製飛機

C-46D 運輸機

斯巴丹 7W-P1 "行政官"

Spartan 7W-P1 Executive

機　種: 公務機　　**用　途:** 偵察

乘　員: 1+4人

首　飛: 1935年

製造廠: 斯巴丹飛機公司(Spartan Aircraft Company)

機長/翼展/機高: 8.18/11.89/2.44米

淨重/全重: 1545/1996千克

引　擎: 1台普惠R-985 "小黃蜂" SB型星型 9缸氣冷發動機,450馬力(Pratt & Whitney R-985 Wasp Junior SB)

最大速度/巡航速度: 414/346千米/小時

航　程: 1610千米

升　限: 7315米

裝備範圍: 國民政府

美國製飛機

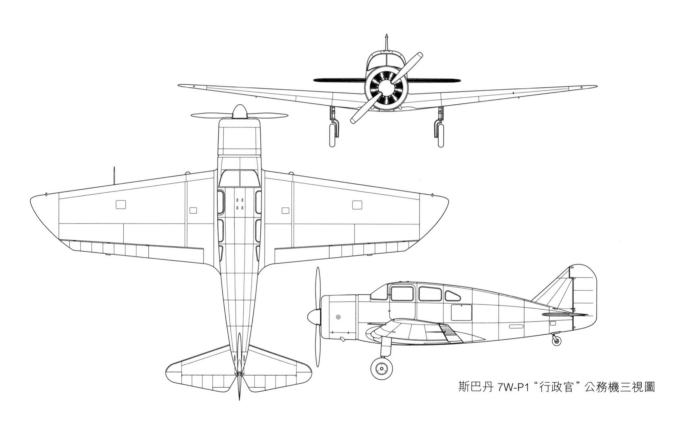

斯巴丹 7W-P1 "行政官" 公務機三視圖

簡　史:

　　斯巴丹 7W 研發於 1930 年代中期,設計時側重於飛行性能和舒適性,主要銷售給石油公司的高級人員使用。斯巴丹 7W-P1 是斯巴丹 7W 的第 2 架原型機,與斯巴丹 7W 幾乎沒有區別。

　　1937 年,國民政府通過中國航空機械貿易公司(China Airmotive)購得 1 架加裝照相機、機槍和炸彈掛架的斯巴丹 7W-P1,同年 7 月 16 日左右運往中國,主要用於執行偵察任務。12 月 12 日,該機在夜晚降落時衝入水塘,後被日軍俘獲並送回日本展覽。據稱中國航空機械貿易公司又從墨西哥的私人擁有者手中購得 1 架 "行政官" 交給中國空軍使用,具體狀況不詳。

被日軍繳獲運回日本展示的斯巴丹 7W-P1 "行政官"
公務機，後方是伊 -16 和 O-2MC。

伏爾梯 V-1A
Vultee V-1A

機　　種：客機

用　　途：要人專機/運輸

乘　　員：2+10　　首　飛：1933年

製 造 廠：伏爾梯飛機公司（Vultee Aircraft
　　　　　Corporation）

機長/翼展/機高：11.28/15.24/3.1米

淨重/全重：2424/3864千克

引　　擎：1台萊特R-1820-F2 "颶風" 型星型
　　　　　9缸氣冷發動機，735馬力（Wright
　　　　　R-1820-F2 Cyclone）

最大速度/巡航速度：378/346千米/小時

航　　程：1610千米

升　　限：6100米

裝備範圍：國民政府

簡　史：

　　V-1A 研發於 1930 年代初，是 1933—1934 年間飛行速度最快的商用客機，1936 年後因美國航空局對單發客機的限製，大多改為行政機或專機。

　　1940 年，國民政府向伏爾梯公司購得 3 架二手 V-1A，其中 1 架供中央飛機製造廠使用，在緬甸登記註冊（註冊號 XY-AAF），主要用於香港和雲南壘允之間運輸應急物資。另外 2 架則編制在委員長侍從室作為政要專機使用，同年 7 月後移交中國航空公司，1943 年 6 月移交中央航空公司。

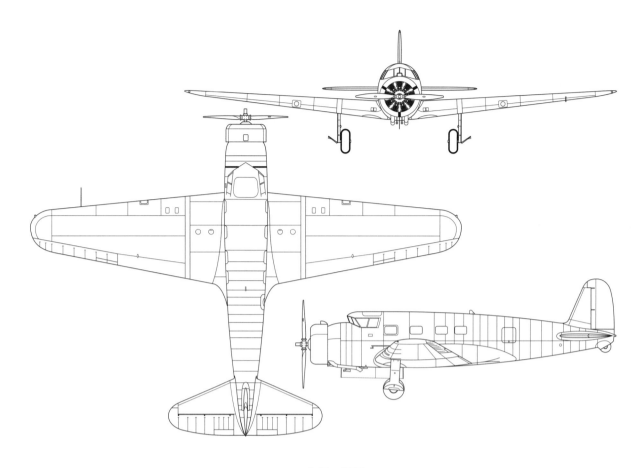

V-1A 客機三視圖

中央飛機製造廠使用的 V-1A 客機

伏爾梯 V-11A/G
Vultee V-11A/G

機　　種：攻擊機

用　　途：攻擊/轟炸/訓練/聯絡

乘　　員：2人　　首　飛：1935年

製 造 廠：伏爾梯飛機公司（Vultee Aircraft
Corporation）

機長/翼展/機高：11.42/15.24/3.05米

淨重/全重：2801/5187千克

引　　擎：1台萊特GR-1820-G2"颶風"型星型
9缸氣冷發動機，850馬力（Wright
GR-1820-G2 Cyclone）

最大速度/巡航速度：368/333千米/小時

航　　程：1971千米

升　　限：7010米

武　　備：2挺固定式7.62毫米機槍（機翼），2挺
可旋轉7.62毫米機槍（後座、機腹），
36枚13.6千克炸彈或1枚515千克炸彈

裝備範圍：國民政府、廣東

備　　註：V-11G參數

美國製飛機

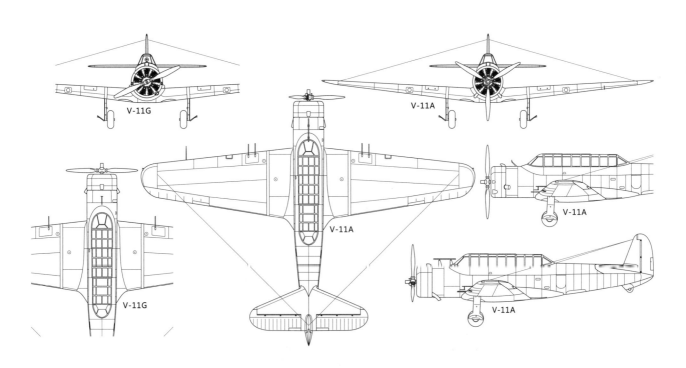

V-11A/G 攻擊機三視圖

簡　史：

　　V-11 以 V-1A 型客機為基礎研發，沿用 V-1A 的機翼、尾翼和起落架，換裝新設計的機身，加裝武備。V-11G 是出口中國的亞型，其中 "G" 代表萊特 GR-1820-G2 型發動機。該型飛機在 V-11 基礎上減少 2 挺機翼機槍，取消輔助駕駛設施和轟炸視窗，螺旋槳為雙葉變距式。V-11A 是 V-11G 的樣機，與 V-11G 的區別在於安裝的是三葉變距螺旋槳，駕駛艙前的瞄準具、發動機整流罩不同，機翼裝有 4 挺機槍。

　　1936 年 2 月，廣東當局向伏爾梯飛機公司訂購 30 架該型飛機，包括 1 架 V-11A 樣機和 29 套 V-11G 的散件，計劃在韶關飛機製造廠組裝。"兩廣事變" 後，廣東當局的購機合同被國民政府接管，其中 V-11A 樣機於同年 12 月由伏爾梯公司製成，1937 年 7 月 12 日在中國試飛，其餘 29 套散件則於 1937 年運抵中國，由中央飛機製造廠組裝。

　　抗戰爆發時，V-11G 僅組裝完成 3 架。因戰爭影響，中央飛機製造廠被迫遷往漢口繼續組裝該型飛機，後交付第 9、10、14、32 中隊服役。其中第 14 中隊是由外籍飛行員組成的中隊，由美籍顧問陳納德指揮，曾於 1938 年 2 月 7 日、24 日轟炸安徽蚌埠和河南新鄉機場、火車站，但在準備攻擊山東境內日軍時，遭到日軍飛機突襲，損失慘重，V-11G 型飛機全部損毀。該中隊因此撤編，外籍人員遣散。第 9 中隊的 V-11G 則用於成都飛行士校訓練。第 10、19 中隊的 V-11G 於 1939 年參戰，曾轟炸山西運城機場和湖北漢口機場，但由於訓練不足，飛行員經驗欠缺，指揮不當，除炸毀山西運城機場十餘架日軍飛機外，其餘戰果大多強差人意。V-11G 於 1940 年後退出一線，改為訓練或聯絡使用。

V-11A 樣機，其螺旋槳、發動機整流罩、武備、瞄準具與 V-11G 不同

伏爾梯 V-12C/D
Vultee V-12C/D

機　　種：攻擊機　　用　　途：攻擊

乘　　員：3人

首　　飛：1938年 (V-12C)，1939年 (V-12D)

製 造 廠：伏爾梯飛機公司 (Vultee Aircraft Corporation)

機長/翼展/機高：11.43/15.24/3.94米 (V-12C)，11.66/15.24/4.42米 (V-12D)

淨重/全重：2994/4509千克 (V-12C)，3369/4800千克 (V-12D)

最大速度/巡航速度：391/351千米/小時 (V-12C)，452/399千米/小時 (V-12D)

航　　程：2222千米 (V-12C)，1690千米 (V-12D)

升　　限：7772米 (V-12C)，8778米 (V-12D)

引　　擎：1台萊特GR-1820-G205B "颶風" 型星型9缸氣冷發動機，1100馬力 (Wright GR-1820-G205B Cyclone) (V-12C)；1台萊特GR-2600-A5B "雙颶風" 型星型14缸氣冷發動機，1600馬力 (Wright GR-2600-A5B Twin Cyclone) (V-12D)

武　　備：2挺固定式7.62毫米機槍 (機翼) (V-12C)，2挺固定式12.7毫米機槍 (機翼) (V-12C)，2挺固定式12.7毫米機槍 (機首) (V-12D)，4挺固定式7.62毫米機槍 (機翼) (V-12D)，2挺可旋轉7.62毫米機槍 (後座、機腹)，36枚13.6千克炸彈 (彈倉) 或680千克炸彈 (外掛)

裝備範圍：國民政府

簡　史：

　　V-12 是 V-11 的發展型，特點是換裝外形流線的座艙罩，取消尾輪整流罩，強化火力。V-12C 是在中國製造的亞型；V-12D 是 1939 年推出的改良型，採用與 V-11 相似的座艙蓋，換裝大功率發動機，火力強化。

　　1939 年，國民政府向伏爾梯公司購得 1 架 V-12C 樣機和 25 套散件以及器材設施。樣機於 1941 年 1 月在美國因意外損壞，並未交付，其餘散件經緬甸轉運至雲南壘允中央飛機製造廠組裝，組裝完成後中央飛機製造廠遭到日軍空襲，該型飛機全部被炸毀。

　　1940 年，國民政府向伏爾梯公司購得 2 架 V-12D 樣機和 50 套散件，運抵雲南壘允後，中央飛機製造廠遭到日軍空襲，損失慘重，無力組裝，部分未被炸毀的 V-12D 散件改運往印度境內的斯坦飛機製造工廠組裝。該廠組裝完成 3 架後，工作重心轉為飛機維修，停止組裝 V-12D，已完成的 3 架該型飛機被運回中國，後下落不詳。

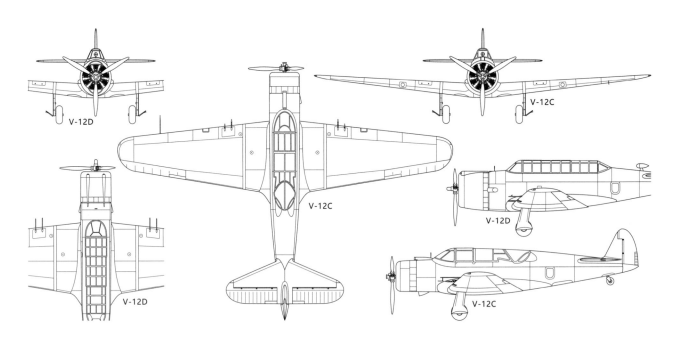

V-12C/D 攻擊機三視圖

伏爾梯 P-66 "前衛"
Vultee P-66 Vanguard

機　　種：　戰鬥機

用　　途：　戰鬥/攻擊/偵察

乘　　員：　1人　　　首　飛：　1939年

製 造 廠：　伏爾梯飛機公司（Vultee Aircraft
　　　　　　Corporation）

機長/翼展/機高：　8.66/10.97/2.87米

淨重/全重：　2375/3349千克

最大速度/巡航速度：　547/467千米/小時

航　　程：　1529千米

升　　限：　8595米

引　　擎：　1台普惠R-1830-33 "雙黃蜂" 型星型
　　　　　　14缸氣冷發動機，1200馬力（Pratt &
　　　　　　Whittney R-1830-33 Twin Wasp）

武　　備：　2挺固定式12.7毫米機槍（機首），
　　　　　　4挺固定式7.62毫米機槍（機翼）

裝備範圍：　國民政府

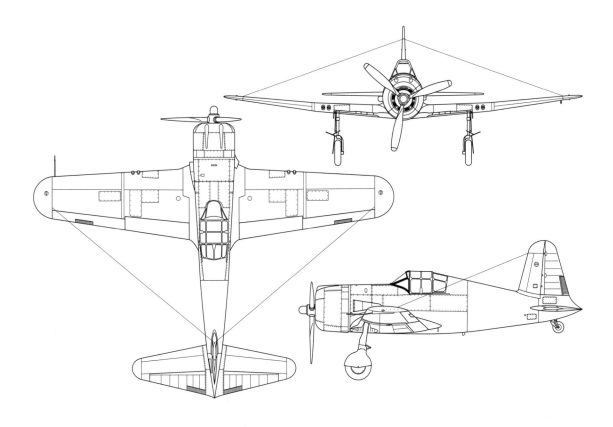

P-66 "前衛" 戰鬥機三視圖

簡 史：

　　P-66 以 V-48 型戰鬥機為基礎研發，爬升和操作性能良好，但飛行穩定性較差，起落架結構脆弱，起降時容易發生地轉事故。

　　根據《租借法案》，1942 年 3 月至 8 月間，美軍將 128 架 P-66 運往印度卡拉奇（今屬巴基斯坦）供中國空軍使用，有 24 架在運輸中損失，只有 104 架交付中國空軍，其中只有 90 餘架自印度飛返中國（一說為 79 架或 81 架）。這些飛機最初是瑞典政府於 1940 年訂購，美國政府以瑞典並非盟國為由禁止出口，後將其中 100 架轉交英軍，經英軍測試後認為性能有缺陷退還美國。

　　P-66 與 P-43A-1 是抗戰中期中國空軍的主力戰鬥機，由於其技術並不成熟，機械故障頻發，在飛返中國時多有損毀。中國空軍第 3、5、11 大隊曾裝備該型飛機，主要用於重慶、成都等地的防空任務，也用於偵察、巡邏和對地攻擊。由於該機性能強差人意，因此戰果較少。1943 年 6 月 6 日，日軍突襲梁山機場，著名飛行員周志開駕駛 1 架 P-66 緊急升空，擊落 2 架、重創 1 架日軍九九輕爆，為其最著名戰例。1944 年 3 月，第 11 大隊前往印度換裝 P-40N，P-66 停止使用。

P-66 戰鬥機，後方為 2 架 BT-13A 教練機。

伏爾梯 BT-13A "勇士"
Vultee BT-13A Valiant

機　　種： 教練機

用　　途： 訓練/聯絡/偵察

乘　　員： 2人　　　**首　　飛：** 1939年

製 造 廠： 伏爾梯飛機公司（Vultee Aircraft Corporation）

機長/翼展/機高： 8.79/12.85/2.77米

淨重/全重： 1531/2039千克

引　　擎： 1台普惠R-985-AN-1 "小黃蜂" 型發動機，450馬力（Pratt & Whitney R-985-AN-1 Wasp Junior）

最大速度/巡航速度： 290/225千米/小時

航　　程： 830千米

升　　限： 6401米

裝備範圍： 國民政府、解放軍空軍

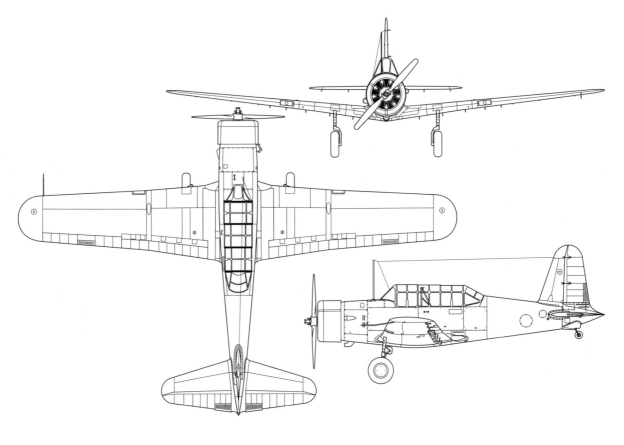

BT-13A "勇士" 教練機三視圖

簡　史：

　　BT-13（1948 年後改稱 T-13）是伏爾梯公司研製的最成功的教練機，也是二戰期間美軍使用的主力中級教練機之一。BT-13A 是其產量最多的亞型。

　　1944 年 7 月後，根據《租借法案》，美國將 30 架 BT 13A 交付中國空軍軍官學校駐印分校，主要用於夜間航行和儀錶飛行訓練。抗戰勝利後，該型飛機投入國共內戰，用於執行通訊、聯絡、偵察等任務。截至 1948 年 9 月，仍有 5 架 BT-13A 在役，同年國民政府向美國訂購 137 架該型飛機，因故未交付。1949 年國民黨當局退往台灣後，沒有該機遷往的記錄。

　　國共內戰中，解放軍曾於地面繳獲部分該機，但直到 1949 年 11 月中國人民解放軍空軍成立後，才修復投入使用。1949 年 12 月 15 日，解放軍的 BT-13A 曾偵察雲南大板橋、小石壩、乾海子等地，並投放傳單。1952 年，解放軍空軍的最後 1 架 BT-13 退役。

比奇 D17R "交錯翼"
Beechcraft D17R Staggerwing

機　　種： 客機/公務機

用　　途： 運輸/醫療/要人專機/聯絡

乘　　員： 1+4人　　**首　　飛：** 1937年

製 造 廠： 比奇飛機公司（Beech Aircraft
Company）

機長/翼展/機高： 7.98/9.75/3.12米

淨重/全重： 1400/2132千克

引　　擎： 1台萊特R-975-E3 "旋風" 型星型9
缸氣冷發動機，450馬力（Wright
R-975-E3 Whirlwind）

最大速度/巡航速度： 319/274千米/小時

航　　程： 805千米

升　　限： 6096米

裝備範圍： 國民政府、汪偽政府

1940年7月，周恩來與鄧穎超、張沖
自重慶返回延安時搭乘的比奇 D17R。

美國製飛機

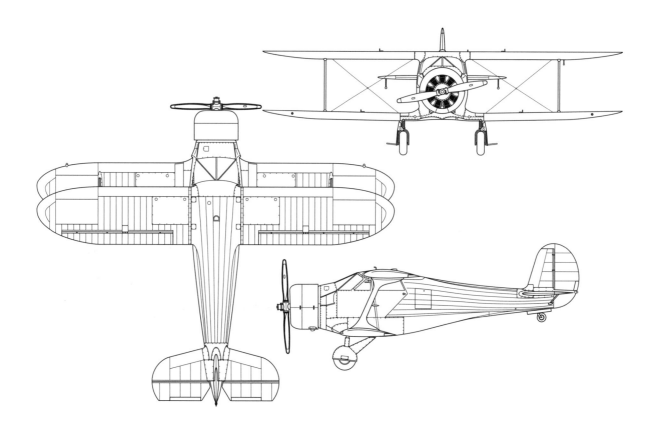

D17R "交錯翼" 客機 / 公務機三視圖

簡　史：

比奇 17 研發於 1930 年代初，採用非常獨特的"交錯翼"佈局，外形流線美觀，內部裝飾豪華，飛行性能優良。D17R 是 1937 年推出的改良型，被中國稱為"小比奇"或"小比機"。

1937 年，國民政府以醫療救護機的名義向比奇公司購得 2 架 D17R，9 月運往中國，機內配備有擔架和醫療設備，其中 1 架作為航空委員會秘書長宋美齡專機使用。此後，國民政府向比奇公司增購 9 架，分兩批於 1938 年 8 月和 1939 年 10 月交付，供空運隊和各軍區司令部用於運輸、聯絡任務。1939 年 2 月，1 架 D17R 移交中國航空公司。

1940 年 6 月 10 日，1 架空運隊的 D17R（一說為 B17E）由譚世昌駕駛，自重慶叛逃至汪偽政府，後編入偽中華航空公司。

比奇 UC-43 "旅行者" /GB-2
Beechcraft UC-43 Traveler/GB-2

機　　種： 運輸機	**引　　擎：** 1 台普惠 R-985-AN-1 "小黃蜂"型發動機，450 馬力（Pratt & Whitney R-985-AN-1 Wasp Junior）
用　　途： 運輸/聯絡/導航	
乘　　員： 1+4 人　　**首　　飛：** 1937 年	
製 造 廠： 比奇飛機公司（Beech Aircraft Company）	**最大速度/巡航速度：** 318/280 千米/小時
	航　　程： 805 千米
機長/翼展/機高： 7.98/9.75/2.49 米	**升　　限：** 6096 米
淨重/全重： 1399/2177 千克	**裝備範圍：** 國民政府

簡　史：

D17S 是在 D17R 基礎上換裝普惠"小黃蜂"型發動機的改良型，美國陸軍航空隊使用的型號為 UC-43，美國海軍使用的則為 GB-2。

1942 年 11 月—1943 年 2 月，根據《租借法案》，美國將 9 架 UC-43 和 1 架 GB-2 提供給中國空軍，供第 8 大隊第 10 中隊和各軍區司令部使用，擔負通訊、聯絡、運輸和機隊領航先導機等任務。該型飛機與此前獲得的 D17R 的外觀區別在於機首下方裝有無線電自動測向儀的環形天線。

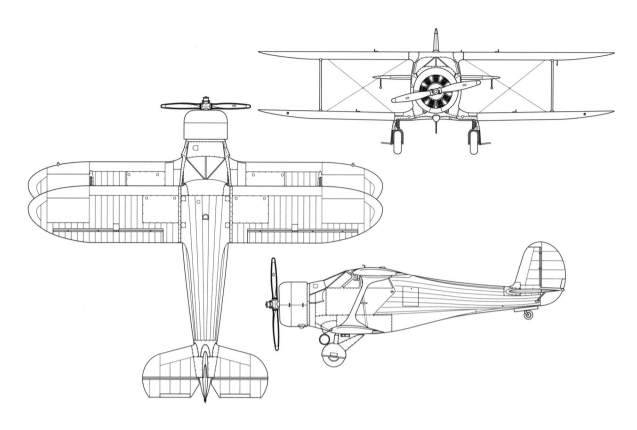

UC-43/GB-2 "旅行者" 運輸機三視圖

UC-43/GB-2 "旅行者" 運輸機

比奇 M-18R
Beechcraft M-18R

機　　種： 客機

用　　途： 訓練/轟炸/運輸

乘　　員： 5人　　首　　飛： 1940年

製 造 廠： 比奇飛機公司（Beech Aircraft
　　　　　 Company）

最大速度/巡航速度： 360/260千米/小時

航　　程： 942千米

升　　限： 5608米

引　　擎： 2台萊特R-975 "旋風" 型星型9缸氣冷
　　　　　 發動機，每台420馬力（Wright R-975
　　　　　 Whirlwind）

裝備範圍： 國民政府

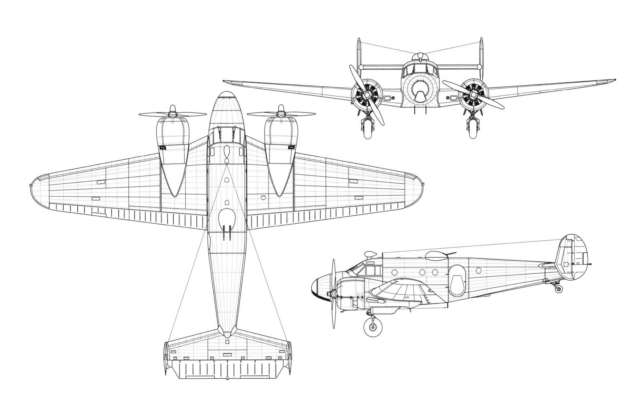

M-18R 輕型轟炸機二視圖

美國製飛機

M-18R 輕型轟炸機

簡　史：

　　M-18R（又稱 AT-18R）是在比奇 18 小型客機基礎上推出的亞型，延續了比奇 18 結構簡單、易於維護、飛行平穩、操控容易、價格低廉等特點。

　　1940 年 2 月，國民政府向比奇公司購得 6 架 M-18R，同年 9 月 30 日起陸續交付。這些飛機的機首改為透明艙，機身兩側以小型圓窗取代比奇 18 系列的大型方窗，配備有炸彈架和機槍架，主要用於充當輕型轟炸機及訓練使用。其中 1 架 M-18R 調撥給中央飛機製造廠，並在緬甸註冊（註冊號 XY-AAL），後來也作為飛虎隊陳納德的傳令機使用。1943 年，蔣介石夫婦赴埃及參加開羅會議，前往印度時搭乘的飛機即為 M-18R。

比奇 AT-7 "領航員"
Beechcraft AT-7 Navigator

機　　種：教練機	
用　　途：訓練	
乘　　員：5人	
首　　飛：1939年	
製 造 廠：比奇飛機公司（Beech Aircraft Company）	
機長/翼展/機高：10.4/14.53/2.79米	
淨重/全重：2691/3560千克	

引　　擎：2台普惠R-985-25 "小黃蜂" 型星型9缸氣冷發動機，每台450馬力（Pratt & Whitney R-985-25 Wasp Junior）

最大速度/巡航速度：360/260千米/小時

航　　程：942千米

升　　限：5608米

裝備範圍：國民政府

簡　史：

　　AT-7（1948 年後改稱 T-7）以 C-45 "特派員" 型運輸機為基礎研發，1941 年投產，艙內裝有 2 套可供學員使用的導航設備，機首上部圓形整流罩內裝有導航儀，主要用於訓練領航員。

　　1944 年 9 月—11 月，根據《租借法案》，共有 8 架 AT-7 運抵印度交付中國空軍軍官學校駐印分校。這些飛機被中國稱為 "大比奇" 或 "大比機"，主要用於訓練領航員和轟炸員。截至 1948 年 9 月，這 8 架 AT-7 仍在役。與此同時，國民政府曾向美國訂購 65 架該型飛機，因故未交付。

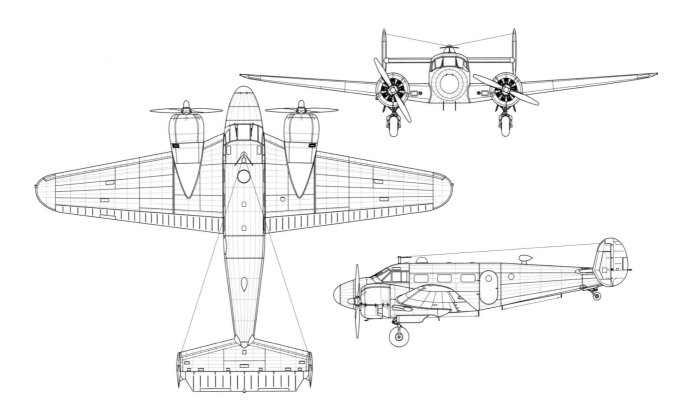

比奇 AT-7 教練機三視圖

史汀生 SR-5C "信賴"
Stinson SR-5C Reliant

機　　種：　客機

用　　途：　運輸

乘　　員：　1+3人

首　　飛：　1934年

製　造　廠：　史汀生飛機公司（Stinson Aircraft
　　　　　　Company）

機長/翼展/機高：　8.28/12.49/2.56米

淨重/全重：　998/1610千克

引　　擎：　1台萊康明R-680-5型星型9缸氣冷發
　　　　　　動機，260馬力（Lycoming R-680-5）

最大速度/巡航速度：　212/193千米/小時

航　　程：　740千米

升　　限：　4419米

裝備範圍：　國民政府

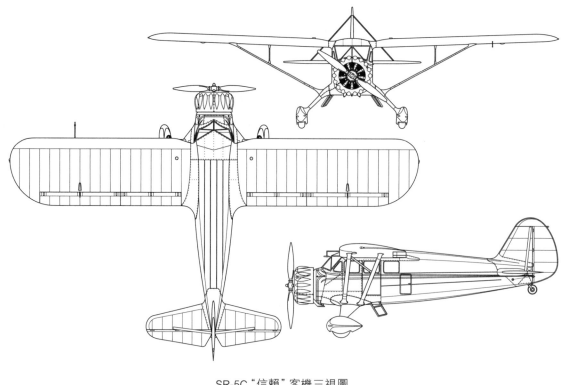

SR-5C "信賴"客機三視圖

簡 史：

　　SR "信賴" 系列小型客機研發於 1930 年代初，外形美觀，飛行性能優良，用途廣泛，廣受歡迎，具有多種亞型。SR-5C 是 1934 年推出的改良型，換裝發動機的同時增加第 2 對副翼。

　　1934 年，西南航空公司通過香港魚航空公司（Fish Air Company）購得 3 架 SR-5C 用於航線客運，命名為 "紫薇"、"南極"、"星宿" 號。1938 年，因戰爭和管理不善，西南航空公司被迫停業，其人員和剩餘飛機被航空委員會接收，其中包括 SR-5C。

西南航空公司的 "南極" 號 SR-5C

史汀生 SR-9D "信賴"
Stinson SR-9D Reliant

機　　種：客機　　**用　　途**：運輸

乘　　員：1+4人

首　　飛：1937年

製 造 廠：史汀生飛機公司（Stinson Aircraft Company）

機長/翼展/機高：8.56/12.77/2.64米

淨重/全重：1179/1837千克

引　　擎：1台萊特R-760-E1 "旋風" 型星型9缸氣冷發動機，285馬力（Wright R-760-E1 Whirlwind）

最大速度/巡航速度：244/225千米/小時

航　　程：1013千米

升　　限：4419米

裝備範圍：國民政府

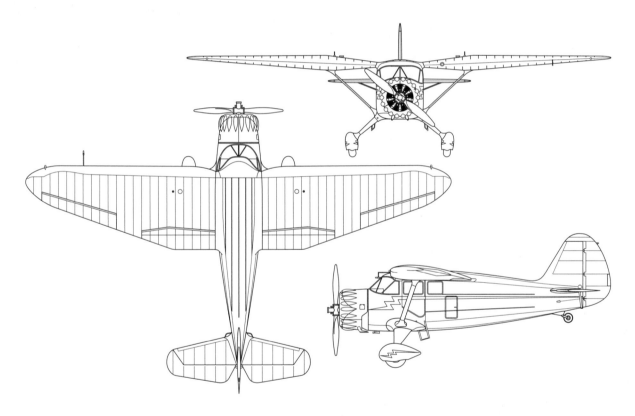

SR-9D "信賴" 客機三視圖

簡　史：

　　SR-9 以 SR-8 為基礎研發，於 1937 年推出，延續了自 SR-7 開始採用的新設計 "鷗翼"，機身外形更加簡練，SR-9D 是在 SR-9C 基礎上換裝大功率發動機的亞型。1937 年，西南航空公司購得 2 架 SR-9D 用於運營，命名為 "牛郎" 和 "織女" 號，次年西南航空公司停業，其人員和剩餘飛機被航空委員會接收，其中包括 SR-9D。

西南航空公司的"牛郎"號 SR-9D 客機

國
製
飛
機

史汀生 105 "旅行者"
Stinson 105 Voyager

機　　種：通用飛機

用　　途：運輸

乘　　員：1+3人

首　　飛：1939年

製 造 廠：史汀生飛機公司（Stinson Aircraft
　　　　　Company）

機長/翼展/機高：6.76/10.36/1.98米

淨重/全重：419/717千克

引　　擎：1台大陸A-75-3型對列型4缸氣冷發動
　　　　　機，75馬力（Continental A-75-3）

最大速度/巡航速度：169/161千米/小時

航　　程：563千米

升　　限：3200米

裝備範圍：國民政府

簡　史：

　　史汀生105"旅行者"研發於1930年代末，具有易於操控、飛行平穩、可短距起降等特點，主要供私人或小型航空公司使用，是著名的L-5"哨兵"型聯絡機的前身。1940—1941年，國民政府向史汀生公司購得2架史汀生105，交付後在緬甸註冊（註冊號 XY-AAH 和 XY-AAJ），供中央飛機製造廠使用。

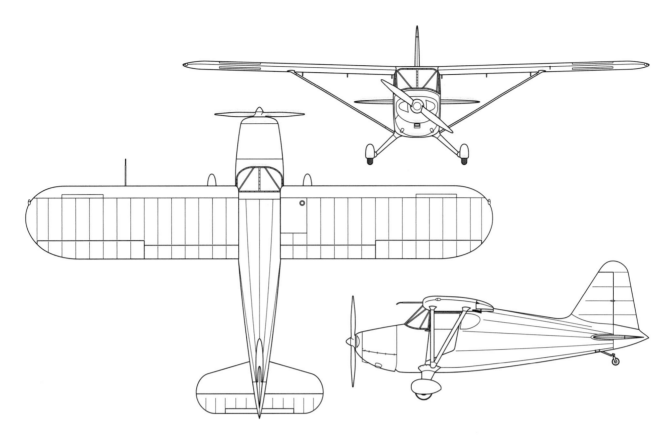

史汀生 105 "旅行者" 通用飛機三視圖

史汀生 L-5/B/C "哨兵"
Stinson L-5/B/C Sentinel

機　　種： 聯絡機（L-5、L-5B）/偵察機（L-5C）

用　　途： 偵察/聯絡/訓練/運輸

乘　　員： 2人　　首　飛： 1942年

製　造　廠： 史汀生飛機公司（Stinson Aircraft Company）

機長/翼展/機高： 7.34/10.36/2.16米

淨重/全重： 668/979千克（L-5B）

引　　擎： 1台萊康明O-435-1型對列型6缸氣冷發動機，185馬力（Lycoming O-435-1）

最大速度/巡航速度： 207/185千米/小時

航　　程： 434千米（L-5B），675千米（L-5C）

升　　限： 4820米

裝備範圍： 國民政府、東北民主聯軍/解放軍空軍

簡　史：

　　L-5 以史汀生 105 為基礎研發，1942 年 12 月投產，在二戰中廣泛用於執行聯絡、運輸、觀測、校射、醫療救護、偵察、投放宣傳單等任務，具有多種亞型。L-5 是最初的量產型；L-5B 是用於貨運或醫療救護的型號，後機身右側艙門可打開，內可容納 1 副擔架或用於貨運；L-5C 是在 L-5B 基礎上加裝 K-20 型照相機的偵察型號。

　　抗戰期間，中美混合團和駐華美軍均裝備有 L-5，用於戰地聯絡和通訊任務。抗戰勝利後，國民政府空軍自中美混合團和駐華美軍接收至少 29 架 L-5，其中包括至少 5 架 L-5B 和 1 架 L-5C。1946 至 1948 年間，國民政府又向美國購得 56 架該型飛機，主要用於聯絡、通訊和訓練，其中 1 架 L-5C 於 1946 年移交中央航空公司。截至 1948 年 9 月，國民政府空軍仍有 11 架 L-5 在役。

　　1946 年 4 月 20 日，第九戰區司令部的 1 架 L-5 在飛往濟南途中迫降河北清河縣解放區，被解放軍繳獲。解放軍後又繳獲數架該型飛機，供東北民主聯軍航空學校使用。1949 年 1 月 12 日和 2 月 2 日，國民政府空軍有 2 架 L-5 起義，其中 1 架於安徽宿縣迫降，另 1 架則因機械故障墜毀。1949 年 8 月 15 日解放軍第一個戰鬥飛行中隊在北平南苑機場成立，其中包括 1 架 L-5，該機參加了開國大典閱兵式。1949 年 11 月中國人民解放軍空軍正式成立時，共有 8 架 L-5，其中 3 架待修理。1950 年 7 月，解放軍空軍將 3 架該機移交民航部門使用，1976 年最後 2 架退役。

2

1

1. L-5B 後機身右側的艙門
2. L-5C 的 K-20 型照相機

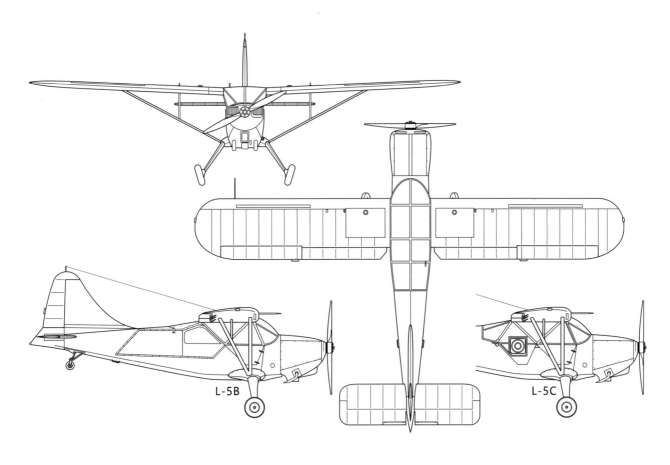

史汀生 L-5B/C "哨兵" 聯絡機三視圖

L-5B

L-5C

北美 NA-41
North American NA-41

機　　種：教練機　　用　　途：訓練	
乘　　員：2人	
首　　飛：1936年	
製 造 廠：北美航空公司（North American Aviation）	
機長/翼展/機高：8.31/12.8/3.58米	
淨重/全重：1281/1751千克	

引　　擎：1台萊特R-975-7 "旋風" 型星型9缸氣
冷發動機，400馬力（Wright R-975-7
Whirlwind）

最大速度/巡航速度：281/249千米/小時

航　　程：1303千米

升　　限：5791米

裝備範圍：國民政府

NA-16 系列教練機研發於 1934 年，是著名的 AT-6 的前身，具有操作簡單、飛行平穩、易於維護等特點。NA-41 (NA-16-4) 共製造 35 架，是外銷中國的型號，相當於美軍裝備的 BT-9 型教練機。

1937 年夏季，北美公司將 1 架 NA-20 (NA-16-2) 運到中國展銷並在南京飛行表演，次年售予洪都拉斯。1938 年 2 月 23 日，國民政府向北美公司訂購 35 架 NA-41 和 15 架 NA-48。但這 50 架飛機中僅有 29 架運往中國，同年 6 月 18 日運抵香港，後由衡陽第一修理工廠組裝。NA-41 服役後主要供昆明空軍軍官學校訓練使用，由於該機採用功率較小的發動機，因此被中國飛行員稱為 "小北美機"。

美國製飛機

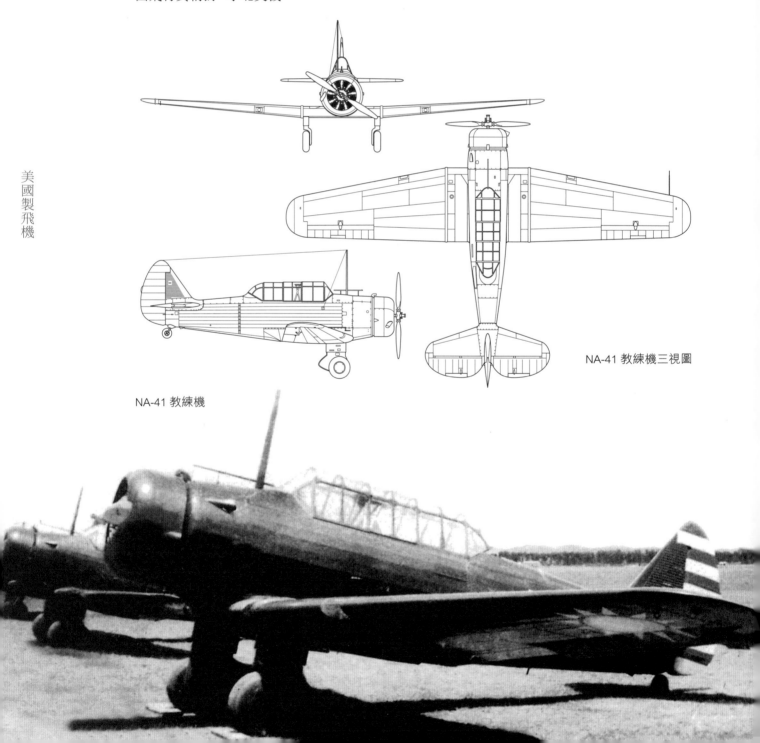

NA-41 教練機三視圖

NA-41 教練機

北美 NA-48
North American NA-48

機　　種： 教練機

用　　途： 訓練/轟炸

乘　　員： 2人　　　首　飛： 1937年

製 造 廠： 北美航空公司（North American Aviation）

機長/翼展/機高： 8.44/13.1/3.5米

淨重/全重： 1837/2358千克

最大速度/巡航速度： 333/288千米/小時

航　　程： 1070千米

升　　限： 7345米

引　　擎： 1台普惠R-1340-49"黃蜂"型星型9缸氣冷發動機，600馬力（Pratt & Whitney R-1340-49 Wasp）

武　　備： 1挺固定式7.62毫米機槍（機首或機翼），1挺可旋轉7.62毫米機槍（後座）

裝備範圍： 國民政府

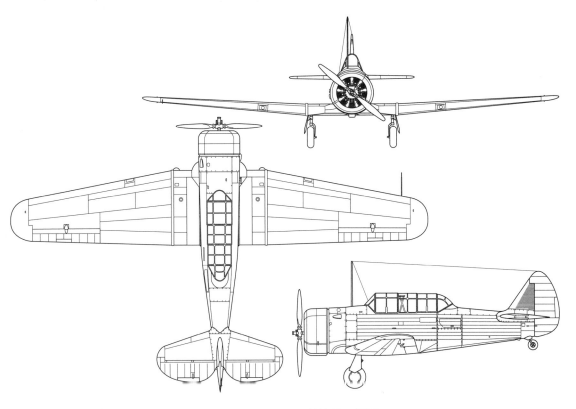

NA-48 教練機三視圖

簡　史：

　　NA-48（NA-16-3C）是在 NA-16 基礎上製造的外銷中國型，相同於美軍裝備的 BC-1 型戰鬥/教練機，共製造 15 架，全部售予中國。

　　1938 年 2 月 23 日，國民政府向北美公司訂購 15 架 NA-48 和 35 架 NA-41。這些飛機僅有 29 架運往中國，由衡陽第一修理工廠組裝。NA-48 服役後主要供第 13 中隊作為轟炸機使用，由於發動機功率較大，因此被中國飛行員稱為"大北美機"。1938 年 10 月的武漢保衛戰中，該型飛機多次出擊轟炸日軍。

NA-48 教練機

北美 NA-56
North American NA-56

機　　種： 教練機

用　　途： 訓練/偵察/攻擊/聯絡

乘　　員： 2人

首　　飛： 1940年

製 造 廠： 北美航空公司（North American Aviation）

機長/翼展/機高： 8.74/12.5/3.51米

淨重/全重： 1503/2028千克

引　　擎： 1台普惠R-1340 "黃蜂" 型星型9缸氣冷發動機，450馬力（Pratt & Whitney R-1340 Wasp）

最大速度/巡航速度： 291/236千米/小時

航　　程： 1207千米

升　　限： 6599米

裝備範圍： 國民政府

"貴州省國民兵團" 號 NA-56 教練機

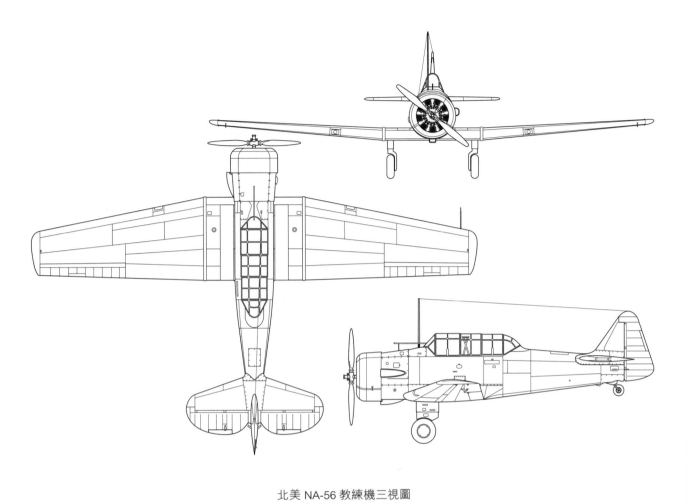

北美 NA-56 教練機三視圖

簡　史：

　　NA-56（NA-16-4）以 BT-9 型教練機為基礎研發，相當於美軍使用的 BT-14 型教練機，
共製造 50 架，全部用於出口中國。

　　1939 年 4 月 18 日，國民政府向北美公司購得 50 架 NA-56，其中第一批 14 架於 1940
年 10 月 25 日運抵緬甸仰光，後由雲南壘允中央飛機製造廠組裝；第二批 36 架則於 1941
年初在仰光組裝。由於該型飛機的發動機功率與 NA-41 相仿，中國飛行員為區分兩者而
稱之為"北美機"。NA-56 服役後，除供昆明空軍軍官學校訓練外，還被分配到各部隊作
為聯絡機使用。在某些部隊中，還曾利用該型飛機飛行速度慢、留空時間長等特點來清剿
土匪。1944 年新疆發生叛亂，局勢一度十分嚴峻，1945 年 8 月有 6 架 NA-56 被派往新疆
支援陸軍作戰。另有 8 架該型飛機編入西北混合隊。

北美 B-25C/D "米切爾"

North American B-25C/D Mitchell

機　　種：轟炸機

用　　途：轟炸/攻擊/訓練/要人專機

乘　　員：5人　　首　飛：1941年

製　造　廠：北美航空公司（North American
　　　　　　Aviation）

機長/翼展/機高：16.13/20.6/4.83米

淨重/全重：9208/15422千克

引　　擎：2台萊特R-2600-13"雙颶風"型星
　　　　　型14缸氣冷發動機，每台1700馬力
　　　　　（Wright R-2600-13 Twin Cyclone）

最大速度/巡航速度：457/375千米/小時

航　　程：2414千米

升　　限：7315米

武　　備：1挺固定式12.7毫米M2機槍（機首），
　　　　　5挺可旋轉12.7毫米M2機槍（機腹 、
　　　　　機背旋轉槍塔各2 挺， 機首1 挺），
　　　　　1361千克炸彈

裝備範圍：國民政府

簡　史：

　　B-25 "米切爾"是二戰期間最傑出的中型轟炸機之一，具有結構堅固、用途廣泛、性能均衡、起降性能極佳等特點，在杜立特轟炸東京行動中一戰成名。B-25C 是 B-25B 的改良型，由加州英格爾伍德工廠製造，換裝發動機，加裝除冰設備，可搭載空射魚雷，機首防禦火力強化。B-25D 是堪薩斯城製造的亞型，除發動機整流罩外，與 B-25C 幾乎沒有區別。

　　1942 年 1 月 23 日，國民政府與美國簽訂購買 150 架 NA-93（B-25C）的合同，不久即取消。1943—1945 年，根據《租借法案》，共有 489 架 B-25 型轟炸機分配給中國，實際上僅有 131 架運往中國，其中 73 架交付中國空軍使用，包括 B-25C、D、G、H 和 J 型，另有 11 架由美軍轉交。

　　1943 年 8 月起，中國空軍第 1 大隊開始前往印度的卡拉奇（今屬巴基斯坦）受訓並接收 B-25C/D 回國，編入中美混合團參戰，第 2 大隊於次年 5 月也派員前往印度受訓。該型飛機取代了老舊的圖波列夫 SB 系列和性能落後的 A-29，成為中國空軍抗戰後期的主力轟炸機，參加常德會戰、中原戰役、長衡戰役、桂柳戰役等多場戰役，轟炸多處日軍目標和軍艦，同時配合美軍在緬甸作戰，為抗戰的勝利做出巨大貢獻。

　　抗戰勝利後，各型號 B-25 殘存約 50 架左右。國共內戰期間，2 架 B-25D 改造為國民政府空軍正、副司令專機，編制在第 10 大隊。

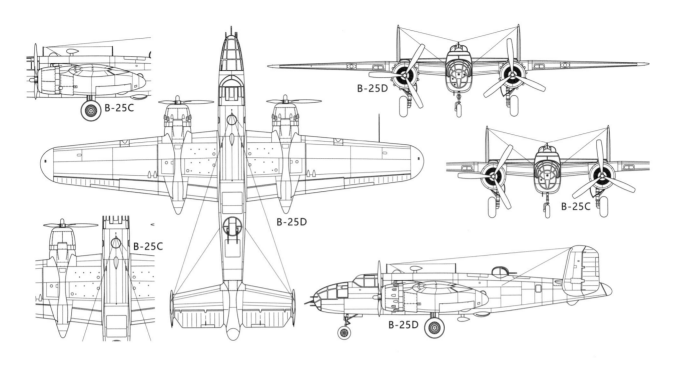

B-25C/D "米切爾" 轟炸機三視圖

中美混合團的 B-25D，機首增加 2 挺機槍。

北美 B-25G/H "米切爾"

North American B-25G/H Mitchell

機　　種：轟炸/攻擊機

用　　途：轟炸/攻擊

乘　　員：5人

首　　飛：1942年（B-25G），1943年（B-25H）

製　造　廠：北美航空公司（North American Aviation）

機長/翼展/機高：15.54/20.6/4.80米

淨重/全重：9060/15870千克（B-25G），9060/15190千克（B-25H）

引　　擎：2台萊特R-2600-13 "雙颶風" 型星型14缸氣冷發動機，每台1700馬力（Wright R-2600-13 Twin Cyclone）

最大速度/巡航速度：454/399千米/小時（B-25G），441/370千米/小時（B-25H）

航　　程：2511千米（B-25G），2173千米（B-25H）

升　　限：7410米（B-25G），7560米（B-25H）

武　　備：1門固定式75毫米M4加農炮（機首/B-25G），2挺固定式12.7毫米M2機槍（機首/B-25G），4挺可旋轉12.7毫米M2機槍（機腹、機背旋轉槍塔各2挺/B-25G），1361千克炸彈（B-25G）；1門固定式75毫米T13E1加農炮（機首/B-25H），8挺固定式12.7毫米M2機槍（機首4挺、機槍夾艙4挺/B-25H），6挺可旋轉12.7毫米M2機槍（機尾、機背旋轉槍塔各2挺、機身左右各1挺/B-25H），1450千克炸彈（B-25H）

裝備範圍：國民政府

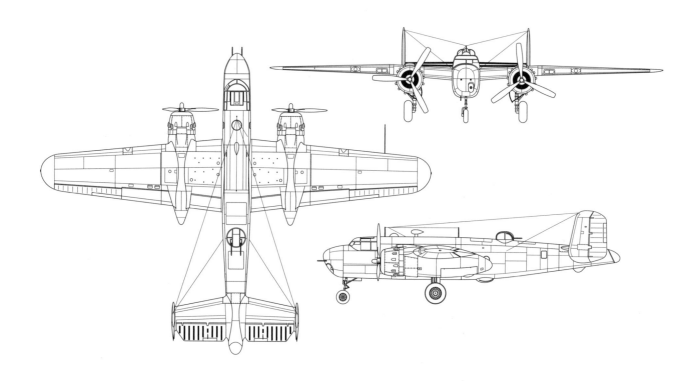

B-25G "米切爾" 轟炸/攻擊機三視圖

簡　史：

　　B-25G 是 1942 年推出的轟炸／攻擊型，機首縮短，取消透明艙，裝有 1 門 75 毫米炮和 2 挺機槍，主要用於對艦攻擊。B-25H 是 B-25G 的改良型，換裝輕量化的 T13E1 型炮，增加 2 挺機首機槍和機槍夾艙，載彈量提升，防禦系統根據實戰需要大幅調整，槍塔位置改變。

　　1943 年 12 月至 1944 年春，根據《租借法案》，中美混合團在印度共接收 105 架 B-25H，1944 年夏季開始接收 B-25G，主要用於攻擊日艦和運輸船。

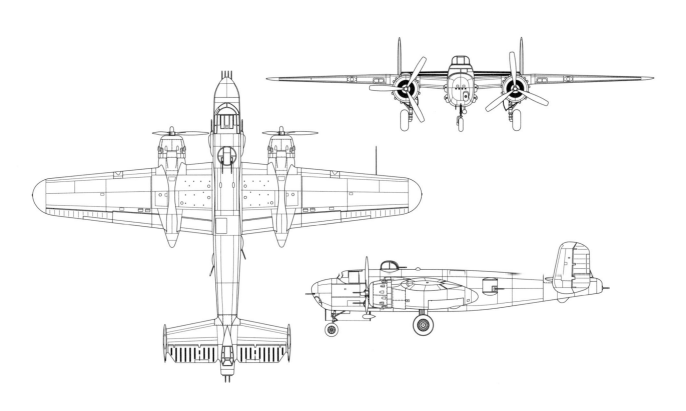

B-25H "米切爾" 轟炸／攻擊機三視圖

北美 B-25 J "米切爾"
North American B-25J Mitchell

機　　種：轟炸機

用　　途：轟炸/攻擊/運輸/訓練/要人專機

乘　　員：6人

首　　飛：1943年

製 造 廠：北美航空公司 (North American
　　　　　Aviation)

機長/翼展/機高：16.3/20.6/4.88米

淨重/全重：8840/15150千克

引　　擎：2台萊特R-2600-13 "雙颶風" 型星
　　　　　型14缸氣冷發動機，每台1700馬力
　　　　　(Wright R-2600-13 Twin Cyclone)

最大速度/巡航速度：444/370千米/小時

航　　程：2173千米　　升　　限：7470米

轟炸型武備：5挺固定式12.7毫米M2機槍 (機首
　　　　　　1挺、機槍莢艙4挺)，7挺可旋轉12.7
　　　　　　毫米M2機槍 (機尾、機背旋轉槍塔各
　　　　　　2挺、機首、機身左右各1挺)，1814
　　　　　　千克炸彈

攻擊型武備：12挺固定式12.7毫米M2機槍 (機首
　　　　　　8挺、機槍莢艙4挺)，6挺可旋轉12.7
　　　　　　毫米M2機槍 (機尾、機背旋轉槍塔各
　　　　　　2挺、機身左右各1挺)，1814千克炸
　　　　　　彈，8枚HAVR火箭彈

裝備範圍：國民政府、解放軍空軍

美國製飛機

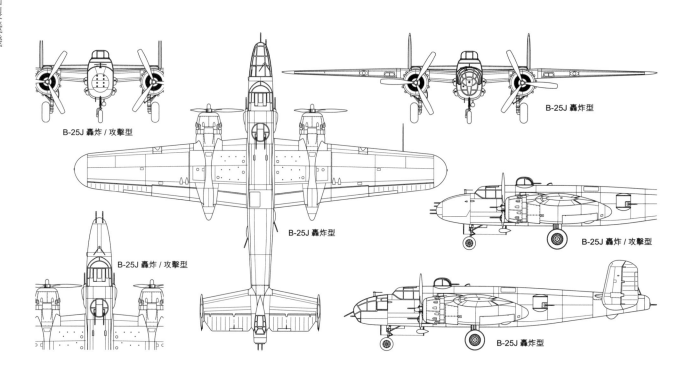

B-25J 轟炸 / 攻擊型

B-25J 轟炸型

B-25J 轟炸 / 攻擊型

B-25J 轟炸型

B-25J 轟炸 / 攻擊型

B-25J 轟炸 / 攻擊型

B-25J 轟炸型

B-25J "米切爾" 轟炸 / 攻擊機三視圖

B-25J "米切爾" 轟炸 / 攻擊機

簡　史：

　　B-25J 是 B-25 的最終量產型，也是產量最多的亞型。該型沿用了 B-25H 的防禦系統，恢復 B-25C、D 型的透明長機首，取消實用性不強的 75 毫米炮，翼下增加掛架，載彈量提高。部分 B-25J 被製造為攻擊機型，機首為封閉式，裝有 8 挺固定式前射機槍，翼下可掛載火箭彈。

　　1943 年 12 月至 1944 年春季，中美混合團在印度接收 10 架 B-25J。抗戰勝利後，中國空軍自美軍接收 50 餘架 B-25，其中大部分是 B-25J（包括轟炸型和攻擊型）。該型飛機在國共內戰中分駐於瀋陽、北平、徐州、西安、漢口等地，先後參加多次會戰，除轟炸、對地攻擊外，也用於執行運輸任務或作為政要專機。截至 1949 年 4 月，國民政府空軍僅剩 13 架可以作戰的 B-25J，同年又購得 11 架，參加了 1950 年的定海戰役和海南戰役，1958 年退役。

　　1948 年遼瀋戰役後，解放軍在地面繳獲 2 架 B-25J。1949 年 4 月 7 日，梁惠福等人駕駛 1 架國民政府空軍第 1 大隊的 B-25J 起義，飛抵鄭州，其後又有 2 架該機起義，這 5 架 B-25J，包括了攻擊型和轟炸型。1949 年 11 月 11 日中國人民解放軍空軍正式成立時，尚有 4 架 B-25J，1952 年全部退役。1951、1954 年，又有 2 架該型飛機起義飛回大陸。

北美 P-51B/C "野馬"

North American P-51B/C Mustang

機　　種： 戰鬥機

用　　途： 戰鬥/攻擊/轟炸

乘　　員： 1人

首　　飛： 1942年

製　造　廠： 北美航空公司 (North American Aviation)

機長/翼展/機高： 9.83/11.28/3.71米

淨重/全重： 3103/4173千克 (P-51B)，3168/4445千克 (P-51C)

最大速度/巡航速度： 708/552千米/小時 (P-51B)，700/585千米/小時 (P-51C)

航　　程： 1304千米 (P-51B)，2092千米 (P-51C)

升　　限： 12740米 (P-51B)，12771米 (P-51C)

引　　擎： 1台派卡德 "梅林" V-1650-3型V型12缸液冷發動機，1490馬力 (Packard Merlin V-1650-3) (P-51B)；1台派卡德 "梅林" V-1650-7型V型12缸液冷發動機，1490馬力 (Packard Merlin V-1650-7) (P-51C)

武　　備： 4挺固定式12.7毫米M2機槍 (機翼)，2枚454千克炸彈

裝備範圍： 國民政府

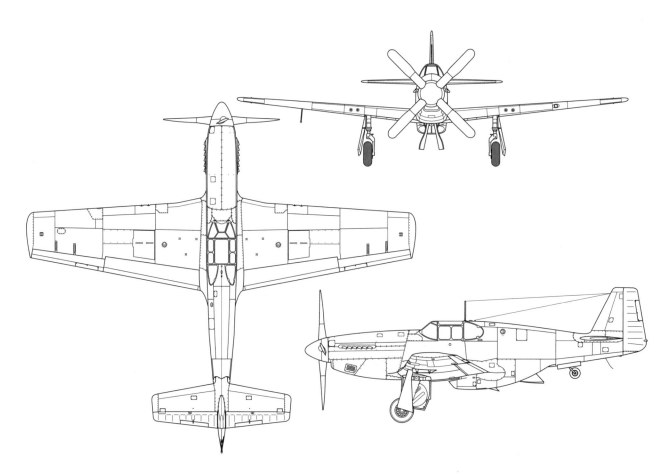

P-51C "野馬" 戰鬥機三視圖

簡　史：

　　P-51“野馬”是二戰中最著名的戰鬥機之一，被後世譽為二戰中最優秀的戰鬥機，具有結構堅固、價格低廉、用途廣泛、飛行速度快、機動性能良好、航程遠等特點。P-51B（又稱 P-51B-NA，後改稱 F-51B）是換裝“梅林”V-1650-3 型發動機的亞型，由加利福尼亞的英格爾伍德工廠製造，後期型換裝與 P-51C 相同的發動機。P-51C（又稱 P-51C-NT，後改稱 F-51C）是安裝“梅林”V-1650-7 型發動機的亞型，與 P-51B 幾乎沒有區別，由德克薩斯的達拉斯工廠製造。

　　根據《租借法案》，共有 624 架 P-51 系列戰鬥機分配給中國空軍使用，但實際交付數量較少。1945 年初，美國第 14 航空隊 23 戰鬥大隊將約 50 架 P-51B、C 移交中美混合團，用來替換中美混合團第 3、5 大隊的 P-40N。這些飛機是抗戰後期中國空軍的主力戰鬥機，參加了豫西鄂北會戰和湘西會戰，攻擊上海、南京、杭州、武漢、南昌等地的日軍目標，並協助陸軍作戰。

美國製飛機

P-51C“野馬”戰鬥機

北美 P-51D/K "野馬"
North American P-51D/K Mustang

機　　種：戰鬥機　　乘　　員：1人

用　　途：戰鬥/攻擊/轟炸/偵察/訓練

首　　飛：1943年（P-51D），1945年（P-51K）

製 造 廠：北美航空公司（North American Aviation）

機長/翼展/機高：9.83/11.28/4.08米（P-51D），
9.83/11.28/4.17米（P-51K）

淨重/全重：3232/4581千克

最大速度/巡航速度：703/582千米/小時

航　　程：1528千米

升　　限：12771米

引　　擎：1台派卡德"梅林"V-1650-7型V型12缸液冷發動機，1490馬力（Packard Merlin V-1650-7）

武　　備：6挺固定式12.7毫米M2機槍（機翼），2枚454千克炸彈或6枚HAVR火箭彈（P-51D）；6挺固定式12.7毫米M2機槍（機翼），2枚454千克炸彈或10枚HAVR火箭彈（P-51K）

裝備範圍：國民政府、東北民主聯軍/解放軍空軍

美國製飛機

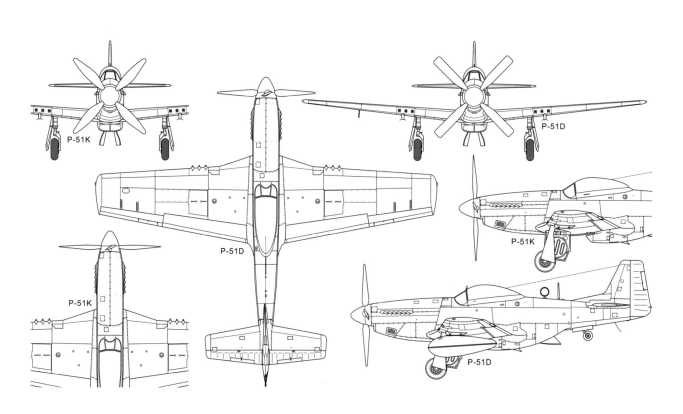

P-51D/K "野馬" 戰鬥機三視圖

簡 史：

P-51D（後改稱 F-51D）是 P-51 最重要的改型，也是產量最多的亞型，特點是換裝視野良好的水滴狀座艙蓋，機身後部外形更加簡練，增加後機身油箱，武備強化，後期型的垂直尾翼前增加小型背鰭，性能相較 P-51B/C 獲得顯著提高。P-51K（後改稱 F-51K）是 P-51D 的改良型，主要區別是用航空器材公司（Aero Products）的新型螺旋槳取代直徑較大的哈密爾頓標準螺旋槳。

1945 年初，中國空軍第 4 大隊前往印度換裝 P-51D 型戰鬥機，中美混合團第 3、5 大隊也開始接收 P-51D、P-51K。由於日軍空中力量在二戰後期日漸衰微，所以該型飛機鮮有機會與日機空戰，多用於對地攻擊和轟炸，僅有的幾場空戰均以壓倒性優勢取勝。1945 年 8 月 21 日，中美混合團第 5 大隊的 6 架 P-51D 執行了抗戰期間中國空軍最後一次重要任務——押送日本投降代表所乘飛機前往湖南芷江。

抗戰勝利後，國民政府空軍自美軍接收 P-51D、K 共 261 架（一說 278 架），經篩選淘汰後，共編為 3 個大隊，每隊裝備 P-51D、K 共 75 架，幾乎參加了國共內戰中的各場戰役。為彌補損耗，國民政府於 1948 年又向美國訂購 52 架該型飛機，僅交付 36 架，1949 年又購得 42 架。這些飛機先後參加 1949 年的江防、上海、平潭、衡邵、金廈等多場戰役。國民黨當局退往台灣後，該型飛機又參加了 1950 年的定海和海南戰役，並擔負台灣的防空和警戒任務，1954 年被 F-84 "雷暴" 取代。

1948 年遼瀋戰役中，中國人民解放軍在錦州繳獲數架 P-51。同年 12 月 29 日，1 架第 4 大隊的 P-51 由譚漢洲駕駛飛往瀋陽起義，其後又有多架該型飛機起義，加上由第 5 修理廠修復和此前繳獲者，共有 39 架，其中大部分是 P-51D，少量為 P-51K，是解放軍空軍初創時的主力戰鬥機。1949 年 8 月 15 日，解放軍第 1 個戰鬥飛行中隊在北平南苑機場成立，其中包括 6 架 P-51，後又調入 17 架。10 月 1 日，共有 9 架 P-51 參加了開國大典閱兵式，其中包括至少 1 架 P-51K。這些飛機編為 3 個楔形分隊作為先導飛機飛越天安門廣場上空，隨後繞場一周，跟在受閱機隊後部再次通過天安門廣場上空。值得一提的是，為防止空襲，有 2 架 P-51D 攜彈受閱。此後，隨着蘇製飛機的引進，解放軍空軍的 P-51 移交第 7 航校作為高級教練機使用，其中 13 架改為雙座教練型以訓練飛行員。1953 年 9 月後，解放軍的 P-51 除了 8 架供第 7 航校作為伊爾 -10 型強擊機的地面滑行訓練機外，其餘全部退役，部分作為教學工具使用。

解放軍南苑中隊的 P-51D/K 戰鬥機，左側是 B-25 轟
炸機、DH.98 戰斗 / 轟炸機、C-47 和 C-46 运输機。

北美 F-6C "野馬"
North American F-6C Mustang

機　　種：偵察機

用　　途：偵察

製 造 廠：北美航空公司 (North American
　　　　　Aviation)

乘　　員：1人

裝備範圍：國民政府

簡　史：

　　F-6C（後改稱 RF-51C）以 P-51B/C 為
基礎改造，保留了 P-51 的武備，加裝 2 台
K17、K22 或 K24 型照相機，由 P-51B 改造
的型號為 F-6C-NA；由 P-51C 改造的型號為
F-6C-NT。1944 年 12 月至 1945 年 4 月間，
根據《租借法案》，共有 50 架 P-51B、C 交
付中國空軍，其中包括數量不詳的 F-6C。

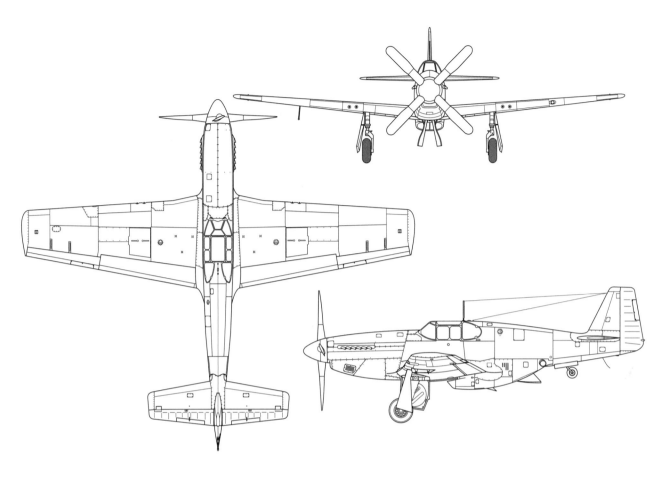

F-6C "野馬" 偵察機三視圖

北美 TP-51B "野馬"
North American TP-51B Mustang

機　　種：教練機

用　　途：訓練

乘　　員：2人

製 造 廠：北美航空公司（North American Aviation）

裝備範圍：國民政府

簡　　史：

　　TP-51B 是在 P-51B 基礎上改造的教練型，拆除了機身油箱，增加教練艙，裝有雙套儀錶和控制系統。1944 年，中美混合團第 11 大隊自美國第 14 航空隊 23 戰鬥大隊接收至少 1 架 TP-51B，具體狀況不詳。

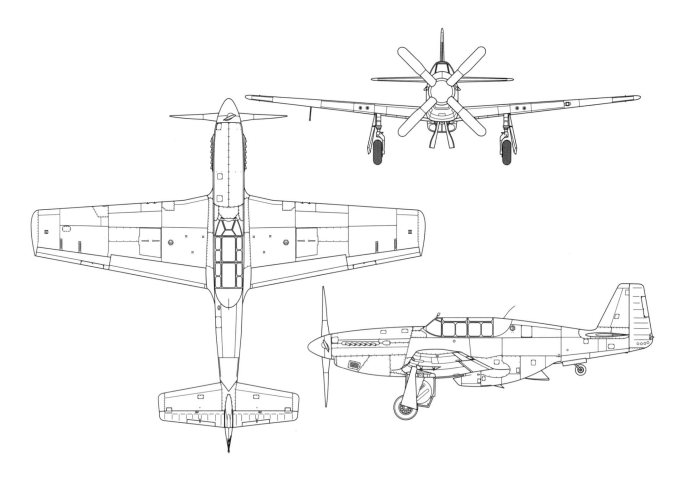

TP-51B "野馬" 教練機三視圖

北美 AT-6D "德州人"
North American AT-6D Texan

機　　種： 教練機

用　　途： 訓練/攻擊/轟炸/偵察

乘　　員： 2人　　　　**首　　飛：** 1943年

製 造 廠： 北美航空公司（North American
Aviation）

機長/翼展/機高： 8.84/12.81/3.57米

淨重/全重： 1852/2404千克

最大速度： 334千米/小時

航　　程： 1174千米

升　　限： 7376米

引　　擎： 1台普惠R-1340-AN-1 "黃蜂" 型星型
9缸氣冷發動機，600馬力（Pratt &
Whitney R-1340-AN-1 Wasp）

武　　備： 2挺固定式7.62毫米機槍（機首、右翼
各1挺），1挺可旋轉7.62毫米機槍（後
座），4枚45千克炸彈

裝備範圍： 國民政府、解放軍空軍

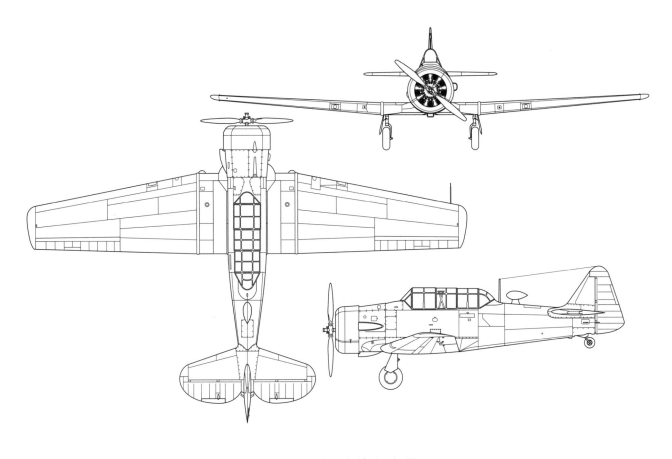

AT-6D "德州人"教練機三視圖

簡　史：

　　AT-6（1948 年改稱 T-6）以 BC-1 型教練機為基礎研發，是北美公司研發的最傑出的教練機，也是除波 -2 之外運用範圍最廣的教練機。AT-6D 是 1943 年推出的改良型，在 AT-6C 基礎上改為全金屬結構，電力系統提升至 24 伏。

　　1945 年 1 月，根據《租借法案》，共 20 架 AT-6D 運抵卡拉奇交付中國空軍軍官學校駐印分校供訓練使用。抗戰勝利後，國民政府向美國購得 170 架淪為剩餘物資的 AT-6 和加拿大仿製的 AT-16，用於訓練和作戰，曾支援西南戰場。1949 年國民黨當局退往台灣後，該型飛機參加了 1950 年的舟山、海南戰役，以及掩護遊擊隊登陸湄洲島，空襲東山島，支援金門炮戰，大陳島撤退等軍事行動，1960 年退役。中央航空公司和民用航空運輸公司也使用一些 AT-6D 和 AT-6F 訓練飛行員。除此外，空軍第一飛機製造廠曾使用庫存的器材仿製了 46 架 AT-6。

　　1949 年 10 月 17 日，1 架 AT-6 從台灣岡山機場起飛，飛往福州機場起義，是解放軍空軍正式成立時唯一一架該型飛機，其後又有 7 架 AT-6 陸續起義加入解放軍，1953 年退役。

貝蘭卡 28-90B "閃光"
Bellanca 28-90B Flash

機　　種：競速機

用　　途：轟炸/偵察

乘　　員：2人　　　首　飛：1936年

製 造 廠：阿維亞‧貝蘭卡飛機公司（Avia Bellanca Aircraft Corporation）

機長/翼展/機高：7.9/14.07/2.64米

淨重/全重：2018/3220千克

引　　擎：1台普惠R-1830 "雙黃蜂" 型星型14缸氣冷發動機，960馬力（Pratt & Whitney R-1830 Twin Wasp）

最大速度/巡航速度：450/364千米/小時

航　　程：1285千米

升　　限：10000米

裝備範圍：國民政府

貝蘭卡 28-90B 競速機

美國製飛機

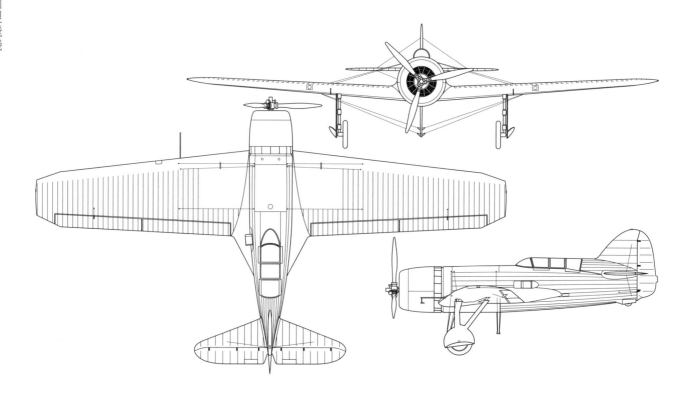

貝蘭卡 28-90B 競速機三視圖

412

　　貝蘭卡 28-90 以 28-70 型競速機為基礎改造，換裝 1 台"雙黃蜂"型發動機，曾創造跨大西洋的飛行速度記錄，28-90B"閃光"是 28-90 的量產型。

　　1936 年 12 月，處於內戰之中的西班牙通過法國航空公司以高速郵機的名義訂購 20 架 28-90B，由於美國法律禁止向交戰國出售武器，因此其出口許可證被撤銷。這批飛機於次年被轉售給南京國民政府的軍事採購團，同時出售的還有配套的炸彈架。這批飛機中，有 1 架被貝蘭卡公司留作樣機（一說是因為該機並未準備完畢），1 架於轉運卸貨時落入海中，剩餘 18 架於 1938 年 8 月運至漢口。

　　由於該型飛機缺乏合適的機槍，大部分僅裝有炸彈架，只能充作輕型轟炸機。中國空軍飛行員大多缺乏駕駛高速飛機的經驗，加之該機結構脆弱、維護困難，因此多在訓練中失事損壞，另有部分毀於日軍空襲，只有少數曾在武漢會戰中執行偵察任務。中國空軍曾計劃將 28-90B 改造為教練機，但由於其操作困難、着陸速度過快且缺乏零配件而取消。

　　1938 年 8 月 9 日，貝蘭卡公司與國民政府接洽，表示願提供更多的飛機，據稱擬定了多達 200 架轟炸機的合同，但並未簽署。

美國製飛機

瑞安 STM-2E/2P
Ryan STM-2E/2P

機　種：	教練機	用　途：	訓練	

引　擎： 1台梅納斯克C4S型倒置直列型4缸氣冷發動機，150馬力（Menasco C4S）

乘　員： 2人　　**首　飛：** 1937年

製 造 廠： 瑞安航空公司（Ryan Aeronautical Company）

最大速度/巡航速度： 241/204千米/小時

機長/翼展/機高： 6.48/9.14/2.8米

航　程： 560千米　　**升　限：** 5337米

裝備範圍： 國民政府

淨重/全重： 498/748千克

備　註： STM-2E參數

瑞安 STM-2E 教練機

簡　史：

　　STM-2 是 STM 型教練機的改良型，相當於美軍使用的 PT-20，主要區別是擴大駕駛艙的空間，同時改善滑翔性能。STM-2E 是其外銷中國型，共製造 48 架。STM-2P 是單座戰鬥型，前部駕駛艙改為機槍艙，裝有 2 挺機槍，上方加裝瞄準具，僅製造 2 架，全部售予中國。

　　1939 年 11 月 15 日，國民政府向瑞安公司購得 48 架 STM-2E 和 2 架 STM-2P，用於取代老舊的伏立特教練機。第 1 批 20 架於次年 7 月運抵緬甸仰光，原計劃在仰光組裝後飛往雲南，但由於英國政府拒絕，只得運至雲南壘允由中央飛機製造廠組裝，其中部分於 1940 年 10 月日軍空襲壘允時被炸毀。第 2 批 30 架運抵緬甸後，於 1941 年 1 月在仰光組裝完成。

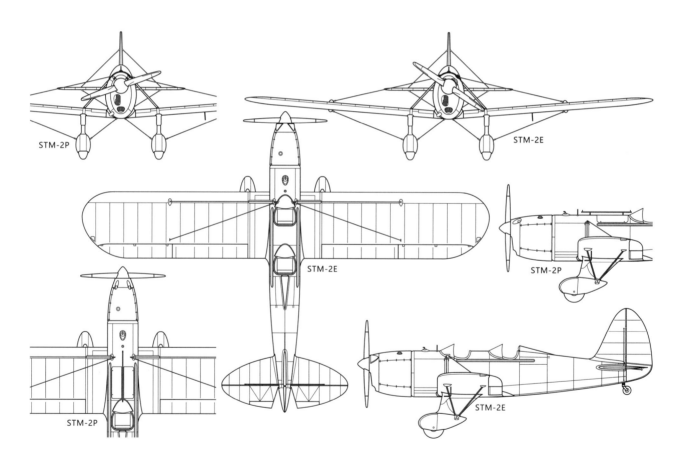

瑞安 STM-2E/STM-2P 教練機三視圖

瑞安 PT-22 "新兵"
Ryan PT-22 Recruit

機　　　種：教練機

用　　　途：訓練

乘　　　員：2人

首　　　飛：1941年

製　造　廠：瑞安航空公司（Ryan Aeronautical Company）

機長/翼展/機高：6.9/9.17/2.18米

淨重/全重：593/844千克

引　　　擎：1台金納R-450-1型星型5缸氣冷發動機，160馬力（Kinner R-450-1）

最大速度/巡航速度：200/160千米/小時

航　　　程：371千米

升　　　限：4700米

裝備範圍：國民政府

美國製飛機

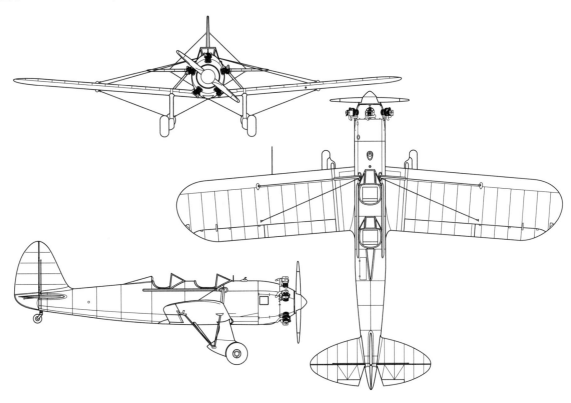

PT-22 "新兵" 教練機三視圖

簡　史：

PT-22 以 PT-21 為基礎研發，是 ST 系列教練機中產量最多的型號，特點是換裝金納發動機和新設計的機翼，後期生產型取消起落架整流罩。

1943 年 4—8 月，根據《租借法案》，美國將 70 架 PT-22 運抵印度交付中國空軍軍官學校駐印分校。抗戰勝利後，部分該型飛機移交中國航空公司。截至 1948 年 9 月，仍有 14 架 PT-22 在國民政府空軍服役。

洛克希德 A-29 "哈德遜"

Lockheed A-29 Hudson

機　　種：巡邏/轟炸機

用　　途：轟炸/運輸

乘　　員：5人

首　　飛：1938年

製　造　廠：洛克希德飛機製造公司（Lockheed Aircraft Manufacturing Company）

機長/翼展/機高：13.51/19.96/3.61米

淨重/全重：5817/9299千克

最大速度/巡航速度：407/330千米/小時

航　　程：2495千米　　升　　限：8077米

引　　擎：2台萊特R-1820-87 "颶風" 型星型9缸氣冷發動機，每台1200馬力（Wright R-1820-87 Cyclone）

武　　備：2挺固定式7.62毫米M1919機槍（機首），1挺可旋轉7.62毫米M1919機槍（機腹），726千克炸彈

裝備範圍：國民政府

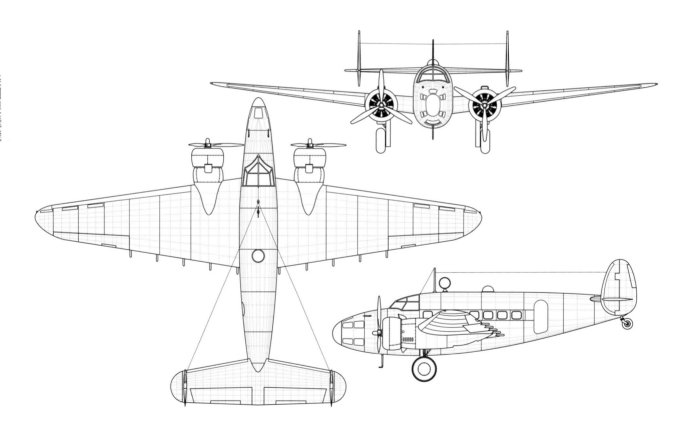

A-29 "哈德遜" 巡邏/轟炸機三視圖

簡　史：

"哈德遜"是在 L-14 "超伊萊克特拉"型客機基礎上為英軍研製的巡邏／轟炸機，主要用於海岸警戒、偵察、巡邏、反潛、訓練等任務，飛行速度較慢，防禦力低，自衛火力弱，但作為防禦圈內的巡邏／轟炸機較為稱職。A-29 是美國陸軍使用的型號，特點是換裝 1200 馬力的 "颶風"型發動機。

1941 年，美國將 28 架援助英國的 A-29 運往中國，計劃供第 2 支美國志願航空隊使用，同年 12 月運抵緬甸仰光。由於第 2 支美國志願隊並未組建，因此將其中 19 架交付中國空軍第 2 大隊使用。鑒於其飛行速度過慢，中國空軍將機背炮塔拆除，以提高速度。A-29 是中國空軍抗戰中期的主力中型轟炸機，1942 年 10 月 27 日首次參戰，轟炸日軍控制的山西運城機場。同年 11 月、12 月轟炸湖北漢口和沙市的日軍時，2 架 A-29 因天氣惡劣迫降損失。1943 年 5、6 月間，該型機多次與 SB 2M-103 聯袂出擊，轟炸湖北宜都、長陽等地的日軍並參與同年底的常德會戰。1944 年該型機還轟炸了平漢鐵路黃河鐵橋，參加了中原會戰。

1944 年 5 月，第 2 大隊接收 B-25 後，A-29 遂退出一線，改為執行運輸任務。同年 6 月，10 架該型飛機移交給中央航空公司，但由於性能不佳、缺乏備件，不久就有 2 架失事損毀，其餘停用。截至 1944 年 11 月，中國空軍編制內仍有 14 架該型飛機，但其中至少 9 架處於封存狀態。

A-29 "哈德遜"巡邏／轟炸機

洛克希德 P-38 J/L "閃電"
Lockheed P-38J/L Lighting

機　　種：戰鬥機

用　　途：戰鬥/轟炸/攻擊

乘　　員：1人

首　　飛：1943年（P-38J），1944年（P-38L）

製 造 廠：洛克希德飛機製造公司（Lockheed
　　　　　Aircraft Manufacturing Company）

機長/翼展/機高：11.53/15.85/3.91米

淨重/全重：6251/7938千克（P-38J），5806/7938
　　　　　千克（P-38L）

最大速度/巡航速度：676/467千米/小時（P-38J），
　　　　　670/524千米/小時（P-38J）

航　　程：724千米（P-38J），1448千米（P-38L）

升　　限：13411米（P-38J），13400米（P-38L）

引　　擎：2台艾莉森V-1710-89/91型V型12缸
　　　　　液冷發動機，每台1245馬力（Allison
　　　　　V-1710-89/91）（P-38J）；2台艾莉森
　　　　　V-1710-111/113型V型12缸液冷發動
　　　　　機，每台1600馬力（Allison V-1710-
　　　　　111/113）（P-38L）

武　　備：4挺固定式12.7毫米M2機槍（機首），
　　　　　1門固定式20毫米希斯巴諾M2C航炮
　　　　　（機首），2枚725千克炸彈（P-38J）；
　　　　　2枚907千克炸彈或10枚HAVR火箭彈
　　　　　（P-38L）

裝備範圍：國民政府

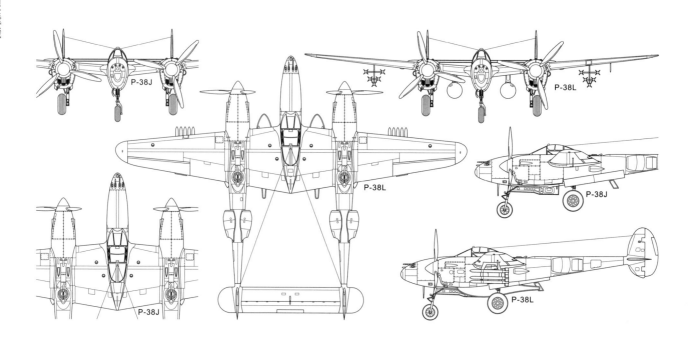

P-38J/L "閃電" 戰鬥機三視圖

簡　史：

　　P-38"閃電"是洛克希德公司於二戰中研發的最著名的戰鬥機,與P-51"野馬"、P-47"雷電"並稱為二戰期間美國陸軍航空隊裝備的最傑出的3種戰鬥機,在擊落日本海軍大將山本五十六座機的戰鬥中名揚天下。該型飛機具有多種亞型,P-38 J於1943年推出,尾撐結構增大,散熱系統改良,增加2個55加侖油箱。P-38L推出於1944年,換裝大功率發動機,座艙加熱系統改良,配備液壓傳動的襟翼和副翼,機翼掛架強化。

　　1942年,根據《租借法案》,共有15架P-38分配給中國空軍,但直到1944年後才有若干架P-38 J、L被配發,且接收單位不詳,一說這些飛機均改造為F-5E型偵察機。1945年湘西會戰期間,中美聯合空軍的P-38對日軍投擲汽油彈並掃射攻擊,使日軍傷亡慘重。

P-38"閃電"戰鬥機

洛克希德 F-5E "閃電"

Lockheed F-5E Lighting

美
國
製
飛
機

機　　種：	偵察機		**航　　程：**	1448千米
用　　途：	偵察/航空測量		**升　　限：**	13411米
乘　　員：	1人		**引　　擎：**	2台艾莉森V-1710-111/113型V型12缸
首　　飛：	1943年			液冷發動機，每台1600馬力（Allison
製 造 廠：	洛克希德飛機製造公司（Lockheed			V-1710-111/113）或2台艾莉森V-1710-
	Aircraft Manufacturing Company）			89/91型V型12缸液冷發動機，每台
機長/翼展/機高：	11.53/15.85/3.91米			1245馬力（Allison V-1710-89/91）
淨重/全重：	7938/9798千克		**裝備範圍：**	國民政府
最大速度/巡航速度：	676/467千米/小時			

簡　史：

　　F-5E 以 P-38 J、L 為基礎改造而成，特點是拆除武備，機首改為照相艙。其中由 P-38 J 早期型改造的為 F-5E-2-L0，裝有 4 台 K-17/K-18 照相機；由 P-38 J 後期型和 P-38L 改造的為 F-5E-3-L0 和 F-5E-4-L0，裝有 2 台 K-22 照相機。

　　1944 至 1945 年，共有 50 架 F-5B、E、F、G 型根據《租借法案》分配給中國空軍，但實際移交時間為 1945 年，共移交 14 架。1945 年 6 月，中國空軍第 20 大隊 12 中隊在印度接收 9 架 F-5E，7 月回國參戰。抗戰勝利後，國民政府空軍的 F-5 分駐南京、北平，用於拍照測繪任務，內戰期間在多場戰役中擔負偵察任務，1952 年被 RF-51D "野馬" 取代。

F-5E "閃電" 偵察機

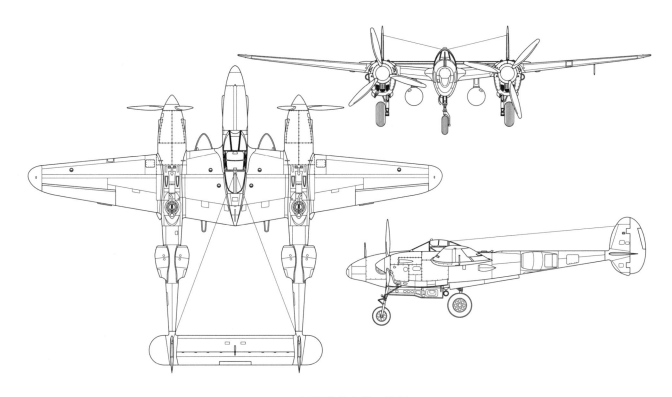

F-5E "閃電" 偵察機三視圖

波音 - 斯蒂爾曼 PT-17 "西點軍校生"
Boeing- Stearman PT-17 Kaydet

機　　種： 教練機

用　　途： 訓練

乘　　員： 2人

首　　飛： 1940年

製 造 廠： 斯蒂爾曼飛機公司 (Stearman
Aircraft Corporation)

機長/翼展/機高： 7.54/9.18/3米

淨重/全重： 878/1200千克

引　　擎： 1台大陸R-670-5型星型7缸氣冷發動
機，220馬力 (Continental R-670-5)

最大速度/巡航速度： 217/155千米/小時

航　　程： 611千米　　升　　限： 4024米

裝備範圍： 國民政府、解放軍空軍

PT-17 "西點軍校生" 教練機

簡 史：

斯蒂爾曼 75 (波音 75) 是斯蒂爾曼公司研製的最成功的教練機，以 PT-13 為基礎研發，具有結構堅固、維護方便、易於操控、飛行性能良好等特點，是二戰期間美軍的主力初級教練機，PT-17 是 1940 年推出的改良型。

根據《租借法案》，1942 年 3—5 月，150 架 PT-17 運至印度拉合爾 (今屬巴基斯坦)，交付中國空軍軍官學校駐印分校。抗戰勝利後，該校遷回杭州筧橋，可用的 140 架該型飛機隨之飛返中國。1945 年 12 月，60 架 PT-17、2 架 AT-6 和 1 架 AT-17 編隊飛越駝峰航線返回中國，成為空軍史上的一大壯舉。1947 年，國民政府向美國購得 22 架 PT-17，其中包括 2 架安裝 185 馬力萊康明 0-435-11 型發動機的 A75N1 型，和 20 架安裝大陸 R-680-4 型發動機的 B75N1 型，同年 7 月交付，1958 年退役。除此外，空軍第三飛機製造廠在 PT-17 基礎上仿製了 104 架 "初教一"。

1949 年 1 月 27 日，筧橋航校第 27 期學生周夢龍、李延森各駕駛 1 架 PT-17 起義，飛往合肥機場，其後又有 3 架該型飛機起義。1949 年 11 月 11 日中國人民解放軍空軍成立時，共有 22 架 PT-17，其中 2 架完好，20 架待修理。1949 年 12 月 26 日又有 1 架 PT-17 自台灣起義。1952 年解放軍空軍的 PT-17 全部退役。

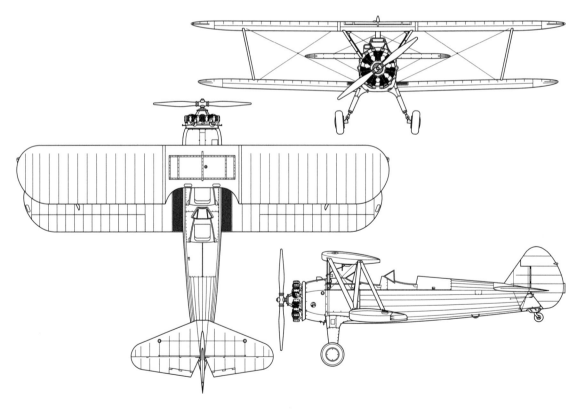

PT-17 "西點軍校生" 教練機三視圖

共和 P-43A-1 "槍騎兵"
Republic P-43A-1 Lancer

機　　種：戰鬥機

用　　途：戰鬥/偵察/攻擊/訓練

乘　　員：1人　　　首　飛：1940年

製　造　廠：共和航空公司（Republic Aviation
　　　　　　Corporation）

機長/翼展/機高：8.69/10.97/4.27米

淨重/全重：2719/3372千克

最大速度/巡航速度：573/450千米/小時

升　　限：10973米　　　航　　程：2333千米

引　　擎：1台普惠R-1830-57 "雙黃蜂" 型星型
　　　　　　14缸氣冷發動機，1200馬力（Pratt &
　　　　　　Whitney R-1830-57 Twin Wasp）

武　　備：4挺固定式12.7毫米柯爾特-勃朗寧機槍
　　　　　　（機首 、機翼各2挺），1枚90千克炸彈
　　　　　　或6枚9千克炸彈

裝備範圍：國民政府

美國製飛機

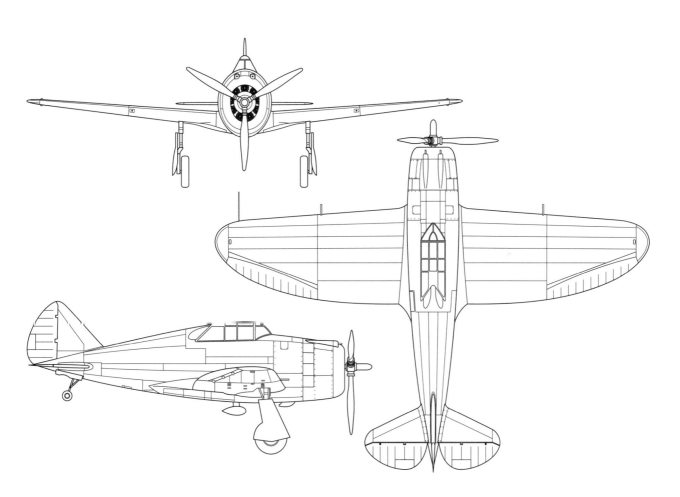

P-43A-1 "槍騎兵" 戰鬥機三視圖

簡　史：

　　P-43 以 P-35 為基礎研發，是著名的 P-47 "雷電" 的前身，但各項性能均遠不及 P-47。P-43A-1 是提供給中國使用的亞型，換裝發動機，增加駕駛艙防護裝甲，機翼油箱改為自封式，機腹下可掛載副油箱或炸彈。

　　根據《租借法案》，共有 125 架 P-43A-1 分配給中國空軍使用，但僅有 108 架運往中國。這些飛機於 1942 年 4 月運至卡拉奇組裝，原計劃交給飛虎隊使用，但因油箱密封性較差而被飛虎隊拒絕，其中部分後交付中國空軍，另一部分則供駐印美軍使用。

　　該型飛機與 P-66 共同構成抗戰中期中國空軍的主力戰鬥機，由於其設計不完善，且特性與中國空軍此前使用的蘇製戰鬥機區別較大，因此轉場途中事故頻發，包括第 4 大隊大隊長鄭少愚在內的多位中國飛行員都在駕機歸國途中墜毀犧牲。後有 41 架 P-43A-1 抵達成都，其中 7 架交給美軍作為遠程偵察機使用，其餘則擔負重慶、成都等地的防空任務，曾擊落日軍新銳的百式司偵。由於該型飛機的高空性能和航程較為出色，因此也多用於護航和偵察任務，並在常德會戰期間多次掃射江陵等地的日軍目標和豐縣與慈利之間的日軍運輸船隊。1944 年 2 月後，P-43A-1 逐步退出一線，主要用於訓練任務，兼負重慶、昆明等地的防空，1945 年全部退役。

美國製飛機

正在加油準備起飛的 P-43 戰鬥機

道格拉斯 C-47/A/B/D "空中列車"

Douglas C-47/A/B/D Skytrain

機　　種：運輸機

用　　途：運輸/空投/轟炸/要人專機

乘　　員：4+28人

首　　飛：1941年（C-47），1942年（C-47A），

　　　　　1943年（C-47B）

製 造 廠：道格拉斯飛機公司（Douglas Aircraft
Company）

機長/翼展/機高：19.46/29.11/5.16米（C-47），

　　　　　19.43/29.11/5.16米（C-47A），

　　　　　19.43/29.11/5.18米（C-47B）

淨重/全重：7650/11431千克（C-47），

　　　　　8103/11793千克（C-47A），

　　　　　8226/11793千克（C-47B）

航　　程：2076千米（C-47），2575千米（C-47A/
C-47B）

升　　限：6797米（C-47），7315米（C-47A），

　　　　　8047米（C-47B）

最大速度/巡航速度：380/298千米/小時（C-47），

　　　　　418/257千米/小時（C-47A），360/257

　　　　　千米/小時（C-47B）

引　　擎：2台普惠R-1830-92 "雙黃蜂" 型星型14
缸氣冷發動機，每台1200馬力（Pratt
& Whitney R-1830-92 Twin Wasp）（C-
47/C-47A）；2台普惠R-1830-90 "雙黃
蜂" 型星型14缸氣冷發動機，每台1200
馬力（Pratt & Whitney R-1830-90 Twin
Wasp）（C-47B）

裝備範圍：國民政府、東北民主聯軍、解放軍空軍

備　　註：C-47/C-47A/C-47B參數

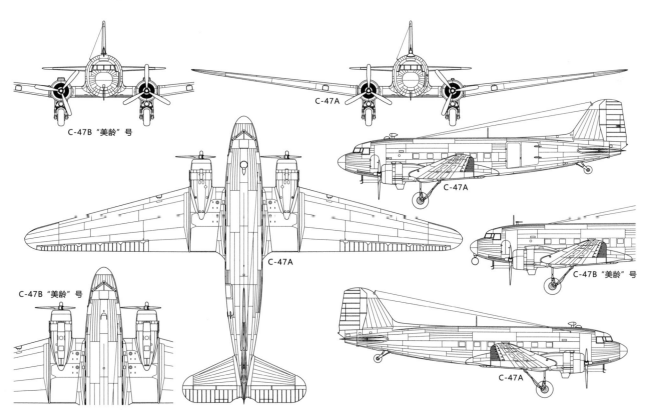

C-47B "美齡" 号

C-47A

C-47A

C-47B "美齡" 号

C-47A

C-47A

C-47B "美齡" 号

C-47A

C-47A/B "空中列車" 運輸機四視圖

　　C-47 "空中列車" 是 DC-3 型客機的軍用型，是二戰中最著名的運輸機，也是航空史上最著名的運輸機，具有多種亞型。C-47 是首款量產型，於 1941 年投產，艙內地板強化，機身後部加裝大型貨艙門和裝載設備，機尾換裝可牽引滑翔機的短尾椎，艙內可搭乘 28 名全副武裝的士兵或 2722 千克貨物。C-47A 是將電力系統升級至 24 伏的改良型，也是產量最多的亞型。C-47B 是為針對駝峰航線推出的改良型，換裝 2 台帶有增壓器的發動機，升限大幅提高。C-47D 是在 C-47B 基礎上拆除增壓器的改型。

　　根據《租借法案》，1943—1945 年共有 38 架 C-47 分配給中國，實際上有 77 架運往中國，但只有 18 架交付中國空軍，其中包括 C-47、C-47A 和 C-47B。中國航空公司於 1942 年開始接收 C-47，截至 1945 年共接收約 50 架，與美國第 10 航空隊的該型飛機一起用於 "駝峰航線" 的運輸任務。中央航空公司於 1945 年也接收了 11 架 C-47 和 C-53。中國空軍於 1943 年 7 月接收 5 架，1944 年 3 月再次接收 5 架，第 101-104 中隊於 1945 年也開始裝備該機。1945 年 4 月 12 日，美國總統杜魯門將 1 架經改裝的 C-47B 贈予蔣介石，該機內飾豪華，配備辦公室、沙發、牀、洗手間和廚房，6 月 30 日交付，蔣介石將其命名為 "美齡" 號，作為專機使用，1994 年退役。

　　抗戰勝利後，國民政府自美軍接收大量的 C-47，其中包括 C-47、C-47A、C-47B 和 C-47D，編入第 10、20 大隊服役，在國共內戰中用於運輸、空投補給、轟炸等任務。1945 年 8 月，毛澤東率中共代表團赴重慶談判時，乘坐的就是 C-47。中國航空公司和中央航空公司也低價購得大量淪為戰後剩餘物資的該型飛機。

　　中國人民解放軍於國共內戰期間通過繳獲和起義獲得數架 C-47，1949 年 10 月解放軍南苑中隊增編 1 個空運分隊，其中包括 1 架 C-47。解放軍空軍的 C-47 在美製器材消耗完畢後，逐步換裝了蘇製發動機或自產的活塞 5 型發動機，稱為 C-47 改。

美國製飛機

"美齡" 號 C-47B 專機

道格拉斯 C-53 "空中突擊隊"

Douglas C-53 Skytrooper

機　　種：運輸機

用　　途：運輸

乘　　員：3+28人

首　　飛：1941年

製 造 廠：道格拉斯飛機公司（Douglas Aircraft
　　　　　Company）

機長/翼展/機高：19.66/29.11/5.18米

淨重/全重：7389/10886千克

引　　擎：2台普惠R-1830-92 "雙黃蜂" 型星型14
　　　　　缸氣冷發動機，每台1200馬力（Pratt
　　　　　& Whitney R-1830-92 Twin Wasp）（C-
　　　　　47/C-47A）

最大速度/巡航速度：380/298千米/小時

航　　程：2100千米

升　　限：7010米

裝備範圍：國民政府

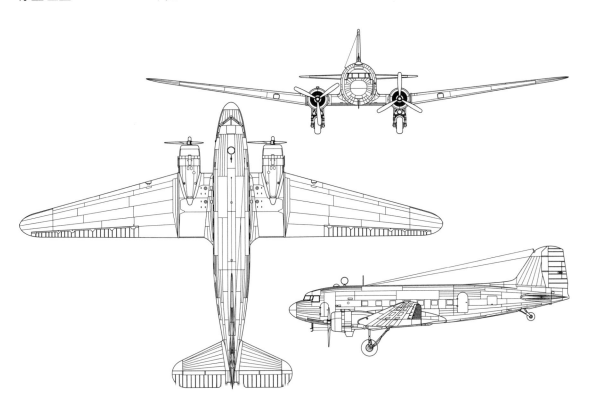

道格拉斯 C-53 "空中突擊隊" 運輸機三視圖

簡　史：

　　C-53 "空中突擊隊" 是在 C-47 基礎上推出的運兵型，1941 年投產，沒有安裝貨艙門，地板未強化，艙內有 28 個小型桶狀金屬座椅，可搭載 28 位全副武裝的士兵。1943—1945 年，根據《租借法案》，共有 2 架 C-53 分配給中國，實際有 10 架運往中國，但僅有 2 架交付中國空軍。中國航空公司、中央航空公司也接收有該型飛機。

中國航空公司的 C-53 運輸機

聯合 B-24D "解放者"
Consolidated B-24D Liberator

機　　種： 轟炸機

用　　途： 轟炸

乘　　員： 8—9人

首　　飛： 1940年

製 造 廠： 聯合飛機公司（Consolidated Aircraft Corporation）

機長/翼展/機高： 20.22/33.53/5.46米

淨重/全重： 14810/24948千克

最大速度/巡航速度： 488/322千米/小時

航　　程： 3701千米

升　　限： 9754米

引　　擎： 4台普惠R-1830-43 "雙黃蜂" 型星型14缸氣冷發動機，每台1200馬力（Pratt & Whitney R-1830-43 Twin Wasp）

武　　備： 10挺可旋轉12.7毫米勃朗寧M2機槍（機首2挺，機背、機腹、機尾旋轉槍塔各2挺、機身左右各1挺），3992千克炸彈

裝備範圍： 國民政府

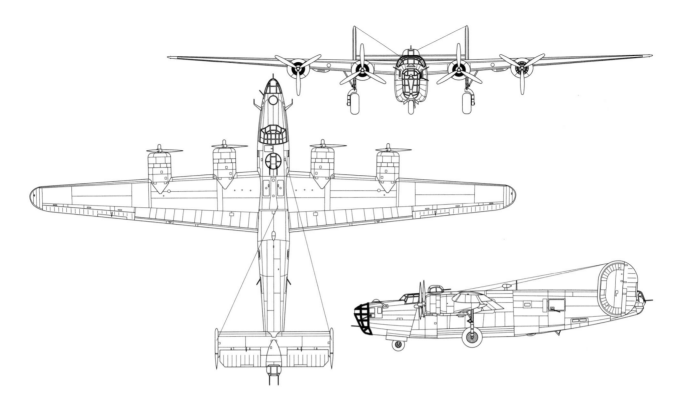

B-24D "解放者"重型轟炸機三視圖

簡　史：

　　B-24 "解放者" 是聯合公司研發的最著名的轟炸機，也是航空史上產量最多的重型轟炸機，二戰期間廣泛用於各大戰場，B-24D 是其首款大量生產的亞型。

　　1943 年 3 月，美國第 14 航空隊第 308 轟炸大隊裝備的 B-24D 開始對日作戰，中國空軍部分飛行員加入該大隊作為副駕駛參戰，曾參加了中原戰役和長衡戰役。1944 年 1—4 月，美國空軍第 7 轟炸大隊將 10 架 B-24D 移交中國空軍，但由於中國缺乏合適的飛行員和後勤補給能力，這些飛機於 8 月歸還美軍。

聯合 B-24M "解放者"

Consolidated B-24M Liberator

機　　種：轟炸機

用　　途：轟炸/訓練

乘　　員：8—9人

首　　飛：1940年

製 造 廠：聯合飛機公司（Consolidated Aircraft Corporation）

機長/翼展/機高：20.47/33.53/5.46米

淨重/全重：16515/24948千克

最大速度/巡航速度：483/346千米/小時

航　　程：3379千米　　　升　　限：8534米

引　　擎：4台普惠R-1830-65 "雙黃蜂" 型星型14缸氣冷發動機，每台1200馬力（Pratt & Whitney R-1830-65 Twin Wasp）

武　　備：10挺可旋轉12.7毫米勃朗寧M2機槍（機首、機背、機腹、機尾旋轉槍塔各2挺、機身左右各1挺），5806千克炸彈

裝備範圍：國民政府、解放軍空軍

美國製飛機

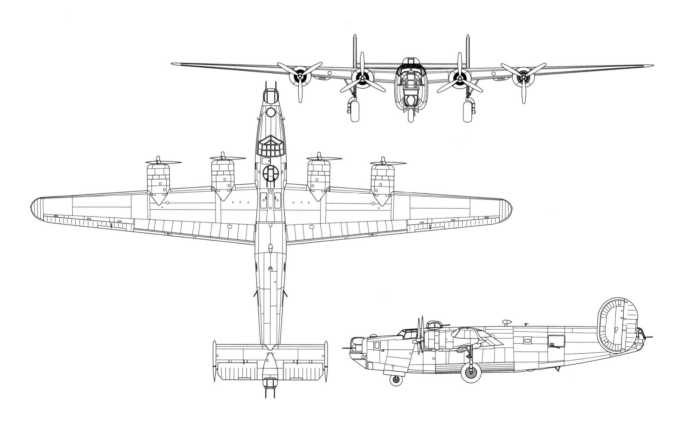

B-24M "解放者" 重型轟炸機三視圖

簡　史：

　　B-24M 是 B-24L 的改良型，也是 B-24 轟炸機的最後一種量產型，特點是換裝輕型的電力驅動尾槍塔，恢復機腹球形槍塔，後期型換裝了結構簡化的風擋玻璃，多用於援助盟國。

　　1944—1945 年，共有 138 架 B-24 根據租借法案分配給中國空軍，然而僅有 37 架交付。1944 年 6 月，這些飛機由先前赴美訓練完畢的中國空軍人員駕駛飛往印度，由於指揮權問題，直到抗戰勝利，這些飛機才從印度飛抵中國交付。中美混合團訓練隊於 1944 年 1 月接收 6 架 B-24M 用於訓練，同年 4 月再次接收 4 架。抗戰勝利後，國民政府空軍的 B-24M 投入內戰，先後參加延安戰役、太原會戰、淮海戰役，並轟炸起義的 “重慶” 號巡洋艦，令其重創自沉。國民黨當局退往台灣後，該型飛機仍多次飛往上海等地實施轟炸，1953 年後逐步被 PB4Y “私掠船” 巡邏轟炸機取代。

　　1946 年 6 月 26 日，劉善本機組起義，駕駛 1 架 B-24M 飛抵延安，這是解放軍獲得的首架重型轟炸機，其後又有 2 架該型飛機於 1948、1949 年起義。解放軍空軍正式成立時，共有 2 架 B-24M，其中 1 架完好，另 1 架待修理。1952 年退役。

1948 年 4 月，上海機場的國民政府空軍 B-24M 和 DH.98 “蚊”（圖下方），最右側為 1 架 C-47 運輸機

美國製飛機

塞斯納 AT-17 "山貓"
Cessna AT-17 Bobcat

機　　種：教練機

用　　途：訓練

乘　　員：4人

首　　飛：1940年

製　造　廠：塞斯納飛機公司（Cessna Aircraft Company）

機長/翼展/機高：9.98/12.78/3.02米

淨重/全重：1588/2585千克

引　　擎：2台雅克布R-755-9型星型7缸氣冷發動機，每台245馬力（Jacobs R-755-9）

最大速度/巡航速度：314/282千米/小時

航　　程：1207千米

升　　限：6700米

裝備範圍：國民政府、解放軍空軍

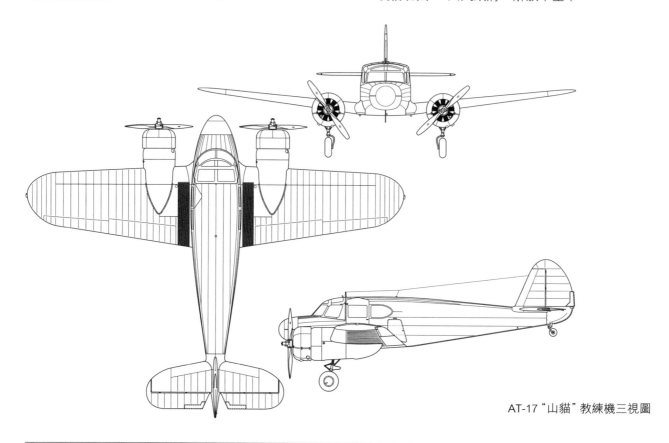

AT-17 "山貓" 教練機三視圖

簡　史：

　　AT-17 以 T-50 型輕型運輸機為基礎研發，1940 年投產，主要用於從單發機到雙發機的轉換訓練，也可用於運輸、通訊、聯絡等任務，其改型多為螺旋槳和機載設備的不同。

　　根據租借法案，1944 年 9—10 月，共有 15 架 AT-17 運抵印度交付中國空軍軍官學校駐印分校，抗戰勝利後交杭州筧橋航校使用。截至 1948 年 9 月，仍有 11 架該型飛機在國民政府空軍服役，同年 12 月隨筧橋航校遷往台灣岡山，1950 年退役。據稱，解放軍於 1949 年 4 月後也曾繳獲 1 架 AT-17 供東北人民解放軍航空學校使用。

費爾柴爾德 PT-19/A/B "康奈爾"
Fairchild PT-19/A/B Cornell

機　　　種：教練機

用　　　途：訓練/空投/偵察

乘　　　員：2人

首　　　飛：1939年

製 造 廠：費爾柴爾德飛機製造公司（Fairchild Aircraft Manufacturing Company）

機長/翼展/機高：8.45米/10.97/2.32米（PT-19），8.52米/10.97/2.29米（PT-19A/B）

淨重/全重：917/1241千克（PT-19），840/1154千克（PT-19A/B）

最大速度/巡航速度：196/163千米/小時（PT-19），212/181千米/小時（PT-19A/B）

航　　　程：644千米（PT-19），692千米（PT-19A/B）

升　　　限：4226米（PT-19），4663米（PT-19A/B）

引　　　擎：1台游騎兵L-440-1型倒置直列型6缸氣冷發動機，175馬力（Ranger L-440-1）（PT-19）；1台游騎兵L-440-3型倒置直列型6缸氣冷發動機，200馬力（Ranger L-440-3）（PT-19A/B）

裝備範圍：國民政府、解放軍空軍

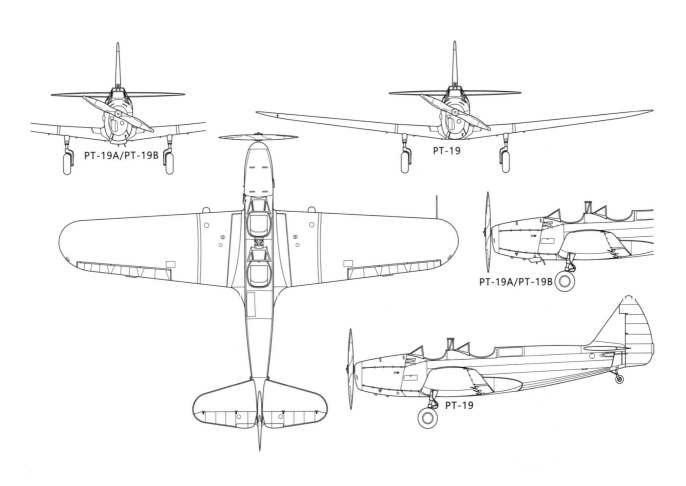

PT-19/A/B "康奈爾" 教練機三視圖

美國製飛機

簡　史：

　　1940 年投產的 PT-19（1948 年後改稱 T-19）以 M-62 為基礎研发，共有 3 種亞型：PT-19 是首款量產型；PT-19A 是 1941 年推出的換裝大功率發動機的亞型；PT-19B 是用於儀錶飛行訓練的亞型，配備有盲飛儀錶系統，前座學員艙裝有可折疊的艙罩。

　　根據《租借法案》，共有 250 架 PT-19 分配給中國空軍訓練使用，但只有 127 架二手的 PT-19、PT-19A 和 PT-19B 於 1944 年 9—11 月運抵印度交付中國空軍軍官學校駐印分校。抗戰勝利後，該型飛機經駝峰航線飛返國內，供杭州筧橋航校使用，在國共內戰期間多次用於偵察和空投補給任務。截至 1948 年 9 月，國民政府空軍仍有 58 架該型飛機在役，1948 年 12 月隨筧橋航校遷往台灣岡山。由於 PT-19 的機翼、尾翼為木製結構，在台灣熱帶潮濕氣候下易被腐蝕，耐久性差，且零配件缺損，後被 PT-17 取代。

　　1948 年遼瀋戰役時，解放軍在瀋陽繳獲首架 PT-19A，後供東北人民解放軍航空學校訓練使用。次年 8 月 15 日解放軍第 1 個戰鬥飛行中隊在北平南苑機場成立，其中包括 2 架 PT-19A，參加了開國大典閱兵式。1949 年 11 月 11 日解放軍空軍正式成立時，共有 13 架 PT-19A，其中 6 架完好，7 架待修理，是第 7 航校的主力教練機，1953 年全部退役。

PT-19"康奈爾"教練機

美國製飛機

容克 Ju 160D
Junkers Ju 160D

機　種：客機

用　途：運輸

乘　員：2+6人

首　飛：1934年

製造廠：容克飛機與發動機製造公司（Junkers Flugzeug-und Motorenwerke AG）

機長/翼展/機高：12/14.32/4米

淨重/全重：2320/3450千克

引　擎：1台寶馬132A2型星型9缸氣冷發動機，660馬力（BMW 132 A2）

最大速度/巡航速度：340/315千米/小時

航　程：1200千米

升　限：5200米

裝備範圍：偽滿洲國

德國製飛機

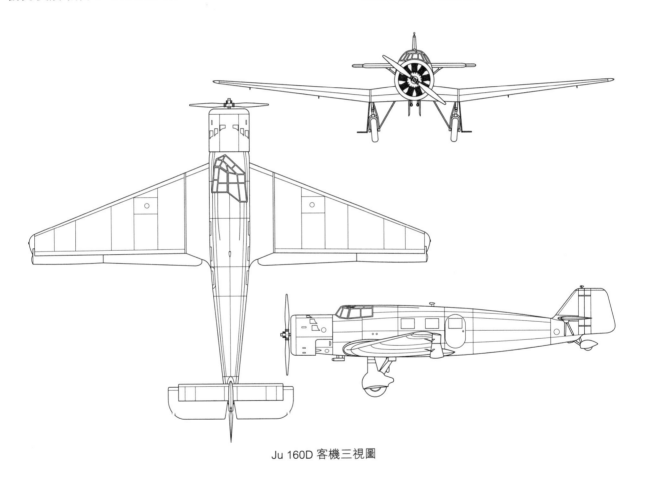

Ju 160D 客機三視圖

簡　史：

　　Ju 160 以 Ju 60 為基礎研發，1934 年投產，主要供德國漢莎航空運營使用。Ju 160D 是 1936 年推出的改良型，其駕駛艙窗口擴大，機艙內部改良，乘坐舒適度提高。

　　1937 年，偽滿洲國的滿洲航空公司（滿洲航空株式會社）自日本接收 2 架 Ju 160D 運營（其中 1 架編號為 M-274）。國民政府曾計劃購買 54 架 Ju 160 的軍用型號並在江西萍鄉組裝，抗戰爆發後計劃取消。

容克 Ju 86Z-2
Junkers Ju 86Z-2

機　　種：客機

用　　途：運輸

乘　　員：3+10人

首　　飛：1936年

製 造 廠：容克飛機與發動機製造公司（Junkers Flugzeug-und Motorenwerke AG）

機長/翼展/機高：17.6/22.5/4.7米

淨重/全重：5200/8200千克

引　　擎：2台寶馬132Dc型星型9缸氣冷發動機，每台840馬力（BMW 132 Dc）

最大速度/巡航速度：375/315千米/小時

航　　程：1000千米

升　　限：6900米

裝備範圍：偽滿洲國

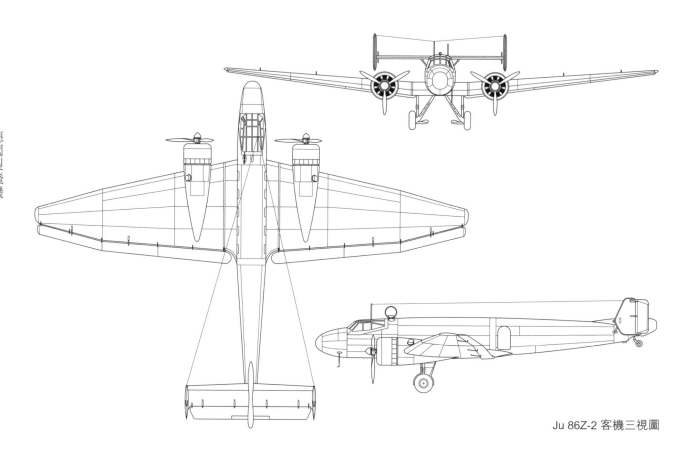

Ju 86Z-2 客機三視圖

滿洲航空公司的 Ju 86Z-2 客機

簡　史：

　　Ju 86 是容克公司應德國航空部要求，同時作為高速客機和轟炸機研製，有多種衍生亞型。Ju 86 Z-2 是其於 1936 年推出的民用改型，換裝性能穩定、易於維護的寶馬 132 型發動機。

　　從 1937 年 10 月到 1939 年，滿洲航空公司共向容克公司訂購 17 架 Ju 86Z-2，其中 14 架分兩批於 1938 年和 1939 年交付（編號可能是 M-210 至 M-223），另外 3 架則由於二戰爆發無法交付，訂單於 1941 年取消。該型飛機主要用於瀋陽至日本的航線，同時供日軍和偽滿洲國軍隊執行運輸、偵察等任務，其中的"龍翔"號（編號 M-213）於 1940 年在香港迫降損毀。1939 年的"諾門罕事件"中，日軍曾計劃將 6 架該型飛機改裝為轟炸機對蘇作戰，其中 1 架已安裝武器並進行測試，但該計劃不久就被放棄。截至 1945 年 8 月，滿洲航空公司仍有數架 Ju 86Z-2 完好可飛，後被蘇軍擄獲。

梅賽施密特 Bf 108B "颱風"
Messerschmitt Bf 108B Taifun

機　　種：　通用飛機

用　　途：　運輸/聯絡/訓練/醫療

乘　　員：　2+2人

首　　飛：　1935年

製 造 廠：　巴伐利亞飛機製造公司（Bayerische Flugzeugwerke/BFW）

機長/翼展/機高：　8.3/10.5/2.3米

淨重/全重：　889/1380千克

引　　擎：　1台阿格斯As10C型V型倒置8缸氣冷發動機，240馬力（Argus As10C）

最大速度/巡航速度：　305/265千米/小時

航　　程：　1000千米

升　　限：　4800米

裝備範圍：　偽滿洲國

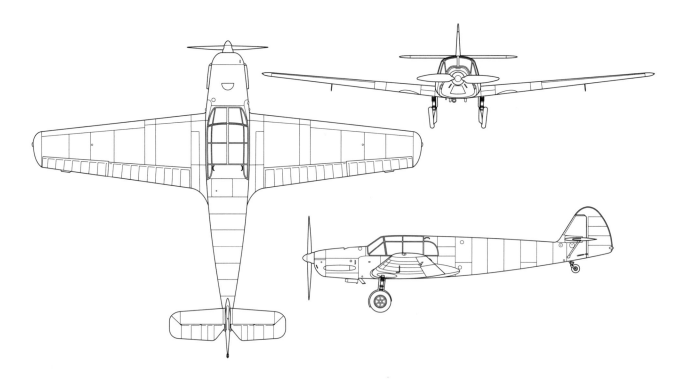

Bf 108B "颱風" 通用飛機三視圖

簡　史：

　　BF 108 由著名飛機設計師威利·梅賽施密特設計，具有易於操控、飛行穩定、起降性能好、燃料消耗率低、用途廣泛等特點。Bf 108B 是 1935 年推出的改良型，在二戰中主要用於聯絡和人員運輸。

　　1937 至 1938 年，滿洲航空公司向巴伐利亞公司共購得 19 架 Bf 108B，其中第 1 批 6 架於 1937 年交付，其餘 13 架則於次年交付。這些飛機主要用於執行運輸、聯絡、醫療救護等任務。"諾門罕事件"中，1 架參戰的該型飛機被蘇軍擊毀。截至 1945 年 8 月，滿洲航空公司仍有數架 Bf 108B 完好可飛，後被蘇軍擄獲。

亨舍爾 Hs 123A-0
Henschel Hs 123A-0

機　　種：俯衝轟炸機

用　　途：戰鬥/轟炸/訓練

乘　　員：1人　　　首　飛：1935年

製 造 廠：亨舍爾公司 (Henschel und Sohn)

機長/翼展/機高：8.38/10.5/3.76米

淨重/全重：1420/2175千克

最大速度/巡航速度：340/315千米/小時

航　　程：815千米

升　　限：9000米

引　　擎：1台寶馬132A3型星型9缸氣冷發動
機，730馬力 (BMW 132A3)

武　　備：2挺固定式7.92毫米MG17機槍（機
首），450千克炸彈

裝備範圍：國民政府

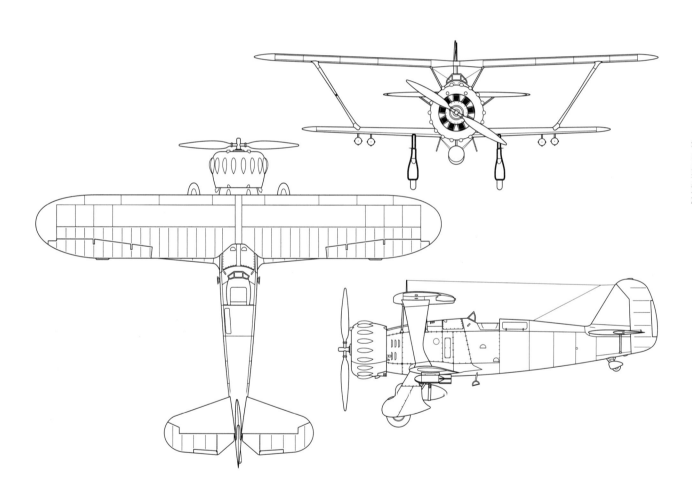

Hs 123A-0 俯衝轟炸機三視圖

德國製飛機

簡　史：

　　中國飛行員稱之為"恒機"的 Hs 123 是德國空軍裝備的第一種俯衝轟炸機，參加了西班牙內戰和二戰，結構堅固，性能優良，深受飛行員歡迎，Hs 123A-0 是 Hs 123 的最初量產型。

　　1937 年 11 月 3 日，國民政府通過合步樓公司 (德國工業產品貿易公司 Handelsgesellschaft für industrielle Produkte，簡稱 HAPRO) 購得 12 架 Hs 123A-0，其中 8 架於 1938 年 3 月經香港轉運至廣州，另外 4 架則於 4 月運抵。這批飛機於同年 5 月全部交付空軍，編入第 15 中隊服役，多用於攔截日機和轟炸日軍目標、軍艦。1938 年 6 月 18 日首次參戰，在馬當戰役中多次出擊作戰。由於戰場損耗和零件缺乏，1938 年底，僅存的 4 架該型機被編入直屬第 34 中隊作為教練機使用，1939 年 8 月後停止使用。

德國製飛機

Hs 123A-0 俯衝轟炸機

亨克爾 He 116A-0
Heinkel He 116A-0

機　　種： 郵機

用　　途： 運輸

乘　　員： 3—4人

首　　飛： 1936年

製 造 廠： 亨克爾飛機公司（Heinkel Flugzeugwerke）

機長/翼展/機高： 13.7/22/3.3米

淨重/全重： 4050/7130千克

引　　擎： 4台西斯HM 508D型V型倒置8缸氣冷發動機，每台270馬力（Hirth HM 508D）

最大速度/巡航速度： 375/355千米/小時

航　　程： 3500千米

升　　限： 7600米

裝備範圍： 偽滿洲國

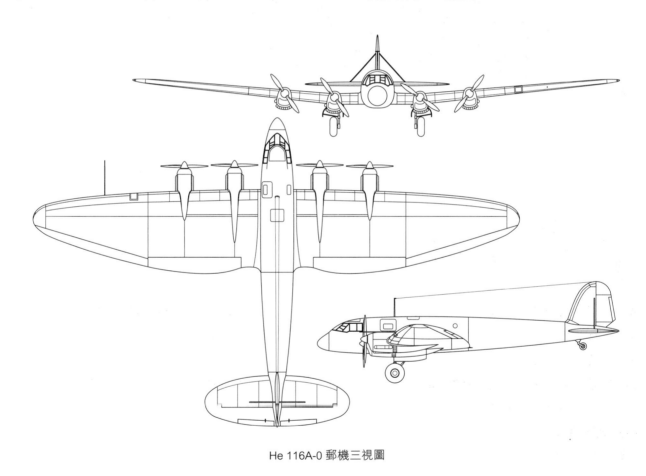

He 116A-0 郵機三視圖

簡　　史：

　　He 116A-0 是亨克爾公司應漢莎航空要求而設計，主要用於德國和日本之間的航空郵件運輸，於 1936 年投產，部分被德國空軍改造為遠程偵察機。1938 年 5 月，滿洲航空公司自日本接收 2 架 He 116A-0（註冊號 J-BAKD、J-EAKF），5 月 11 日開始用於偽滿新京（今長春）至日本東京的郵運飛行，其中的 J-BAKD 直到 1945 年仍在使用。

滿洲航空公司的 He 116A-0 郵機

貝克爾 Bü 131B "英格曼"
Bücker Bü 131B Jungmann

機　種：教練機	用　途：訓練	引　擎：	1台西斯HM 504A-2型直列型倒置4

機　種：教練機　　用　途：訓練

乘　員：2人

首　飛：1936年

製 造 廠：貝克爾飛機製造有限公司（Bücker-
Flugzeugbau GmbH）

機長/翼展/機高：6.62/7.4/2.28米

淨重/全重：380/670千克

引　擎：1台西斯HM 504A-2型直列型倒置4
缸氣冷發動機，100馬力（Hirth HM
504A-2）

最大速度/巡航速度：183/170千米/小時

航　程：628千米

升　限：4050米

裝備範圍：偽滿洲國

簡　史：

　　Bü131 "英格曼" 研發於 1930 年代中期，具有結構簡單、堅固耐用、操縱敏捷、機動性好等特點，非常適於特技飛行。Bü131B 是 1936 年推出的改良型，換裝大功率發動機，飛行性能提升。

　　1938 年，偽滿洲國向貝克爾公司購得 5 架 Bü 131B，有 4 架供滿洲航空公司訓練使用（編號 M-81 至 M-84），其中的 2 架同時供滿洲空務協會使用。

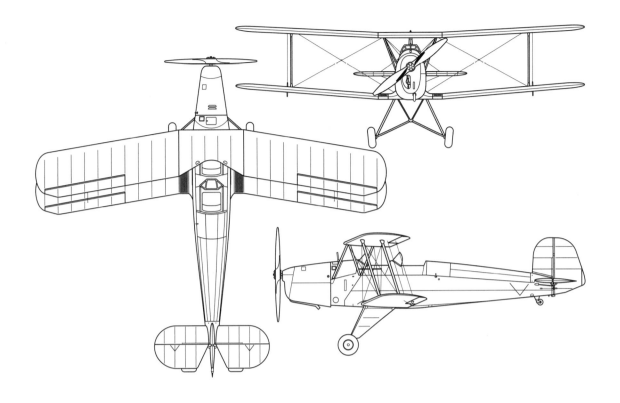

Bü 131B "英格曼" 教練機三視圖

滿洲航空公司的 M-84 號 Bü131B

許特爾 Hü 17

Hütter Hü 17

機　　種：	滑翔機	用　　途：	訓練

機　　種：滑翔機　　用　　途：訓練

乘　　員：1人

設 計 者：烏爾里希·許特爾和沃爾夫剛·許特爾
（Ulrich Hütter & Wolfgang Hütter）

機長/翼展：5.18/9.96米

淨重/全重：110/210千克

極限速度：160千米/小時

裝備範圍：國民政府

德國製飛機

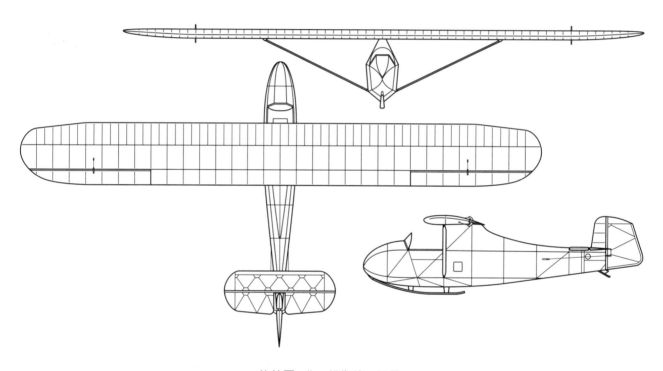

許特爾 Hü17 滑翔機三視圖

簡　史：

　　Hü 17 設計於 1930 年代，是當時尺寸最小但仍能保持良好的飛行特性的滑翔機，其中 "17" 代表該機的滑翔比 17：1，其結構為木製，製造簡單，易於維護，直至 1980 年代仍有部分完好可飛。

　　1930 年代初，滑翔機運動自歐洲傳入中國。抗戰爆發後，出於大量培養飛行員的需要，取材方便、容易製造、使用成本低的滑翔機無疑是培訓初級飛行員的良好器材。成都滑翔機製造廠、第二飛機製造廠和中央滑翔機製造廠、第八修理工廠（前海軍製造飛機處）在抗戰期間都曾製造 Hü 17型滑翔機供中國空軍、中國滑翔協會使用。1940 年 3 月 12 日，中國滑翔先驅韋超駕駛 1 架 Hü 17 在重慶進行飛行表演，因拖曳機尾鉤拖繩脫鈎，導致飛機失事墜毀，韋超不幸身亡。

許特爾 Hü17 滑翔機

德國滑翔研究所 SG 38 "學校滑翔機"
DFS SG 38 Schulgleiter

機　　種：滑翔機

用　　途：訓練

乘　　員：1人

設 計 者：施耐德、雷貝格、霍夫曼（Schneider 、
　　　　　　Rehberg 、 Hofmann）

機長/翼展/機高：6.28/10.41/2.43米

淨重/全重：100/210千克

極限速度：115千米/小時

裝備範圍：國民政府

SG 38 "學校滑翔機"

簡　史：

　　SG 38 是二戰期間德國空軍裝備的主力初級滑翔機，於 1930 年代後期設計，通過彈射起飛，結構簡單、易於操控、飛行平穩、維修方便，非常適於培訓初級飛行員。

　　抗戰期間，中央滑翔機製造廠、北碚滑翔機維修廠、第二飛機製造廠、成都滑翔機製造廠、福建私立勤工工業職業學校都曾製造 SG 38。中央滑翔機製造廠於 1942—1944 年共製造 70 架；第二飛機製造廠於 1940—1942 年製造 6 架；北碚滑翔機維修廠製造 10 多架，其中 1 架由民眾捐款製造而成，命名為 "北碚" 號，另有 9 架為中國電影製片廠捐款製造，1944 年美國副總統華萊士訪華時曾前往北碚滑翔機場觀看飛行表演；成都滑翔機製造廠於 1942—1944 年製造 20 多架 SG 38；私立勤工工業職業學校於 1943 年製造 1 架 SG 38，曾送往福建省戰時省會永安展覽。

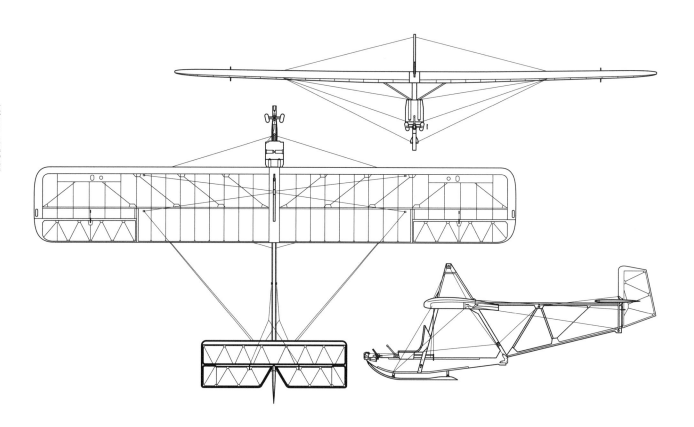

SG 38 "學校滑翔機" 三視圖

德國滑翔研究所 Rhönsperber

DFS Rhönsperber

機　　種：滑翔機

用　　途：訓練

乘　　員：1人

首　　飛：1935年

設 計 者：漢斯・雅克布（Hans Jacobs）

機長/翼展：6.05/15.3米

淨重/全重：162/255千克

極限速度：200千米/小時

裝備範圍：國民政府

"大公報"號滑翔機，前為《大公報》總編輯張季鸞。

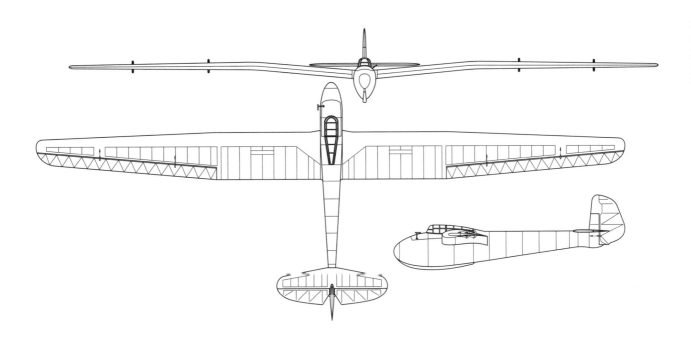

Rhönsperber 滑翔機三視圖

簡　史：

　　Rhönsperber 以 Rhönbussard 為基礎研發，由施韋爾飛機公司（Flugzeugbau Schweyer）生產，被譽為二戰前德國最好的滑翔機。該型飛機的駕駛艙改為封閉式，機翼改為中單翼佈局，飛行性能良好，曾創多項飛行記錄。

　　1931 年"九·一八事變"後，天津電報局職員發動救國募捐，將募捐基金交由《大公報》保管，截至 1933 年共得 4 萬元左右，無法購買軍機。1935 年《大公報》總經理胡政之在赴日考察後，委請中國滑翔先驅韋超自德國購得 1 架 Rhönsperber。由於戰爭原因，該機直到 1939 年 6、7 月間才交付，命名為"大公報"號。同年 8 月，該機由韋超試飛，11 月在重慶飛行表演，後移交中國空軍用於訓練。第三飛機製造廠於抗戰期間，共製造 35 架該型飛機。

德國滑翔研究所 Kranich
DFS Kranich

機　　種：	滑翔機	機長/翼展：	7.7/18米
用　　途：	訓練	淨重/全重：	185/350千克
乘　　員：	2人	極限速度：	175千米/小時
設 計 者：	漢斯·雅克布（Hans Jacobs）	裝備範圍：	國民政府

簡　史：

　　Kranich 是 1935—1939 年間德國製造數量最多、運用最廣泛的雙座滑翔教練機。該型飛機研發於 1930 年代中期，其結構、佈局和外觀與 Rhönsperber 非常相似，曾創造 11460 米的升限記錄。

　　1942—1944 年，第三飛機製造廠製造 30 多架 Kranich 供中國空軍和中國滑翔協會訓練使用。1942—1943 年，桂林滑翔機製造廠製造了至少 6 架該型飛機。

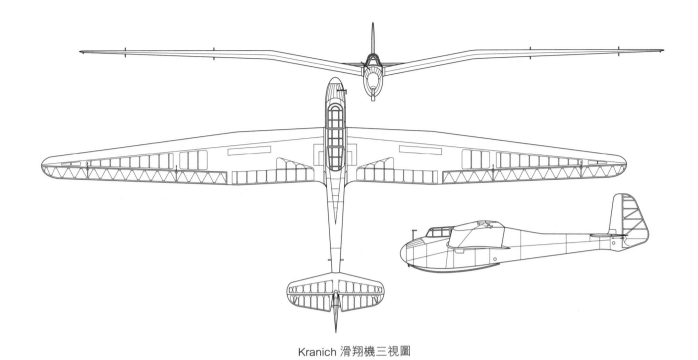

Kranich 滑翔機三視圖

施耐德"格魯瑙嬰兒"II
Schneider Grunau Baby II

機　種：	滑翔機	機長/翼展：	6.09/13.57米
用　途：	訓練	淨重/全重：	170/250千克
乘　員：	1人	極限速度：	150千米/小時
首　飛：	1931年	裝備範圍：	國民政府
設 計 者：	埃德蒙·施耐德（Edmund Schneider）		

"青年"號"格魯瑙嬰兒"II滑翔機

簡　史：

　　"格魯瑙嬰兒"設計於 1930 年代初，採用彈射或拖曳方式起飛，具有結構堅固、操控容易、製造簡單、維護方便、飛行性能良好等特點，可應對輕度特技飛行或偶爾的硬着陸，"格魯瑙嬰兒" II 是 1931 年推出的改良型。

　　1940—1944 年間，中國各廠共製造了 200 多架滑翔機。中國空軍和中國滑翔協會均裝備並使用"格魯瑙嬰兒" II 訓練飛行員，其中 1 架由成都青年捐款所製 / 購的該型飛機命名為"青年"號。

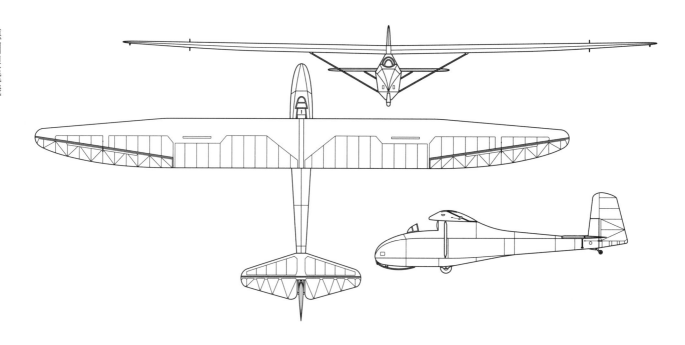

"格魯瑙嬰兒" II 滑翔機三視圖

波利卡波夫 伊-16-5/-6/-10

Polikarpov I-16 type 5/6/10

機　　種： 戰鬥機

用　　途： 戰鬥/攻擊/訓練

乘　　員： 1人

首　　飛： 1934年（type5），1937年（type6/
type10）

設 計 局： 波利卡波夫設計局（Polikarpov Design
Bureau）

機長/翼展/機高： 5.99/9/3.25米（type5/ type6），
6.07/9/3.25米（type10）

淨重/全重： 1118/1508千克（type5），1260/1660
千克（type6），1327/1716千克（type10）

最大速度： 445千米/小時（type5），440千米/小
時（type6），448千米/小時（type10）

航　　程： 540千米（type5），520千米（type6），
525千米（type10）

升　　限： 9200米（type5），9100米（type6），
8470米（type10）

引　　擎： 1台什維佐夫M-25A型星型9缸氣冷發動
機，730馬力（Shvetsov M-25A）（type5/
type6）；1台什維佐夫M-25V型星型
9缸氣冷發動機，750馬力（Shvetsov
M-25V）（type10）

武　　備： 2挺固定式7.62毫米ShKAS機槍（機
翼）（type5/ type6），4挺固定式7.62
毫米ShKAS機槍（機首、機翼各2挺）
（type10）

裝備範圍： 國民政府、新疆

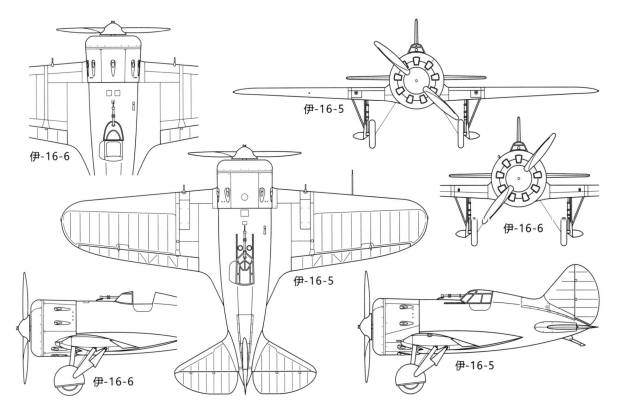

伊-16-6

伊-16-5

伊-16-6

伊-16-5

伊-16-6

伊-16-5

伊-16-5/-6 戰鬥機三視圖

簡　史：

伊 -16（И-16）是蘇聯空軍第一種大量裝備的單翼戰鬥機，也是航空史上第一種作為製式裝備的具有可收放起落架的單翼戰鬥機。伊 -16-5 是伊 -16-4 的改良型；伊 -16-6 是根據西班牙內戰經驗改良的亞型，其初期生產型採用與伊 -16-5 相同的封閉式駕駛艙，後期型改為敞開式駕駛艙；伊 -16-10 是根據西班牙內戰經驗進一步改良的亞型，換裝大功率發動機，結構和武備強化。

1937 年 10 月至 1941 年 1 月，蘇聯向南京國民政府提供了超過 200 架伊 -16 型戰鬥機，包括伊 -16-5、6、10、17 型和 UTI-4，其中伊 -16-10 型共 132 架。這些飛機通過卡車運至新疆哈密，組裝調試後交付中國空軍，與伊 -152 共同構成抗戰前期中國空軍的主力戰鬥機。

第 4 大隊是最先接收伊 -16 的大隊，11 月 21 日，著名飛行員高志航率領 16 架新接收的伊 -16 自哈密返回南京，途經河南周家口機場加油時，日機突然來襲，高志航緊急起飛迎戰，被日機擊中，壯烈犧牲。12 月 1 日，裝備有 23 架伊 -16 的蘇聯航空志願隊戰鬥機大隊抵達南京，開始與中國空軍聯袂作戰。這些飛機先後參加南昌保衛戰、武漢空戰、重慶防空戰等，同時支援陸軍作戰，擊落大量日機，湧現出無數可歌可泣的事跡，其中著名的包括擊落日機數量最多的飛行員柳哲生、與敵同歸於盡的年輕飛行員陳懷民等。在 1939 年 2 月 20、23 日的蘭州空戰中，中國空軍與蘇聯航空志願隊共擊落日軍 18 架 BR.20 型轟炸機，自機無一損失，稱為蘭州空戰大捷。然而好景不長，在璧山、雙流空戰後，由於敵我雙方飛機性能差異過大，中國空軍被迫採取避戰戰術保存實力，伊 -16 在新機入役後退居二線，僅供訓練使用，蘇聯航空志願隊的該型飛機則在其撤出中國時移交中國空軍。除此外，1939—1941 年，第二飛機製造廠在伊 -16 基礎上仿製了 30 餘架"忠 28 甲"和"忠 29"。

1941 年，盛世才主政下的新疆當局自蘇聯接收了 2 架伊 -16-10 用於訓練。根據當時的照片判斷，新疆至少有 7 架伊 -16-10 戰鬥機。

中國空軍飛行員柳哲生和伊 -16-6 戰鬥機

蘇聯製飛機

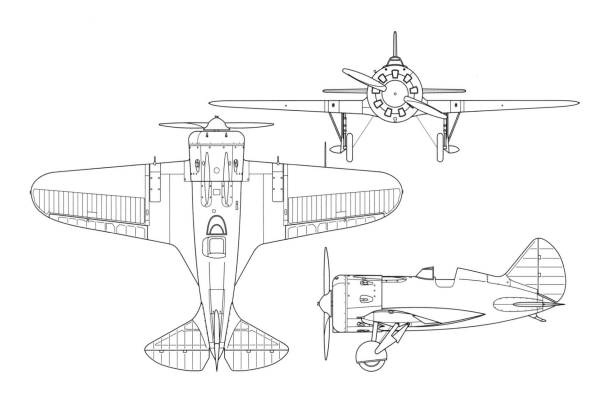

伊 -16-10 戰鬥機三視圖

波利卡波夫 UTI-4
Polikarpov UTI-4

機　　種：教練機　　用　　途：訓練

乘　　員：2人　　　　首　　飛：1935年

設 計 局：波利卡波夫設計局（Polikarpov Design
　　　　　Bureau）

機長/翼展/機高：5.99/9/3.25米

淨重/全重：1156/1458千克

引　　擎：1台什維佐夫M-25A型星型9缸氣冷發
　　　　　動機，730馬力（Shvetsov M-25A）

最大速度：450千米/小時

航　　程：364千米

升　　限：8960米

裝備範圍：國民政府

簡　　史：

　　UTI-4（УТИ-4，又稱伊 -16UTI）以伊 -16 型戰鬥機為基礎研發，主要作為伊 -16 的高級教練機使用，採用敞開式駕駛艙，拆除起落架收放控制系統，沒有安裝武備，裝有雙套控制系統。

　　1937 年 10 月至 1941 年 1 月，蘇聯向國民政府提供了超過 200 架伊 -16，其中包括 8 架 UTI-4（一說 1940—1941 年增購 6 架）。除此之外，第二飛機製造廠曾在該型飛機基礎上仿製了 "忠 29" 型教練機。

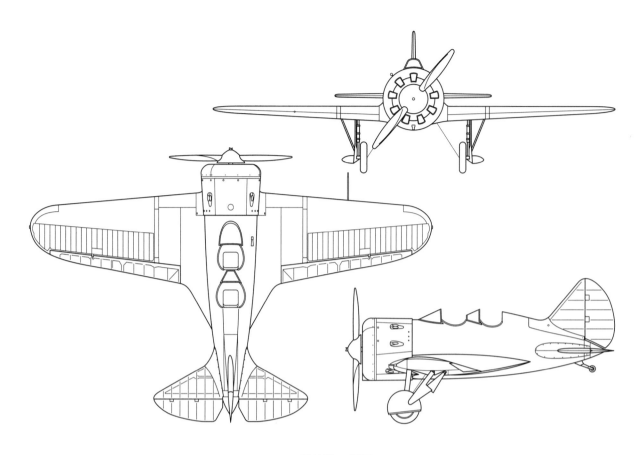

UTI-4 教練機三視圖

波利卡波夫 伊-16-17
Polikarpov I-16 type17

機　　種：	戰鬥機
用　　途：	戰鬥/訓練
乘　　員：	1人　　　　首　　飛：1938年
設 計 局：	波利卡波夫設計局（Polikarpov Design Bureau）
機長/翼展/機高：	6.07/9/3.25米
淨重/全重：	1160/1718千克
最大速度：	425千米/小時

航　　程：417千米

升　　限：8240米

引　　擎：1台什維佐夫M-62型星型9缸氣冷發動機，800馬力（Shvetsov M-62）

武　　備：2挺固定式7.62毫米ShKAS機槍（機首），2門固定式20毫米shVAK航炮（機翼），2枚100千克炸彈

裝備範圍：國民政府

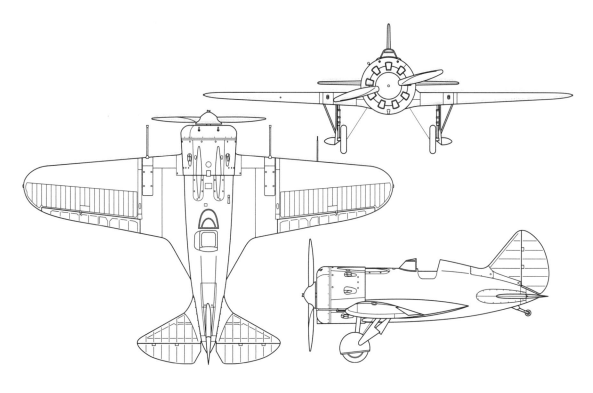

伊 -16-17 戰鬥機三視圖

簡　史：

伊 -16-17（И-16 тип17）是根據西班牙內戰經驗在伊 -16-10 基礎上進一步改良的亞型，於 1938 年投產，特點是進一步增強火力和防禦力，但重量隨之大幅增加，飛行性能受到嚴重影響。

1941 年初，蘇聯向國民政府提供了 75 架伊 -16-17（一說中國獲得的伊 -16-17 安裝的是 750 馬力什維佐夫 M-25V 型發動機），編入第 3、4、5 大隊服役。由於機型過時，該型飛機雖有強大的火力和防護裝甲，仍無法與日本新型戰鬥機抗衡，入役後多用於訓練。

伊 -16-17 戰鬥機

波利卡波夫 伊-152

Polikarpov I-152

機　　種： 戰鬥機

用　　途： 戰鬥/攻擊/訓練

乘　　員： 1人

首　　飛： 1937年

設 計 局： 波利卡波夫設計局（Polikarpov Design Bureau）

機長/翼展/機高： 6.28/10.2/3.41米

淨重/全重： 1310/1730千克

引　　擎： 1台什維佐夫M-25V型星型9缸氣冷發動機，750馬力（Shvetsov M-25V）

最大速度： 379千米/小時

航　　程： 770千米

升　　限： 9800米

武　　備： 4挺7.62毫米PV-1機槍（機首），150千克炸彈

裝備範圍： 國民政府、新疆

蘇聯製飛機

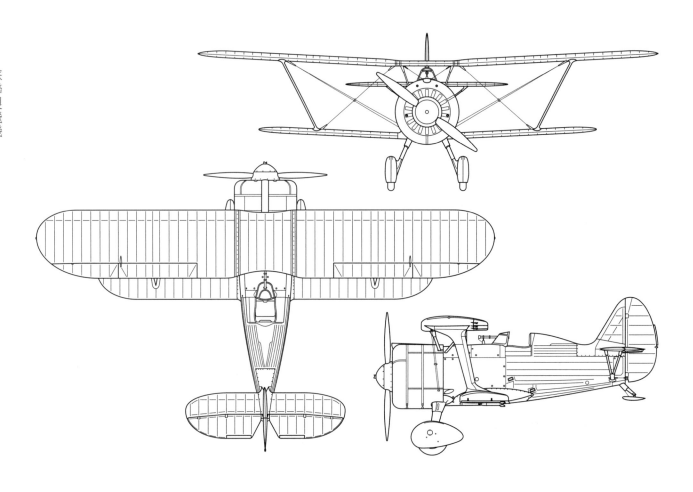

伊-152 戰鬥機三視圖

簡 史：

伊 -152（И-152，又稱伊 -15 比斯）以伊 -15 為基礎研發，於 1937 年投產，取消了伊 -15 的鷗形上翼設計，改為傳統平直上翼，換裝大功率發動機，飛行速度提升，但機動性和操縱性下降。

1937 年 8 月 2 日，南京國民政府與蘇聯正式簽訂互不侵犯條約，蘇聯開始向中國提供經濟貸款和軍事援助，同時派遣軍事專家和志願航空隊前來中國參加抗日戰爭。1937—1938 年，蘇聯向國民政府提供了 252 架伊 -152（一說 389 架），1938 年 1—7 月通過卡車運至新疆，組裝調試合格後交付。這些飛機與伊 -16 型戰鬥機構成了抗戰前期中國空軍的主力戰鬥機，編入第 3、4、5 大隊和蘇聯航空志願隊服役，先後參加多次戰役，承擔成都、重慶等重要城市的防空任務，同時支援陸軍作戰。該型飛機在使用時往往與伊 -16 配合，由速度快的伊 -16 進行攔截、追擊或俯衝突襲，速度慢但機動性能良好的伊 -152 則用於纏鬥。該機的性能雖遜於日軍主力戰鬥機，但由於採取了有效戰術且飛機數量大為增加，一時間扭轉了中國空軍的劣勢，局部地區甚至取得了制空權。

1940 年 9 月 13 日，中國空軍第 3、4 大隊的 25 架伊 -152 和 9 架伊 -16 型戰鬥機起飛攔截日機時，與日軍 12 架新銳的零式戰鬥機在重慶璧山上空展開空戰。由於日機性能優秀，又佔據高度優勢，中國空軍 11 架飛機被擊落，13 架受傷迫降，10 名飛行員陣亡，8 名受傷，日機則無一被擊落。次年 3 月 14 日成都雙流空戰後，由於飛機性能差距過大，中國空軍被迫採取避戰戰術保存實力，伊 -152 在新機入役後即僅供訓練使用，蘇聯航空志願隊的該型飛機在其撤出中國時移交中國空軍。除此外，1941 至 1943 年，第一飛機製造廠在伊 -152 基礎上仿製了 30 架 "忠 28 乙"。

1941 年，新疆當局於自蘇聯接收 6 架伊 -152 用於訓練。1944 年 9 月於迪化（今烏魯木齊）成立的西北混合隊裝備有伊 -152 型戰鬥機 5 至 6 架，用於支援包頭、綏遠的陸軍作戰，西北混合隊裁撤後該型飛機退役。

伊 -152 戰鬥機

波利卡波夫伊-153 "柴卡"

Polikarpov I-153 Chaika

機　　種：戰鬥機

用　　途：戰鬥/訓練

乘　　員：1人

首　　飛：1938年

設 計 局：波利卡波夫設計局（Polikarpov Design Bureau）

機長/翼展/機高：6.18/10/3米

淨重/全重：1348/1765千克

引　　擎：1台什維佐夫M-62型星型9缸氣冷發動機，800馬力（Shvetsov M-62）

最大速度/巡航速度：444/297千米/小時

航　　程：470千米

升　　限：10700米

武　　備：4挺固定式7.62毫米ShKAS機槍（機首），200千克炸彈

裝備範圍：國民政府

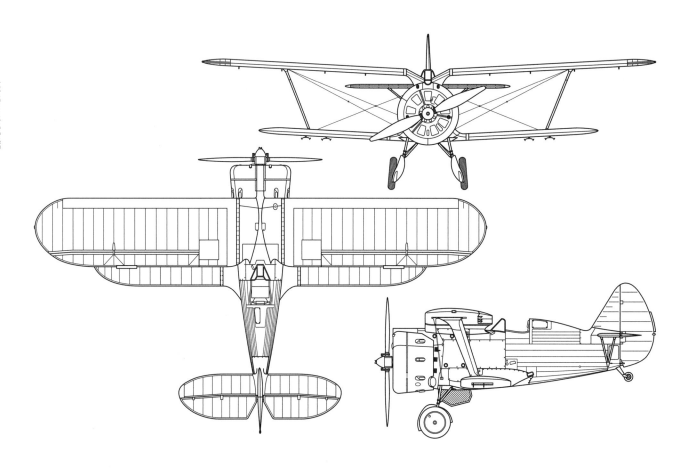

伊-153 "柴卡" 戰鬥機三視圖

蘇聯製飛機

簡　史：

伊 -153 "柴卡"（И-153，又稱伊 -15ter，"柴卡" 為俄語 "海鷗" 之音譯）是伊 -152 的發展型，特點是恢復了伊 -15 的鷗形上翼設計，起落架改為可收放式，武備強化，與英製 "鬥士"、意製 CR.42 並稱為當時最好的三種雙翼戰鬥機。

1941 年 1—2 月，蘇聯向國民政府提供 75 架（一說為 76 架）伊 -153，分 3 批通過卡車運送至新疆哈密，組裝調試合格後交付中國空軍，編入第 3、4、5 大隊服役，擔負成都、重慶等重要城市的防空任務。

1941 年 3 月 14 日，中國空軍第 3、5 大隊的 31 架伊 -153 與 12 架日軍零式戰鬥機在雙流空戰，希冀以新型飛機的性能和數量優勢取勝。但由於該型飛機與日機性能差距過大，8 架被擊落，8 架受傷迫降，包括黃新瑞、岑澤鎏在內的 8 名飛行員犧牲，多人受傷。此戰後，中國空軍採取避戰戰術保存實力，僅攻擊日軍轟炸機或偵察機，避免與日軍戰鬥機格鬥。5 月 23 日，第 5 大隊的 17 架伊 -153 在甘肅天水躲避空襲時全部被日機擊毀，第 5 大隊因此被航委會剝奪番號，改稱 "無名大隊"，隊員佩戴 "恥" 字臂章，直到兩年後才恢復番號。伊 -153 於新型戰機入役後即僅用於訓練。

伊 -153 "柴卡" 戰鬥機

圖波列夫 SB 2M-100/SB 2M-100A
Tupolev SB 2M-100/SB 2M-100A

機　種： 轟炸機　　用　途： 轟炸

乘　員： 3人

首　飛： 1935年（SB 2M-100）/1936年（SB 2M-100A）

設 計 局： 圖波列夫設計局（Tupolev Design Bureau）

機長/翼展/機高： 12.27/20.33/4.24米

淨重/全重： 4060/5628千克（SB 2M-100），4138/5732千克（SB 2M-100A）

最大速度： 393千米/小時（SB 2M-100），423千米/小時（SB 2M-100A）

航　程： 2187千米（SB 2M-100），1500千米（SB 2M-100A）

升　限： 9000米（SB 2M-100），9560米（SB 2M-100A）

引　擎： 2台克里莫夫M-100型V型12缸液冷發動機，每台740馬力（Klimov M-100）（SB 2M-100）；2台克里莫夫M-100A型V型12缸液冷發動機，每台860馬力（Klimov M-100A）（SB 2M-100A）

武　備： 4挺可旋轉7.62毫米ShKAS機槍（機首2挺、機背1挺、機腹1挺），500千克炸彈

裝備範圍： 國民政府

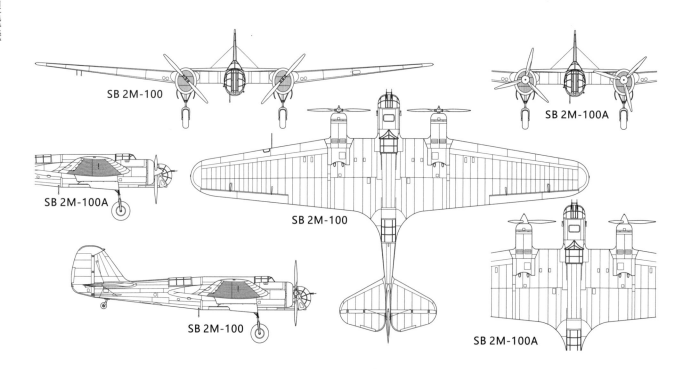

SB 2M-100/100A 轟炸機三視圖

簡　史：

　　SB（С Б ，為俄語"快速轟炸機"的簡寫，音譯為"斯勃"）研發於 1930 年代中期，是蘇聯批量裝備的第一種現代化轟炸機，具有多種亞型。SB 2M-100 是首款量產型，產量較少，不久即被 SB 2M-100A 所取代；SB 2M-100A（又稱 SB 比斯）是 SB 2M-100 的改良型，主要特點是換裝 M-100A 型發動機和三葉變距螺旋槳，飛行性能提高，航程縮短。

　　1937—1941 年，蘇聯共向國民政府提供了 328 架 SB 系列轟炸機（一說 288 或 279 架），其中 SB 2M-100、SB 2M-100A（中國飛行員統稱其為 SB-2）和 USB 共 228 架。這些飛機由蘇聯飛行員駕駛，飛抵蘭州檢修後交付，是中國空軍抗戰前期的主力轟炸機。1937 年 10 月，第一批該型飛機由蘇聯航空志願隊駕駛飛抵中國參戰，同年 12 月，中國空軍第 1 大隊第 1、2 中隊赴蘭州接收該型飛機訓練參戰。1939 年 8 月在新疆成立的空軍教導總隊第 2 中隊也配備有 10 架該型飛機用於訓練。

　　SB-2 參戰後，先後轟炸了蕪湖、杭州、蚌埠、台灣、山西、南昌、奉新等地的日軍目標，並在徐州會戰期間沿長江和津浦等地轟炸日軍和日本軍艦。1938 年 2 月 23 日"蘇聯空軍節"，蘇聯航空志願隊轟炸台灣，炸毀炸傷日機 40 多架，並對機場造成嚴重破壞。由於 SB-2 飛行速度快，日軍戰鬥機無法有效攔截，故沒有戰鬥機護航也可執行任務，其損失多因飛行員經驗不足、操作失誤、機場配套設施較差或被日軍防空炮火擊落等。1940 年後，由於日軍新型戰鬥機的出現，中國空軍的 SB-2 損失逐漸增多，執行任務次數減少，蘇聯航空志願隊的該型飛機在其撤出中國時移交中國空軍。1942 年中國空軍接收 A-29 "哈德遜" 後，SB-2 逐漸被淘汰，1943 年 8 月後停止使用。

中國空軍的 SB 2M-100 轟炸機

蘇聯製飛機

圖波列夫 USB
Tupolev USB

機　　種：教練機

用　　途：訓練

乘　　員：3人

首　　飛：1938年

設　計　局：圖波列夫設計局（Tupolev Design Bureau）

機長/翼展/機高：12.88/20.33/4.24米

淨重/全重：4680/6050千克

引　　擎：2台克里莫夫M-103型V型12缸液冷發動機，每台960馬力（Klimov M-103）

最大速度：450千米/小時

航　　程：730千米

升　　限：9300米

武　　備：2挺可旋轉7.62毫米ShKAS機槍（機背、機腹各1挺），500千克炸彈

裝備範圍：國民政府

蘇聯製飛機

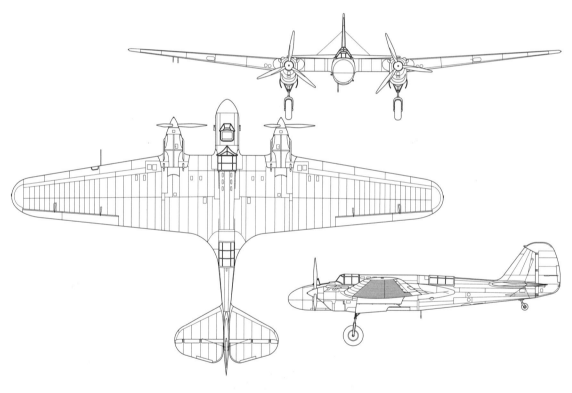

USB 教練機三視圖

簡　史：

　　USB（У С Б，音譯為"烏斯勃"）是蘇聯第 22 飛機工廠（Aircraft Plant No.22）以 SB 轟炸機為基礎改造的教練機，其機首改為敞開式駕駛艙，裝有雙套控制系統，於 1938 年通過測試。

　　1939 年 8 月，中國空軍伊寧教導總隊在新疆成立，第 2 中隊裝備有 10 架 SB-2 轟炸機，其中包括至少 3 架 USB。根據照片分析，中國空軍裝備的 USB 型教練機是用 SB 2M-103 改造而成。教導總隊於 1940 年初開始訓練，1942 年 7 月 7 日第 2 批學員結業後停訓。

圖波列夫 SB 2M-103
Tupolev SB 2M-103

機　　種：轟炸機　　用　　途：轟炸

乘　　員：3人

首　　飛：1937年

設　計　局：圖波列夫設計局（Tupolev Design
　　　　　　Bureau）

機長/翼展/機高：12.27/20.33/4.24米

淨重/全重：4768/6380千克

最大速度/巡航速度：450/419千米/小時

航　　程：1350千米

升　　限：9300米

引　　擎：2台克里莫夫M-103型V型12缸液冷發
　　　　　動機，每台960馬力（Klimov M-103）

武　　備：4挺可旋轉7.62毫米ShKAS機槍（機
　　　　　首2挺、機背1挺、機腹1挺），1500
　　　　　千克炸彈

裝備範圍：國民政府、汪偽國民政府

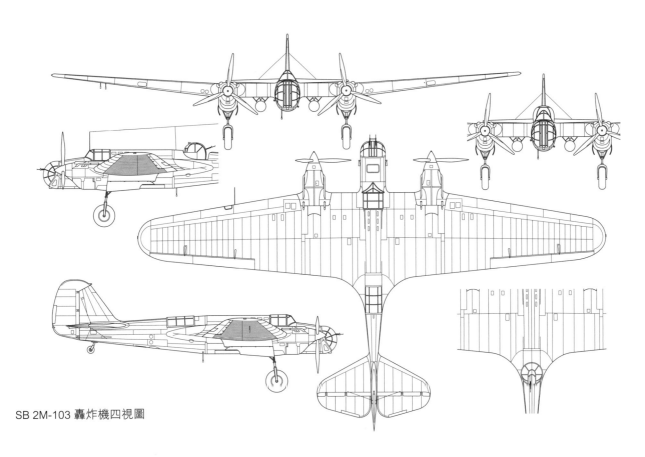

SB 2M-103 轟炸機四視圖

蘇聯製飛機

中國空軍的 SB 2M-103 轟炸機，
後為美國道格拉斯 C-47 運輸機。

SB 2M-103（С Б 2M-103，中國飛行員稱之為 SB-3 或 SB-III）是 SB 2M-100A 的改良型，部分結構強化，換裝大功率發動機和冷卻液散熱器，發動機整流罩改良，翼下增加掛架，可掛載副油箱、炸彈或火箭彈等，部分後期生產的該型飛機的機背射擊艙改為球形槍塔，機腹改為吊籃式槍塔。

1941 年初，蘇聯向國民政府共提供了 100 架 SB 2M-103，是蘇聯提供給中國的最後一批轟炸機，與其後獲得的 A-29 "哈德遜" 共同構成抗戰中期中國空軍的主力轟炸機。同年 9 月，該機參與長沙會戰，10 月夜襲宜昌，11 月轟炸湘北退卻日軍；1942 年改駐昆明，5 月轟炸怒江沿岸的日軍，7、8 月間參與圍剿四川北部懋功、松藩等地的土匪；1943 年轟炸宜都、長陽等地。此後，因機型過時落後、缺乏零件，且中國空軍開始接收 B-25，SB-3 逐漸退役停用。直到 1944 年初，中國空軍仍有 47 架 SB-3 在編，但只有 30 架可用。1944 年 9 月在新疆成立的西北混合團也編有 5 架該型飛機。

1941 年 9 月 27 日，張惕勤、湯厚漣和梁文華駕駛 1 架 SB-3 投靠汪偽政權。該機於 10 月 6 日飛抵南京，汪精衛親自接見張惕勤等人，並任命張惕勤為偽南京國民政府航空署科長，SB-3 被日軍運回日本研究。

圖波列夫 TB-3-4M-34RN
Tupolev TB-3-4M-34RN

機　　種：	轟炸機
用　　途：	運輸/訓練
乘　　員：	6人　　首　　飛：1935年
設 計 局：	圖波列夫設計局（Tupolev Design Bureau）
機長/翼展/機高：	25.18/41.82/5.05米
淨重/全重：	12585/18700千克
引　　擎：	4台米庫林AM-34RN型V型12缸液冷發動機，每台828馬力（Mikulin AM-34RN）
最大速度：	288千米/小時
航　　程：	1100千米
升　　限：	7740米
武　　備：	4挺可旋轉7.62毫米ShKAS機槍（機首、機背、機腹、機尾各1挺），5000千克炸彈（炸彈艙內1000千克，外掛4000千克）
裝備範圍：	國民政府

簡　史：

　　TB-3（ТБ-3，ТБ 為俄語"重型轟炸機"的簡寫，音譯為"特勃"）是世界上第一種懸臂式下單翼四發轟炸機，曾創多項飛行記錄。TB-3-4M-34RN 是 1935 年推出的改良型，機身結構強化，換裝新型發動機和四葉定距螺旋槳，起落架改為單輪式，武備強化，載彈量顯著提升。

　　1937 年，蘇聯向國民政府提供 6 架 TB-3-4M-34RN，是中國空軍於 1953 年前獲得的最大型的轟炸機。該型飛機於 10 月 21 日經阿拉木圖飛抵蘭州，11 月底交付中國空軍第 8 大隊第 19 中隊，其中 1 架在訓練時墜毀，剩餘 5 架由中蘇飛行員共同駕駛返回南昌繼續訓練。12 月 23 日，2 架 TB-3 被日機炸毀，2 架被炸傷，修復後用於運輸補給。1938 年 3 月 16 日，1 架搭載 50 餘人的 TB-3 自蘭州飛往漢口時，撞毀於蘭州機場東側的皋蘭山，除機尾射擊員外，機內 50 餘人全部喪生，是當時中國發生的最慘重空難。1939 年，轟炸總隊的 1 架 TB-3 在訓練時着陸失事，此後停用。

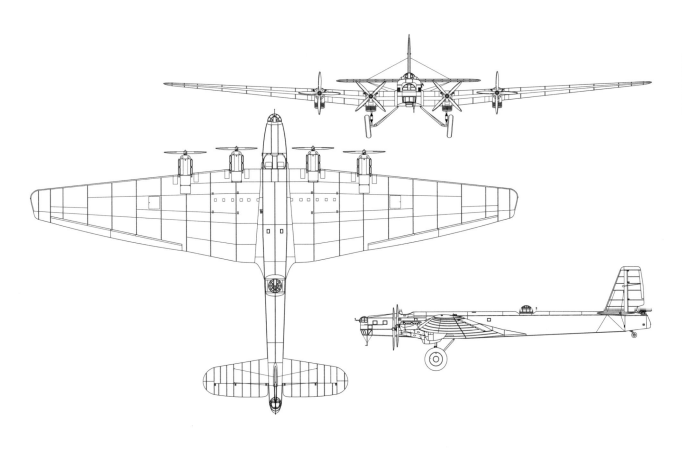

TB-3-4M-34RN 重型轟炸機三視圖

伊留申 DB-3-2M-87A
IIyushin DB-3-2M-87A

機　種： 轟炸機	**航　程：** 2870千米　**升　限：** 9600米
用　途： 轟炸/訓練	**引　擎：** 2台圖曼斯基M-87A型星型14缸氣冷
乘　員： 3人	冷發動機，每台950馬力（Tumansky
首　飛： 1935年	M-87A）
設 計 局： 伊留申設計局（Ilyushin Design Bureau）	**武　備：** 2挺可旋轉7.62毫米ShKAS機槍（機
機長/翼展/機高： 14.22/21.44/4.35米	首、機腹各1挺），1門可旋轉20毫米
淨重/全重： 5030/7745千克	ShVAK航炮（機背），2500千克炸彈
最大速度/巡航速度： 439/330千米/小時	**裝備範圍：** 國民政府

簡　史：

　　DB-3（ДБ-3，ДБ 為俄語“遠程轟炸機”的簡寫，音譯為“德勃”）是著名的伊爾-4 型轟炸機的前身，DB-3-2M-87A（又稱 DB-3B）是換裝圖曼斯基 M-87A 型發動機的亞型。

　　1939 年，蘇聯共向國民政府提供了 24 架 DB-3-2M-87A，同年 6、7 月間由蘇聯航空志願隊駕駛，飛抵中國參戰，分駐蘭州和成都。10 月 3 日、14 日，蘇聯航空志願隊的該型飛機兩次突襲漢口機場，共炸毀日軍飛機近百架，炸毀汽車多輛，燒毀油庫 1 座，炸死炸傷日軍官兵上百人，對日軍造成重大打擊。1939 年 9 月起，中國空軍第 8 大隊也投入駕駛 DB-3 的訓練，並於次年 2 月開始與蘇聯航空志願隊協同作戰，先後轟炸湖南岳陽和河南信陽等地的日軍目標。1940 年 5 月，志願航空隊撤回蘇聯，將剩餘 11 架 DB-3 交給中國空軍第 8 大隊第 10、14 中隊，此後曾參加支援棗宜會戰，轟炸太原、荊州、宜昌，前往北平投撒傳單等任務。由於損耗和缺乏配件，1942 年中國空軍僅剩 6 架 DB-3 在役，僅供訓練使用。1943 年 9 月後，相關人員前往美國接受 B-24 型轟炸機訓練，DB-3 停止使用。

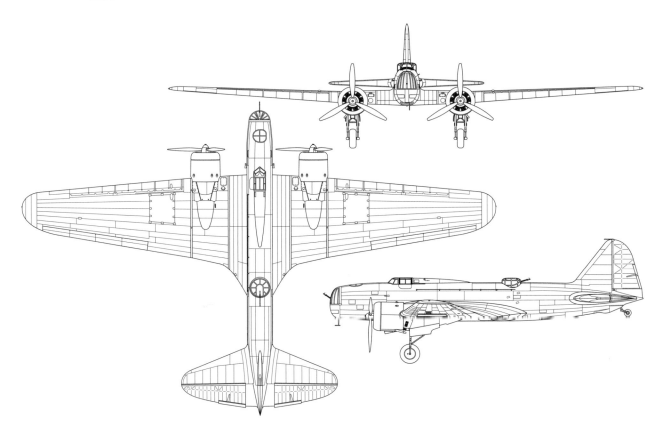

蘇聯製飛機

DB-3-2M-87A 轟炸機三視圖

雅克福列夫 UT-1
Yakovlev UT-1

機　　種： 教練機

用　　途： 訓練

乘　　員： 1人

首　　飛： 1935年

設　計　局： 雅克福列夫設計局（A.S. Yakovlev Design Bureau）

機長/翼展/機高： 5.75/7.3/2.34米

淨重/全重： 442/611千克

引　　擎： 1台什維佐夫M-11E型星型5缸氣冷發動機，150馬力（Shvetsov M-11E）

最大速度/巡航速度： 241/212千米/小時

航　　程： 670千米

升　　限： 5000米

裝備範圍： 國民政府

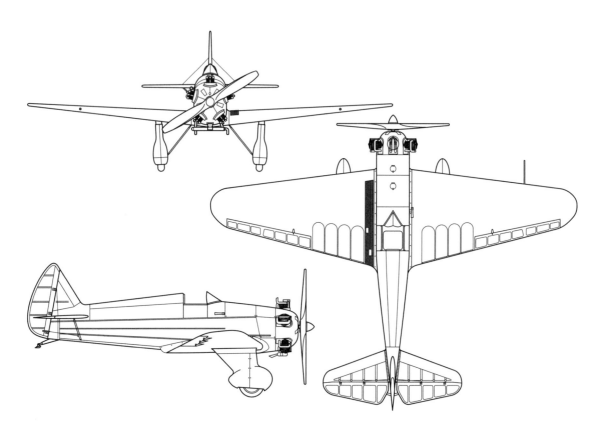

UT-1 高級教練機三視圖

簡　史：

　　UT-1（ＹＴ-1，音譯為"烏特"）研發於 1930 年代中期，結構簡單、價格低廉、外形小巧美觀、機動性能良好，可用於特技飛行，但操縱難度較大，多用於 UT-2 和 I-16 之間的過渡訓練。根據 1938 年 3 月 22 日簽訂的合同，蘇聯向中國提供了 5 架 UT-1。

UT-1 高級教練機

雅克福列夫 UT-2
Yakovlev UT-2

機　　種： 教練機

用　　途： 訓練

乘　　員： 2人

首　　飛： 1935年

設 計 局： 雅克福列夫設計局（A.S. Yakovlev Design Bureau）

機長/翼展/機高： 7/10.2/2.55米

淨重/全重： 616/856千克

引　　擎： 1台什維佐夫M-11型星型5缸氣冷發動機，125馬力（Shvetsov M-11）

最大速度/巡航速度： 230/205千米/小時

航　　程： 500千米

升　　限： 3500米

裝備範圍： 國民政府

1937 年投產的 UT-2（у Т-2）被設計為 U-2 型教練機的後繼機，具有結構簡單，易於操控等特點，但飛行穩定性較差，容易陷入尾旋，後被雅克 -18 代替，北約代號 "貂"（Mink）。

1939 年，蘇聯向中國提供了 15 架 UT-2 用於訓練，8 月運至新疆伊寧交付，後分配給教導總隊第 1、2 中隊使用，被中國飛行員稱為 Y-2 "蚊子"。1940 至 1941 年，中國空軍又獲得 2 架 UT-2。1944 年 9 月，部分該型飛機被航空委員會編入西北混合隊。1947 年 11 月，西北混合隊撤銷，UT-2 隨之退役停用。

蘇聯製飛機

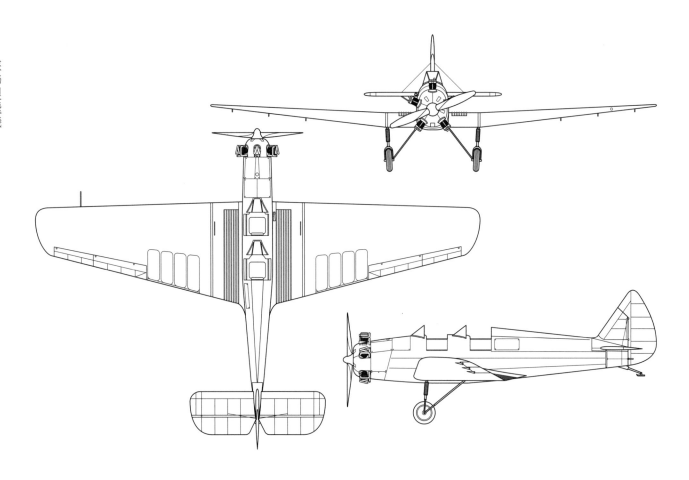

UT-2 教練機三視圖

尼曼 R-10
Neman R-10

機　　種： 偵察/轟炸機

用　　途： 訓練　　乘　　員：2人

首　　飛： 1936年

設 計 局： 哈爾科夫航空研究所（Kharkiv
Aviation Institute）

機長/翼展/機高： 9.4/12.19/3.8米

淨重/全重： 2197/2877千克

最大速度： 370千米/小時

航　　程： 1300千米

升　　限： 6700米

引　　擎： 1台什維佐夫M-25V型星型9缸氣冷發
動機，750馬力（Shvetsov M-25V）

武　　備： 2挺固定式7.62毫米ShKAS機槍（機
翼），1挺可旋轉7.62毫米ShKAS機槍
（後座），200千克炸彈

裝備範圍： 國民政府

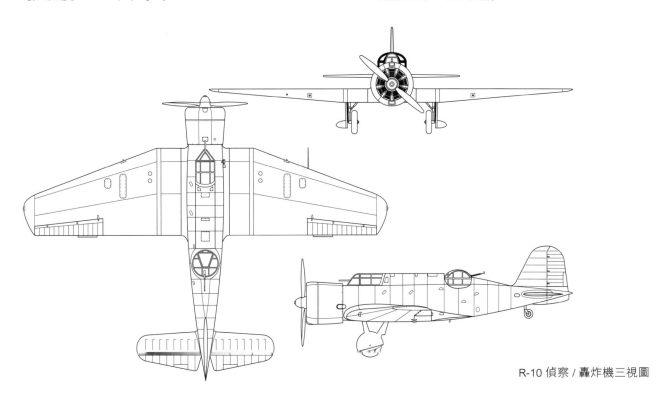

R-10 偵察 / 轟炸機三視圖

簡　史：

　　R-10（P-10）是哈爾科夫航空研究所在 I‧G‧尼曼（Iosif Grigorevich Nyeman）指導下，以 KhAI-1 型運輸機為基礎研發。該型飛機飛行平穩、價格低廉、容易操控，但駕駛員和後座偵察 / 射擊員的通話設備較差，影響作戰效率。

　　1939 年，蘇聯向中國提供了 8 架 R-10，正式訂單於 1940 年 1 月 11 日下達。該型飛機交付後供新疆伊寧教導總隊第 3 中隊訓練使用，主要用於培訓通訊員和射擊員，1942 年伊寧教導總隊停訓後停用。

薩沃亞 - 馬爾凱蒂 SM.81B
Savoia-Marchetti SM.81B

機　　種： 運輸/轟炸機

用　　途： 訓練

乘　　員： 6人

首　　飛： 1936年

製 造 廠： 薩沃亞-馬爾凱蒂公司（Savoia-Marchetti）/中國南昌飛機製造廠

機長/翼展/機高： 17.88/24/4.85米

淨重/全重： 6785/10378千克

最大速度/巡航速度： 328/299千米/小時

航　　程： 2037千米

升　　限： 7997米

引　　擎： 2台伊索塔•弗萊齊尼•埃索XI型V型12缸液冷發動機，每台840馬力（Isotta Fraschini Asso XI）

武　　備： 6挺可旋轉7.7毫米機槍（機背槍塔 、機腹槍塔各2挺，機身左右各1挺），炸彈

裝備範圍： 國民政府

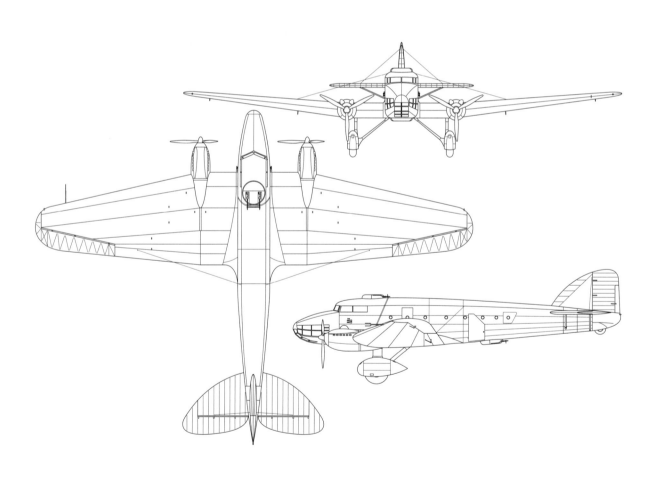

SM.81B 運輸 / 轟炸機三視圖

意大利製飛機

472

簡　史：

　　SM.81B 是 SM.81 "蝙蝠" 型三發運輸 / 轟炸機的改良型，特點是以 2 台 840 馬力發動機取代 SM.81 的 3 台 680 馬力發動機，同時機首改為轟炸觀察艙，駕駛艙原有的透明花房式艙蓋改為普通風擋玻璃。

　　1935 年 1 月，孔祥熙代表國民政府與薩沃亞 - 馬爾凱蒂、菲亞特、卡普羅尼、布雷達公司簽訂合同，建立南昌飛機製造廠，合作生產意製軍用飛機，SM.81B 即為首批合作項目。1936 年 12 月初，國民政府訂購了 6 架該型飛機，意方將原型機拆解為 9 箱，於 1937 年 10 月運抵香港作為樣本機。由於其體積過大，難以通過鐵路運輸，同時港英當局拒絕軍用飛機從香港飛往中國，因此無法在香港組裝，其中 6 箱於 1938 年 6 月經鐵路運抵廣州，另外 3 箱下落不詳。

　　抗戰爆發後，意方終止合約，原本計劃生產 6 架 SM.81，最終僅製成 3 架。其中 2 架交付第 13 中隊使用，另 1 架則於 1937 年 12 月製成，尚未交付即毀於空襲。第 13 中隊的 2 架該型飛機後遷至漢口，與第 18、31 中隊合組轟炸學校，不久後失事墜毀。

薩沃亞 - 馬爾凱蒂公司製造的 SM.81B 運輸 / 轟炸機原型機

意大利製飛機

菲亞特 BR.20 "鸛"

Fiat BR.20 Cicogna

機　　種：轟炸機　　用　　途：運輸

乘　　員：5人

首　　飛：1936年

製　造　廠：菲亞特航空公司（Fiat Aviazione）

機長/翼展/機高：16.17/21.56/4.75米

淨重/全重：6500/10100千克

最大速度/巡航速度：430/350千米/小時

航　　程：3000千米

升　　限：7200米

引　　擎：2台菲亞特A.80 RC.41型星型18缸氣冷發動機，每台1000馬力（Fiat A.80 RC.41）

武　　備：4挺可旋轉7.7毫米SAFAT機槍（機首、機背槍塔、機腹各1挺），1600千克炸彈

裝備範圍：國民政府

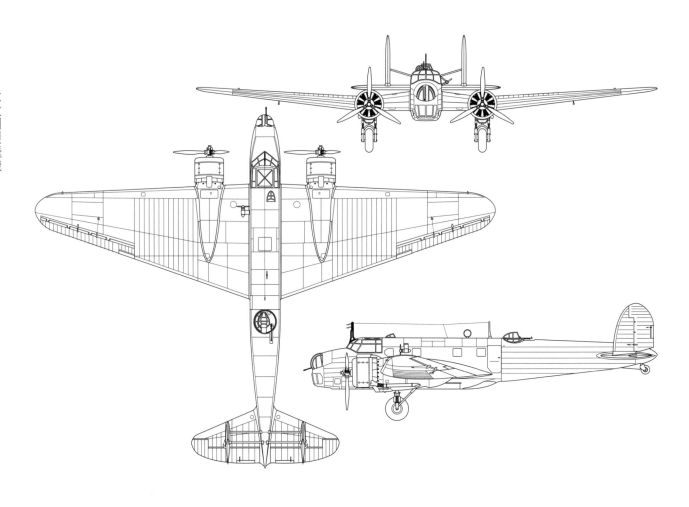

BR.20 "鸛" 轟炸機三視圖

簡　史：

　　BR.20 是意大利空軍裝備的第一種金屬結構轟炸機，1936 年 10 月投產，是當時世界上最現代化的中型轟炸機之一。1938 年，日軍向菲亞特公司購得 85 架該型飛機（實際交付 75 架）用於侵華戰爭，稱為“イ式重爆”（イ是日語中意大利的首字母），其中 1 架沒有安裝武備的 BR.20 是墨索里尼贈與日本天皇的禮物。

　　1939 年 2 月，中國第 44 軍 149 師 893 團在湖北沙洋鎮擊傷 1 架 BR.20，使其迫降，機上成員被擊斃，飛機被俘。這架 BR.20 即是墨索里尼贈送日本天皇的飛機，被用於飛往武漢的長途飛行測試，因天氣惡劣而迷航。該機修復後交給中國空軍用於運輸，為加強宣傳效果，中國空軍將俘獲該機稱為“俘獲‘天皇號’1 架”，以鼓舞士氣。

BR.20 “鸛” 轟炸機

三菱 九六式艦上戰鬥機
Mitsubishi Navy Type 96 Carrier-based Fighter

機　　種：艦載戰鬥機

用　　途：測試　　乘　　員：1人

首　　飛：1937年 (A5M2a)，1938年 (A5M4)

製 造 廠：三菱重工業株式會社 (Mitsubishi Heavy Industries, Ltd.)

機長/翼展/機高：7.54/11/3.2米 (A5M2a)，7.56/11/3.23米米 (A5M4)

淨重/全重：1170/1608千克 (A5M2a)，1216/1671千克 (A5M4)

最大速度/巡航速度：426/345千米/小時 (A5M2a)，435/395千米/小時 (A5M4)

航　　程：705千米 (A5M2a)，750千米 (A5M4)

升　　限：9600米 (A5M2a)，9800米 (A5M4)

引　　擎：1台中島 "壽" 3型星型9缸氣冷發動機，600馬力 (Nakajima Kotobuki 3) (A5M2a)；1台中島 "壽" 4型星型9缸氣冷發動機，700馬力 (Nakajima Kotobuki 4) (A5M4)

武　　備：2挺固定式7.7毫米九七式機槍 (機首)，2枚30千克炸彈

裝備範圍：國民政府

送至蘇聯的九六式二號一型艦上戰鬥機，已塗飾蘇聯空軍機徽。

日本製飛機

簡　史：

　　九六式艦上戰鬥機是日本海軍第一種金屬結構的單翼戰鬥機，由著名飛機設計師掘越二郎設計，1936年投產，性能優良，具有多種亞型，盟軍代號 "克勞德" (Claude)。該機服役後迅速投入侵華戰場，是中國空軍的勁敵。九六式二號一型 (機體略番 A5M2a) 是1937年推出的亞型；九六式四號 (機體略番 A5M4) 是1938年推出的改良型，也是產量最多的亞型。

　　1937年9月26日，1架九六式二號一型 (日軍編號 4-122) 被中國空軍俘獲並編號 P-5011，1938年10月28日移交蘇聯空軍研究所 (Scientific Research Institute of the Air Forces) 測試，1939年春拆解。1938年2月18日 (一說為1938年2月下旬—9月之間)，中國空軍又俘獲1架九六式二號一型，並編號 P-5013，後用於測試。1940年，中國空軍還曾俘獲1架迫降於廣西潿洲島的九六式二號二型 (日軍編號 9-122)。

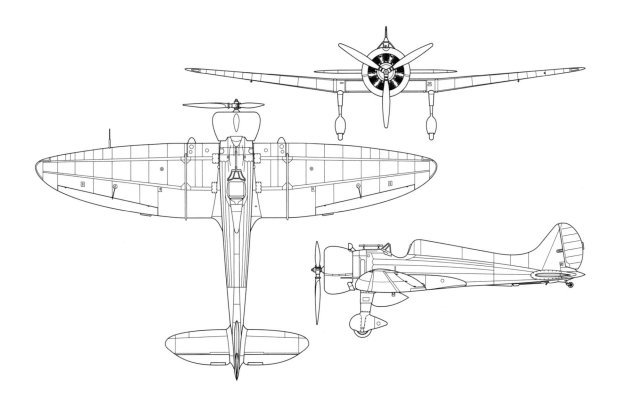

九六式二號一型艦上戰鬥機三視圖

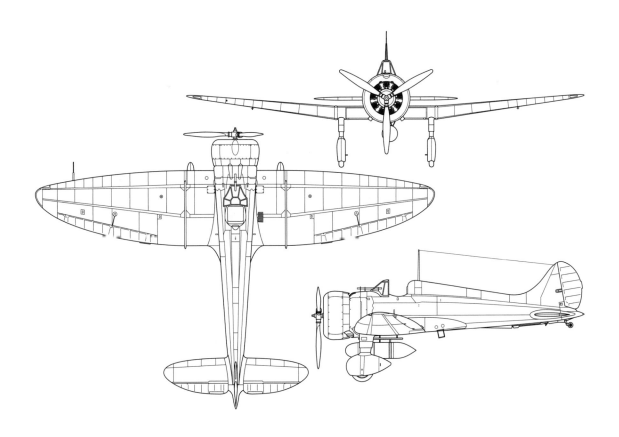

九六式四號艦上戰鬥機三視圖

三菱 零式艦上戰鬥機二一型

Mitsubishi Navy Type 0 Carrier Fighter Model 21

機　　種： 艦載戰鬥機

用　　途： 測試

乘　　員： 1人

首　　飛： 1939年

製 造 廠： 三菱重工業株式會社（Mitsubishi Heavy
Industries, Ltd.）

機長/翼展/機高： 9.06/12/3.5米

淨重/全重： 1745/2421千克

最大速度/巡航速度： 532/330千米/小時

航　　程： 1870千米

升　　限： 10000米

引　　擎： 1台中島NK1F "榮" 12型星型9缸氣冷
發動機，950馬力（Nakajima NK1F
Sakae 12）

武　　備： 2挺固定式7.7毫米九七式機槍（機首），
2門固定式20毫米九九式一型航炮（機
翼），2枚60千克炸彈

裝備範圍： 國民政府

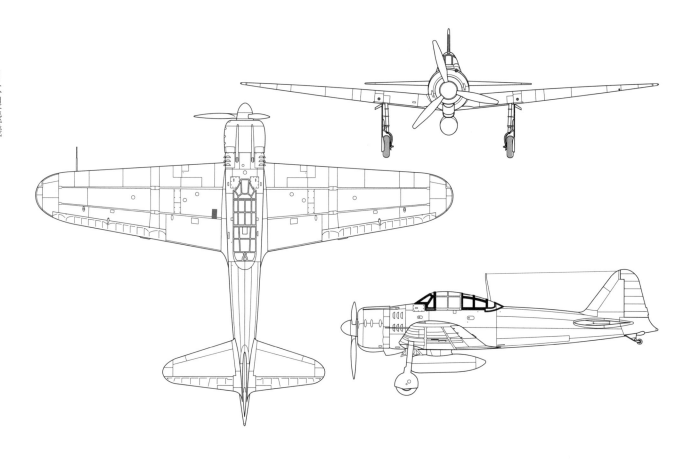

中國俘獲的零式艦上戰鬥機二一型三視圖

日本製飛機

零式艦上戰鬥機是二戰期間日本最著名的戰鬥機，也是日本產量最大的戰鬥機，由著名飛機設計師掘越二郎設計，投產時除結構強度外，幾乎所有的性能都領先於當時世界上同類戰鬥機，盟軍代號"澤克"（Zeke），後改為"零式"。零戰二一型（機體略番A6M2b）是零戰前期的主要生產型。

1941 年 11 月 26 日，日本駐台南航空隊飛行員井上七五三造和下東孝明駕駛 2 架零戰（編號 V-172、V-174）在飛往法屬印度支那（位於今中南半島東部）途中，因迷航迫降於雷州半島海岸，被中國軍隊俘獲。編號 V-174 的零戰在迫降時損壞，V-172 則相對完好，後送至柳州修復並飾以中國空軍機徽和塗裝，編號 P-5016，這是二戰期間盟國繳獲的首架零戰。由於該機發動機整流罩的部分蒙皮在運輸中丟失，中國機械師特地為其製造了帶有百葉窗式散熱窗口的蒙皮，是該機最顯著特徵。該機後交飛虎隊用於飛行測試，其後運往美國。由於美國當時已在阿留申群島獲得 1 架完整的零戰，因此該機並未提供更多的研究價值。

日本製飛機

中國俘獲的零式艦上戰鬥機二一型

三菱 九七式司令部偵察機
Mitsubishi Army Type 97 Command Reconnaissance Aircraft

機　　種：偵察機

用　　途：偵察/訓練

乘　　員：2人

首　　飛：1936年

製 造 廠：三菱重工業株式會社（Mitsubishi Heavy Industries, Ltd.）

機長/翼展/機高：8.7/12/3.35米

淨重/全重：1400/2033千克

引　　擎：1台中島ハ 8型星型9缸氣冷發動機，640馬力（Nakajima Ha-8）

最大速度/巡航速度：480/320千米/小時

航　　程：2400千米

升　　限：11400米

武　　備：1挺可旋轉7.7毫米八九式機槍（後座），250千克炸彈

裝備範圍：偽滿洲國、東北民主聯軍/解放軍空軍

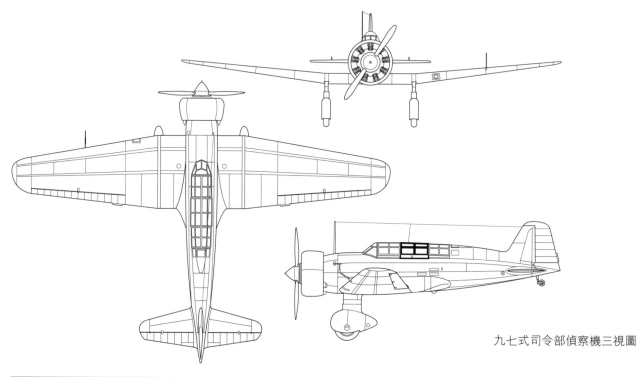

九七式司令部偵察機三視圖

簡　　史：

　　九七式司令部偵察機（キ番號キ 15）研發於 1930 年代中期，於 1937 年服役，具有良好的操縱性，盟軍代號"巴布斯"（Babs）。該型飛機服役後迅速投入侵華戰爭，多次深入中國後方偵察，並執行水平轟炸、近距支援等任務。

　　1937 年 2 月，偽滿洲國陸軍航空隊於新京（長春）成立後，自日軍接收部分九七司偵，其殘存者於二戰結束後被蘇聯繳獲。1946 年 6 月，東北民主聯軍於哈爾濱附近繳獲一些廢棄的九七司偵，後於 1948 年被修復，供東北人民解放軍航空學校訓練使用。1949 年 11 月中國人民解放軍空軍正式成立時，仍有 2 架該型飛機在役，1951 年退役。

三菱 九七式重爆擊機
Mitsubishi Army Type 97 Heavy Bomber

機　　種：轟炸機

用　　途：轟炸

乘　　員：6人

首　　飛：1936年（キ21-I），1940年（キ21-II）

製　造　廠：三菱重工業株式會社（Mitsubishi Heavy Industries, Ltd.）

機長/翼展/機高：16/22.5/4.85米

淨重/全重：4965/7500千克（キ21-I），6070/9710千克（キ21-II）

引　　擎：2台中島ハ5改型星型14缸氣冷發動機，每台1080馬力（Nakajima Ha-5KAI）（キ21-I）；2台三菱ハ101型星型14缸氣冷發動機，每台1500馬力（Mitsubishi Ha-101）（キ21-II）

最大速度/巡航速度：432/330千米/小時（キ21-I），485/380千米/小時（キ21-II）

航　　程：2700千米

升　　限：8600米（キ21-I），10000米（キ21-II）

武　　備：4挺可旋轉7.7毫米八九式機槍（機首、機背槍塔、機腹、機尾各1挺）（キ21-I），5挺可旋轉7.7毫米八九式機槍（機首、機身兩側、機腹、機尾各1挺）（キ21-II），1挺可旋轉12.7毫米ホ104機槍（機背槍塔）（キ21-II），1000千克炸彈

裝備範圍：偽滿洲國、國民政府

簡　史：

　　九七式重爆擊機（キ番號キ21）是二戰期間日本陸軍航空隊運用範圍最廣的重型轟炸機，具有多種亞型，盟軍代號"莎莉"（Sally）。九七重爆一型（キ21-I）於1937年投產，服役後迅速投入侵華戰爭，利用其航程遠的優勢充當轟炸重慶及其他後方重要城市的急先鋒，希冀以"無差別轟炸"迫使中國屈服、投降，給中國軍民帶來慘重的傷害。九七重爆二型（キ21-II）是1940年推出的改良型，主要區別是換裝大功率發動機，自衛武備強化。

　　1940年，滿洲航空公司自日軍接收至少6架九七重爆一型。抗戰勝利後，國民政府空軍曾短暫使用自日本接收的九七重爆二型。

抗戰後，國民政府空軍自日本接收的九七式重爆擊機二型。

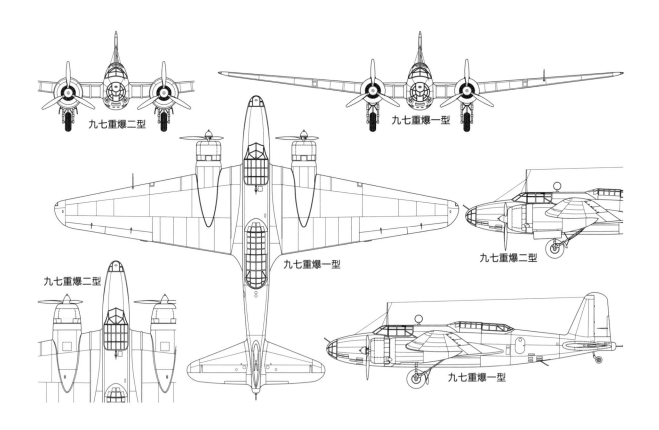

九七重爆二型

九七重爆一型

九七重爆一型

九七重爆二型

九七重爆二型

九七重爆一型

九七式重爆擊機三視圖

三菱 九七式輕爆擊機
Mitsubishi Army Type 97 Light Bomber

機　　種：轟炸機

用　　途：轟炸/訓練

乘　　員：2人

首　　飛：1937年

製 造 廠：三菱重工業株式會社（Mitsubishi Heavy
　　　　　Industries, Ltd.）

機長/翼展/機高：10.35/14.55/3.65米

淨重/全重：2230/3320千克

最大速度/巡航速度：432/380千米/小時

航　　程：1700千米

升　　限：8570米

引　　擎：1台中島 八 5改型星型14缸氣冷發動
　　　　　機，950馬力（Nakajima Ha-5KAI）

武　　備：1挺固定式7.7毫米八九式機槍（左翼），
　　　　　1挺可旋轉7.7毫米八九式機槍（後座），
　　　　　400千克炸彈

裝備範圍：國民政府、偽滿洲國、東北民主聯
　　　　　軍/解放軍空軍

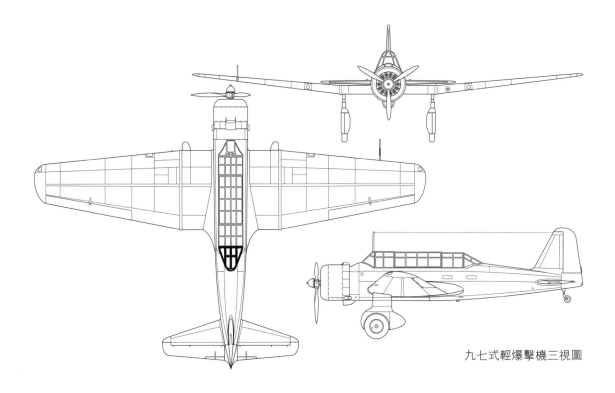

九七式輕爆擊機三視圖

簡　史：

　　九七式輕爆擊機（キ番號キ 30）研發於 1930 年代中期，是日軍裝備的第一種採用雙排星型氣冷發動機的飛機，廣泛用於侵華戰爭和二戰初期，1942 年後多用於訓練，盟軍代號"安妮"（Ann）。

　　1938 年，滿洲航空公司自日軍接收至少 1 架九七輕爆，偽滿洲國飛行學校也裝備有該型飛機用於訓練。抗戰勝利後，國民政府空軍曾短暫使用自日軍接收的九七輕爆。1946 年 6 月，東北民主聯軍於哈爾濱孫家機場繳獲 3 架日本陸軍航空隊第 32 飛行隊的該型飛機，經修理後供東北民主聯軍航校訓練使用，其中 1 架編入 1949 年 3 月組成的中國人民解放軍"戰鬥飛行大隊"第 1 中隊，後於 1950 年代初退役。

抗戰後國民政府空軍自
日本接收的九七式輕爆

三菱 九九式襲擊機
Mitsubishi Army Type 99 Assault Plane

機　種： 攻擊機

用　途： 轟炸/訓練

乘　員： 2人

首　飛： 1939年

製造廠： 三菱重工業株式會社（Mitsubishi Heavy Industries, Ltd.）

機長/翼展/機高：9.21/12.1/2.73米

淨重/全重： 1873/2798千克

最大速度/巡航速度： 424/320千米/小時

航　程： 1060千米

升　限： 8270米

引　擎： 1台中島八 26-II型星型14缸氣冷發動機，950馬力（Mitsubishi Ha-26-II）

武　備： 2挺固定式7.7毫米八九式機槍（機翼），1挺可旋轉7.7毫米Te-4機槍（後座），200千克炸彈

裝備範圍： 國民政府、偽滿洲國、東北民主聯軍/解放軍空軍

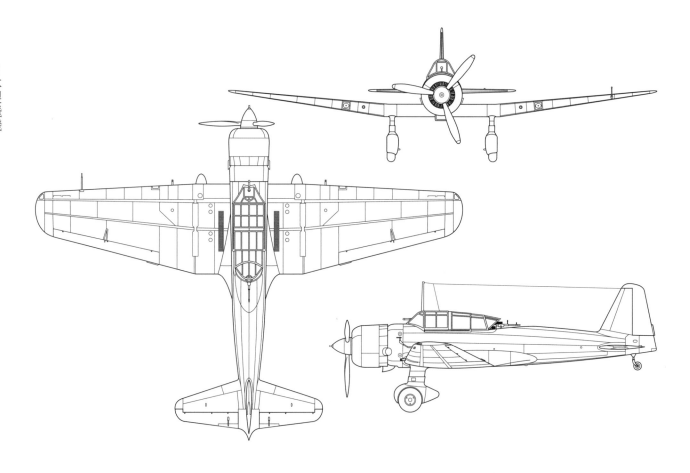

九九式襲擊機三視圖

簡　史：

　　九九式襲擊機（キ番號キ51）以九七式輕爆擊機為基礎研發，1939年投產，具有外形緊湊、飛行性能優良、用途廣泛、起降性能好等特點，共有2種亞型，其中包括用於戰術偵察任務的九九式軍偵察機和用於對地攻擊、俯衝轟炸的九九式襲擊機，盟軍代號均為"索尼婭"（Sonia）。滿飛公司在該型飛機基礎上研發了可收放起落架的キ71試作軍偵，但沒有投產。

　　1937年2月，滿洲國陸軍航空隊成立後，自日軍接收部分九九式用於訓練。抗戰勝利後，國民政府空軍曾短暫使用自日軍接收的九九式。東北民主聯軍也曾繳獲部分九九式襲擊機，供東北民主聯軍航校訓練使用。1948年4月，解放軍第一個殲擊機中隊——東北人民解放軍航空學校一大隊在黑龍江湯原成立時，裝備有2架九九式。1949年11月解放軍空軍正式成立時，仍有部分該型飛機在役，1953年全部退役。

三菱 一〇〇式輸送機 /MC-20
Mitsubishi Army Type 100 Transport/MC-20

機　　種： 客機/運輸機

用　　途： 運輸/要人專機

乘　　員： 4+11人

首　　飛： 1940年（キ57-I）/1942年（キ57-II）

製 造 廠： 三菱重工業株式會社（Mitsubishi Heavy Industries, Ltd.）

機長/翼展/機高： 16.1/22.6/4.86米

淨　　重： 5522千克（キ57-I）/5585千克（キ57-II）

全　　重： 7860千克（キ57-I）/8173千克（キ57-II）

最大速度/巡航速度： 430/320千米/小時（キ57-I），470/360千米/小時（キ57-II）

航　　程： 1400千米（キ57-I），1500千米（キ57-II）

升　　限： 7000米（キ57-I），8000米（キ57-II）

引　　擎： 2台中島 ハ5改型星型14缸氣冷發動機，每台1080馬力（Nakajima Ha-5KAI）（キ57-I）；2台三菱ハ102 "瑞星"型星型14缸氣冷發動機，每台1080馬力（Mitsubishi Ha-102 Zuisei）（キ57-II）

裝備範圍： 國民政府、偽滿洲國、汪偽國民政府、東北民主聯軍/解放軍空軍

備　　註： キ57-I/キ57-II參數

簡　史：

　　一〇〇式輸送機（キ番號キ 57）以九七重爆為基礎研發，是日本二戰期間運用範圍最廣的運輸機，於 1940 年投產，可搭載 11 位乘客和 300 千克貨物，盟軍代號"托布斯"（Topsy）。百式一型（キ 57-I）是首款量產型號，MC-20I 是其民用型；百式二型（キ 57-II）是 1942 年推出的改良型，換裝與九七重爆二型相同的發動機和螺旋槳，部分部件改良，MC-20II 是其民用型。1945 年 8 月 21 日，日本投降代表前往湖南芷江機場時搭乘的飛機即是百式二型。

　　1940 年，滿洲航空公司自日本獲得至少 3 架百式一型，次年又獲得 6 架 MC-20I，其中編號 M-604 的 MC-20I 於 1941 年 6 月 21 日墜毀。滿洲航空公司其後又獲得 MC-20II 和百式二型。二戰結束後，這些飛機被蘇聯繳獲。據蘇聯飛行員 V・維尼特斯基（V・Vinitsky）稱，其飛行性能超過 C-47 和里 -2。汪偽政權自日本接收至少 1 架百式一型/MC-20 用於運輸或作為政要專機使用。抗戰勝利後，國民政府空軍曾短暫使用自日軍接收的百式輸送機 /MC-20，其中 3 架交給中央航空公司使用。1946 年 6 月，東北民主聯軍在哈爾濱的孫家機場繳獲數架百式輸送機 /MC-20，經維修後供東北民主聯軍航校使用。1949 年 11 月解放軍空軍正式成立時，仍有 1 架該型飛機在第 7 航校服役，1952 年退役。

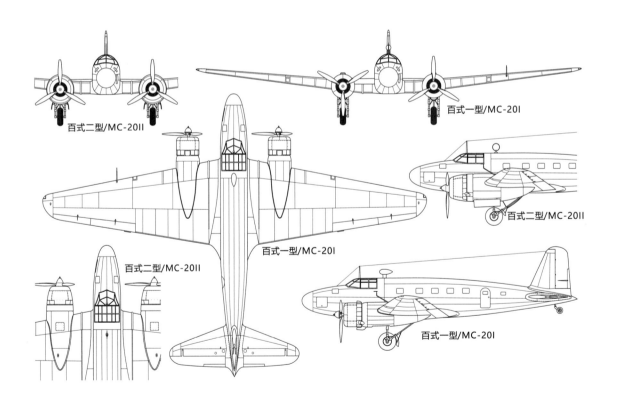

百式二型/MC-20II

百式一型/MC-20I

百式二型/MC-20II

百式一型/MC-20I

百式二型/MC-20II

百式一型/MC-20I

一〇〇式輸送機 /MC-20 客機三視圖

日本製飛機

汪偽中华航空公司的 MC-20 客機

三菱 "雛鶴" 式
Mitsubishi Hinazuru-type

機　　種：客機
用　　途：運輸
乘　　員：1+7人

製 造 廠：三菱重工業株式會社（Mitsubishi Heavy Industries, Ltd.）
裝備範圍：偽滿洲國

簡　史：

"雛鶴"式（ひなづる型旅客輸送機）是根據英國空速公司許可，以 AS.6"使者"型客機為基礎仿製，區別是加裝襟翼，換裝 2 台瓦斯電"神風"型發動機，或經許可仿製的阿姆斯特朗·西德利"山貓"或沃爾斯利"白羊座"Mk.III 型發動機。該型飛機於 1936 年開始仿製，至少有 1 架移交滿洲航空公司。

愛知 九四式艦上爆擊機
Aichi Navy Type 94 Carrier Bomber

機　　種：艦載俯衝轟炸機

用　　途：轟炸　　　乘　　員：2人

首　　飛：1934年

製 造 廠：愛知時計電機（Aichi Tokei Denki
　　　　　Seizo Kabushiki Kaisha）

機長/翼展/機高：9.4/11.37/3.45米

淨重/全重：1400/2400千克

最大速度：280千米/小時

航　　程：1060千米　　升　　限：7000米

引　　擎：1台中島"壽"二型改一型星型9缸氣冷
　　　　　發動機，580馬力（Nakajima Kotobuki
　　　　　2 Kai 1）

武　　備：2挺固定式7.7毫米九二式機槍（機首），
　　　　　1挺可旋轉7.7毫米九二式機槍（後座），
　　　　　1枚250千克炸彈和2枚30千克炸彈

裝備範圍：偽滿洲國

簡　　史：

　　九四式艦上爆擊機（機體略番 D1A）是亨克爾 He 66 的仿製型，D1A1 是其首款量產型，盟軍代號"蘇茜"（Susie），曾參加侵華戰爭。1939 年，偽滿洲國海上警察隊（1937 年 7 月前稱海邊警察隊）自日軍接收 2 架九四艦爆，編號分別為 M-407 "海警 -20" 號和 M-408 "海警 -21" 號。同年 10 月，這 2 架飛機曾深入朝鮮邊界參加對金日成遊擊隊的攻擊。1941 年，關東軍又向偽滿海警提供了 5 架九四艦爆。

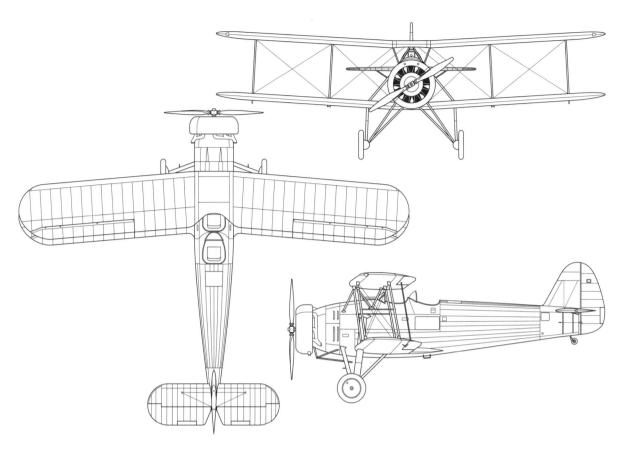

九四式艦上爆撃機三視圖

偽滿洲国海警的九四式艦上爆擊機

空技 三式陸上初步練習機
Yokosuka Navy Type 3 Primary Trainer

機　　種： 教練機

用　　途： 訓練

乘　　員： 2人

首　　飛： 1929年

製　造　廠： 海軍航空技術廠（Yokosuka Naval Air Technical Arsenal）

機長/翼展/機高： 8.6/10.9/3.13米

淨重/全重： 687/890千克

引　　擎： 1台瓦斯電"神風"型星型7缸氣冷發動機，160馬力（Gasuden Jimpu）

最大速度/巡航速度： 161/101千米/小時

航　　程： 400千米

升　　限： 4600米

裝備範圍： 汪偽國民政府

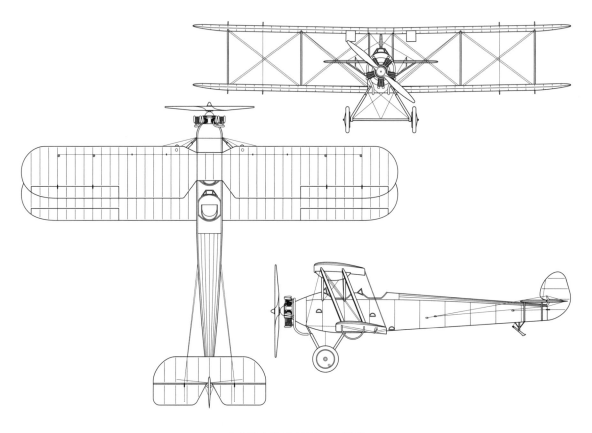

三式陸上初步練習機三視圖

簡　史：

　　三式陸上初步練習機（機體略番 K2Y）以阿弗羅 504N 為基礎仿製，於 1930 年投產，延續了阿弗羅 504N 操作簡單、飛行平穩等特點，自投產起就成為日本海軍主力初級教練機，直到二戰末期仍在服役。1942 年，汪偽政權自日軍接收至少 5 架三式初練，供偽"中央空軍教導隊"訓練使用。

汪偽空軍的三式陸上初步練習機

空技 九三式中間練習機
Yokosuka Navy Type 93 Medium Grade Trainer

機　　種： 教練機	**淨重/全重：** 1000/1500千克
用　　途： 訓練	**引　　擎：** 1台日立 "天風" 一一型星型9缸氣冷發動機，300馬力 (Hitachi Amakaze 11)
乘　　員： 2人	
首　　飛： 1933年	**最大速度/巡航速度：** 212/138千米/小時
製　造　廠： 海軍航空技術廠 (Yokosuka Naval Air Technical Arsenal)	**航　　程：** 1019千米
	升　　限： 5700米
機長/翼展/機高： 8.05/11/3.2米	**裝備範圍：** 國民政府、汪偽國民政府

簡　史：

　　九三式中間練習機（機體略番 K5Y）以九一式中間練習機為基礎研發，1933 年投產，實質上是九一中練的大幅改良型，飛行性能良好，可進行特技飛行，盟軍代號"柳樹"（Willow），日本飛行員則稱之為"紅蜻蜓"。

　　1942 年，汪偽政權的"中央空軍學校"由張惕勤接任校長後，自日軍接收 10 餘架教練機用於訓練，其中包括數架九三中練。1944 年冬，3 架該型飛機起義，計劃飛往國民政府統治區的安徽屯溪，結果在皖南上空迷航，油盡撞山失事。抗戰勝利後，國民政府空軍曾短暫使用自日軍和汪偽政權接收的九三中練。

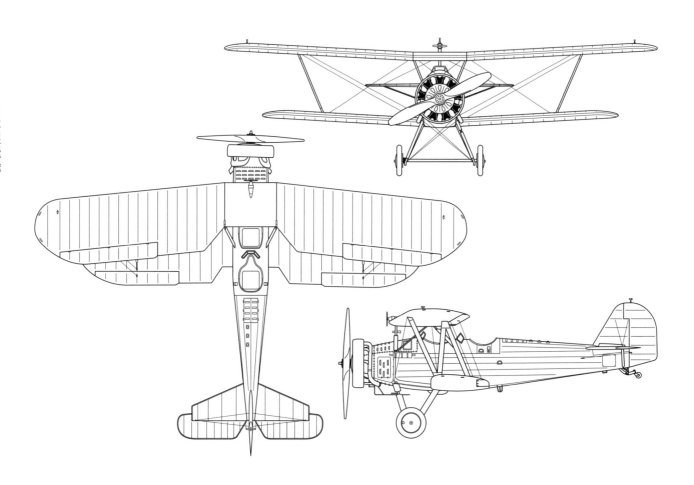

九三式中間練習機三視圖

川崎 九五式戰鬥機
Kawasaki Army Type 95 Fighter

機　　種：戰鬥機

用　　途：戰鬥/訓練

乘　　員：1人　　　首　飛：1935年

製　造　廠：川崎航空機工業株式會社（Kawasaki
Kokuki Kogyo K.K.）

機長/翼展/機高：7.2/10.02/3米

淨重/全重：1360/1740千克

引　　擎：1台川崎ハ 9-II甲型V型12缸液冷發動
機，850馬力（Kawasaki Ha-9-IIa）

最大速度：400千米/小時

航　　程：1100千米

升　　限：11500米

武　　備：2挺固定式7.7毫米八九式機槍（機首）

裝備範圍：國民政府、偽滿洲國

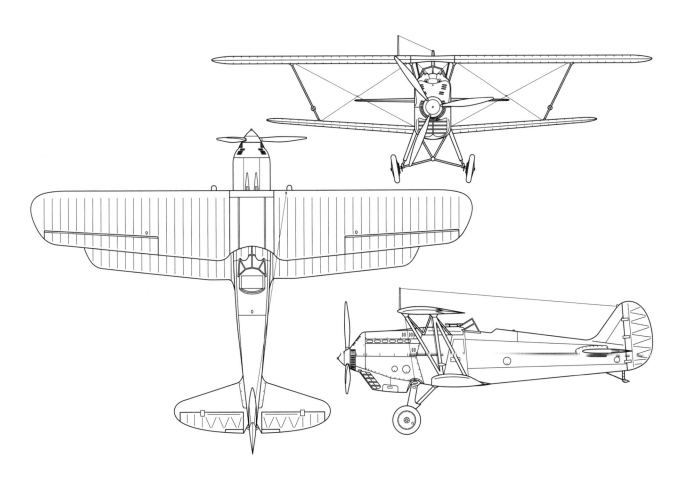

九五式戰鬥機三視圖

　　1935 年投產的九五式戰鬥機（キ番號キ 10）是日本陸軍最後一種雙翼戰鬥機，具有良好的機動性和操控性，盟軍代號"佩莉"（Perry）。該型飛機曾參加侵華戰爭、"諾門罕事件"和二戰，是中國空軍的勁敵，並曾在日本電影《燃燒的天空》中"扮演"中國空軍 CR.32 型戰鬥機。

　　1938 年，中國空軍俘獲了 1 架九五式戰鬥機，並編號 P-5012，後送至蘇聯測試。偽滿洲國陸軍航空隊成立後，也從日本關東軍處接收過數架九五式戰鬥機。

日本製飛機

國民政府空軍繳獲的九五式戰鬥機

川崎 九八式輕爆擊機
Kawasaki Army Type 98 Light Bomber

機　　種：轟炸機

用　　途：轟炸/訓練

乘　　員：2人　　首　　飛：1937年

製　造　廠：川崎航空機工業株式會社（Kawasaki
　　　　　　Kokuki Kogyo K.K.）

機長/翼展/機高：11.65/15/2.9米

淨重/全重：2349/3539千克

引　　擎：1台川崎ハ9-II乙型V型12缸液冷發動
　　　　　機，850馬力（Kawasaki Ha-9-IIb）

最大速度/巡航速度：423/300千米/小時

航　　程：1300千米

升　　限：8290米

武　　備：1挺固定式7.7毫米八九式機槍（機首），
　　　　　1挺可旋轉7.7毫米八九式機槍（後座），
　　　　　450千克炸彈

裝備範圍：偽滿洲國

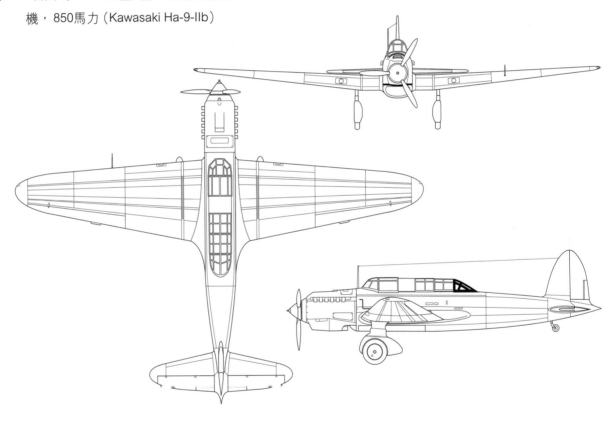

九八式輕爆擊機三視圖

簡　史：

　　九八式輕爆擊機（キ番號キ32）研發於1930年代中期，與九七輕爆同時開發，均為取代老舊的九三輕爆而設計。該型飛機於1938年投產，曾參加侵華戰爭、"諾門罕事件"和二戰，盟軍代號"瑪麗"（Mary）。

　　1938年，滿洲航空公司自日軍接收至少1架九八輕爆，偽滿洲國陸軍航空隊也自日軍接收數架該型飛機供滿洲國飛行學校訓練使用。

偽滿洲國裝備的九八式輕爆擊機

川崎 二式復座戰鬥機 "屠龍" 改型丁
Kawasaki Army Type 2 Two-Seat Fighter KAId

機　　種：夜間戰鬥機

用　　途：戰鬥/訓練

乘　　員：2人

首　　飛：1944年

製 造 廠：川崎航空機工業株式會社（Kawasaki
Kokuki Kogyo K.K.）

機長/翼展/機高：11/15.02/3.7米

淨重/全重：4000/5500千克

最大速度/巡航速度：540/360千米/小時

航　　程：1900千米

升　　限：10000米

引　　擎：2台中島 ハ 102型星型14缸氣冷發動
機，1050馬力（Nakajima Ha-102）

武　　備：1門固定式37毫米ホ 203航炮（機首），
2門固定式20毫米ホ 5航炮（機背）

裝備範圍：偽滿洲國、東北民主聯軍/解放軍空軍

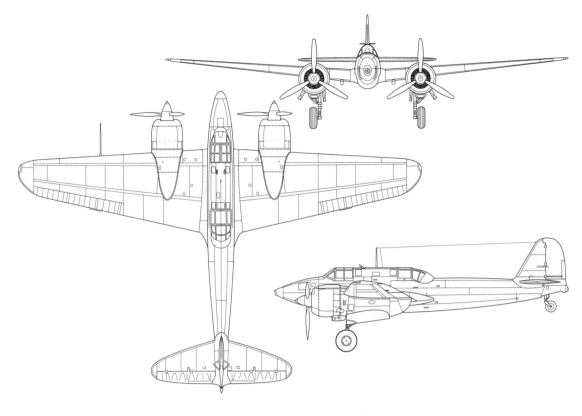

二式復座戰鬥機"屠龍"改型丁三視圖

簡　史：

　　二式復座戰鬥機（キ番號キ45）是二戰期間日本陸軍唯一批量裝備的夜間戰鬥機，盟軍代號"尼克"（Nick）。"屠龍"改型丁（キ45改丁）是1944年推出的改良型，武備強化，後座旋轉機槍取消，並用鋁皮封閉，但在使用中仍有部分飛機加裝後座機槍。

　　1944年，偽滿的陸軍航空隊劃入日本第二航空軍指揮體系後，日軍提供少量二式復戰供其使用。抗戰勝利後，東北民主聯軍在東北繳獲3架"屠龍"改型丁，供東北民主聯軍航空學校用於訓練。其中1架編入1949年3月成立的中國人民解放軍"戰鬥飛行大隊"第1中隊，50年代初退役。

東北民主聯軍航空學校使用的二式復座戰鬥機

中島 九四式偵察機
Nakajima Army Type 94 Reconnaissance Aircraft

機　　種：偵察機

用　　途：偵察

乘　　員：2人

首　　飛：1934年

製　造　廠：中島飛行機株式會社（Nakajima Hikōki Kabushiki Kaisha）

機長/翼展/機高：7.73/12/3.5米

淨重/全重：1664/2474千克

最大速度/巡航速度：283/262千米/小時

航　　程：1200千米　　升　　限：8000米

引　　擎：1台中島ハ8 "光" 型星型9缸氣冷發動機，750馬力（Nakajima Ha-8 Hikari）

武　　備：2挺固定式7.7毫米八九式機槍（機首），1挺可旋轉7.7毫米八九式機槍（後座），50千克炸彈

裝備範圍：偽滿洲國

日本製飛機

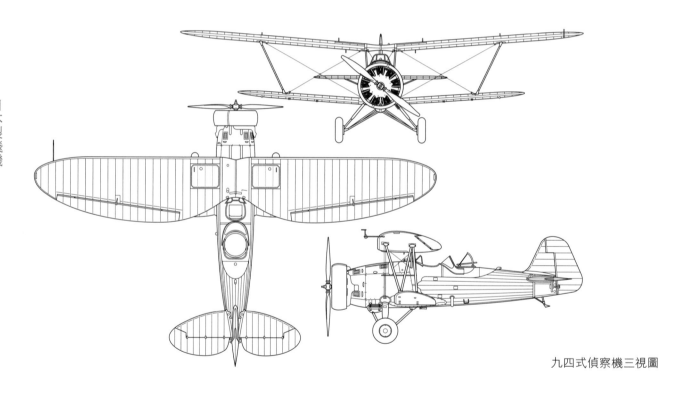

九四式偵察機三視圖

簡　史：

　　九四式偵察機（キ番號キ4）是日本陸軍裝備的最後一種雙翼偵察機，於1934年投產，機動性、操作性良好，在侵華戰爭中廣泛用於華北戰場，多次與中國空軍的霍克II交戰，1938年後被九七司偵取代。除中島公司外，滿洲航空公司曾生產126架該型飛機。

　　1939年，偽滿洲國海上警察隊自日軍接收5架九四式，編號為 "海警-22" 至 "海警-26" 號，其飛行員均為日籍，後增加偽滿洲國籍預備飛行員，部分九四式直至1945年8月仍完好可飛，後被蘇軍擄獲。

中島 九七式戰鬥機乙型
Nakajima Army Type 97b Fighter

機　　種： 戰鬥機

用　　途： 戰鬥/訓練/測試

乘　　員： 1人　　　首　　飛： 1938年

製 造 廠： 中島飛行機株式會社（Nakajima Hikōki Kabushiki Kaisha）

機長/翼展/機高： 7.53/11.31/3.28米

淨重/全重： 1110/1547千克

最大速度/巡航速度： 470/350千米/小時

航　　程： 627千米　　　升　　限： 12250米

引　　擎： 1台中島ハ1"壽"型星型9缸氣冷發動機，650馬力（Nakajima Ha-1 Kotobuki）

武　　備： 2挺固定式7.7毫米八九式機槍（機首），100千克炸彈

裝備範圍： 國民政府、偽滿洲國

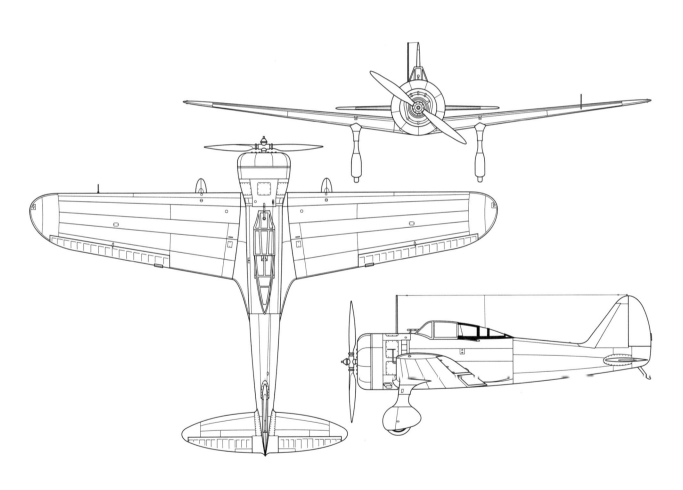

九七式戰鬥機乙型三視圖

日本製飛機

簡　史：

　　九七式戰鬥機（キ番號キ 27）以キ 11 九試單座戰鬥機為基礎研發，是九五式戰鬥機的後繼機，於 1937 年投產，具有良好的機動性，盟軍代號"內特"（Nate）。九七式乙型是 1938 年推出的改良型，滿飛公司在其基礎上研發了二式高等練習機。

　　1939 年，1 架九七式乙型被中國空軍俘獲並編號 P-5015，後運至成都，由陳納德駕駛測試，並與中國空軍戰鬥機模擬空戰。1940 年，偽滿洲國政府以"民眾捐獻"名義，自日本接收部分該型飛機供其陸軍航空隊使用，這些飛機大多以捐款購機的地區、機構或部門為名，如"護國全滿學校二號"等，其飛行員多為日籍。1944 年 12 月 7 日，偽滿洲國陸軍航空隊首次參戰，日籍飛行員春日園生駕駛九七式乙型以自殺式攻擊撞毀 1 架 B-29 轟炸機。汪偽政權曾與日本交涉，希望獲得該型飛機建立空軍，由於日本並不信任汪偽政權而未成功。抗戰勝利後，國民政府空軍曾短暫使用自日軍接收的九七式乙型，據稱東北民主聯軍、解放軍也曾繳獲該機，但沒有使用記錄。

偽滿洲國陸軍航空隊的九七式乙型，
右側是 1 架九五式一型中等練習機。

中島 九七式輸送機 /AT-2
Nakajima Army Type 97 Transport/AT-2

機　　種： 客機/運輸機	**淨重/全重：** 3500/5250千克
用　　途： 運輸/訓練	**引　　擎：** 2 台中島"壽" 41 型星型9 缸氣冷發動
乘　　員： 3+8人　　**首　飛：** 1936年	機，每台780馬力（Nakajima Kotobuki 41）
製　造　廠： 中島飛行機株式會社（Nakajima Hikōki Kabushiki Kaisha）	**最大速度/巡航速度：** 360/310千米/小時
	航　　程： 1200千米　　**升　限：** 7000米
機長/翼展/機高： 15.3/19.81/4.15米	**裝備範圍：** 國民政府、偽滿洲國、汪偽國民政府

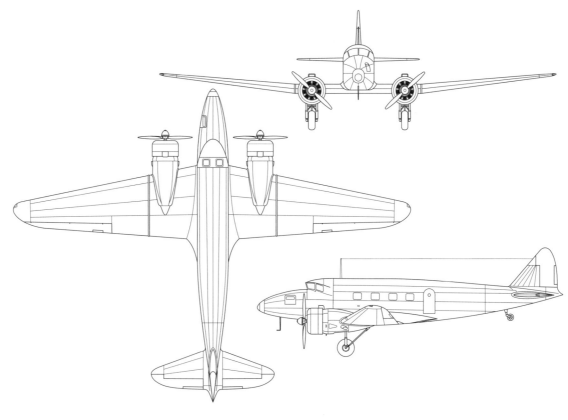

九七式輸送機 /AT-2 客機三視圖

簡　史：

　　該型飛機以 DC-2 型客機為基礎研發，實質上是 DC-2 的縮小型號，由中島公司和滿飛公司同時生產，其民用型號為 AT-2；陸軍型號為九七式輸送機（キ番號キ 27）；海軍型號為中島雙發輸送機（機體略番 L1N1）；盟軍代號"索拉"（Thora）。

　　1942 年，中國空軍俘獲 1 架九七輸 /AT-2，將其編入運輸隊服役，次年 6 月移交中央航空公司，編號"中 1"。為便於維護，中央航空公司為其換裝了庫存的"旋風"型發動機。汪偽政權空軍和滿洲航空公司都從日本接收過該型機，其中汪偽政權空軍裝備有至少 1 架，滿洲航空公司裝備 12 架。

日偽惠通航空公司的"北平號"AT-2 客機

中島 一式戰鬥機 "隼"
Nakajima Army Type 1 Fighter Hayabusa

機　種：戰鬥機　乘　員：1人

用　途：戰鬥/訓練/測試

首　飛：1939年（キ43-I），1942年（キ43-II），
1944年（キ43-III）

製造廠：中島飛行機株式會社（Nakajima Hikōki
Kabushiki Kaisha）

機長/翼展/機高：8.83/11.43/3.28米（キ43-I），
8.92/10.83/3.27米（キ43-II/III）

淨重/全重：1580/2048千克（キ43-I），1729/2590千克
（キ43-II），2040/2725千克（キ43-III）

最大速度/巡航速度：496/320千米/小時（キ43-I），
515/440千米/小時（キ43-II），576/442千
米/小時（キ43-III）

航　程：1200千米（キ43-I），1610千米（キ43-II），
1360千米（キ43-III）

升　限：11735米（キ43-I），10500米（キ43-II），
11400米（キ43-III）

引　擎：1台中島ハ25型星型14缸氣冷發動機，
1050馬力（Nakajima Ha-25）（キ43-I）；
1台中島 ハ115型星型14缸氣冷發動
機，1150馬力（Nakajima Ha-115）（キ
43-II）；1台中島ハ115-II型星型14缸氣
冷發動機，1200馬力（Nakajima Ha-
115-II）（キ43-III）

武　備：2挺固定式7.7毫米八九式機槍（機首）
（キ43-I），2挺固定式12.7毫米Ho-103
機槍（機首）（キ43-II/III），2枚15千克
炸彈（キ43-I），2枚250千克炸彈（キ
43-II），2枚30千克炸彈或1枚250千克
炸彈（キ43-III）

裝備範圍：國民政府、偽滿洲國、東北民主聯軍/
解放軍空軍

抗戰期間中國空軍俘獲的一式戰一型

簡　史：

　　一式戰鬥機（キ番號キ 43）是日本陸軍二戰期間裝備數量最多的戰鬥機，也是二戰期間日本陸軍最著名的戰鬥機。該型飛機於 1941 年投產，延續了日本陸軍戰鬥機機動靈活但火力弱、防禦力低等特點，盟軍代號"奧斯卡"（Oscar）。一式戰一型（キ 43-I）是最初的量產型，由中島和滿飛公司同時生產；一式戰二型（キ 43-II）是 1942 年推出的改良型，機翼結構強化，增加炸彈掛架，換裝大功率發動機、三葉螺旋槳和新型百式瞄準具，防禦力增強；一式戰三型（キ 43-III）推出於 1944 年，換裝功率更強勁的發動機，同時改良排氣管，飛行性能提升。

　　1942 年 12 月，中國空軍俘獲了 1 架一式戰一型，將其編號 P-5017，後用於測試。1944 年，日軍開始提供少量一式戰二型供偽滿洲國陸軍航空隊使用，大多以捐款購機的地區、機構或部門為名，如"護國黑龍江縣一號"等，1945 年 8 月後被蘇聯繳獲。抗戰勝利後，國民政府空軍第 6 大隊第 18、19 中隊曾短暫使用自日軍接收的一式戰參加國共內戰，其中包括二型和三型，1946 年後因缺乏配件而廢棄停用。

　　1946 年 4—6 月，東北民主聯軍在吉林輝南縣朝陽鎮和哈爾濱附近繳獲數架一式戰，其中包括二型和三型，供東北民主聯軍航空學校訓練使用，後編入 1949 年 3 月成立的中國人民解放軍"戰鬥飛行大隊"第 2 中隊。1949 年 11 月解放軍空軍正式成立時，仍有 5 架一式戰在第 7 航校服役，1952 年退役。

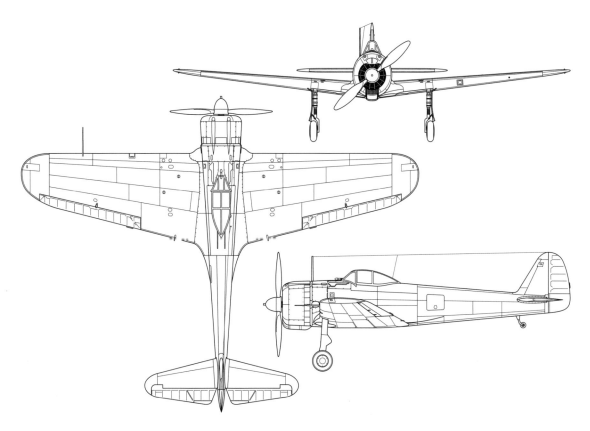

一式戰鬥機"隼"一型戰鬥機三視圖

日本製飛機

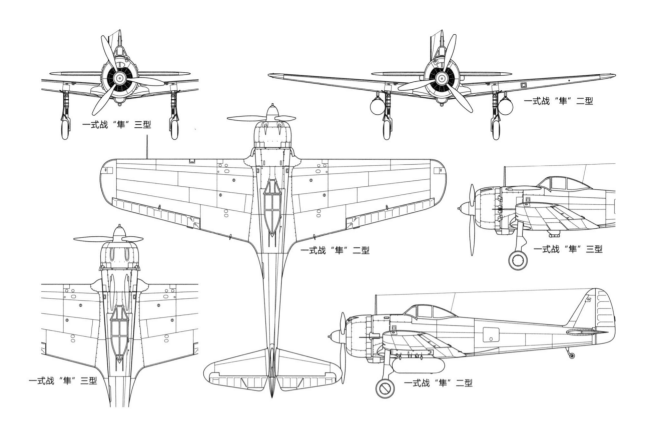

一式战 "隼" 三型

一式战 "隼" 二型

一式战 "隼" 二型

一式战 "隼" 三型

一式战 "隼" 三型

一式战 "隼" 二型

一式戰鬥機 "隼" 二型 / 三型三視圖

東北民主聯軍航校使用的一式戰三型，發動機排氣管是其顯著特點，
飛機前為曾參加開國大典的解放軍空軍飛行員方槐。

中島 二式單座戰鬥機 "鍾馗"
Nakajima Army Type 2 Single-Seat Fighter Sh ō ki

機　種： 戰鬥機

用　途： 戰鬥/訓練

乘　員： 1人

首　飛： 1942年　　**航　程：** 920千米

製造廠： 中島飛行機株式會社（Nakajima Hikōki
Kabushiki Kaisha）

機長/翼展/機高： 8.84/9.45/3.24米（キ 44-II乙），
8.84/9.45/3.24米（キ 44-II丙）

淨重/全重： 2106/2764千克（キ 44-II乙），
2109/2764千克（キ 44-II丙）

引　擎： 1台中島ハ109型星型14缸氣冷發動
機，1500馬力（Nakajima Ha-109）

最大速度/巡航速度： 615/400千米/小時（キ 44-II
乙），605/400千米/小時（キ 44-II乙）

升　限： 11250米（キ 44-II乙），11200米（キ
44-II丙）

武　備： 2挺固定式12.7毫米ホ103機槍（機首），
2挺固定式12.7毫米ホ103機槍（機翼）
（キ 44-II丙），2門固定式40毫米ホ 301
航炮（機翼）（キ 44-II乙選裝），2枚30-
100千克炸彈

裝備範圍： 國民政府、偽滿洲國、東北民主聯軍/
解放軍空軍

日本製飛機

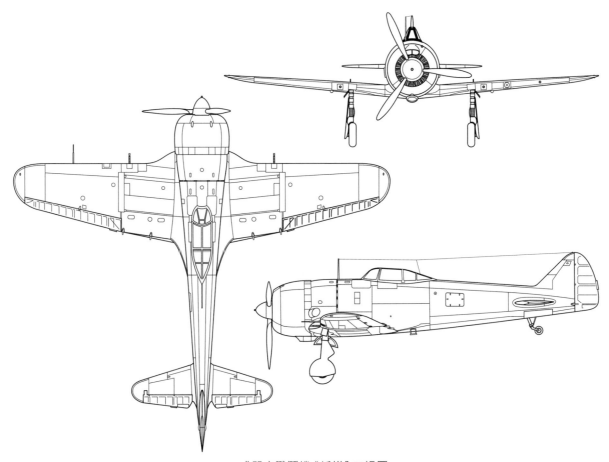

二式單座戰鬥機 "鍾馗" 三視圖

簡　史：

　　二式單座戰鬥機（キ番號キ44）是日軍第一種在設計時就將防禦力列入指標的戰鬥機，1942 年投產，盟軍代號"東條"（Tojo）。該型飛機在二戰期間主要用於日本本土防空和中國戰場，其飛行速度、爬升率和升限均優於中國空軍主力戰鬥機 P-40，使中國空軍慣用的一擊脫離戰術對其難以適用。二式單戰二型乙（キ44-II 乙）是 1943 年推出的改良型；二式單戰二型丙（キ44-II 丙）是換裝百式瞄準具的改良型，武備調整。

　　1944 年，日軍開始提供少量二式單戰供滿洲國陸軍航空隊使用，其中包括二式單戰二型乙、丙型，大多以捐款購機的地區、機構或部門為名，如"護國滿洲石油二號"等。1945 年 8 月後，這些飛機被蘇聯繳獲。抗戰勝利後，國民政府空軍第 6 大隊第 5 中隊曾短暫使用自日軍接收的二式單戰二型乙、丙型參加國共內戰，至 1946 年廢棄停用。

　　1946 年，東北民主聯軍繳獲了 3 架二式單戰二型乙，供其航空學校訓練使用。1949 年 11 月中國人民解放軍空軍正式成立時，仍有 2 架二式單戰二型乙在第 7 航校服役，1950 年代初退役。

抗戰勝利後，國民政府空軍第 6 大隊自日軍接收的二式單戰，後為三式戰、四式戰和福克"超級通用"。

中島 LB-2 "曉"

Nakajima LB-2 Akatsuki-go

機　　種：轟炸機　　用　　途：運輸

乘　　員：4+6人

首　　飛：1936年

製 造 廠：中島飛行機株式會社（Nakajima Hikōki Kabushiki Kaisha）

機長/翼展/機高：19.33/26.69/5.45米

淨重/全重：5750/9630千克

引　　擎：2台中島"光"二型星型9缸氣冷發動機，每台800馬力（Nakajima Hikari 2）

最大速度/巡航速度：328/240千米/小時

航　　程：6000千米

裝備範圍：偽滿洲國

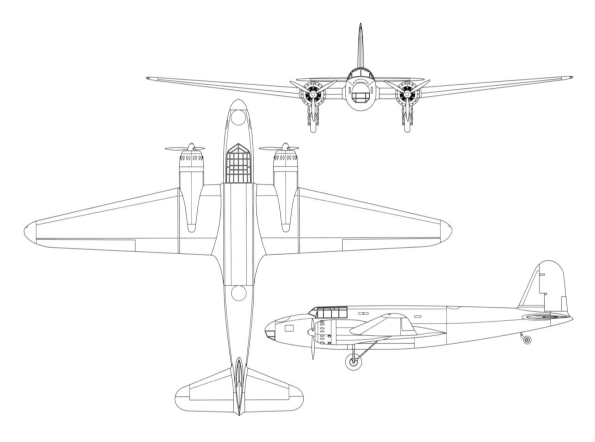

LB-2 遠程轟炸機三視圖

日本製飛機

簡　史：

　　LB-2 九試陸上攻擊機是中島公司以 DC-2 型客機為藍本，為海軍研發的遠程陸上攻擊機。該機僅製造 1 架，飛行性能良好。該機設計時裝有自衛武器為 2 挺 7.7 毫米九二式機槍，可攜帶 800 千克炸彈。由於日本海軍更青睞九六式陸上攻擊機，對該機興趣不大，因此中島公司將該機改裝為客機售予滿洲航空公司。

　　該機於 1937 年交付，命名為"曉"號。滿洲航空公司原計劃使用該機和 2 架 He 116 共同建立最短的亞歐航線，由於抗戰爆發和"諾門罕事件"，該計劃被取消，LB-2 廢置於奉天（瀋陽）北部機場，1941 年拆解。

LB-2 遠程轟炸機

昭和 零式輸送機二二型
Showa Navy Type 0 Transport Model 22

機　　種： 運輸機

用　　途： 運輸

乘　　員： 4+21人

首　　飛： 1942年

製 造 廠： 昭和株式會社 (Kabushiki-kaisha Shōwa) /
中島飛行機株式會社 (Nakajima Hikōki
Kabushiki Kaisha)

機長/翼展/機高： 19.51/20.96/7.46米

淨重/全重： 7125/12500千克

引　　擎： 2台三菱"金星"五三型星型14缸氣
冷發動機，每台1200馬力 (Mitsubishi
Kinsei 53)

最大速度/巡航速度： 393/240千米/小時

航　　程： 3000千米

升　　限： 7280米

裝備範圍： 國民政府、汪偽國民政府

抗戰勝利後，國民政府自日本接收的零式輸送機二二型。

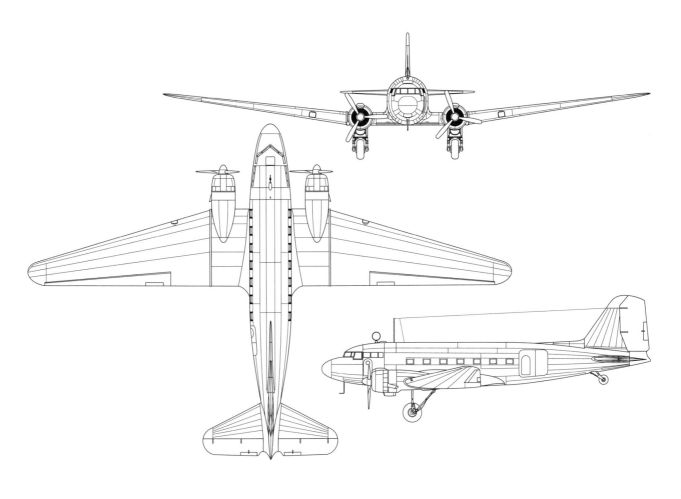

零式輸送機二二型三視圖

簡　史：

　　零式輸送機（機體略番 L2D）以 DC-3 型客機為基礎仿製，1940 年投產，由昭和公司和中島公司生產，盟軍代號"塔比"（Tabby）。零式輸送機二二型（L2D3）是 1942 年推出的改良型，換裝大功率發動機，增加機翼油箱，駕駛艙兩側各增加 3 個觀測窗。

　　抗戰期間，日軍至少提供了 1 架零式二二型給汪偽空軍。抗戰勝利後，國民政府自日軍和汪偽政權接收至少 3 架零式二二型，後移交中央航空公司，但由於結構老化，僅作為配件使用。

立川 九五式一型練習機
Tachikawa Army Type 95-1 Medium Grade Trainer

機　　種： 教練機

用　　途： 訓練

乘　　員： 2人

首　　飛： 1935年

製 造 廠： 立川飛行機株式會社 (Tachikawa Hikōki
　　　　　 Kabushiki Kaisha)

機長/翼展/機高： 7.52/10.32/3米

淨重/全重： 1015/1425千克

引　　擎： 1台日立ハ13甲型星型7缸氣冷發動
　　　　　 機，350馬力 (Hitachi Ha-13a)

最大速度/巡航速度： 240/150千米/小時

航　　程： 840千米

升　　限： 5500米

裝備範圍： 國民政府、汪偽國民政府、偽滿洲國

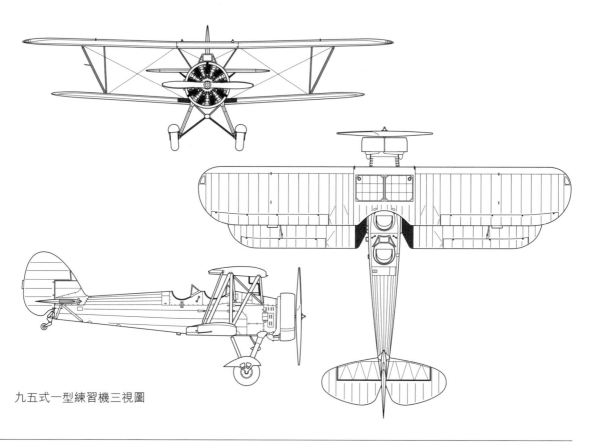

九五式一型練習機三視圖

簡　史：

　　九五式一型練習機（キ番號キ9）研發於1930年代中期，1935年投產，由立川公司和東京瓦斯電氣工業生產，盟軍代號"雲杉"（Spruce）。

　　1941年5月15日，經汪偽政府多次交涉，日本陸軍將3架九五式中練移交給汪偽，供其"重建"空軍。這3架飛機是汪偽空軍獲得的首批飛機，同年6月運抵常州西郊的陳渡橋機場，供其"中央空軍學校"訓練使用。偽滿洲國陸軍航空隊也自日軍接收數架該機，供偽滿洲國飛行學校訓練使用，多以捐款購機的地區、機構或部門為名，如"護國李官堡號"等。抗戰勝利後，國民政府空軍曾短暫使用自日軍接收的九五式練習機。

汪偽国民政府空軍的九五式一型練習機

立川 九五式三型練習機
Tachikawa Army Type 95-3 Basic Grade Trainer

機　　種： 教練機	**用　　途**： 訓練	**淨重/全重**： 639/914千克	

乘　　員： 2人

首　　飛： 1935年

製　造　廠： 立川飛行機株式會社 (Tachikawa Hikōki Kabushiki Kaisha)

機長/翼展/機高： 7.85/9.82/2.95米

引　　擎： 1 台日立ハ12 型星型7 缸氣冷發動機，160馬力 (Hitachi Ha-12)

最大速度/巡航速度： 170/150千米/小時

升　　限： 5300米

裝備範圍： 偽滿洲國

簡　　史：

　　九五式三型練習機 (キ番號キ17) 以九五式中練為基礎研發，於 1935 年投產，翼載荷較低，失速速度和降落速度緩慢，非常適合初級訓練，盟軍代號"雪松"(Cedar)。1940 年 8 月，偽滿洲國飛行學校在奉天成立，日軍提供部分該型飛機供其使用。

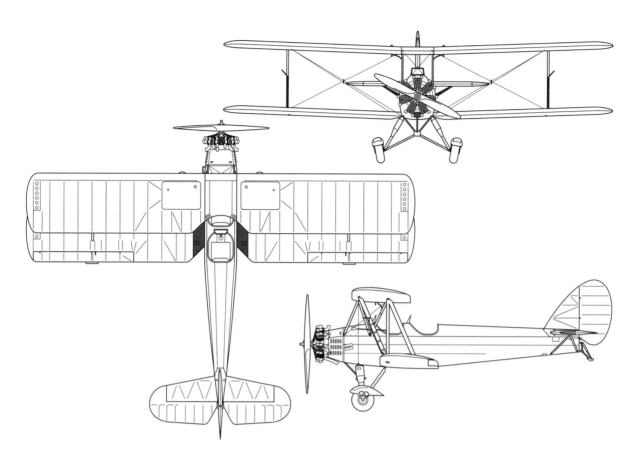

九五式三型練習機三視圖

立川 九八式直接協同偵察機
Tachikawa Army Type 98 Co-operation Reconnaissance Aircraft

機　　種：偵察/協同機

用　　途：偵察/訓練

乘　　員：2人　　首　飛：1938年

製　造　廠：立川飛行機株式會社（Tachikawa Hikōki
　　　　　　Kabushiki Kaisha）

機長/翼展/機高：8/11.8/3.64米

淨重/全重：1247/1660千克

引　　擎：1台日立ハ13甲型星型9缸氣冷發動機，
　　　　　510馬力（Hitachi Ha-13a）

最大速度/巡航速度：348/235千米/小時

航　　程：1235千米

升　　限：8150米

武　　備：1挺固定式7.7毫米八九式機槍（機首），
　　　　　1挺可旋轉7.7毫米八九式機槍（後座），
　　　　　10枚12.5—15千克炸彈

裝備範圍：國民政府、偽滿洲國、東北民主聯
　　　　　軍/解放軍空軍

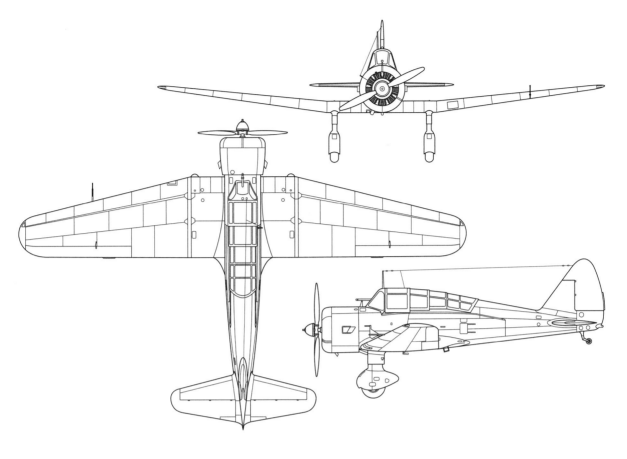

九八式直接協同偵察機三視圖

簡　史：

　　九八式直接協同偵察機（キ番號キ 17）研發於 1930 年代後期，1938 年 11 月投產，在侵華戰爭和二戰中廣泛用於協助陸軍作戰、偵察、近距支援、聯絡等任務，盟軍代號"伊達"（Ida）。

　　1944 年，日軍提供部分九八直協供偽滿洲國陸軍航空隊使用。1945 年 8 月蘇聯出兵東北時，偽滿洲國陸軍航空隊曾下令對蘇聯坦克部隊進行神風特攻，但並未實施。國民政府空軍在抗戰勝利後短暫使用自日軍接收的該型飛機。

　　東北民主聯軍於 1946 年在東北繳獲數架九八直協，供其航空學校訓練使用。1949 年 11 月中國人民解放軍空軍正式成立時，仍有 2 架該型飛機在第 7 航校服役，1950 年代初退役。

立川 一式雙發高等練習機
Tachikawa Army Type 1 Operations Trainer

機　　種：教練機/運輸機

用　　途：訓練/要人專機/運輸

乘　　員：2+8人　　首　飛：1940年

製 造 廠：立川飛行機株式會社 (Tachikawa Hikōki
Kabushiki Kaisha)

機長/翼展/機高：11.94/17.9/3.58米

淨重/全重：2954/3897千克

引　　擎：2台日立ハ13甲型星型9缸氣冷發動機，
每台510馬力 (Hitachi Ha-13a)

最大速度/巡航速度：375/240千米/小時

航　　程：960千米

升　　限：7180米

裝備範圍：國民政府、汪偽國民政府、偽滿洲國、
東北民主聯軍/解放軍空軍

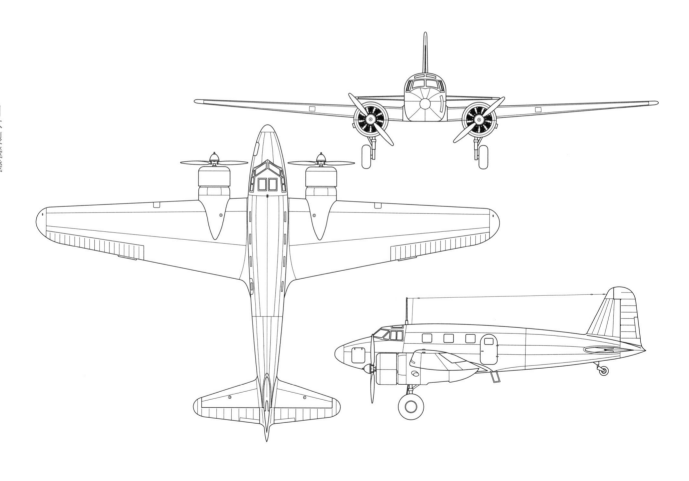

一式雙發高等練習機三視圖

簡　史：

　　1941 年服役的一式雙發高等練習機（キ番號キ 54）有着良好的操控性和飛行性能，主要用於運輸或培訓雙發機的機組成員，盟軍代號"希科里"（Hickory）。

　　二戰期間，日軍將部分雙發高練提供給偽滿洲國航空學校用於訓練，滿洲航空公司也裝備有數架該型飛機。1943 年 8 月，汪偽政權向日本購得 1 架雙發高練充作行政專機，命名為"淮海"號。次年 12 月 26 日，汪偽政權又接收 2 架該型飛機，命名為"和平"和"建國"號，與"淮海"號一起編入行政專機班，用於運送日偽官員。抗戰勝利後，國民政府曾短暫使用自日軍和汪偽政權接收的雙發高練。

　　1945 年 8 月 20 日，周致和（周仕仁）等人駕駛汪偽"建國"號起義，飛往延安，這是八路軍獲得的首架飛機，被改名為"820 號"以示紀念。同年 9 月初，山東根據地的民兵繳獲 1 架雙發高練，修復後飛往解放區。10 月，中共中央派延安航空小組自蘇軍接收 3 架繳獲的日機，其中包括 2 架該型飛機，後與"820 號"一起用於瀋陽、張家口、承德等地的航空運輸，"820 號"於同年 11 月因超載迫降損壞，修復時被國民政府空軍擊傷。東北民主聯軍於 1945 年 10 月和次年 6 月在瀋陽奉集堡機場、哈爾濱孫家機場繳獲數架該型飛機，其中 3 架於 1947 至 1948 年間被修復，供其航空學校執行訓練、運輸任務，是航校初期極為寶貴的雙發教練機。1949 年 11 月解放軍空軍正式成立時，仍有 4 架雙發高練在第 7 航校服役，1951 年曾用於訓練解放軍第 1 批女飛行員，1952 年退役。

東北民主聯軍航校的一式雙發高等練習機

日本製飛機

立川 九九式高等練習機
Tachikawa Army Type 99 Operations Trainer

機　　種：教練機　　用　　途：訓練

乘　　員：2人　　首　　飛：1939年

製 造 廠：立川飛行機株式會社 (Tachikawa Hikōki
　　　　　Kabushiki Kaisha)

機長/翼展/機高：8/11.8/3.64米

淨重/全重：1292/1721千克

最大速度/巡航速度：349/235千米/小時

航　　程：1060千米

升　　限：8180米

引　　擎：1台日立ハ13甲型星型9缸氣冷發動機，
　　　　　510馬力 (Hitachi Ha-13a)

武　　備：1挺固定式7.7毫米八九式機槍（機首）

裝備範圍：國民政府、偽滿洲國、汪偽國民政府、
　　　　　東北民主聯軍/解放軍空軍

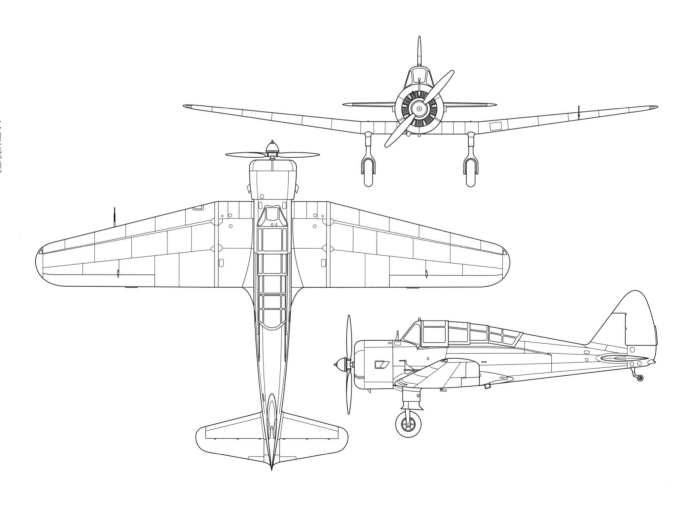

九九式高等練習機三視圖

簡　史：

　　九九式高等練習機（キ番號キ55）以九八式直接協同偵察機為基礎研發，1939年投產，特點是拆除後座武器、拍照偵察設備、起落架整流罩、無線電設備，保留機首機槍，加裝第2套控制系統，是二戰期間日軍運用範圍最廣泛的高級教練機之一，盟軍代號"伊達"。

　　1944年，韓文炳接任汪偽政權的"空軍司令"後，從日軍接收6架九九高練供偽"中央空軍學校"訓練使用。同年年底，汪偽政府使用"獻金購機"運動籌募的款項，從日本購得12架該型飛機，其中1架在訓練中失速墜毀。偽滿洲國飛行學校也自日軍接收數架九九高練用於訓練。抗戰勝利後，國民政府空軍曾短暫使用自日軍和汪偽政權接收的該型飛機。

　　1945年底，東北人民自治軍（東北民主聯軍的前身）在吉林東豐機場繳獲30多架九九高練，其後又在吉林輝南縣朝陽鎮繳獲一批該型飛機，經維修後有30架左右可用，是東北民主聯軍航校裝備數量最多的教練機，也是解放軍空軍直至1949年底前，唯一大量裝備的教練機。由於航校沒有初、中級教練機，因此只得採取較為冒險的訓練方式，跨過初、中級培訓，直接使用九九高練訓練飛行員，解放軍空軍早期飛行員大多經該機培訓而成。1949年11月解放軍空軍正式成立時，仍有23架九九高練在第7航校服役，1953年退役。

東北民主聯軍航校的九九式高等練習機

格羅斯特"鬥士"Mk I
Gloster Gladiator Mk I

機　　種：戰鬥機　　用　　途：戰鬥

乘　　員：1人

首　　飛：1934年9月

製　造　廠：格羅斯特飛機公司（Gloster Aircraft
　　　　　　Company）

機長/翼展/機高：8.39/9.83/3.58米

淨重/全重：1462/2088千克

最大速度/巡航速度：407/338千米/小時

航　　程：689千米　　升　　限：9997米

引　　擎：1台布里斯托"水星"IX型星型9缸氣冷
　　　　　　發動機，830馬力（Bristol Mercury IX）

武　　備：4挺固定式7.62毫米M1919機槍（機
　　　　　　首2挺，下翼2挺）

裝備範圍：國民政府

英國製飛機

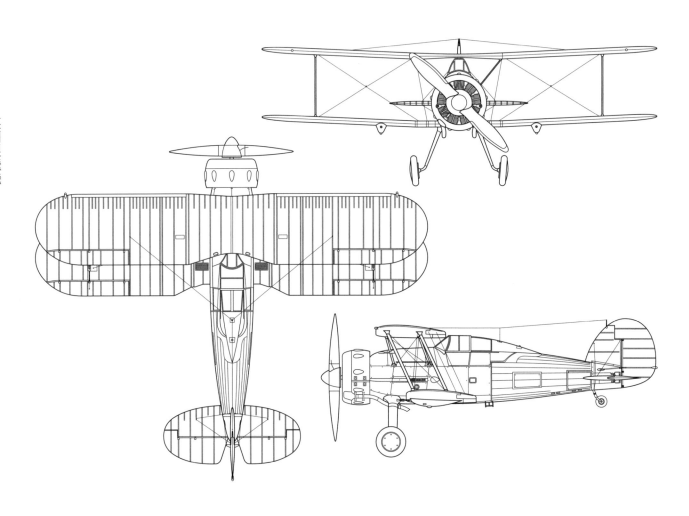

格羅斯特"鬥士"Mk I 戰鬥機三視圖

簡　史：

"鬥士"（中國飛行員稱之為格機）是英國皇家空軍裝備的最後一種雙翼戰鬥機，外形美觀、機動性能優良、爬升速度快、火力強，與意製 CR.42 和蘇製伊 -153 並稱為當時世界上最好的三種雙翼戰鬥機。

1937 年 8 月，國民政府通過英國飛機（中國）有限公司 [Aircraft (China) Ltd] 購得 36 架"鬥士"Mk I，第一批 20 架於同年 11 月底運抵香港，迫於日方壓力，這些飛機不能在香港組裝，只能以火車、帆船運抵廣州，在天河機場附近的幾處墓地中秘密組裝後飛往內地。第一批 20 架於 1938 年 1 月 6 日交付，另外 16 架則於 3 月交付。

"鬥士"交付後，先後編入第 5 大隊第 28、29 中隊，第 3 大隊第 32 中隊服役，擔負桂林、南雄、廣州、東圃、武漢等地的防空任務，並護航己方轟炸機出擊。該型飛機多次擊落日機，自機也多有損傷。著名飛行員陳瑞鈿曾駕駛"鬥士"創造擊落 6 架、擊傷 4 架日機的記錄，黃新瑞創造了擊落 8 架的記錄。由於損耗過快，零配件短缺，1940 年春，第三大隊僅剩 1 架"鬥士"，10 月 4 日，該機由劉尊駕駛協同其他飛機攔截日機，迫降於邛崍。國民政府曾向英國接洽增購 15 架該機增補，但被英國拒絕。

德·哈維蘭 DH.89A "迅龍"
De Havilland DH.89A Dragon Rapide

機　　種：客機
用　　途：運輸/醫療
乘　　員：2+6人　　**首　　飛**：1934年
製 造 廠：德•哈維蘭飛機有限公司（De Havilland Aircraft Company Limited）
機長/翼展/機高：10.52/14.64/3.12米
淨重/全重：1487/2727千克

引　　擎：2台德•哈維蘭吉普賽六型直列型6缸發動機，每台200馬力（De Havilland Gipsy Six）
最大速度/巡航速度：253/212千米/小時
航　　程：895千米
升　　限：5950米
裝備範圍：國民政府

英國製飛機

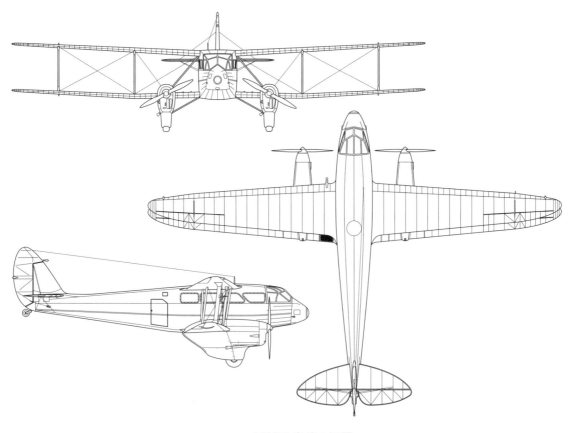

DH.89A "迅龍" 客機三視圖

簡　史：

　　DH.89 以 DH.84 和 DH.86 為基礎上研發，外形美觀，結構堅實耐用，價格低廉，乘坐舒適，自推出後就廣受歡迎。DH.89A 是 1937 年推出的改良型，下翼加裝襟翼，機鼻裝有着陸燈，機艙增加加熱功能。

　　1937 年底，國民政府使用東南亞華僑捐款，以醫療救護機的名義購得 6 架 DH.89A，1938 年 2、7 月交付，1939 年又增購 1 架。其中 4 架該型飛機與 4 架比奇 D17R 組成救護中隊，後編入空運隊用於人員、醫療運輸任務。有 2 架 DH.89A 於 1940 年移交中國航空公司。

DH.89A "迅龍" 客機

德瓦蒂納 D.510C

Dewoitine D.510C

機　種：戰鬥機

用　途：戰鬥/訓練

乘　員：1人　　首　飛：1934年

製 造 廠：埃米爾‧德瓦蒂納飛機製造公司
（Constructions Aéronautiques émile
Dewoitine）

機長/翼展/機高：7.94/12.09/2.75米

淨重/全重：1496/1929千克

引　擎：1台希斯巴諾-蘇莎HS12 Ycrs型V型12
缸液冷發動機，860馬力（Hispano-
Suiza HS12 Ycrs）

武　備：1門固定式20毫米希斯巴諾-蘇莎HS.9
型航炮（機首）

裝備範圍：國民政府

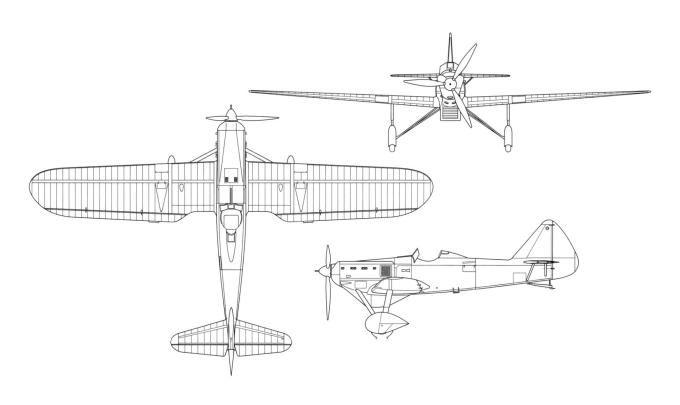

D.510C 戰鬥機三視圖

法國製飛機

簡　史：

　　D.510 以 D.500 為基礎研發，是法國二戰前的主力戰鬥機之一。D.510C 是用於出口中國的亞型，減少 2 挺機翼機槍，僅保留機首 1 門穿過螺旋槳主軸的航炮。該航炮威力較大，但在俯衝時極易卡彈，導致飛行員往往無法採取優勢較大的俯衝攻擊，僅可採取平飛方式攻擊。

　　1937 年 8 月 3 日，國民政府通過法國航空設備出口公司（Office Francais d'Exportation de Materiel Aeronautique）購得 24 架 D.510C，同年底運往法屬安南海防（今越南海防市），經鐵路運抵昆明，組裝測試後編入第 17、41 中隊。第 41 中隊是 1938 年 6 月成立的外籍飛行隊，裝備有 6 架該型飛機，國民政府對該中隊抱以厚望。然而 9 月 28 日，日軍空襲昆明時，該中隊消極避戰，起飛後對日軍飛機不予攻擊，導致地面 3 架 D.510C 被炸毀，1 架被炸傷。10 月該中隊解散，飛機交給空軍軍官學校作為高級教練機使用，1939 年 4 月多次迎戰日機。第 17 中隊於 1939 年 7 月 31 日接收 12 架 D.510C 負責重慶防空，曾於 11 月 4 日的戰鬥中擊落 3 架日軍九六陸攻，日軍 "爆擊之王" 奧田喜久司大佐也命喪此役，對日軍震動極大。1940 年 6 月，殘存的最後 4 架 D.510C 移交第 3 大隊用於訓練，1941 年停止使用。

法國製飛機

国民政府空軍第 41 中隊的 D.510C 戰鬥機

1951 年台灣嘉義機場的 P-51 和 C-46

第四章

中華民國南京政府後期

（1945—1949）

航空研究院 研滑運一
Aviation Research Academy XG-1

機　　種： 滑翔運輸機

乘　　員： 2+30人

製 造 廠： 航空研究院

裝備範圍： 國民政府

簡　史：

　　"研滑運一"由航空研究院副院長王助於 1943 年開始設計，採用木製結構，以四川盛產的竹木為主材，外覆竹製層板，機身截面為橢圓形，外形光滑呈流線形，機翼為下單翼佈局，在滑翔運輸機中較少使用，起落架為固定後三點式。設計載荷可搭載 30 名全副武裝的傘兵和機組成員 2 人，也可用於貨運。

　　該機於 1946 年初製成，僅製造 1 架。王助曾向空軍申請拖飛和滑翔試驗，但由於航空委員會改組，航空研究院改屬航空工業局領導，其工作不被重視，王助因此辭職。繼任的余仲奎再次向空軍申請"研滑運一"拖飛試驗，但直到 1947 年 9 月余仲奎離職，該機仍未試飛。

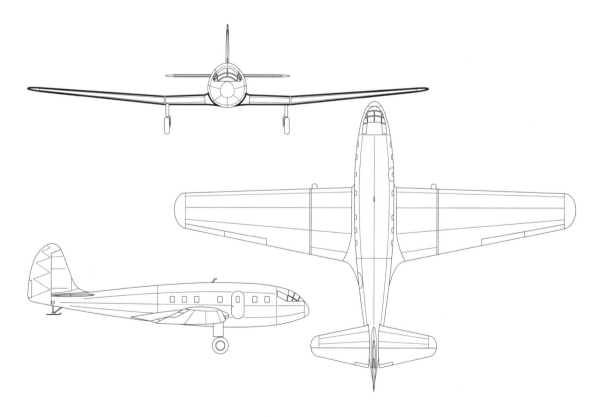

"研滑運一"滑翔運輸機三視圖

"研滑運一" 滑翔運輸機

空軍第二飛機製造廠 中運二號
The No.2 Airforce Aircraft Factory Chung Yun-2

機　　種： 運輸機

用　　途： 運輸

乘　　員： 2+8人

製 造 廠： 空軍第二飛機製造廠

引　　擎： 2台普惠R-985 "小黃蜂" 型星型9缸氣
冷發動機 (Pratt & Whitney R-985 Wasp
Junior)

裝備範圍： 國民政府、解放軍空軍

"中運二號" 運輸機

簡　史：

　　"中運二號"是在"中運一號"基礎上研發的改良型，其結構和外觀與"中運一號"基本相同，發動機改為 2 台"小黃蜂"型，換裝 P-40 型戰鬥機的起落架，螺旋槳与"中運一號"不同，機艙內部、襟翼操縱結構和尾輪結構改良。該機僅製造 1 架，1948 年 2 月 19日在重慶首飛成功，飛行狀況良好，但稍有顫振。

　　"中運二號"未投入量產，也沒有交付部隊。1948 年，該機隨空軍第二飛機製造廠遷回江西南昌，同年 6 月解放軍進駐南昌後被解放軍接收，並由解放軍飛行員駕駛飛往漢口，途中發生故障折返南昌，其後下落不詳。

　　空軍第二飛機製造廠曾計劃在"中運二號"基礎上研製全金屬結構的"中運三號"，其設計速度可達 353 千米 / 小時。該廠遷往台灣後，"中運三號"的設計人員暫時編入航空研究院，飛機沒有製造。

中國製飛機

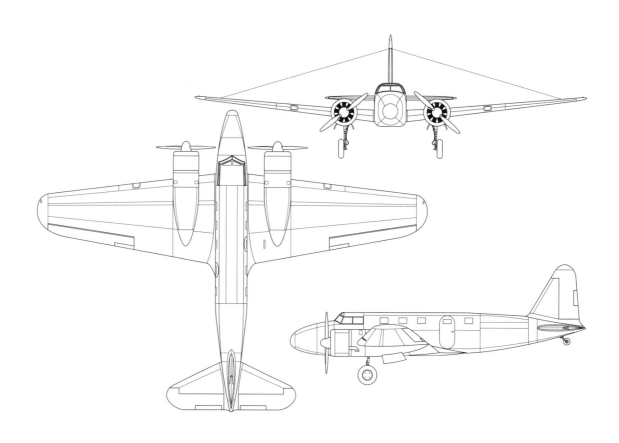

"中運二號"運輸機三視圖

空軍第三飛機製造廠 初教一

The No.3 Airforce Aircraft Factory PT-1

機　　種：教練機

用　　途：訓練

乘　　員：2人

首　　飛：1948年

製　造　廠：空軍第三飛機製造廠

引　　擎：1台大陸R-670-5型星型7缸氣冷發動
機，220馬力（Continental R-670-5）

裝備範圍：國民政府

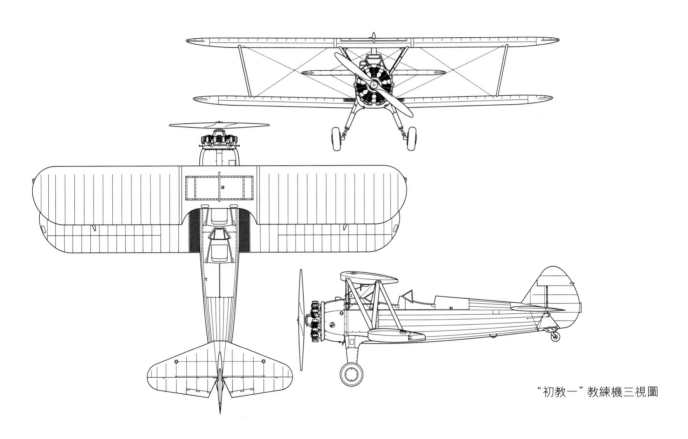

"初教一"教練機三視圖

簡　史：

　　1947年7月，空軍第三飛機製造廠開始在台中仿製PT-17型教練機，仿製機被稱為"初教一"，
與PT-17的主要區別是換裝木製螺旋槳。

　　仿製成功的首架該型飛機"蔓平號"於1948年2月首飛成功，其名稱源於與試飛日同日誕生的該
廠職工的嬰兒之名，其後每架試飛的"初教一"均按此例。該型飛機共製造104架，由於該廠在生產
過程中管理嚴格，因此所製飛機性能安全可靠，經久耐用，直到1958年才全部退役。

空軍第一飛機製造廠 蜂鳥 甲型／乙型

The No.1 Airforce Aircraft Factory Humming Bird A/B

機　　種：直升機

用　　途：試驗　　乘　　員：1人

製 造 廠：空軍第一飛機製造廠

機寬/旋翼直徑/機高：2.34/7.62/2.63米

淨重/全重：590/726千克

引　　擎：1台金納B-5型星型5缸氣冷發動機，
　　　　　125馬力（Kinner B-5）

最大速度/巡航速度：136/112千米/小時

航　　程：219千米

升　　限：910米

裝備範圍：國民政府

備　　註：蜂鳥乙型參數

"蜂鳥"甲型直升機

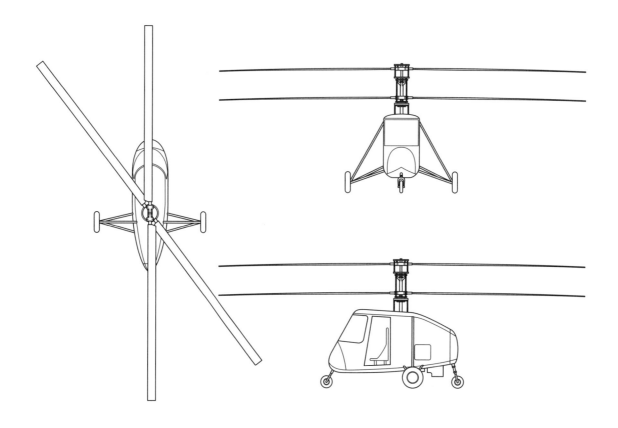

"蜂鳥"甲型直升機三視圖

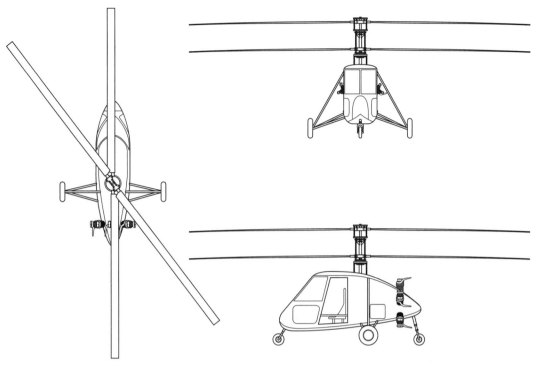

"蜂鳥"乙型直升機三視圖

簡　史：

　　"蜂鳥"甲型直升機是中國自行研製的第 1 架直升機，僅製造 1 架。該機由空軍第一飛機製造廠廠長朱家仁於 1944 年主導研製，1948 年 3 月製成。試飛時因繫留右輪的鐵樁脫落，導致飛機傾倒受損，所幸試飛員未受傷。

　　"蜂鳥"乙型是"蜂鳥"甲型的改良型，於 1948 年 7 月製成，結構佈局與甲型相同，機身外形更加流線，機首下方增加下視窗，同樣僅製造 1 架。該機沒有試飛，僅對發動機、旋翼旋轉時的離心力和相關零件受震負載進行測試。空軍第一飛機製造廠後由雲南昆明遷至台灣宜蘭，該機下落不詳。

"蜂鳥"乙型直升機

東北民主聯軍航空學校 八一式
Northeast Democratic Allied Aviation School Type 81

機　　種：滑翔機
用　　途：訓練
乘　　員：1人
首　　飛：1948年
製 造 廠：東北民主聯軍航空學校
裝備範圍：東北民主聯軍/解放軍空軍

"八一式"滑翔機

簡　史：

　　抗戰勝利後，東北民主聯軍航空學校在哈爾濱馬家溝機場獲得 1 架廢棄的 SG 38 型滑翔機，在對該機進行測繪後，根據中國人的特點，對操控系統、座椅、腳蹬、拖曳裝置和金屬機械零件重新設計，結構強化，以應對初級學員可能出現的硬着陸，同時將滑橇改為輪式，以便由吉普車牽引起飛。

　　該型飛機於 1948 年 6 月由航校航空機械研究委員會領導開始試製，命名為 "八一式"，同年 7 月 27 日製成並試飛成功，飛行狀況良好，編號 101 號。"八一式"共開工 10 架，其中 3 架製成後交付航校滑翔訓練班；另外 7 架則因滑翔機研製小組前往瀋陽接收航空器材和人員而停工。

中國製飛機

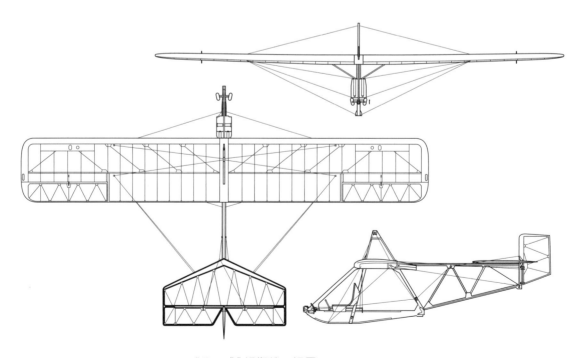

"八一式"滑翔機三視圖

北美 F-10 "米切爾"

North American F-10 Mitchell

機　　種：偵察機

用　　途：偵察/航空測量

乘　　員：5人　　　首　　飛：1943年

製 造 廠：北美航空公司（North American Aviation）

機長/翼展/機高：16.13/20.6/4.98米

淨重/全重：8980/14640千克

最大速度/巡航速度：485/404千米/小時

航　　程：4850千米　　升　　限：7620米

引　　擎：2台萊特R-2600-13 "雙颶風" 型星型14缸氣冷發動機，每台1700馬力（Wright R-2600-13 Twin Cyclone）

裝備範圍：國民政府

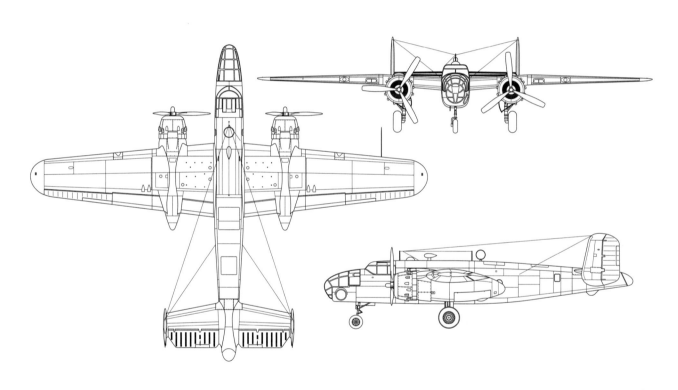

F-10 "米切爾" 偵察機三視圖

美國製飛機

簡　史：

　　F-10（1948 年後改稱 RB-25）以 B-25D 型轟炸機為基礎改裝，拆除了轟炸設備、防禦武器和裝甲，加裝 3 台 T-5 或 K-17 型照相機，彈倉內可掛載 12 枚照明彈，除偵察外，也可用於航空測繪。

　　抗戰勝利後，中國空軍接收 50 多架美軍遺留的 B-25，其中包括一些 F-10，後編入第 12 中隊服役，朝鮮戰爭後被 RF-51D "野馬" 和 RT-33 "流星" 取代。

F-10 "米切爾" 偵察機

北美 BC-1
North American BC-1

機　　種：戰鬥/教練機

用　　途：訓練　　乘　員：2人

首　　飛：1937年

製　造　廠：空軍第一飛機製造廠

機長/翼展/機高：8.44/13.1/3.5米

淨重/全重：1837/2358千克

最大速度/巡航速度：333/288千米/小時

升　　限：7345米　　航　　程：1070千米

引　　擎：1台普惠R-1340-49 "黃蜂" 型星型9缸
氣冷發動機，600馬力（Pratt & Whitney
R-1340-49 Wasp）

武　　備：1挺固定式7.62毫米機槍（機首或機
翼），1挺可旋轉7.62毫米機槍（後座）

裝備範圍：國民政府

簡　史：

　　BC-1（NA-26）是 NA-16 型教練機的改良型，與 NA-48 非常相似，區別是 BC-1 的方向舵後緣為
方形。抗戰勝利後，空軍第一飛機製造廠使用庫存器材仿製了 46 架教練機，其中包括數架 BC-1。

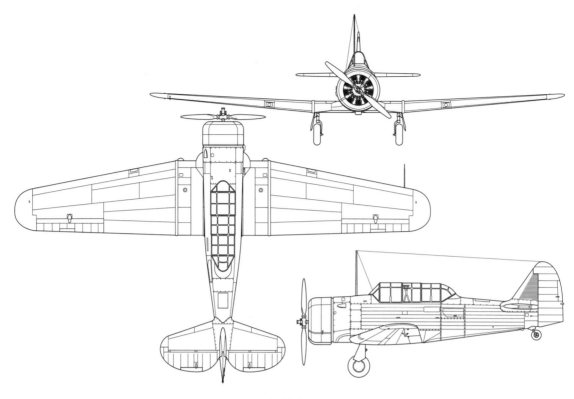

BC-1 教練機三視圖

洛克希德 F-5G "閃電"
Lockheed F-5G Lighting

機　　種：偵察機

用　　途：偵察/航空測量

乘　　員：1人　　　首　飛：1944年

製 造 廠：洛克希德飛機製造公司（Lockheed
Aircraft Manufacturing Company）

機長/翼展/機高：11.66/15.85/3.91米

淨重/全重：5806/8346千克

引　　擎：2台艾莉森V-1710-111/113型V型12缸
液冷發動機，每台1600馬力（Allison
V-1710-111/113）

最大速度/巡航速度：673/467千米/小時

航　　程：3600千米

升　　限：13564米

裝備範圍：國民政府

簡　史：

　　F-5G 是在 P-38L 型戰鬥機基礎上改造的偵察機，取消了武備，機鼻延長，加裝 3 台照相機。抗戰勝利後，中國空軍於南京大校場接收一批美軍移交的 F-5G，後編入第 12 中隊服役，國共內戰期間多次執行偵察拍照任務，1952 年被 RF-51D "野馬" 取代。

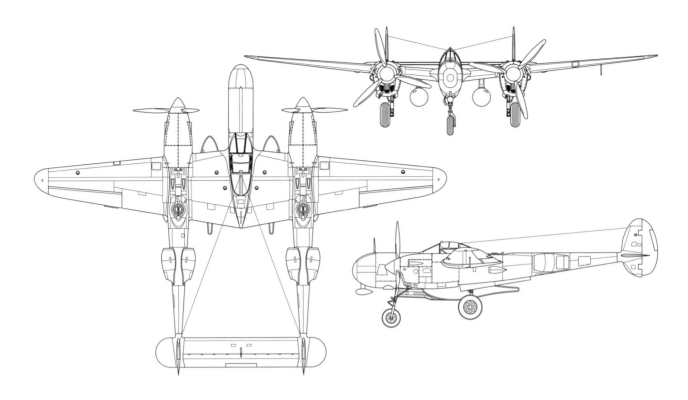

F-5G "閃電"偵察機三視圖

F-5G "閃電"偵察機

共和 P-47D-23RA/D-30RE "雷電"
Republic P-47D-23RA/D-30RE Thunderbolt

機　　種：戰鬥機

用　　途：戰鬥/攻擊/轟炸

乘　　員：1人　　首　飛：1942年

製 造 廠：共和航空公司 (Republic Aviation Corporation)

機長/翼展/機高：10.99/12.42/4.44米

淨重/全重：4964/7002千克 (D-23RA)，4853/6622千克 (D-30RE)

最大速度/巡航速度：665/542千米/小時 (D-23RA)，690/563千米/小時 (D-30RE)

航　　程：1410千米 (D-23RA)，1529千米 (D-30RE)

升　　限：11800米 (D-23RA)，12192米 (D-30RE)

引　　擎：1台普惠R-2800-59 "雙黃蜂" 型星型14缸氣冷發動機，2000馬力 (Pratt & Whitney R-2800-59 Twin Wasp)

最大速度/巡航速度：665/542千米/小時 (D-23RA)，690/563千米/小時 (D-30RE)

航　　程：1410千米 (D-23RA)，1529千米 (D-30RE)

升　　限：11800米 (D-23RA)，12192米 (D-30RE)

武　　備：8挺固定式12.7毫米柯爾特-勃朗寧M2機槍（機翼），1135千克炸彈

裝備範圍：國民政府、解放軍空軍

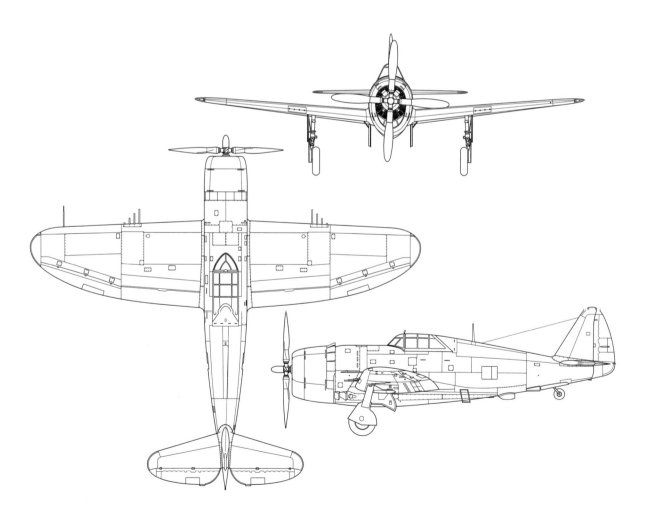

P-47D-23RA "雷電" 戰鬥機三視圖

美國製飛機

537

簡　史：

P-47"雷電"（後改稱 F-47）與 P-51"野馬"、P-38"閃電"，並稱為二戰期間美國陸軍航空隊裝備的最傑出的 3 種戰鬥機。該型飛機由 P-43"槍騎兵"發展而成，結構堅固、裝甲厚實、火力強大、高空性能優良，具有多種亞型。P-47D 是其主要量產亞型，P-47D-23RA 是 P-47D 的前期型，特點是採用傳統座艙和"剃刀背"；P-47D-30RE 是 P-47D 的後期型號，特點是裝有視野良好的水滴狀座艙蓋，垂直尾翼前有小型背鰭，翼下加裝俯衝減速板。

1946 年，國民政府空軍自美國陸軍航空隊接收 102 架 P-47D，其中只有 75 架可以使用，包括 P-47D-23RA 和 P-47D-30RE。這些飛機參加了國共內戰期間的延安、運城、山東、河南等戰役，用於對地攻擊、轟炸等任務。由於該機結構複雜，與國民政府空軍此前使用的飛機性能差別較大，且人員訓練不足，導致多次失事。為彌補損失，國民政府空軍於 1948 年在台灣再次接收 70 架美軍移交的 P-47，其中包括 29 架 P-47D；1949 年又購得42 架（一說為 34 架 P-47N），1952 年被 P-47N 取代。

1949 年 6 月 15 日，國民政府空軍的 1 架 P-47D-30RE 自漢中南鄭機場飛往西安途中起義，轉飛解放軍控制的河南安陽，是解放軍獲得的首架 P-47D。其後，解放軍又在地面繳獲數架 P-47D。1949 年 11 月 11 日中國人民解放軍空軍正式成立時，共有 5 架 P-47D，其中 1 架完好，4 架待修理，1950 年全部退役。

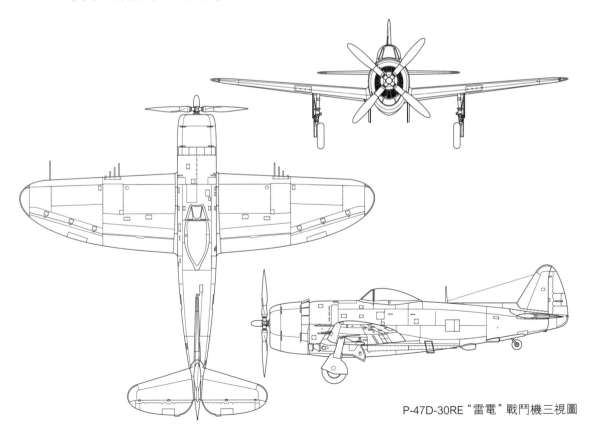

P-47D-30RE "雷電" 戰鬥機三視圖

國民政府空軍裝備的 P-47D-23RA 戰鬥機

共和 P-47N "雷電"
Republic P-47N Thunderbolt

機　　種： 戰鬥機

用　　途： 戰鬥/攻擊/轟炸/偵察

乘　　員： 1人　　　**首　　飛：** 1944年

製　造　廠： 共和航空公司（Republic Aviation
Corporation）

機長/翼展/機高： 11.08/12.98/4.44米

淨重/全重： 4990/7394千克

最大速度/巡航速度： 740/483千米/小時

航　　程： 1297千米　　**升　　限：** 13105米

引　　擎： 1台普惠R-2800-75 "雙黃蜂" 型星型
14缸氣冷發動機，2100馬力（Pratt &
Whitney R-2800-75 Twin Wasp）

武　　備： 8挺固定式12.7毫米柯爾特-勃朗寧M2
機槍（機翼），2枚454千克炸彈或10
枚HAVR火箭彈

裝備範圍： 國民政府、解放軍空軍

　　P-47N（後改稱 F-47N）是 P-47 的最後一款量產亞型，設計目的是為 B-29 轟炸日本本土提供護航，因此換裝全新設計的機翼，載油量大幅提升，同時保留對地攻擊能力，在 P-47 諸多亞型中作戰能力最為均衡。

　　1948 年，國民政府空軍在台灣接收 70 架美軍移交的 P-47，其中包括 51 架 P-47N，1949 年又購得 34 架（一說為 42 架 P-47D），1952 年 11 月 1 日再次接收 42 架 P-47N。該型飛機於 1953 年起開始擔負台灣的防空和偵察巡邏任務，並多次前往大陸襲擾，1957 年 3 月後被 F-86 "佩刀" 取代。1948 年遼瀋戰役期間，解放軍曾繳獲至少 1 架 P-47N。

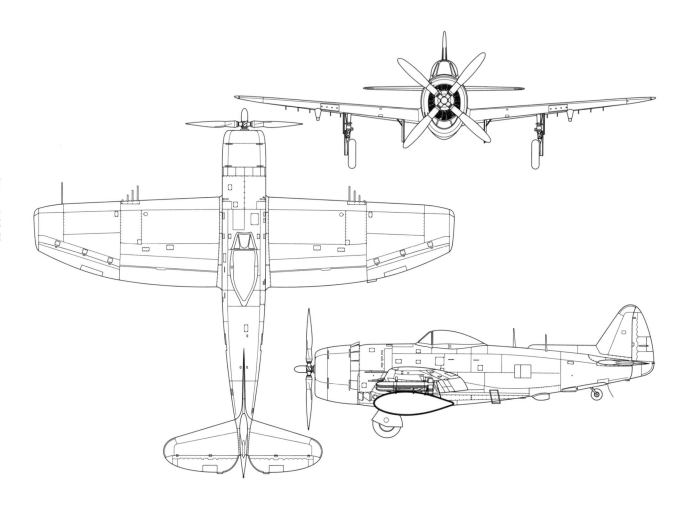

P-47N "雷電" 戰鬥機三視圖

聯合 C-87 "解放者快運"
Consolidated C-87 Liberator Express

機　種： 運輸機

用　途： 運輸

乘　員： 4+25人　**首　飛：** 1942年

製造廠： 聯合飛機公司（Consolidated Aircraft Corporation）

機長/翼展/機高： 20.22/33.53/5.46米

淨重/全重： 13900/25401千克

引　擎： 4台普惠R-1830-43 "雙黃蜂" 型星型14缸氣冷發動機，每台1200馬力（Pratt & Whitney R-1830-43 Twin Wasp）

最大速度/巡航速度： 483/346千米/小時

航　程： 2253千米

升　限： 8534米

裝備範圍： 國民政府

簡　史：

　　C-87 以 B-24D 型轟炸機為基礎研發，特點是沒有安裝武備和轟炸瞄準具，機首、尾均改為封閉式整流罩，後機身左側增加大型貨艙門，二戰期間曾用於駝峰航線的運輸任務。1946 年，國民政府空軍自美國陸軍航空隊接收 3 架 C-87，其中 2 架可以使用，後編入第 8 轟炸大隊服役，1951 年退役。

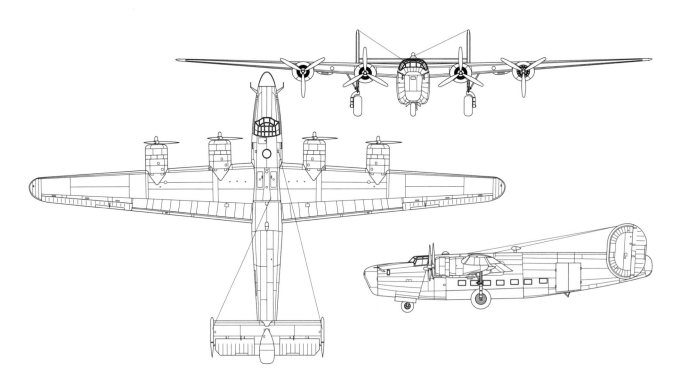

C-87 "解放者快運" 運輸機三視圖

聯合 C-109
Consolidated C-109

機　　種：	運輸機
用　　途：	運輸　　乘　　員：4人
製 造 廠：	聯合飛機公司（Consolidated Aircraft Corporation）
機長/翼展/機高：	20.22/33.53/5.46米
淨重/全重：	14200/28700千克

最大速度/巡航速度： 483/346千米/小時

航　　程： 2253千米　　升　　限： 8534米

引　　擎： 4台普惠R-1830-65 "雙黃蜂" 型星型14缸氣冷發動機，每台1200馬力（Pratt & Whitney R-1830-65 Twin Wasp）

裝備範圍： 國民政府

簡　史：

　　C-109 是在 B-24J、L 型轟炸機上基礎改造的燃油運輸機，主要用於飛越駝峰航線，為部署在中國的 B-29 轟炸機補給燃油。由於該型飛機運載燃油的特殊性，一旦出現事故容易造成致命的爆炸危險，因此飛行員對其頗為厭惡。1946 年，國民政府空軍自美國陸軍航空隊接收 1 架 C-109，因損壞和缺乏配件無法使用，只能作為備件。

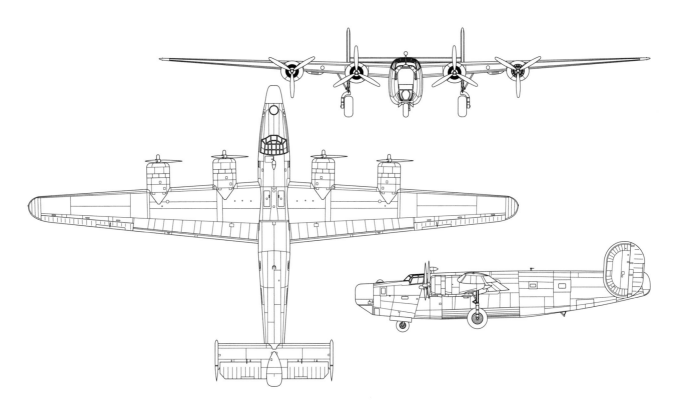

C-109 運輸機三視圖

道格拉斯 C-54D "空中霸王"
Douglas C-54D Skymaster

機　　種： 運輸機

用　　途： 要人專機

乘　　員： 6+50人　　**首　　飛：** 1944年

製 造 廠： 道格拉斯飛機公司（Douglas Aircraft Company）

機長/翼展/機高： 28.6/35.81/8.38米

淨重/全重： 16783/28123千克

引　　擎： 4台普惠R-2000-11 "雙黃蜂" 型星型14缸氣冷發動機，每台1350馬力（Pratt & Whitney R-2000-11 Twin Wasp）

最大速度/巡航速度： 426/309千米/小時

航　　程： 3218千米

升　　限： 6706米

裝備範圍： 國民政府

簡　史：

　　C-54 是 DC-4 型客機的軍用型，在二戰和朝鮮戰爭中廣泛用於運輸任務，曾在二戰後的"柏林空運"中發揮巨大作用。C-54D 是 1944 年 8 月推出的改良型，特點是拆除機艙輔助油箱，增加機翼油箱容量。

　　1946 年，國民政府向美國購得 1 架 C-54D 作為蔣介石專機。該機由美方駕駛飛至上海江灣機場交付，中國空軍派衣復恩前往接收，後飛回南京大校場基地，由第 10 大隊負責保養維護。該機是中國空軍 1953 年前獲得的最大的飛機，被蔣介石命名為"中美"號，1962 年退役（一說該機為中國航空公司所贈，因中航為中美合資而命名為"中美"號）。據稱該機退役後售予柬埔寨的高棉航空公司，1974 年 11 月 28 日被越共擊落。

美國製飛機

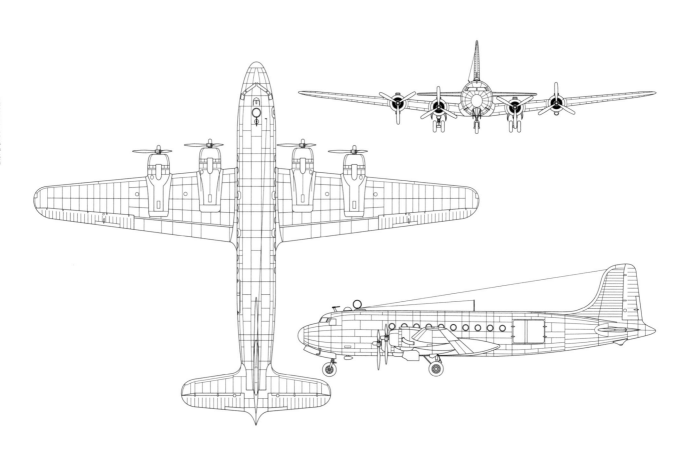

C-54D "空中霸王" 運輸機三視圖

比奇 AT-11 "堪薩斯人"

Beechcraft AT-11 Kansan

機　　種：教練機

用　　途：訓練/運輸

乘　　員：4人　　　　首　　飛：1941年

製 造 廠：比奇飛機公司（Beech Aircraft Company）

機長/翼展/機高：10.41/14.53/2.95米

淨重/全重：2803/3717千克

最大速度/巡航速度：346/241千米/小時

航　　程：1199千米　　升　　限：6096米

引　　擎：2台普惠R-985-AN-1 "小黃蜂"型星型
9缸氣冷發動機，每台450馬力（Pratt
& Whitney R-985-AN-1 Wasp Junior）

武　　備：2挺可旋轉7.62毫米機槍（機背槍塔），
10枚45千克炸彈

裝備範圍：國民政府、解放軍空軍

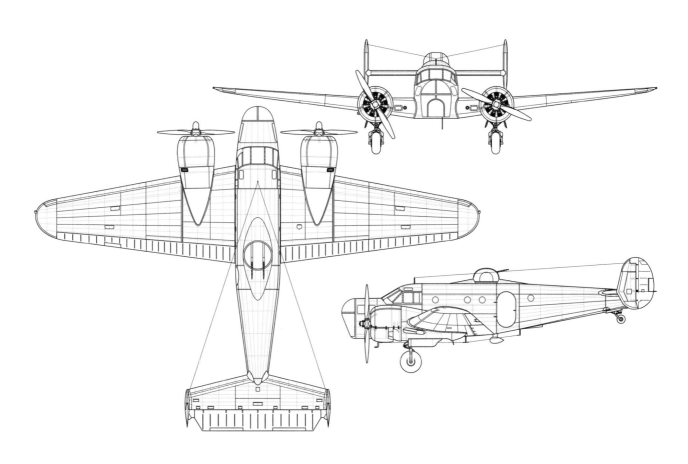

AT-11 "堪薩斯人"教練機三視圖

美國製飛機

簡　史：

AT-11 以 AT-7 "領航員" 型教練機為基礎研發，主要用於訓練轟炸機機組成員，1941年投產。

1948 年 12 月，筧橋航校遷往台灣岡山時，自美軍接收 21 架 AT-11（一說為 1950 年購買 20 架），用於訓練飛行員和轟炸員，1958 年退役。部分退役的該型飛機被台灣國民黨當局改裝為 C-45 型運輸機售予遠東航空公司，曾用於協助印尼革命軍轟炸蘇加諾政府軍。據 1949 年 4 月 1 日的美國報告，解放軍繳獲的飛機包括 1 架 AT-11，供東北人民解放軍航空學校用於訓練。

AT-11 "堪薩斯人" 教練機

派珀 L-4 "蚱蜢"
Piper L-4 Grasshopper

機　　種： 聯絡/觀測機

用　　途： 偵察/聯絡/訓練

乘　　員： 2人　　　**首　　飛：** 1941年

製　造　廠： 派珀飛機公司 (Piper Aircraft, Inc.)

機長/翼展/機高： 6.78/10.73/2.03米

淨重/全重： 331/553千克

引　　擎： 1台大陸O-170-3型對列型4缸氣冷發動機，65馬力 (Continental O-170-3)

最大速度/巡航速度： 140/120千米/小時

航　　程： 418千米

升　　限： 3505米

裝備範圍： 國民政府

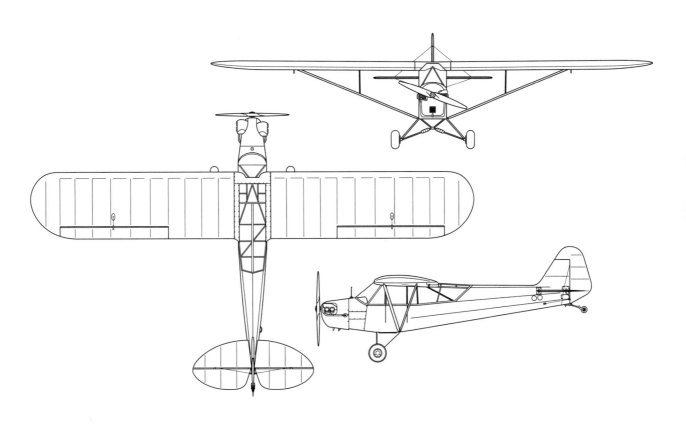

L-4 "蚱蜢" 聯絡 / 觀測機三視圖

美國製飛機

簡　史：

　　L-4 "蚱蜢" 是 J-3 "幼獸" 輕型通用飛機的軍用型，1941 年投產，具有結構簡單輕盈，低速操縱性好，可短距起降等特點，是美國二戰期間產量最大的聯絡機。1948 年，國民政府購得 17 架 L-4，1949 年初交付。

塞斯納 LC-126
Cessna LC-126

機　　種：運輸機　　用　　途：運輸

乘　　員：1+4人　　首　　飛：1945年

製 造 廠：塞斯納飛機公司（Cessna Aircraft
　　　　　Company）

機長/翼展/機高：8.33/11.02/2.18米

淨重/全重：925/1520千克

引　　擎：1台雅克布R-755-A2型星型7缸氣冷發
　　　　　動機，300馬力（Jacobs R-755-A2）

最大速度/巡航速度：282/219千米/小時

航　　程：1371千米

升　　限：6100米

裝備範圍：國民政府

美國製飛機

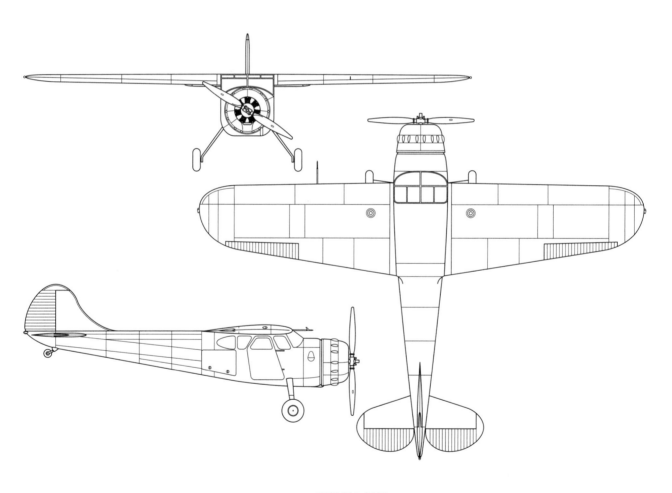

LC-126 運輸機三視圖

簡　史：

　　LC-126 是塞斯納 195 的軍用型號，特點是更換機艙設備，加裝無線電通訊設施，主要用於搜索、救援、聯絡等任務。1949 年，國民政府購得 4 架 LC-126（台灣《空軍勘亂戰史》記錄為 3 架），使用狀況不詳。

諾頓 AT-16 "哈佛"

Noorduyn AT-16 Harvard

機　種：教練機　　用　途：訓練/作戰　　　　航　　程：1207千米　　升　　限：6553米

乘　員：2人　　首　飛：1942年　　　　　　引　　擎：1台普惠R-1340-AN-1 "黃蜂" 型星型9缸

製造廠：諾頓航空（Noorduyn Aviation）　　　　　　　　氣冷發動機，600馬力（Pratt & Whitney

機長/翼展/機高：8.84/12.81/3.57米　　　　　　　　　R-1340-AN-1 Wasp）

淨重/全重：1886/2381千克　　　　　　　　　　武　　備：1挺固定式7.62毫米機槍（右翼）

最大速度/巡航速度：330/273千米/小時　　　　　　裝備範圍：國民政府

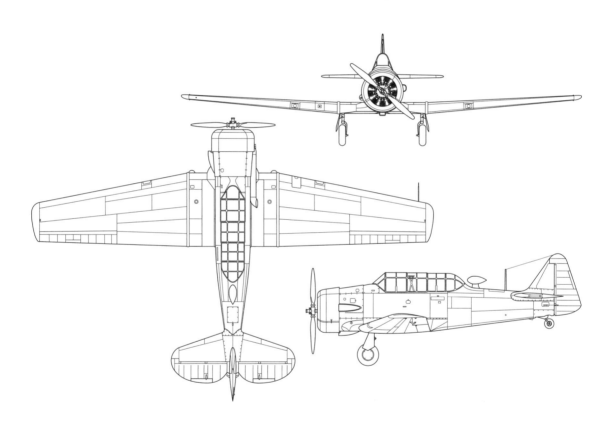

AT-16 "哈佛" 教練機三視圖

加拿大製飛機

簡　史：

　　AT-16 以 AT-6A 為基礎仿製，主要供美國和英聯邦國家使用，與 AT-6A 最大區別是其座艙蓋側面的豎向框架共 8 根，座艙蓋末端為固定式，無法打開；而 AT-6A 的座艙蓋側面豎向框架共 7 根，末端可打開。

　　抗戰勝利後，國民政府通過在美國的空軍採購處，購得 AT-16 和 AT-6 共 170 架用於訓練、作戰，1960 年退役。

台灣國民黨當局的 AT-16 教練機（138 號），
遠處為北美 AT-6 教練機（035 號）。

德·哈維蘭 DH.98 B Mk25 "蚊"
De Havilland DH.98 B Mk25 Mosquito

機　　種：轟炸機

用　　途：轟炸

乘　　員：2人

首　　飛：1944年

製　造　廠：德·哈維蘭加拿大公司（De Havilland
　　　　　　Canada）

機長/翼展/機高：12.43/16.51/3.81米

淨重/全重：6078/9970千克

引　　擎：2台派卡德"梅林"225型V型12缸液
　　　　　　冷發動機，每台1620馬力（Packard
　　　　　　Merlin 225）

最大速度/巡航速度：612/427千米/小時

航　　程：2655千米

升　　限：10363米

武　　備：1814千克炸彈

裝備範圍：國民政府

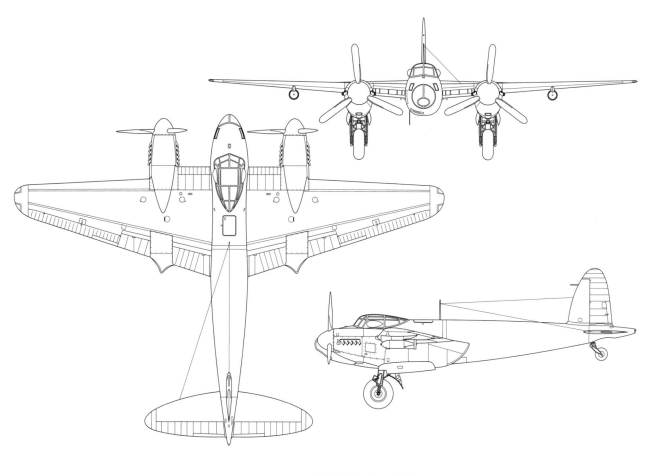

DH.98 B Mk25 "蚊" 轟炸機三視圖

簡　史：

　　DH.98 "蚊" 是英國德·哈維蘭飛機有限公司研製的著名戰機，也是二戰期間英國最著名的戰機之一，在二戰中廣泛用於執行各種軍事任務，具有多種亞型。1941 年 7 月，德·哈維蘭加拿大公司開始在加拿大安大略省當斯維爾空軍基地生產 DH.98，B Mk25 是 B MkXX 的改良型，特點是換裝 "梅林" 225 型發動機。1948 年，國民政府共購得 205 架 DH.98，其中包括 1 架 B Mk25。

德・哈維蘭 DH.98 FB Mk26 "蚊"

De Havilland DH.98 FB Mk26 Mosquito

機　　種：戰鬥/轟炸機

用　　途：戰鬥/轟炸/攻擊/偵察

乘　　員：2人　　首　飛：1942年

製 造 廠：德•哈維蘭加拿大公司（De Havilland
　　　　　Canada）

機長/翼展/機高：12.44/16.51/4.65米

淨重/全重：6486/10115千克

最大速度/巡航速度：583/523千米/小時

航　　程：2655千米

升　　限：10058米

引　　擎：2台派卡德"梅林"225型V型12缸液
　　　　　冷發動機，每台1620馬力（Packard
　　　　　Merlin 225）

武　　備：4挺固定式7.7毫米勃朗寧Mk.II機槍（機
　　　　　首），4門固定式20毫米希斯巴諾Mk.II
　　　　　航炮（機腹），4枚227千克炸彈或8枚
　　　　　火箭彈

裝備範圍：國民政府、解放軍空軍

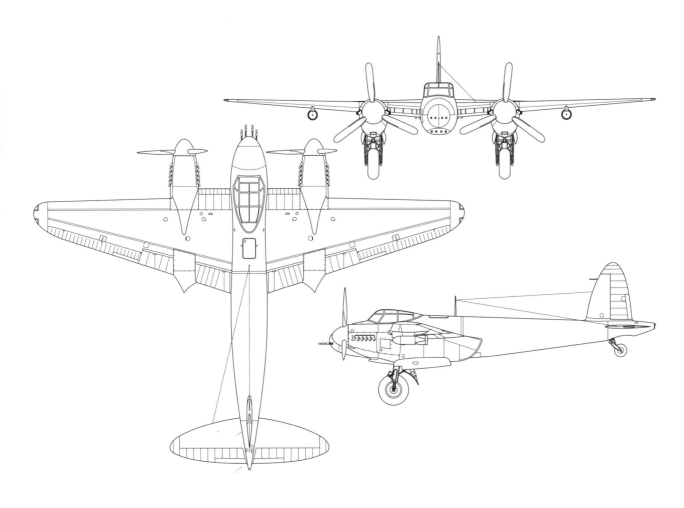

DH.98 FB Mk26 "蚊" 戰鬥/轟炸機三視圖

簡　史：

　　FB Mk21 是著名的 DH.98 FB MkVI 型戰鬥／轟炸機的改良型，FB Mk26 是在 FB Mk21 基礎上換裝 "梅林" 225 型發動機的亞型。

　　1948 年，國民政府向加拿大購買 205 架 DH.98，其中大部分是 FB Mk26，同年運抵上海，在大場機場組裝測試後交付。由於該型飛機與國民政府空軍此前的主力轟炸機 B-25 的性能差異較大，且飛行員訓練不足，導致訓練時多發生意外事故。該型飛機於 1948 年 8 月首次參戰，先後參加國共內戰的濟南、錦州、淮海、江防、上海、福州、平潭島、海南等多場戰役。國民黨當局退守台灣後，由於損耗較多、維護困難，且台灣熱帶潮濕氣候導致其木製結構容易被腐蝕，DH.98 於 1951 年退役拆解，其發動機和武器移交國民黨海軍用於研製快速炮艇。

　　1948 年遼瀋戰役期間，解放軍繳獲首架 DH.98，同年 12 月 10 日在北平南苑機場再次繳獲 2 架該機和 8 台發動機。1949 年 3 月 7 日，1 架 DH.98 從上海飛往石家莊起義。同年 8 月 15 日解放軍第一個戰鬥飛行中隊在北平南苑機場成立，其中包括 2 架 DH.98，這 2 架飛機攜彈參加了開國大典閱兵式。1949 年 11 月 11 日中國人民解放軍空軍正式成立時，共有 5 架 DH.98，其中 2 架完好，3 架待修理，1951 年全部退役。

加拿大製飛機

DH.98 FB Mk26 "蚊" 戰鬥／轟炸機

德・哈維蘭 DH.98 T Mk22/27/29 "蚊"

De Havilland DH.98 T Mk22/27/29 Mosquito

機　　種：教練機

用　　途：訓練

乘　　員：2人

製　造　廠：德・哈維蘭加拿大公司（De Havilland Canada）

裝備範圍：國民政府

1架正在起飛的 DH.98 教練機，機身側面寫有 "T"（訓練）和編號，而戰鬥 / 轟炸機型則僅有編號。

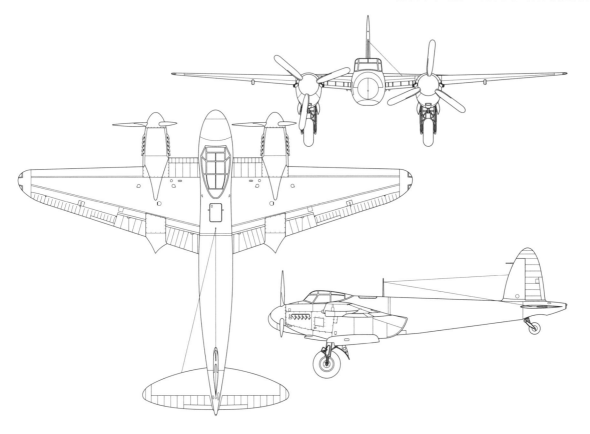

DH.98 T Mk29 "蚊" 教練機三視圖

簡　史：

　　T Mk22 是在 DH.98 T MkIII 型教練機基礎上換裝派卡德 "梅林" 33 型發動機的亞型；T Mk27 是 T Mk22 的改良型，換裝派卡德 "梅林" 225 型發動機；T Mk29 是以 FB Mk26 型戰鬥 / 轟炸機為基礎改造的教練型，拆除武備後加裝第二套控制系統。1948 年，國民政府購得的 205 架 DH.98 中，教練型多為 T Mk29 和 T Mk 27，另有少量 T Mk22。

川崎 三式戰鬥機 "飛燕"
Kawasaki Army Type 3 Fighter Hien

機　　種：戰鬥機

用　　途：戰鬥/攻擊

乘　　員：1人　　　首　　飛：1944年

製 造 廠：川崎航空機工業株式會社（Kawasaki Kokuki Kogyo K.K.）

機長/翼展/機高：8.94/12/3.7米（キ61-I丙）/9.15/12/3.7米（キ61-I丁）

淨重/全重：2630/3470千克（キ61-I丙），2750/3565千克（キ61-I丁）

引　　擎：1台川崎ハ40型V型倒置12缸液冷發動機，1159馬力（Kawasaki Ha-40）

航　　程：580千米（キ61-I丙），560千米（キ61-I丁）

升　　限：10000米（キ61-I丙），10600米（キ61-I丁）

最大速度/巡航速度：580/402千米/小時（キ61-I丙），560/380千米/小時（キ61-I丁）

武　　備：2挺固定式12.7毫米ホ103機槍（機首）（キ61-I丙），2門固定式20毫米MG 151/20航炮（機翼）（キ61-I丙），2挺固定式12.7毫米ホ103機槍（機翼）（キ61-I丁），2門固定式20毫米ホ5航炮（機首）（キ61-I丁），500千克炸彈

裝備範圍：國民政府

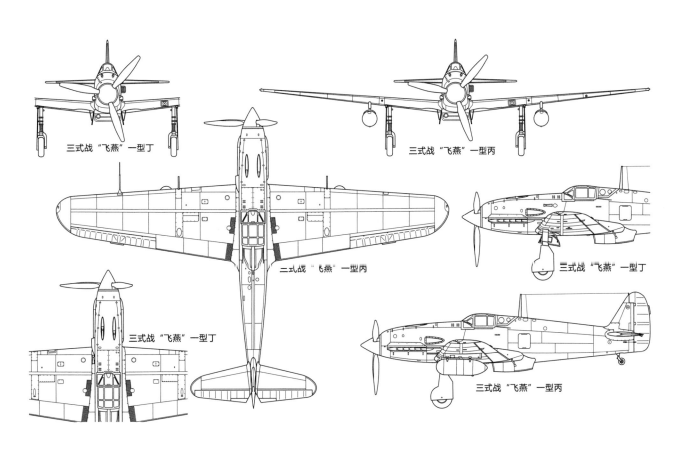

三式战 "飞燕" 一型丁

三式战 "飞燕" 一型丙

二式战 "飞燕" 一型丙

三式战 "飞燕" 一型丁

三式战 "飞燕" 一型丁

三式战 "飞燕" 一型丙

三式戰鬥機 "飛燕" 一型丙 / 丁三視圖

日本製飛機

　　三式戰鬥機"飛燕"（キ番號キ 61）是二戰期間日本陸軍唯一批量裝備的液冷發動機戰鬥機，曾一度被盟軍認為是德、意製戰鬥機，並賦予其意大利風格的代號"托尼"（Tony）。該型飛機具有多種亞型，三式戰一型丙（キ 61-I 丙）和三式戰一型丁（キ 61-I 丁）均為調整武備的亞型。

　　抗戰勝利後，國民政府空軍第 6 大隊曾短暫使用自日軍接收的三式戰參加內戰，其中包括一型丙、丁。1946 年第 6 大隊被裁撤，三式戰廢棄停用。

抗戰勝利後國民政府空軍第 6 大隊的"飛燕"一型丙

日本製飛機

川崎 九九式雙發輕爆擊機
Kawasaki Army Type 99 Twin-engined Light Bomber

機　種：轟炸機

用　途：轟炸/訓練　　　乘　員：4人

首　飛：1942年（キ 48-II乙），1943年（キ 48-II丙）

製造廠：川崎航空機工業株式會社（Kawasaki
　　　　Kokuki Kogyo K.K.）

機長/翼展/機高：12.75/17.45/3.8米

淨重/全重：4550/6500千克（キ 48-II乙），4630/6620
　　　　千克（キ 48-II丙）

引　擎：2台中島ハ 115星型14缸氣冷發動機，
　　　　每台1130馬力（Nakajima Ha-115）

最大速度/巡航速度：505/390千米/小時（キ 48-II乙），
　　　　498/390千米/小時（キ 48-II丙）

航　程：2400千米（キ 48-II乙），2000千米（キ
　　　　48-II丙）

升　限：10100米（キ 48-II乙），9980米（キ 48-II丙）

武　備：3挺可旋轉7.7毫米89式機槍（機首、
　　　　駕駛艙後座、機腹各1挺）（キ 48-II乙），
　　　　800千克炸彈（キ48-II乙），2挺可旋轉
　　　　12.7毫米ホ 103機槍（機首、機首側窗
　　　　各1挺）（キ 48-II丙），2挺可旋轉7.7毫
　　　　米89式機槍（駕駛艙後座、機腹各1挺）
　　　　（キ 48-II丙），600千克炸彈（キ 48-II丙）

裝備範圍：國民政府、東北民主聯軍/解放軍空軍

日本製飛機

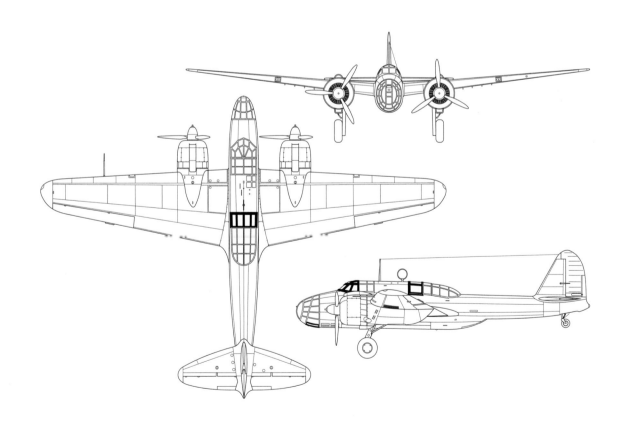

九九式雙發輕爆擊機二型乙三視圖

簡　史：

　　九九式雙發輕爆擊機（キ番號キ 48）研發於 1930 年代末，是二戰期間日本陸軍的主力輕型轟炸機，具有多種亞型，盟軍代號"莉莉"（Lily）。九九雙輕二型乙（キ 48-II 乙）是加裝俯衝減速板的亞型；九九雙輕二型丙（キ 48-II 丙）是強化自衛火力的亞型。

　　抗戰勝利後，九九雙輕是日本陸軍留在中國數量最多的轟炸機。國民政府空軍第 6 大隊第 5 中隊於 1945 年 10 月在山東濟南接收一批該型飛機，其中包括二型乙和二型丙，經訓練後投入內戰。1946 年 6 月，由於這些飛機大多缺乏配件，難以維護，第 6 大隊被裁撤，該型飛機被廢棄停用。

　　東北民主聯軍曾繳獲部分該型飛機，供東北民主聯軍航空學校訓練使用。1949 年 11 月 11 日中國人民解放軍空軍正式成立時，仍有 1 架九九雙輕二型丙在第 7 航校使用，1952 年退役。

抗戰勝利後國民政府空軍第 6 大隊的九九式雙發輕爆擊機

中島 四式戰鬥機 "疾風"

Nakajima Army Type 4 Fighter Hayate

機　　種： 戰鬥機

用　　途： 戰鬥/攻擊

乘　　員： 1人

首　　飛： 1943年

製 造 廠： 中島飛行機株式會社（Nakajima
Hikōki Kabushiki Kaisha）

機長/翼展/機高： 9.92/11.24/3.38米

淨重/全重： 2660/3602千克

最大速度/巡航速度： 687/409千米/小時

航　　程： 2168千米

升　　限： 11826米

引　　擎： 1台中島ハ45-21 "譽" 型星型18缸氣冷
發動機，1970馬力（Nakajima Ha-45-21
Homare）

武　　備： 2挺固定式12.7毫米ホ103機槍（機首），
2門固定式20毫米ホ5航炮（機翼），2枚
30—250千克炸彈

裝備範圍： 國民政府

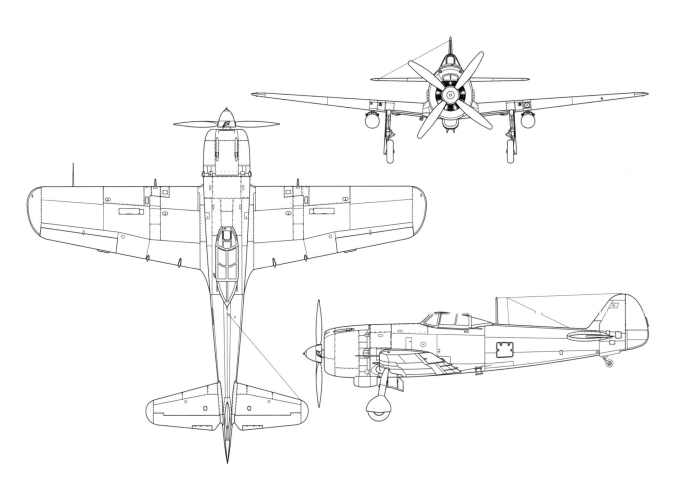

四式戰鬥機 "疾風" 三視圖

簡　史：

四式戰鬥機"疾風"（キ番號キ84）是二戰期間日本陸軍航空隊批量裝備的性能最好的戰鬥機，日軍對其報以厚望，稱之為"大東亞決戰機"，盟軍代號"弗蘭克"（Frank）。該型飛機服役後，首先投入中國戰場，用於攔截轟炸日本的B-29，是中國空軍的勁敵。除中島公司外，滿飛公司也曾少量生產該型飛機，並在其基礎上研製了キ116。

1945年11月，國民政府空軍第6大隊第18、19中隊於台灣接收一批日軍第50戰隊的四式戰，經日方培訓後飛往大陸參加內戰。1946年6月，第6大隊被裁撤，該型飛機廢棄停用。

抗戰勝利後國民政府空軍第6大隊的四式戰鬥機"疾風"

三菱 一〇〇式司令部偵察機
Mitsubishi Army Type 100 Command Reconnaissance Aircraft

機　種：偵察機（キ46-II/ キ46-III），戰鬥機（キ
　　　　46-III乙）

用　途：偵察/訓練　　乘　員：2人

首　飛：1941年（キ46-II），1942年（キ46-III），
　　　　1944年（キ46-III乙）

製造廠：三菱重工業株式會社（Mitsubishi Heavy
　　　　Industries, Ltd.）

機長/翼展/機高：11/14.7/3.88米（キ46-II/ キ46-III），
　　　　11.45/14.7/3.88米（キ46-III乙）

淨重/全重：3263/5050千克（キ46-II），3831/5724千克
　　　　（キ46-III），-/6124千克（キ46-III乙）

最大速度/巡航速度：604/400千米/小時（キ46-II），
　　　　629/417千米/小時（キ46-III），629/425千
　　　　米/小時（キ46-III乙）

航　程：2474千米（キ46-II），4000千米（キ46-III），
　　　　2480千米（キ46-III乙）

升　限：10720米（キ46-II），10500米（キ46-III），
　　　　12300米（キ46-III乙）

引　擎：2台三菱ハ102型星型14缸氣冷發動機，
　　　　每台1036馬力（Mitsubishi Ha-102）（キ46-
　　　　II）；2台三菱ハ112-II型星型14缸氣冷發動
　　　　機，每台1332馬力（Mitsubishi Ha-112-II）
　　　　（キ46-III/ キ46-III乙）

武　備：1挺可旋轉7.7毫米八九式機槍（後座）
　　　　（キ46-II），2門固定式20毫米 ホ 5航
　　　　炮（機首）（キ46-III乙），2枚22.6千克
　　　　炸彈（キ46-III乙）

裝備範圍：國民政府、東北民主聯軍/解放軍空軍

日本製飛機

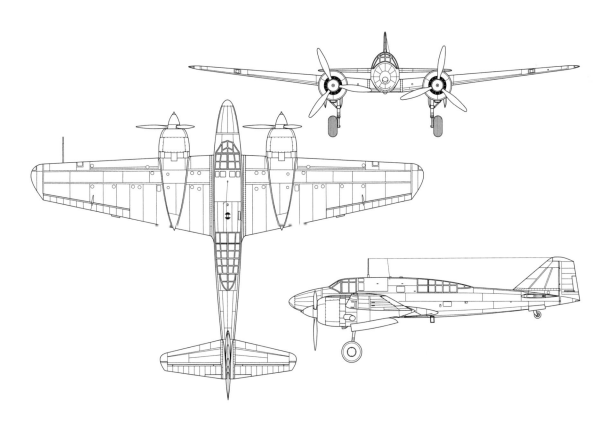

一〇〇式司令部偵察機二型三視圖

　　一〇〇式司令部偵察機（キ番號キ46）是二戰期間日本陸軍航空隊裝備的性能最好的偵察機，具有多種亞型，日軍稱之為"新司偵"，盟軍代號"黛娜"（Dinah）。百式司偵二型（キ46-II）是1941年推出的增強發動機功率的改良型；百式司偵三型（キ46-III）於1942年推出，特點是換裝發動機、改良駕駛艙、增加載油量、取消武備；百式司偵三型乙（キ46-III乙）是在百式司偵三型基礎上研發的防空戰鬥機亞型。

　　抗戰勝利後，國民政府空軍曾短暫使用自日本接收的百式司偵，其中包括二型和至少1架三型。東北民主聯軍也曾繳獲2架百式司偵三型乙，供其航空學校訓練使用，其中1架編入1949年3月成立的中國人民解放軍"戰鬥飛行大隊"第1中隊。

日本製飛機

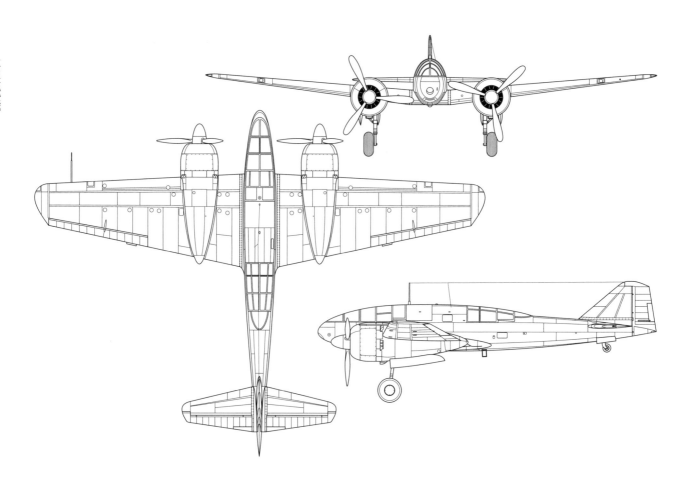

一〇〇式司令部偵察機三型三視圖

三菱 零式艦上戰鬥機三二型 / 五二型
Mitsubishi Navy Type 0 Carrier Fighter Model 32/52

機　　種：艦載戰鬥機

用　　途：訓練　　乘　　員：1人

首　　飛：1942年（零戰三二），1943年（零戰五二）

製 造 廠：三菱重工業株式會社（Mitsubishi Heavy Industries, Ltd.）

機長/翼展/機高：9.06/11/3.57米（零戰三二），9.12/11/3.57米（零戰五二）

淨重/全重：1807/2536千克（零戰三二），1786/2743千克（零戰五二）

最大速度/巡航速度：540/370千米/小時（零戰三二）565/370千米/小時（零戰五二）

航　　程：1285千米（零戰三二），1580千米（零戰五二）

升　　限：11050米（零戰三二），11740米（零戰五二）

引　　擎：1台中島"栄"21型星型14缸氣冷發動機，1130馬力（Nakajima NK1F Sakae 21）

武　　備：2挺固定式7.7毫米九七式機槍（機首），2門固定式20毫米九九式一型航炮（機翼）（零戰三二），2門固定式20毫米九九式二型航炮（機翼）（零戰五二），2枚30千克炸彈（零戰三二），2枚60千克炸彈（零戰五二）

裝備範圍：國民政府、東北民主聯軍/解放軍空軍

日本製飛機

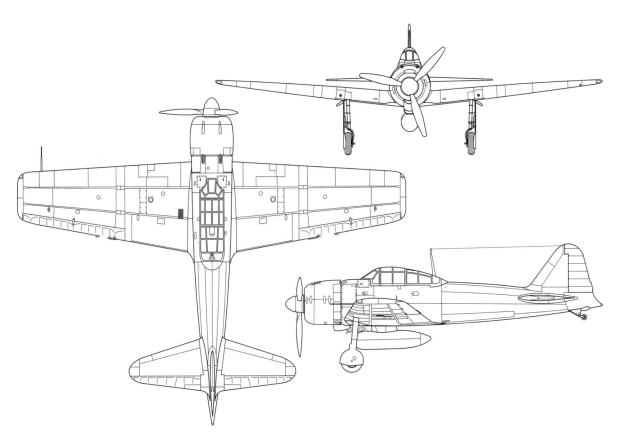

零式艦上戰鬥機三二型三視圖

簡 史：

零戰三二（機體略番 A6M3）是 1942 年推出的零戰改良型，特點是縮短翼展，翼尖改為方形，飛行速度和機動性增強，但航程縮短。零戰五二（機體略番 A6M5）是零戰後期最重要的改型，結構強化，增強防禦力，是零戰亞型中性能最均衡的，但由於二戰後期日軍缺乏有經驗的飛行員，導致其聲名較差。

抗戰勝利後，國民政府空軍在台灣接收至少 1 架零戰五二。1948 年福建省政府與台灣省相商，從台灣調撥零式戰鬥機、教練機各 1 架送至馬尾，供福建省高級航空機械商船職業學校（高航學校）充當教具。1949 年福州解放後，因馬尾地處海防前線，高航學校搬遷至福州城內，這 2 架飛機因難以搬運，留在馬尾原校址。據稱，1945 年 10 月東北抗日聯軍曾繳獲 3 架 A6M3，經維修後尚可使用。

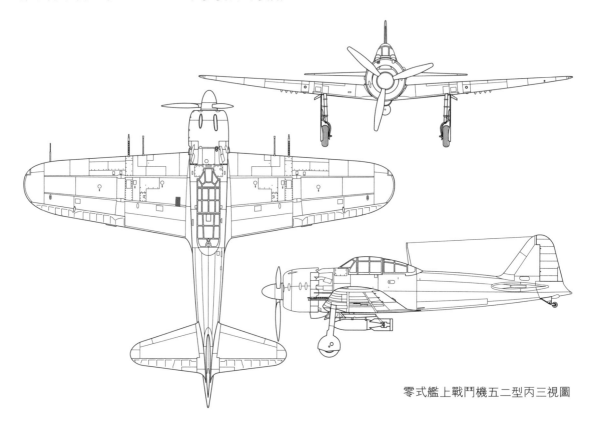

零式艦上戰鬥機五二型丙三視圖

零式艦上戰鬥機五二型，其後是一架 "銀河"。

日本製飛機

三菱 零式練習用戰鬥機
Mitsubishi Navy Type 0 Training Fighter

機　　種：教練機　　　用　　途：訓練
乘　　員：2人　　　　首　　飛：1942年
製 造 廠：三菱重工業株式會社（Mitsubishi Heavy
　　　　　　Industries, Ltd.）
機長/翼展/機高：9.05/12/3.53米
淨重/全重：1819/2334千克
最大速度/巡航速度：476/315千米/小時

航　　程：1360千米
升　　限：10180米
引　　擎：1台中島"栄"12型星型9缸氣冷發動機，
　　　　　　950馬力（Nakajima NK1F Sakae 12）
武　　備：2挺固定式7.7毫米九七式機槍（機
　　　　　　首），2枚60千克炸彈
裝備範圍：國民政府

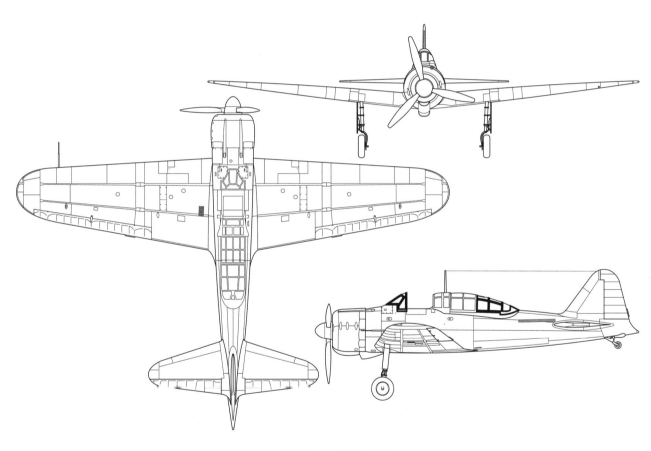

零式練習用戰鬥機三視圖

簡　史：

　　零式練習用戰鬥機（機體略番 A6M2K）以零戰二一型為基礎研發，1943 年投產，特點是拆除航炮，駕駛艙改為雙座，增加雙套控制系統，前座為敞開式。抗戰勝利後，國民政府空軍在台灣接收至少 1 架零式練戰。

三菱 一式陸上攻擊機
Mitsubishi Navy Type 1 Attack Bomber

機　　種：轟炸機　　用　　途：轟炸

乘　　員：7人　　首　　飛：1939年

製　造　廠：三菱重工業株式會社（Mitsubishi Heavy
Industries, Ltd.）

機長/翼展/機高：19.63/24.88/6米

淨重/全重：8050/15451千克

引　　擎：2台三菱"火星"21型星型14缸氣冷發
動機，每台1850馬力（Mitsubishi MK4P-
21 Kasei）

最大速度/巡航速度：437/310千米/小時

航　　程：2500千米

升　　限：8950米

武　　備：2門可旋轉20毫米九九式航炮（機背、
尾槍塔），3挺可旋轉7.7毫米九二式機
槍（機首、機身左右各1挺），800千克
炸彈或1枚魚雷

裝備範圍：國民政府

備　　註：一式陸攻二二型參數

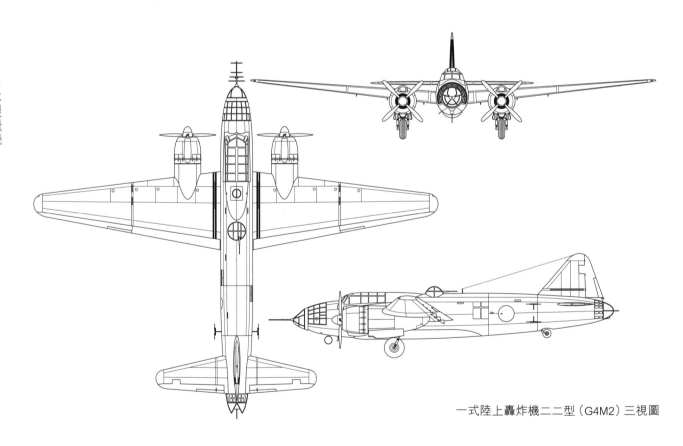

一式陸上轟炸機二二型（G4M2）三視圖

日本製飛機

簡　史：

　　一式陸上攻擊機（機體略番 G4M）研發於 1930 年代末，是日本海軍二戰期間的主力中型轟炸機，
具有多種亞型，盟軍代號"貝蒂"（Betty）。抗戰勝利後，國民政府空軍在台灣接收至少 1 架一式陸攻。

空技 銀河
Yokosuka Ginga

機　　種：轟炸機　　　用　　途：轟炸

乘　　員：3人　　　　首　　飛：1942年

製 造 廠：海軍航空技術廠（Yokosuka Naval Air Technical Arsenal）

機長/翼展/機高：15/20/4.3米

淨重/全重：7265/10500千克

最大速度/巡航速度：547/370千米/小時

航　　程：1926千米

升　　限：9400米

引　　擎：2台中島NK9C"譽"12型星型18缸氣冷發動機，每台1825馬力（Nakajima NK9C Homare 12）

武　　備：2門可旋轉20毫米九九式航炮（機首、後座），1000千克炸彈或1枚魚雷

裝備範圍：國民政府

備　　註："銀河"一一型參數

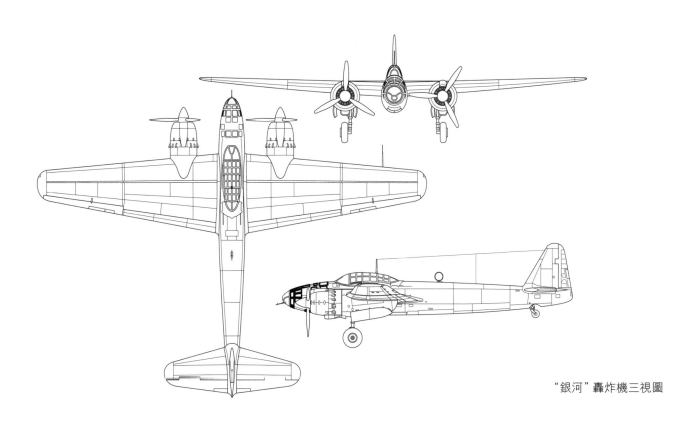

"銀河"轟炸機三視圖

日本製飛機

簡　史：

　　"銀河"（機體略番 P1Y）是一式陸攻的後繼機，具有外形美觀、機動靈活、飛行速度快、航程遠等特點，盟軍代號"弗朗西絲"（Frances）。但該型飛機存在結構複雜、發動機故障頻繁等問題，因此服役數量較少，出勤率低，二戰後期甚至被日軍諷為"國破銀河在"。

　　抗戰勝利後，國民政府空軍在台灣接收部分"銀河"，其中 12 架狀態較好的該型飛機由空軍第 7 供應分處保存於台南備用。1949 年國民黨當局退往台灣後，這些飛機被銷毀。

"銀河" 轟炸機

日國 四式基本練習機
Kokusai Army Type4 Basic Grade Trainer

機　　種：教練機

用　　途：訓練

乘　　員：2人

首　　飛：1943年

製 造 廠：日本國際航空工業（Nippon Kokusai
　　　　　Koku Kogyo K.K）

機長/翼展/機高：6.62/7.34/2.25米

淨重/全重：401/630千克

引　　擎：1台日立 八 47型倒立直列型4缸發動
　　　　　機，100馬力（Hitachi Ha-47）

最大速度/巡航速度：180/120千米/小時

航　　程：470千米

升　　限：3880米

裝備範圍：東北民主聯軍

簡　史：

　　四式基本練習機（キ番號キ 86）以貝克爾 Bü 131 "英格曼" 為基礎仿製，1944 年服役，具有良好的飛行性能，但較易受氣流影響，且發動機性能不穩定。盟軍代號 "賽普拉斯"（Cypress）。

　　1945 年 10 月，東北民主聯軍先後繳獲 10 多架無法使用的四式基練，經拼湊修理共有 4 架可用，是航校唯一的初級教練機。1946 年 6 月，航校飛行科長吉翔帶飛許景煌時，因發動機故障墜毀導致 1 死 1 傷。後經檢查，其餘 3 架四式基練的發動機也有隱患，遂停止使用。

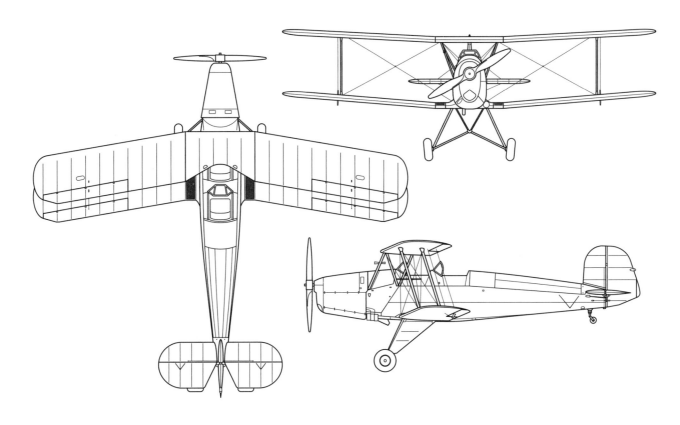

四式基本練習機三視圖

三菱 零式觀測機
Mitsubishi Type Zero Observation Seaplane

機　　種： 艦載水上觀測機

用　　途： 訓練

乘　　員： 2人　　　首　　飛： 1936年

製 造 廠： 三菱重工業株式會社（Mitsubishi Heavy Industries, Ltd.）

機長/翼展/機高： 9.5/11/4米

淨重/全重： 1928/2550千克

最大速度/巡航速度： 370/287千米/小時

航　　程： 740千米

升　　限： 9440米

引　　擎： 1台三菱"瑞星"13型星型14缸氣冷發動機，875馬力（Mitsubishi Zuisei 13）

武　　備： 2挺固定式7.7毫米九七式機槍（機首），1挺可旋轉7.7毫米九二式機槍（後座），2枚60千克炸彈

裝備範圍： 國民政府

簡　史：

　　零式觀測機（機體略番 F1M）由三菱重工應日本海軍要求而研發，具有良好的機動性能，是二戰期間日本海軍裝備的最著名的艦載雙翼水上飛機，廣泛用於偵察、訓練、空戰、反潛、巡邏、運輸等任務，盟軍代號 "皮特"（Pete）。

　　1945 年 10 月，國民政府空軍在台灣接受至少 8 架原日本中支海軍航空隊高雄警備府附屬飛行隊的零觀，並由日本淡水派遣隊指揮官達中尉負責教導海上飛行訓練。由於該型飛機後座沒有安裝駕駛系統，因此計劃未成，後狀況不詳。

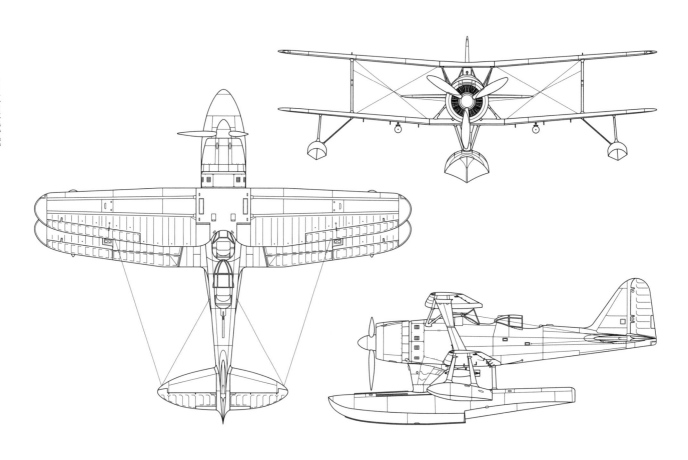

零式觀測機三視圖

日本製飛機

雅克福列夫 雅克 -11
Yakovlev Yak-11

機　　種： 戰鬥/教練機

用　　途： 訓練/校射

乘　　員： 2人　　　**首　　飛：** 1945年

設 計 局： 雅克福列夫設計局（A.S. Yakovlev Design Bureau）

機長/翼展/機高： 8.2/9.4/3.28米

淨重/全重： 1854/2418千克

最大速度/巡航速度： 460/370千米/小時

航　　程： 1250千米

升　　限： 7100米

引　　擎： 1台什維佐夫Ash-21型星型7缸氣冷發動機，馬力（Shvetsov ASh-21）

武　　備： 1挺固定式12.7毫米UBS機槍或7.7毫米ShKAS機槍（機首左側），200千克炸彈

裝備範圍： 解放軍空軍

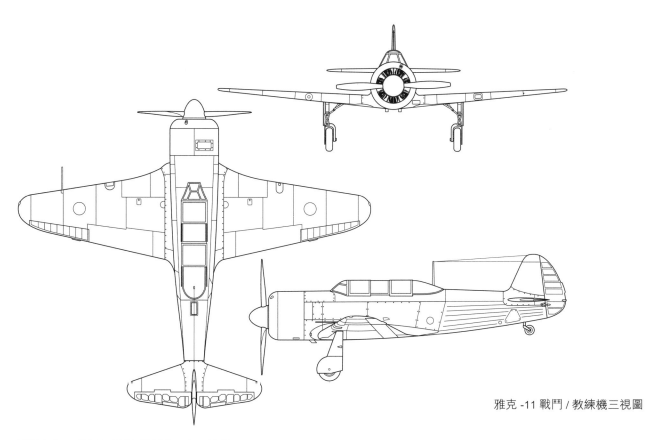

雅克 -11 戰鬥 / 教練機三視圖

簡　史：

雅克 -11（ЯК-11）以雅克 -3U 型戰鬥機為基礎研發，1947 年投產，主要作為高級教練機供蘇聯和華約國家使用，北約代號 "麋鹿"（Moose）。

1949 年，中國購得 20 架雅克 -11（代號 "2 號機"），年底經滿洲里口岸交付，次年 1 月供殲擊機航校使用。截至 1956 年，解放軍空軍共購買、接收 331 架該型飛機。1950 年 7 月 19 日，蘇聯政府將雅克 -11 及其發動機的製造權轉讓中國，中國航空工業部門曾組織試製，1956 年 4 月撤銷試製。雅克 -11 於 1974 年退役。

解放軍空軍的雅克 -11 戰鬥 / 教練機

雅克福列夫 雅克 -12
Yakovlev Yak-12

機　　種：聯絡機/通用飛機

用　　途：聯絡/通訊/訓練

乘　　員：3人　　首　　飛：1947年

設　計　局：雅克福列夫設計局（A.S. Yakovlev Design Bureau）

機長/翼展/機高：8.36/12.09/2.9米

淨重/全重：830/1185千克

引　　擎：1台什維佐夫M-11FR型星型5缸氣冷發動機，158馬力（Shvetsov M-11FR）

最大速度/巡航速度：169/148千米/小時

航　　程：810千米

升　　限：3000米

裝備範圍：解放軍空軍/海軍

簡　史：

　　雅克 -12（ЯК-12）以雅克 -10 為基礎研發，1947 年投產，主要供蘇聯和華約國家使用，北約代號"克里克"（Creek）。波蘭、匈牙利和捷克斯洛伐克均曾仿製該型飛機，其中波蘭仿製的型號為 PZL-101。

　　1949 年，中國購得 12 架雅克 -12（代號"16 號機"），其中部分為波蘭仿製，年底經滿洲里口岸交付。截至 1956 年，解放軍空軍、海軍共獲得 32 架該型飛機，大多供航空兵師用於通訊、聯絡等任務，1973 年退役。

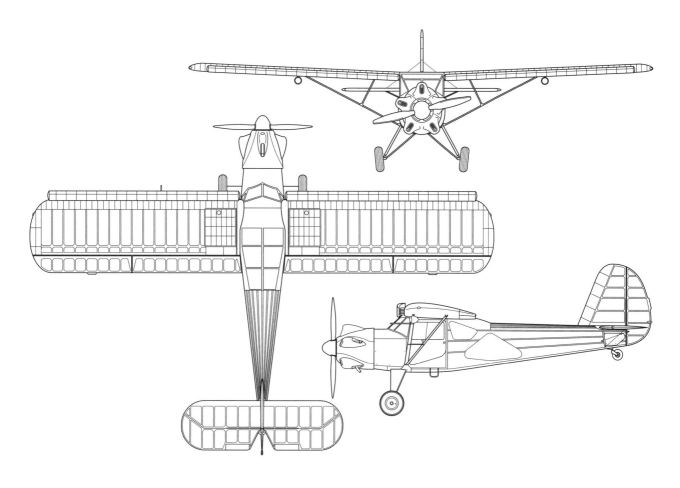

雅克 -12 聯絡機 / 通用飛機三視圖

雅克福列夫 雅克 -18
Yakovlev Yak-18

機　　種： 教練機　**用　　途：** 訓練	**引　　擎：** 1台什維佐夫M-11FR型星型5缸氣冷發
乘　　員： 2人　**首　　飛：** 1946年	動機，158馬力 (Shvetsov M-11FR)
設 計 局： 雅克福列夫設計局 (A.S. Yakovlev	**最大速度/巡航速度：** 248/170千米/小時
Design Bureau）	**航　　程：** 1250千米
機長/翼展/機高： 8.07/10.6/2.8米	**升　　限：** 4000米
淨重/全重： 820/1087千克	**裝備範圍：** 解放軍空軍/海軍

簡　史：

　　雅克 -18（ЯK-18）是雅克福列夫設計局設計的最著名的教練機之一，是蘇聯第一種金屬結構並可收放起落架的教練機，投產後迅速成為蘇聯和華約國家的標準初級教練機，部分型號直至 2014 年仍在使用，北約代號 "麥克思"（Max）。

　　1949 年，中國購得 20 架雅克 18（代號 "1 號機"），同年 10 月 15 日通過滿洲里口岸交付，是中華人民共和國獲得的首批蘇製飛機之一。截至 1954 年，中國共獲得 256 架該型機，是解放軍空軍、海軍 1950 年代的主力初級教練機。1950 年 7 月 19 日，蘇聯政府將雅克 -18 及其發動機的製造權轉讓給中國，1954 年 7 月仿製成功，是中華人民共和國成立以來仿製成功的首架飛機。仿製機最初命名為 "紅專 501"，1964 年 11 月 1 日改為 "初教 -5"，共製造 379 架，1978 年退役。

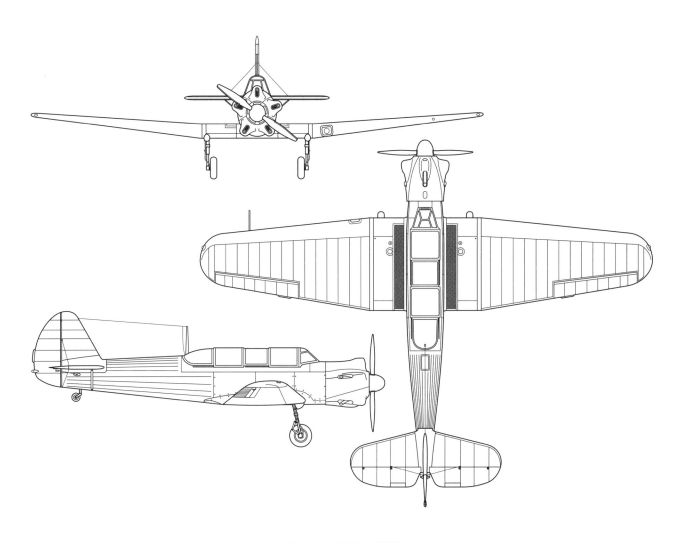

雅克 -18 教練機三視圖

圖波列夫 圖 -2/ 烏圖 -2
Tupolev Tu-2/ UTI Tu-2

機　　種：轟炸機（圖-2）/教練機（烏圖-2）

用　　途：轟炸/攻擊/偵察/聯絡/訓練

乘　　員：4人　　　首　　飛：1941年

設　計　局：圖波列夫設計局（Tupolev Design
　　　　　　Bureau）

機長/翼展/機高：13.8/18.86/4.13米

淨重/全重：7601/10538千克

最大速度：521千米/小時

航　　程：2020千米

升　　限：9000米

引　　擎：2台什維佐夫Ash-82型星型14缸氣冷發
　　　　　動機，每台1850馬力（Shvetsov Ash-82）

武　　備：2門固定式20毫米SHVAK航炮（機翼），
　　　　　3挺可旋轉7.62毫米SHKAS機槍（駕駛
　　　　　艙後部、機背、機腹各1挺），1500千
　　　　　克炸彈

裝備範圍：解放軍空軍/海軍

　　1941 年 9 月投產的圖 -2（Ty-2，舊譯為 "杜 -2"）是圖波列夫設計局設計的最著名的**轟炸機**之一，具有結構堅固、飛行速度快、機動性良好等特點，在二戰後期蘇軍的反攻中發揮重大作用，北約代號 "蝙蝠"（Bat）。烏圖 -2（УТИ Ty-2）是在圖 -2 基礎上改造的高級**轟炸教練機**，特點是將領航員座位改為教員座位並增加第二套控制系統。

　　1949 年，中華人民共和國政府購得一批圖 -2，同年底通過滿洲里口岸交付，其中包括 29 架烏圖 -2（代號 "11 號機"）。這批飛機是解放軍空軍第一種大規模裝備的**轟炸機**。次年 1 月，**轟炸機**航校開始使用烏圖 -2 訓練，空軍、海軍航空兵也開始裝備該型飛機。朝鮮戰爭期間，中國空軍的圖 -2 曾參加**轟炸**大和島戰役，被美軍擊落擊傷多架。中國空軍報告稱圖 -2 擊落了 1 架 F-86，是罕有的活塞式**轟炸機**擊落噴氣戰鬥機的記錄，但美軍戰史中並無損失記錄。該型飛機其後又參加解放大陳島和一江山島戰役，並在西藏平叛中配合陸軍作戰，1982 年退役。

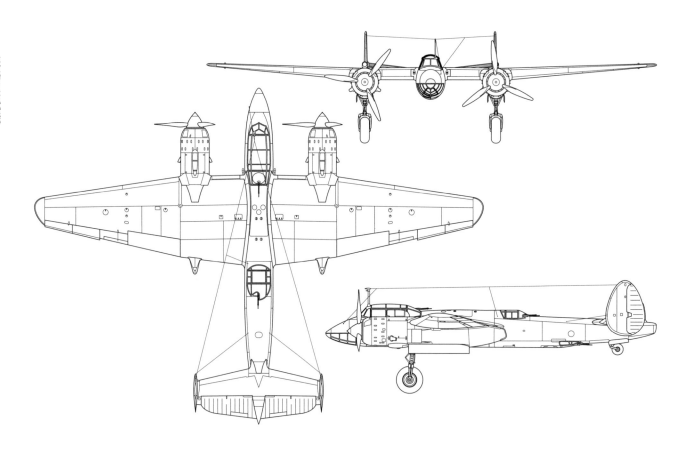

圖 -2 轟炸機三視圖

圖-2 轟炸機

蘇霍伊 烏特伯 -2
Sukhoi UTB-2

機　　種：教練機　　用　　途：訓練

乘　　員：4人

首　　飛：1946年

設 計 局：蘇霍伊設計局（Sukhoi Design
　　　　　Bureau）

機長/翼展/機高：13.99/18.86/4.45米

淨重/全重：5386/6546千克

最大速度/巡航速度：380/332千米/小時

航　　程：950千米　　升　　限：7100米

引　　擎：2台什維佐夫Ash-21型星型7缸氣冷發
　　　　　動機，每台690馬力（Shvetsov Ash-21）

武　　備：1挺可旋轉12.7毫米UTB機槍（機背），
　　　　　200千克炸彈

裝備範圍：解放軍空軍/海軍

簡　　史：

　　烏特伯 -2（УТБ-2）以圖 -2 為基礎研發，於 1947 年投產，主要用於訓練轟炸機機組成員。
1949 年，中國共購得 33 架烏特伯 -2 供空軍和海軍使用，年底通過滿洲里口岸交付，次年 1 月開始供
轟炸機航校訓練使用，是中國裝備的第一種蘇霍伊飛機，1965 年退役。

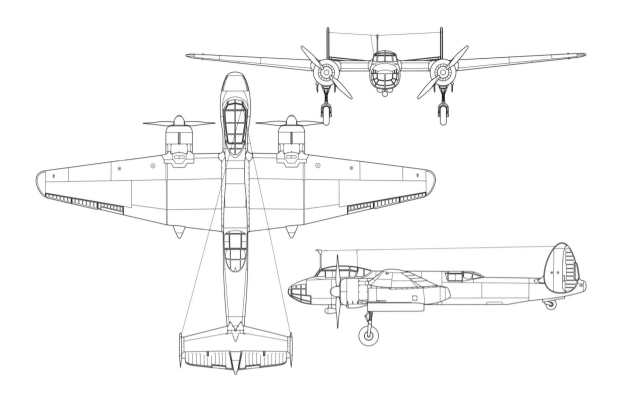

烏特伯-2 教練機三視圖

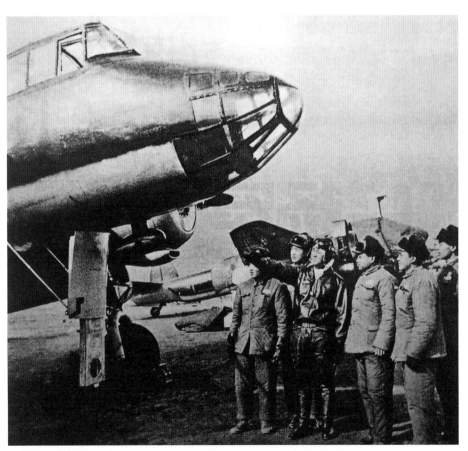

烏特伯-2 教練機

蘇聯製飛機

里桑諾夫 里-2
Lisunov Li-2

機　　種： 客機/運輸機

用　　途： 運輸/航空測量

乘　　員： 4+25人

首　　飛： 1945年

製 造 廠： 莫斯特希姆基84號工廠（Moscow-Khimki No.84 Factory）/塔什干機械廠（Tashkent Mechanical Plant）

機長/翼展/機高： 19.65/28.81/5.15米

淨重/全重： 7100/11000千克

引　　擎： 2台什維佐夫Ash-62IR型星型9缸氣冷發動機，每台986馬力（Shvetsov Ash-62IR）

最大速度/巡航速度： 324/240千米/小時

航　　程： 2400千米

升　　限： 5700米

裝備範圍： 解放軍空軍/海軍

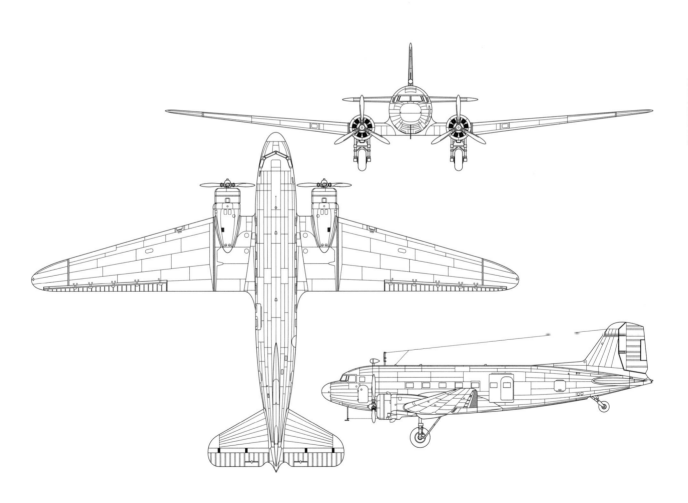

里-2運輸機三視圖

里 -2（Ли-2，曾用代號 PS-84）是莫斯特希姆基 84 號工廠在工程師鮑里斯·帕夫洛維奇·里桑諾夫（Boris Pavlovich Lisunov）指導下，根據美國道格拉斯公司許可，以 DC-3 為基礎仿製，1939 年投產。二戰期間，塔什干機械廠、共青城和喀山工廠也曾製造該型飛機。

1949 年，中國購得 2 架里 -2（代號 "14 號機"），年底經滿洲里口岸交付。截至 1957 年，解放軍空軍、海軍和中國民航共獲得 41 架里 -2，構成 1950 年代的空運主力，部分用於航空測量。1950 年 7 月 19 日，蘇聯政府將里 -2 和發動機的製造權轉讓給中國，但因技術原因，中方並未仿製。1956 年 4 月 25 日，毛澤東曾乘坐該型飛機自北京飛往廣州，是毛澤東首次乘坐解放軍空軍的飛機。1950 年代末中蘇交惡後，獲取蘇製發動機及配件十分困難，該型飛機因此換裝國產活塞 5 甲型（代號 670）發動機及 J8-G3 型螺旋槳。1986 年，該型飛機退役。第二套人民幣的二分紙幣上的飛機即為里 -2。

拉沃契金 拉 -9
Lavochkin La-9

機　　種：	戰鬥機	引　　擎：	1台什維佐夫Ash-82FN型星型14缸氣冷發動機，1850馬力（Shvetsov Ash-82FN）
用　　途：	戰鬥/訓練/攻擊		
乘　　員：	1人		
首　　飛：	1946年	最大速度/巡航速度：	690/380千米/小時
設 計 局：	拉沃契金設計局（Lavochkin Design Bureau）	航　　程：	1735千米
		升　　限：	10800米
機長/翼展/機高：	8.63/9.8/3.56米	武　　備：	4門固定式23毫米NS-23航炮（機首）
淨重/全重：	2638/3425千克	裝備範圍：	解放軍空軍/海軍

簡　史：

拉 -9（Ла-9）是著名的拉 -7 型戰鬥機的發展型，於 1946 年 8 月投產，特點是改為金屬結構，武備強化，飛行性能提升，北約代號 "弗里茨"（Fritz）。

1949 年底，中國開始向蘇聯購買拉 -9 戰鬥機（代號 "5 號機"，一說為 1950 年開始進口）供解放軍空軍、海軍使用，截至 1950 年 1 月共獲得 129 架。1950 年 8 月中旬，解放軍空軍獨立第一驅逐機大隊（前南苑飛行中隊）的 12 架拉 -9 開始擔負北京的防空任務，其中 9 架參加了同年的國慶閱兵。1952 年，空 9 師的 1 架該型飛機曾參加清剿西南國民黨殘部的黑水戰役。1959 年，解放軍的拉 -9 退役。

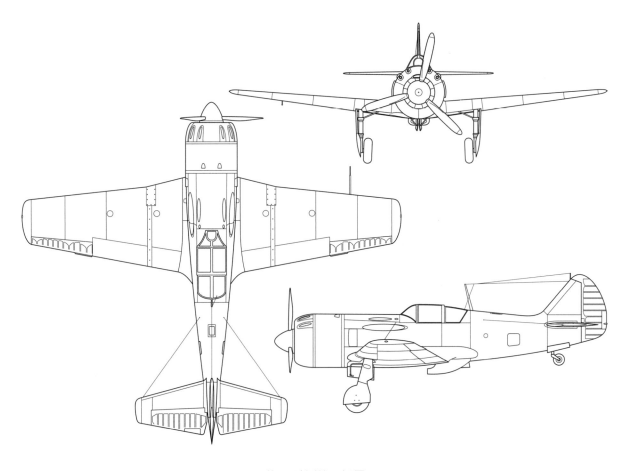

拉 -9 戰鬥機三視圖

拉沃契金 烏拉 -9
Lavochkin La-9UTI

機　　種： 戰鬥/教練機

用　　途： 訓練

乘　　員： 2人　　首　　飛： 1947年

設 計 局： 拉沃契金設計局（Lavochkin Design Bureau）

機長/翼展/機高： 8.63/9.8/3.56米

淨重/全重： 2554/3225千克

最大速度/巡航速度： 659/380千米/小時

航　　程： 955千米

升　　限： 10500米

引　　擎： 1台什維佐夫Ash-82FN型星型14缸氣冷發動機，1850馬力（Shvetsov Ash-82FN）

武　　備： 1門固定式23毫米NS-23航炮或1挺12.7毫米UBS機槍（機首左側）

裝備範圍： 解放軍空軍/海軍

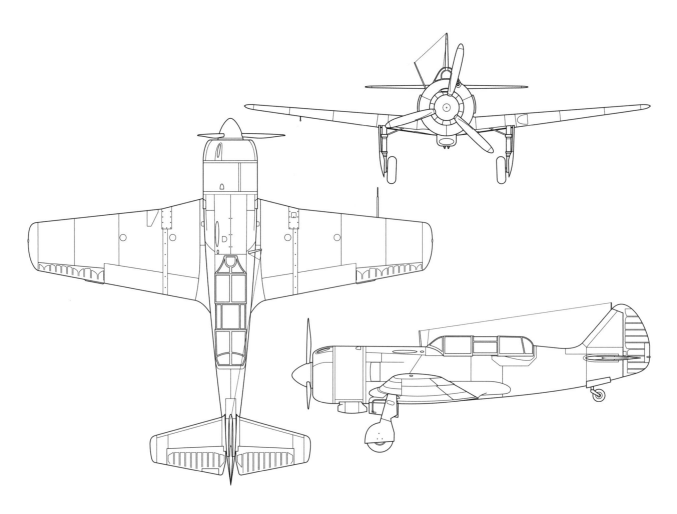

烏拉 -9 戰鬥 / 教練機三視圖

簡　史：

　　1948 年 4 月投產的烏拉 -9（УТИ Ла-9）是拉 -9 的教練型，最初命名為拉 -9B，主要用於訓練戰鬥機飛行員，也可用於偵察、拖曳滑翔機或靶標等任務。

　　1949 年，中國購得 60 架烏拉 -9（代號 "6 號機"），年底經滿洲里口岸交付，次年 1 月起供殲擊機航校訓練使用。截至 1951 年，解放軍空、海軍共獲得 73 架該型飛機，其中 1 架曾參與 1958 年的青海玉樹平叛，1966 年全部退役。

拉沃契金 拉 -11
Lavochkin La-11

機　　種：戰鬥機

用　　途：戰鬥/訓練/偵察/攻擊

乘　　員：1人　　首　飛：1947年

設 計 局：拉沃契金設計局（Lavochkin Design Bureau）

機長/翼展/機高：8.62/9.8/3.47米

淨重/全重：2770/3730千克

最大速度/巡航速度：674/380千米/小時

航　　程：2235千米

升　　限：10250米

引　　擎：1台什維佐夫Ash-82FN型星型14缸氣冷發動機，1850馬力（Shvetsov Ash-82FN）

武　　備：3門固定式23毫米NS-23航炮（機首）

裝備範圍：解放軍空軍/海軍

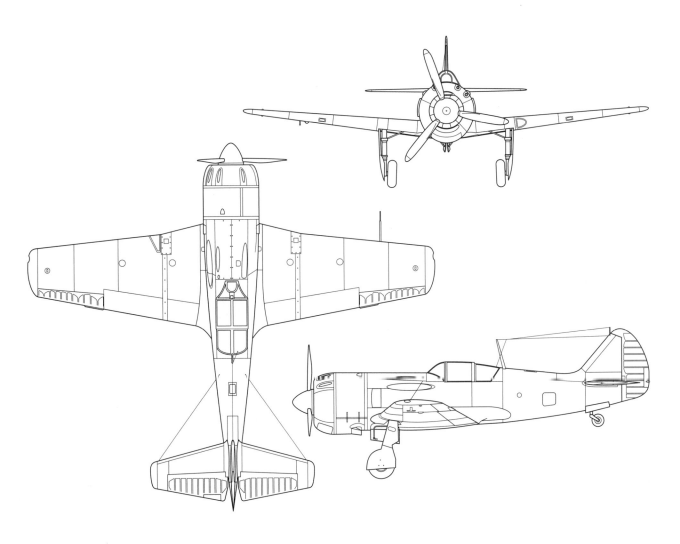

拉 -11 戰鬥機三視圖

蘇聯製飛機

簡　史：

　　拉-11（Ла-11）是在拉-9基礎上研發的遠程護航戰鬥機，1947年投產，北約代號"毒牙"（Fang）。

　　1949年，中國開始向蘇聯購買拉-11（一說為1950年開始進口）供解放軍空軍、海軍使用，截至1953年共購買、接收163架。朝鮮戰爭期間，中國人民志願軍第4戰鬥機航空兵團的16架拉-11在轟炸大和島戰役中擔負護航任務，3架該型飛機被擊落。中國空軍、海軍的拉-11還曾多次與台灣的國民黨空軍戰機交火，並多次擊落國民黨軍飛機。1954年7月23日，解放軍空軍的2架拉-11在海南島附近遇到1架香港國泰航空公司的DC-4客機，誤認為是國民黨軍的轟炸機而將其擊落，造成10死8傷，並因此引發外交爭端，第29師的2架拉-11於3天後在相同海域被美機擊落。1954—1955年，解放軍空軍的拉-11參加了解放大陳島和一江山島戰役。1966年，解放軍的該型機退役。

拉-11戰鬥機

第五章 未成、未交付飛機

未成 / 未交付飛機簡表

法曼 II 型推進機（Farman II）	訂購時間	1912 年初
	數量	6
	製造廠	法國法曼航空工程（Farman Aviation Works）
	未交付原因	清政府訂購，因故未交付。
漢德利・佩季 S 型水上轟炸機（Handley Page S Type，漢德利・佩季 O/400 型轟炸機計劃中的水機型）	訂購時間	1920 年 12 月 9 日
	數量	25
	製造廠	英國漢德利・佩季有限公司（Handley Page Limited）
	未交付原因	中國海軍部貸款訂購，合同後被取消。
諾曼・湯普森 N.T.2B 型水陸兩棲教練機（Norman Thompson N.T.2B）	訂購時間	1920 年 12 月 9 日
	數量	50
	製造廠	英國諾曼・湯普森飛行公司（Norman Thompson Flight Company）
	未交付原因	中國海軍部貸款訂購，合同後被取消。
費利克斯托 F.3 型水上巡邏機（Felixstowe F.3）	訂購時間	1920 年 12 月 9 日
	數量	30
	製造廠	RNAS 費利克斯托（RNAS Felixstowe）
	未交付原因	中國海軍部貸款訂購，合同後被取消。
柯蒂斯 "金鶯" 型教練機（Curtiss Oriole）	訂購時間	1923 年 4 月
	數量	8
	製造廠	美國柯蒂斯飛機與發動機公司（Curtiss Aeroplane and Motor Company）
	未交付原因	吳佩孚訂購，因故未交付。

維克斯"白鮭魚" II 型教練機（Vickers Vendace II）	訂購時間	1927 年
	數量	10
	製造廠	英國維克斯有限公司（Vickers Limited）
	未交付原因	原計劃售予東北奉系軍閥，因列強對華武器禁運未成。
高德隆 C.127 型 教練機（Caudron C.127）	訂購時間	1927 年
	數量	20
	製造廠	法國高德隆飛機公司（Société des Avions Caudron）
	未交付原因	東北奉系軍閥訂購並計劃在東北製造，因故未製成。
洛克希 德"維加"（Lockheed Vega）型客 機	訂購時間	1931 年
	數量	8
	製造廠	美國洛克希德飛機有限公司（Lockheed Aircraft Limited）
	未交付原因	廣東當局訂購並計劃改造為軍用機，因國民政府干預未購成。
亨克爾 He 61 型偵察 / 轟 炸機（Heinkel He 61）	訂購時間	1931 年 7 月
	數量	1
	製造廠	德國亨克爾飛機公司（Heinkel Flugzeugwerke）
	未交付原因	來華展銷墜毀。
福克軍用飛 機（Fokker Military Aircraft）	訂購時間	1932 年 3 月 26 日
	數量	9
	製造廠	荷蘭福克公司（Fokker）
	未交付原因	張惠長訂購，因故未交付。

紐波特 - 德拉赫 Nid-121C.1 型戰鬥機（Nieuport-Delage Nid-121C.1）	訂購時間	1933 年 3 月 31 日
	數量	6
	製造廠	法國紐波特 - 德拉赫公司（Nieuport-Delage）
	未交付原因	駐福建第 49 師訂購，因直到年底才能交付而取消。
德瓦蒂納 D.500 型戰鬥機（Dewoitine D.500）	訂購時間	1935 年 7 月上旬
	數量	20
	製造廠	法國埃米爾・德瓦蒂納飛機製造公司（Constructions Aéronautiques émile Dewoitine）
	未交付原因	廣東當局訂購，德瓦蒂納公司因無法及時交付而未接受訂單。
布雷達 Ba.65 型戰鬥／攻擊機（Breda Ba.65）	訂購時間	1935 年 1 月
	數量	30
	製造廠	意大利埃內斯托・布雷達公司（Societ à Italiana Ernesto Breda）
	未交付原因	國民政府訂購，計劃由南昌飛機製造廠組裝，因故未運抵。
波泰茨 631C.3 型戰鬥機（Potez 631C.3）	訂購時間	1937 年 7 月
	數量	4
	製造廠	法國亨利・波泰茨飛機公司（Aéroplanes Henry Potez）
	未交付原因	孔祥熙訂購，2 架被法屬安南當局扣押，2 架未交付。
波泰茨 633B.2 型轟炸機（Potez 633B.2）	訂購時間	1937 年 7 月
	數量	4
	製造廠	法國亨利・波泰茨飛機公司（Aéroplanes Henry Potez）
	未交付原因	孔祥熙訂購，被法國扣押。

莫拉納 - 索爾尼埃 MS.406C.1 型戰鬥機 （Morane-Saulnier MS.406C.1）	訂購時間	1937—1938 年
	數量	12
	製造廠	法國莫拉納 - 索爾尼埃飛機公司（Aéroplanes Morane-Saulnier）
	未交付原因	國民政府訂購，莫拉納 - 索爾尼埃公司先後 2 次將飛機運往中國，分別被法屬安南當局和法屬印度支那當局扣押，第 3 次則被德軍接收。
亨克爾 He 118 型俯衝轟炸機 （Heinkel He 118）	訂購時間	1937 年 8 月
	數量	50
	製造廠	德國亨克爾飛機公司（Heinkel Flugzeugwerke）
	未交付原因	國民政府計劃訂購，訂單因故未提交。
菲亞特 G.50 "箭" 型戰鬥機（Fiat G.50 Freccia）	訂購時間	1937 年 9 月
	數量	50
	製造廠	意大利菲亞特航空公司（Fiat Aviazione）
	未交付原因	國民政府訂購，訂單被意方忽略。
容克 Ju 86K 型轟炸機 （Junkers Ju 86K）	訂購時間	1937 年 11 月
	數量	20
	製造廠	德國容克飛機與發動機製造公司（Junkers Flugzeug-und Motorenwerke）
	未交付原因	國民政府訂購，飛機被德國政府扣押並轉交德軍。
福克 - 沃爾夫 Fw200KC-1 "兀鷹" 型客機 （Focke-Wulf Fw200KC-1 Condor）	訂購時間	1938 年 12 月
	數量	5
	製造廠	德國福克 - 沃爾夫飛機製造公司（Focke-Wulf Flugzeugbau AG）
	未交付原因	偽滿洲國滿洲航空公司訂購，因故未交付。

沃特 V-156 型艦載俯 衝轟炸機 （Vought V-156）	訂購時間	1939 年 4 月
	數量	25
	製造廠	美國錢斯‧沃特公司（Chance Vought Corporation）
	未交付原因	國民政府訂購，8 月取消訂單。
塞維爾斯基 EP-1 型戰鬥 機（Seversky EP-1）	訂購時間	1939 年 4 月
	數量	50
	製造廠	美國塞維爾斯基飛機公司（Seversky Aircraft Company）
	未交付原因	孔祥熙訂購，8 月取消訂單。
塞維爾斯基 T-PC 型觀測 機（Seversky T-PC）	訂購時間	1939 年 4 月
	數量	50
	製造廠	美國塞維爾斯基飛機公司（Seversky Aircraft Company）
	未交付原因	孔祥熙訂購，8 月取消訂單。
懷特 PT-7 型教練機 （White PT-7）	訂購時間	1939 年底
	數量	100
	製造廠	美國懷特公司（White）
	未交付原因	原型機未建造，因此未交付
道格拉斯 A-20 "波士 頓" 型攻擊 機（Douglas A-20 Boston）	訂購時間	1941 年
	數量	33
	製造廠	美國道格拉斯飛機公司（Douglas Aircraft Company）
	未交付原因	《租借法案》分配，後被取消。

道格拉斯 C-39 型運輸機（Douglas C-39）	訂購時間	1942 年 3 月
	數量	33
	製造廠	美國道格拉斯飛機公司（Douglas Aircraft Company）
	未交付原因	《租借法案》分配，因故未交付。
道格拉斯 A-20B 型攻擊機（Douglas A-20B）	訂購時間	1943 年 8 月 31 日
	數量	50
	製造廠	美國道格拉斯飛機公司（Douglas Aircraft Company）
	未交付原因	《租借法案》分配，後被取消。
滿飛キ 98 型戰鬥／攻擊機（Manshū Ki-98）	訂購時間	1945 年
	數量	-
	製造廠	中國滿洲飛行機製造株式會社（Manchuria Aviation Company）
	未交付原因	因二戰結束未完成，滿飛公司將其銷毀。
格羅斯特 CXP-1001 型噴氣戰鬥機（Gloster CXP-1001）	訂購時間	1945 年後
	數量	-
	製造廠	英國格羅斯特飛機公司（Gloster Aircraft Company）
	未交付原因	格羅斯特公司設計，中方人員協助，因內戰局勢發展，國民政府停止合同，1953 年專案終止。

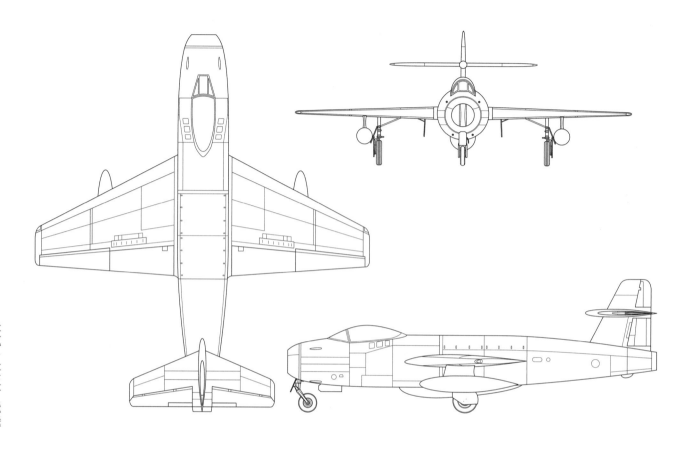

CXP-1001 戰鬥機三視圖

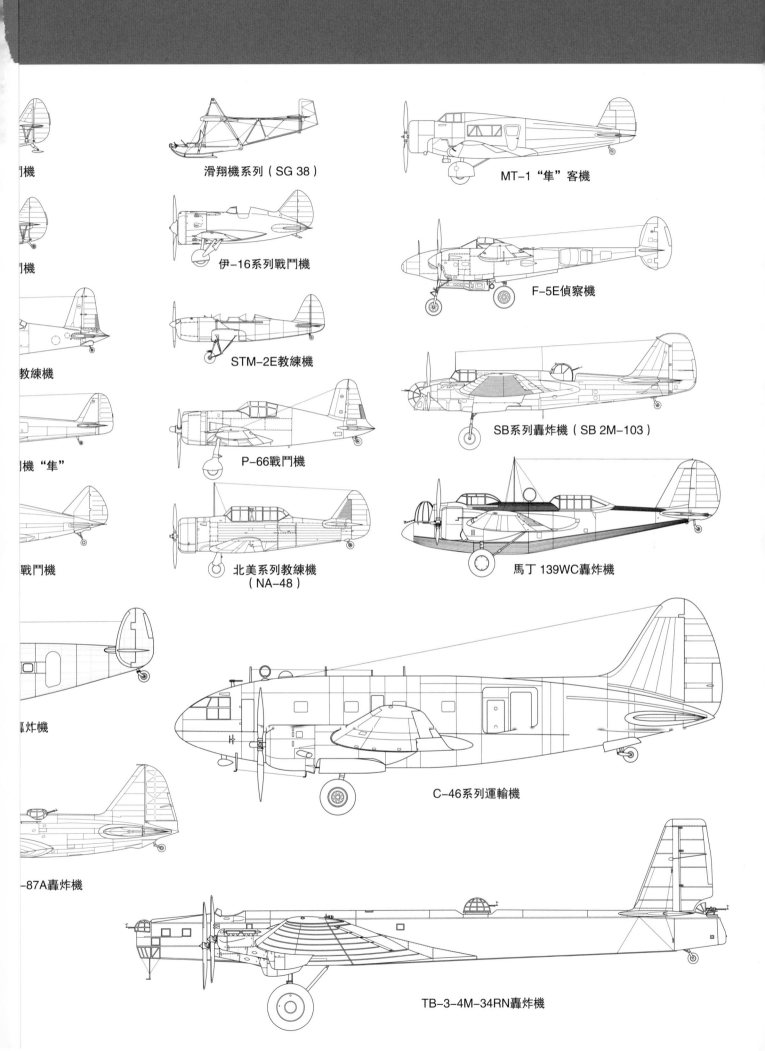

滑翔機系列（SG 38）

MT-1 "隼"客機

伊-16系列戰鬥機

F-5E偵察機

STM-2E教練機

P-66戰鬥機

SB系列轟炸機（SB 2M-103）

北美系列教練機
（NA-48）

馬丁 139WC轟炸機

C-46系列運輸機

TB-3-4M-34RN轟炸機

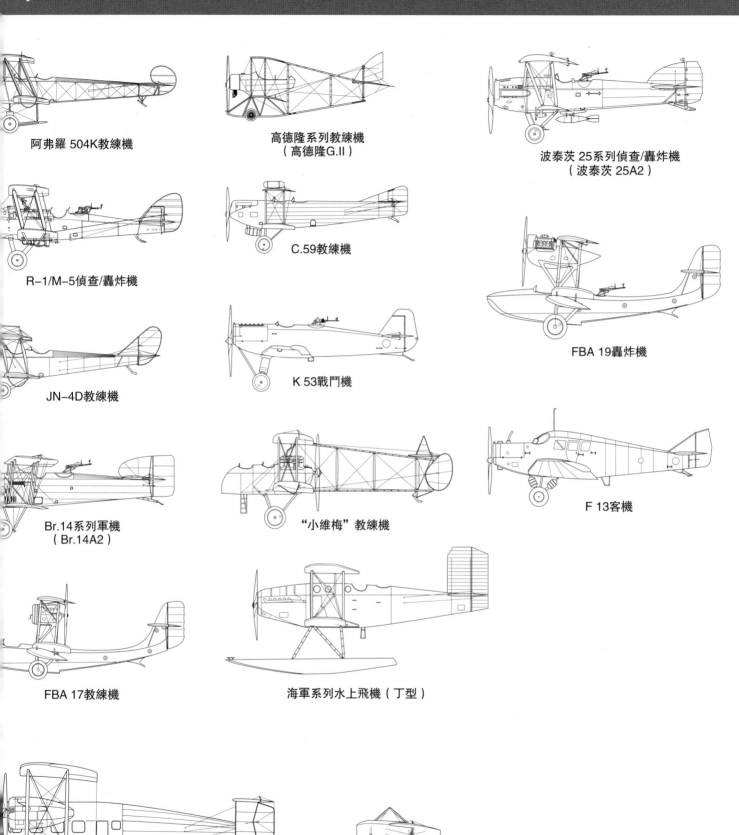

阿弗羅 504K教練機

高德隆系列教練機
（高德隆G.II）

波泰茨 25系列偵查/轟炸機
（波泰茨 25A2）

R–1/M–5偵查/轟炸機

C.59教練機

FBA 19轟炸機

JN–4D教練機

K 53戰鬥機

Br.14系列軍機
（Br.14A2）

"小維梅"教練機

F 13客機

FBA 17教練機

海軍系列水上飛機（丁型）

"大維梅"客機

漢德利・佩季O/7客機